E-LEARNING

Herausgegeben von Prof. Dr. Dietrich Seibt, Köln, Prof. Dr. Freimut Bodendorf, Nürnberg, Prof. Dr. Dieter Euler, St. Gallen, und Prof. Dr. Udo Winand, Kassel

Band 3
Freimut Bodendorf/Dieter Euler/Manfred Schertler/Mustafa Soy/
Sascha Uelpenich/Silke Lasch
E-Teaching in der Hochschule – Technische Infrastrukturen und didaktische Gestaltung
Lohmar – Köln 2002 ♦ 138 S. ♦ € 35,- (D) ♦ ISBN 3-89012-971-4

Band 4
André Bolz
Multimedia-Fallstudien in der betriebswirtschaftlichen Aus- und Weiterbildung – Konzeption und empirische Untersuchung
Lohmar – Köln 2002 ♦ 470 S. ♦ € 58,- (D) ♦ ISBN 3-89936-001-X

Band 5
Nils Högsdal
Blended Learning im Management-Training
Lohmar – Köln 2004 ♦ 298 S. ♦ € 38,- (D) ♦ ISBN 3-89936-236-5

Band 6
Manfred Schertler
Telemediale Lehrarrangements
Lohmar – Köln 2004 ♦ 242 S. ♦ € 46,- (D) ♦ ISBN 3-89936-260-8

Band 7
Oliver Kamin
Mehrfachverwendbare elektronische Lehr-/Lernarrangements
Lohmar – Köln 2004 ♦ 330 S. ♦ € 53,- (D) ♦ ISBN 3-89936-314-0

Band 8
Gabriela Hoppe
Entwicklung strategischer Einsatzkonzepte für E-Learning in Hochschulen
Lohmar – Köln 2005 ♦ 424 S. ♦ € 57,- (D) ♦ ISBN 3-89936-331-0

Band 9
Alexander Bruns
Kosten und Nutzen von Blended Learning Lösungen an Hochschulen
Lohmar – Köln 2006 ♦ 380 S. ♦ € 55,- (D) ♦ ISBN 3-89936-478-3

JOSEF EUL VERLAG

Reihe: E-Learning • Band 9

Herausgegeben von Prof. Dr. Dietrich Seibt, Köln, Prof. Dr. Freimut Bodendorf, Nürnberg, Prof. Dr. Dieter Euler, St. Gallen, und Prof. Dr. Udo Winand, Kassel

Dr. Alexander Bruns

Kosten und Nutzen von Blended Learning Lösungen an Hochschulen

Mit einem Geleitwort von
Prof. Dr. Dietrich Seibt, Universität zu Köln

Bibliographische Information der Deutschen Bibliothek

Die Deutsche Bibliothek verzeichnet diese Publikation in der Deutschen Nationalbibliographie; detaillierte bibliographische Daten sind im Internet über <http://dnb.ddb.de> abrufbar.

Dissertation, Universität zu Köln, 2006, u. d. T.:
„Nutzen, Effektivität und Kosten des Einsatzes von Blended Learning Lösungen an Hochschulen"

ISBN 3-89936-478-3
1. Auflage Mai 2006

© JOSEF EUL VERLAG GmbH, Lohmar – Köln, 2006
Alle Rechte vorbehalten

Printed in Germany
Druck: RSP, Troisdorf

JOSEF EUL VERLAG GmbH
Brandsberg 6
53797 Lohmar
Tel.: 0 22 05 / 90 10 6-6
Fax: 0 22 05 / 90 10 6-88
E-Mail: info@eul-verlag.de
http://www.eul-verlag.de

Bei der Herstellung unserer Bücher möchten wir die Umwelt schonen. Dieses Buch ist daher auf säurefreiem, 100% chlorfrei gebleichtem, alterungsbeständigem Papier nach DIN 6738 gedruckt.

Geleitwort

Blended Learning Lösungen haben sowohl in der betrieblichen Praxis als auch an Hochschulen steigende Bedeutung erfahren. Allerdings sind bisher an Hochschulen nur wenige empirische Untersuchungen durchgeführt worden. Dies gilt insbesondere für die betriebswirtschaftlichen Aspekte der Gestaltung und des Betriebs derartiger Lösungen. Seit den Anfangszeiten der Technik-Nutzung beim Lehren und Lernen stehen sich zumindest an den Hochschulen die beiden Gruppen „Befürworter" und „Gegner" stramm und fast bewegungslos gegenüber. Kosten-Argumente spielen allerdings dabei weder für die Befürworter noch für die Gegner eine wichtige Rolle.

Alexander Bruns untersucht in seiner Arbeit den Nutzen, die Effektivität und die Kosten von Blended Learning Lösungen an Hochschulen mit Hilfe von explorativ angelegten Studien. Aufgrund des bisherigen Mangels an empirischen Arbeiten besteht das Ziel der Arbeit in der Exploration, d.h. in der Gewinnung von „vorläufigen Thesen", die in zukünftigen Untersuchungen systematisch überprüft und konsequent weiterentwickelt werden können. Von der Schaffung einer auch die betriebswirtschaftlichen Gestaltungsaspekte umfassende Theorie ist die Wissenschaft noch weit entfernt.

Blended Learning Prozesse an Hochschulen umfassen eine Vielzahl von beteiligten Individuen (sowohl auf der Lerner- als auch auf der Lehrerseite), Lernsituationen und Lerngegenständen. Es entsteht ein Netz von sich wechselseitig beeinflussenden Faktoren, die sich weder kontrollieren noch unter kontrollierbaren Bedingungen nachbilden und wiederholen lassen. Beobachtungen und Befragungen müssen auf wechselnde Bedingungen reagieren, die in der jeweiligen Hochschul-Realität während der Nutzung eines bestimmten Blended Learning Lösung anzutreffen sind. Bruns verfolgt den Ansatz „Forschung durch Entwicklung und Betrieb", d.h. er ist gezwungen, zunächst das System und die Prozesse-Kombination zu schaffen, die er dann implementiert und betreibt, um bestimmte Ergebnisse systematisch beobachten und erfragen zu können.

Das System E-LEARN, das im Zeitraum 1997 – 2002 stufenweise am Lehrstuhl für Wirtschaftsinformatik und Informationsmanagement an der Universität zu Köln entwickelt worden ist, bietet Studierenden zehn parallele Lernkanäle, die alternativ oder kombinativ genutzt werden können. Parallel zur traditionell stattfindenden Präsenzveranstaltung werden Video-/Audio-Aufzeichnungen durchgeführt, bei denen Bild, Ton, Folien und Materialien des Dozenten (z.B. aus dem Internet) aufgenommen werden. Die gleichen Aufnahmen werden genutzt, um VoD (Video on Demand)-Versionen der Veranstaltungen zu produzieren, die Raum- und Zeit-unabhängig, d.h. jederzeit (24x7x52) über das Internet an externe Lerner übertragen werden. Parallel besteht außerdem die Möglichkeit, über Online-Chat mit dem Dozenten zu kommunizieren, beispielsweise Fragen der Lerner ad hoc beantwortet zu bekommen. Darüber hinaus können Studierende die Aufzeichnungen der Veranstaltungen mit Bild, Ton, Folien und digitalen Unterrichtsmaterialien „herunter laden", kurz vor den Prüfungen an Online-Tutorien teilnehmen, in synchronen und asynchronen Diskussionsforen kommunizieren und/oder sich mittels E-Mail austauschen.

Der Verfasser evaluiert den Einsatz des Systems in mehreren explorativen Untersuchungen, die an sieben unterschiedlichen Hochschulen durchgeführt worden sind. Bruns stellt auf Grundlage wissenschaftlicher Literatur und empirisch erhobener Daten Thesen auf, die einen vorläufigen Rang haben. Insgesamt untersucht er 22 Thesen, die in drei Thesenbündeln zusammengefasst werden. Die Mehrzahl der Thesen, die nicht falsifiziert werden können, besitzt praktische Relevanz für die Gestaltung von Blended Learning Lösungen. Anhand der Untersuchungsergebnisse werden außerdem neue Vermutungen aufgestellt, die in zukünftigen empirischen Untersuchungen überprüft werden können.

Zur Ermittlung der Kosten des Blended Learning werden aufbauend auf ein pragmatisches Kostenmodell für E-Learning-Prozesse, das am Lehrstuhl entwickelt und vielfach erprobt worden ist, die Kosten der Entwicklung, des Betriebs und der Wartung/Pflege/Weiterentwicklung des Systems E-LEARN analysiert. Durch Bestimmung von Kennzahlen entstehen Bilder der Verteilung der kalkulatorischen Kosten auf einzelne Lehrveranstaltungen (eine akademische Doppelstunde), auf Studierende, auf Semester und andere Basisgrößen. Dabei werden die Kosten des Einsatzes von Blended Learning in einer Hochschule bei drei, sechs und zwölf Veranstaltungen pro Semester kalkuliert und verglichen. Durch diese Kennzahlen ergeben sich detaillierte und gleichzeitig viele Fälle umfassende Informationen, die für deutsche/europäische Hochschulen bisher nicht erfasst worden sind.

Die Arbeit von Bruns wendet sich zum einen an Wirtschaftsinformatiker, die im Bereich der Blended Learning Prozesse forschen und sich dabei insbesondere auf die betriebswirtschaftlichen Probleme von Blended Learning Prozessen konzentrieren. Zum anderen bietet diese Arbeit dem Praktiker – bspw. dem Dozenten an privaten und öffentlichen Hochschulen und Akademien – eine Vielzahl von Anregungen, die ihm bei der Gestaltung und beim Betrieb seiner Blended Learning Lösungen helfen können.

Köln, im April 2006   Prof. Dr. Dietrich Seibt

Vorwort

Ausgangspunkt für die Untersuchung von Kosten und Nutzen von Blended Learning Lösungen war ein E-Learning-System, das seit 1997 am Lehrstuhl für Wirtschaftsinformatik, insb. Informationsmanagement von Prof. Seibt entwickelt und eingesetzt wurde. 2001 wurde ich mit Weiterentwicklung, Betreuung und Betrieb dieses Systems betraut. Recherchen im Bereich Blended Learning ergaben, dass es nur wenige Studien gab, die sich mit Nutzen, Effektivität und Kosten von Blended Learning Lösungen beschäftigten. Die vorliegende Arbeit versucht, Lücken zu schließen, indem der Einsatz von Blended Learning evaluiert wird und dabei entstehende Kosten betriebswirtschaftlich analysiert werden.

Besonderer Dank gilt meinem Doktorvater Herrn Prof. Dr. Dietrich Seibt, ohne dessen wertvolle Hinweise und tatkräftige Unterstützung diese Arbeit nicht möglich gewesen wäre. Der von ihm geschaffene Rahmen, die Freiräume und die konstruktive Kritik auch über seine Emeritierung hinaus hatten wesentlichen Anteil am Gelingen des Dissertationsvorhabens. Für die Übernahme des Zweitgutachtens und die gute Zusammenarbeit beim Hauptseminar E-Learning, das in Kooperation mit dem Lehrstuhl für Wirtschafts- und Sozialpädagogik durchgeführt wurde, möchte ich mich bei Herrn Prof. Dr. Martin Twardy bedanken.

Ebenso möchte ich mich bei Herrn Prof. Dr. Detlef Schoder bedanken, der mir die Freiheit und die Zeit für die Erstellung der Arbeit ließ und der mir in seinen Doktorandenkolloquien wichtige Ratschläge zu der Erstellung einer empirischen Arbeit gab. Meinen Kollegen Kai Fischbach, Christian Schmitt, Alexander Sigel, Steffen Muhle, Jan Reichelt und Christiane Munder danke ich für Tipps, Motivation und Spaß, die zur Beendigung eines Forschungsvorhabens nötig sind.

Meinen Kollegen Carsten Klenner und Elena Psaralidis danke ich für die guten Ideen und Ansätze zur Erhebung von Daten, und die tatkräftige Unterstützung bei Betrieb und Evaluation des Systems E-LEARN. Den Diplomanden Simone Dahm, Carsten Starck, Sascha Klarzynski und Robert Krause danke ich für Ihren wertvollen Beitrag bei der Entwicklung und Evaluierung des Systems. Besonderer Dank gebührt den studentischen Hilfskräften Sascha Wasser, Semra Celen, Azadeh Farhoush, Jocelle Rivera de Sena, Lasse Wirz, Tobias Rafalski und Ingo Kreutz für die technische Unterstützung beim Betrieb des Systems und der Erstellung von Audio/Video-Aufzeichnungen. Dr. Benno Göckede gebührt Dank für seine Ratschläge bei wirtschaftspädagogischen Themen. Meinem Vorgänger Dr. Olaf Coenen danke ich für seine gute Dokumentation, die eine Anknüpfung an das von ihm entwickelte System WI-Pilot ermöglichte und somit die Basis für Entwicklung und Betrieb des Systems E-LEARN sicherstellte.

Ohne die aktive Mithilfe zahlreicher Studierender, die das System E-LEARN nutzten und ihre wertvollen Hinweise und Vorschläge für Verbesserungen in Fragebögen und Interviews äußerten, wären die empirischen Untersuchungen nicht möglich gewesen. In diesem Zusammenhang danke ich besonders Herrn Norbert Schmitz von der Steuer-Fachschule Dr. Endriss für seine tatkräftige Unterstützung bei der Evaluation von e^2 E-Learning.

Last but not least haben mich zahlreiche Freunde und Verwandte bei meinem Dissertationsprojekt unterstützt. Meinen Eltern danke ich dabei besonders für das fleißige Korrekturlesen. Ganz spezieller Dank gilt meiner Freundin Anette, die mich durch Höhen und Tiefen der Arbeit begleitet und durch ihre Motivation, ihre Liebe und nicht zuletzt Korrekturen dafür gesorgt hat, dass ich das Dissertationsprojekt erfolgreich beenden konnte.

Frankfurt, im April 2006					Alexander Bruns

Gliederung

1 Einleitung 1
   1.1 Problemstellung und Motivation 1
   1.2 Zielsetzung und explorativer Forschungsansatz der Arbeit 3
   1.3 Aufbau der Arbeit 13
   1.4 Begründung des Forschungsbedarfs 15
2 Theoretische Grundlagen 17
   2.1 Grundlagen aus lerntheoretischer Sicht 17
   2.2 Lern- und Lehrprozesse 23
   2.3 E-Learning und Blended Learning 29
   2.4 Blended Learning Lösungen 34
   2.5 Learning Management Systeme 41
   2.6 Lernkanäle 48
   2.7 Szenarien von Blended Learning Veranstaltungen 55
   2.8 Ziele von Blended Learning Lösungen 59
3 Entwicklung einer Blended Learning Lösung 61
   3.1 Architektur von Blended Learning Lösungen 61
   3.2 Überblick über die Lernkanäle und Dienste der Blended Learning Lösung E-LEARN 65
   3.3 Ziele der Blended Learning Lösung E-LEARN 68
      3.3.1 Lehr-/Lernprozess-bezogene Ziele 68
         3.3.1.1 Unterstützung von Lernprozessen 68
         3.3.1.2 Unterstützung von Lehrprozessen 71
      3.3.2 Technik-bezogene Ziele 74
      3.3.3 Organisations-bezogene Ziele 76
      3.3.4 Personen-bezogene Ziele 77
      3.3.5 Abgrenzung von nicht verfolgten Zielen 79
   3.4 Komponenten der Blended Learning Lösung E-LEARN 81
      3.4.1 Beschreibung der Komponente „Learning Management System" 84
      3.4.2 Beschreibung der Komponente „Informationen und Downloads" 85
      3.4.3 Beschreibung der Komponente „Asynchrone Kommunikation" 87
      3.4.4 Beschreibung der Komponente „Synchrone Kommunikation" 89
      3.4.5 Beschreibung der Komponente „Audio/Video-Live-Übertragung" 90
      3.4.6 Beschreibung der Komponente „Audio/Video-Aufzeichnungen" 97

3.4.6.1 Erstellung und Nutzung von Audio/Video-Aufzeichnungen mit der Software ePlayer 98

3.4.6.2 Erstellung und Nutzung von Audio/Video-Aufzeichnungen mit der Software Lecturnity 102

3.5 Entwurf einer Technik-Architektur für die Blended Learning Lösung E-LEARN .. 106

3.5.1 Architektur des Teilsystems „Learning Management System" 112

3.5.2 Architektur des Teilsystems Multimedia 114

3.5.3 Architektur des Teilsystems Administration 116

3.6 Einsatz von Blended Learning und E-Learning bei Veranstaltungen unterschiedlicher Bildungseinrichtungen 117

4 Erarbeitung eines konzeptionellen Bezugsrahmens zur Untersuchung von Lehr- und Lernprozessen bei Blended Learning 127

5 Erarbeitung eines Thesendesigns und Ableitung von untersuchungsleitenden Thesen zum Bereich Nutzen-/Effektivitätssteigerungen durch Blended Learning 135

5.1 Thesenbündel A: Nutzen von Blended Learning und Einfluss auf die Effektivität von Lernprozessen 137

5.1.1 Effektivitäts- und Nutzenaspekte von Audio/Video-Aufzeichnungen 137

5.1.1.1 Nutzen von Audio/Video-Aufzeichnungen im Vergleich zu ausgedruckten Folien im Lernprozess Klausurvorbereitung 138

5.1.1.2 Nutzen von Audio/Video-Aufzeichnungen im Vergleich zum Lernen im Hörsaal im Lernprozess Wissensvermittlung 142

5.1.1.3 Effektivität der Benutzeroberfläche der Audio/Video-Aufzeichnungen in den Lernprozessen Klausurvorbereitung und Wissensvermittlung 146

5.1.2 Effektivitäts- und Nutzenaspekte von Audio/Video-Live-Übertragungen 148

5.1.3 Effektivitäts- und Nutzenaspekte von synchronen Online-Tutorien 151

5.1.4 Effektivitäts- und Nutzenaspekte von asynchronen Diskussionsforen 153

5.2 Thesenbündel B: Einfluss von Blended Learning auf den Lernerfolg 155

5.3 Thesenbündel C: Änderung der Nutzung von Blended Learning im Zeitverlauf 160

6 Entwurf eines Evaluationsdesigns zur Überprüfung der Thesen durch explorative Untersuchungen 163

6.1 Konzeption der empirischen Untersuchungen 163

6.2 Struktur der empirischen Untersuchungen 167

7 Überprüfung der Thesen anhand der Ergebnisse aus den explorativen Untersuchungen 175

7.1 Thesenbündel A: Nutzen von Blended Learning und Einfluss auf die Effektivität von Lernprozessen 176

7.1.1 Effektivitäts- und Nutzenaspekte von Audio/Video-Aufzeichnungen 176

7.1.1.1 Nutzen von Audio/Video-Aufzeichnungen im Vergleich zu ausgedruckten Folien im Lernprozess Klausurvorbereitung 177

7.1.1.2 Nutzen von Audio/Video-Aufzeichnungen im Vergleich zum Lernen im Hörsaal im Lernprozess Wissensvermittlung.. 184

7.1.1.3 Effektivität der Benutzeroberfläche der Audio/Video-Aufzeichnungen in den Lernprozessen Klausurvorbereitung und Wissensvermittlung............... 197

7.1.2 Effektivitäts- und Nutzenaspekte von Audio/Video-Live-Übertragungen 201

7.1.3 Effektivitäts- und Nutzenaspekte von synchronen Online-Tutorien.................. 209

7.1.4 Effektivitäts- und Nutzenaspekte von asynchronen Diskussionsforen 218

7.2 Thesenbündel B: Einfluss von Blended Learning auf den Lernerfolg..................... 225

7.3 Thesenbündel C: Änderung der Nutzung von Blended Learning im Zeitverlauf..... 233

7.4 Zusammenfassung der Ergebnisse der empirischen Untersuchungen 238

8 Kosten der Unterstützung von Bildungsmaßnahmen durch Blended Learning 245

8.1 Allgemeines Kostenmodell zur Analyse der Kosten, die bei der Unterstützung von Bildungsmaßnahmen mit Blended Learning anfallen... 245

8.2 Analyse der Kosten am Beispiel einer konkreten Fallsituation 250

8.2.1 Kostenmodell zur Ermittlung der Kosten für Entwicklung, Betrieb, Wartung/Pflege und Weiterentwicklung von E-LEARN................................. 250

8.2.2 Mengengerüst für die Kostenrechnungen 252

8.2.3 Bei der Analyse der Kosten nicht berücksichtigte Kostenarten........................ 254

8.2.4 Ermittlung der Kosten, die für verschiedene Komponenten von E-LEARN entstehen... 255

8.2.4.1 Kosten eines Learning Management Systems................................... 255

8.2.4.2 Kosten von Audio/Video-Live-Übertragungen und Audio/Video-Aufzeichnungen 259

8.2.4.3 Kosten der Betreuung von Diskussionsforen.................................... 268

8.2.5 Zusammenfassung der bei E-LEARN anfallenden Kosten............................... 269

9 Mögliche Alternativen zur Einführung von Blended Learning aufbauend auf den Ergebnissen der empirischen Untersuchungen und Kostenanalysen 271

9.1 Herleitung möglicher Alternativen zur Einführung von Blended Learning 271

9.2 Bewertung der unterschiedlicher Alternativen... 280

9.2.1 Zusammenfassung des bei unterschiedlichen Alternativen entstehenden Nutzens.. 280

9.2.2 Zusammenfassung der bei unterschiedlichen Alternativen entstehenden Kosten.. 282

9.2.3 Hochverdichtete Zusammenfassung des Nutzens und der Kosten der Alternativen... 284

10 Mögliche weitergehende Forschungsarbeiten.. 287

10.1 Auseinandersetzung mit den im Verlauf der explorativen Untersuchungen neu aufgestellten Vermutungen 287

10.2 Quantitative Erfassung des Nutzens, der sich aus dem Einsatz von Blended Learning Lösungen ergibt 290

Literaturverzeichnis 295

Anhang A: Lernprozessbezogene Ziele des Systems E-LEARN 323

Anhang B: Befragungen an der RFH Köln 325

    Anhang B.1: Fragebogen der Anfangsbefragung 325

    Anhang B.2: Fragebogen der Zwischenbefragung 327

    Anhang B.3: Fragebogen der Abschlussbefragung 331

Anhang C: Befragungen an der Steuer-Fachschule Dr. Endriss 335

    Anhang C.1: Fragebogen des Präsenzlehrgangs 335

    Anhang C.2: Fragebogen des Fernlehrgangs 339

Anhang D: Aktivitäten bei Erstentwicklung, Betrieb und Pflege/Wartung, Weiterentwicklung von E-LEARN 343

    Anhang D.1: Aktivitäten im Rahmen der Erstentwicklung von E-LEARN 343

    Anhang D.2: Aktivitäten im Rahmen des Betriebs E-LEARN 346

    Anhang D.3: Aktivitäten im Rahmen der Wartung/Pflege und Weiterentwicklung von E-LEARN 347

Abbildungsverzeichnis

Abbildung 1: Aufbau der Arbeit 14
Abbildung 2: Lernen im Behaviorismus 19
Abbildung 3: Lernen im Kognitivismus 20
Abbildung 4: Lernen im Konstruktivismus 22
Abbildung 5: Kontinuum von Lernumgebungen nach dem Grad von Fremd- und Selbststeuerung 26
Abbildung 6: Aufteilung von Lehrprozessen in fünf Teilprozesse 27
Abbildung 7: Gestaltungsdimensionen von Informationssystemen (ATOM-Modell) 35
Abbildung 8: Dimensionen, die auf eine Blended Learning Lösung einwirken bzw. die Lösung konstituieren 37
Abbildung 9: Szenarien von Blended Learning Veranstaltungen 55
Abbildung 10: Dimensionen der Ziele des Systems E-LEARN 59
Abbildung 11: Idealtypische Technik-Architektur eines Learning Management Systems 62
Abbildung 12: Einbettung einer Technik-Architektur eines LMS in die Dimensionen Organisation, Aufgaben und Menschen 64
Abbildung 13: Komponenten der Blended Learning Lösung E-LEARN 81
Abbildung 14: Screenshot des Lehrplans des LMS CLIX 86
Abbildung 15: Schematische Darstellung der Audio/Video-Live-Übertragung 92
Abbildung 16: Screenshot der Audio/Video-Live-Übertragung 95
Abbildung 17: Benötigte Bandbreite für die Live-Übertragung an externe Teilnehmer 96
Abbildung 18: Screenshot der Video/Audio-Aufzeichnung bei Verwendung der Software ePlayer 99
Abbildung 19: Prozess der Erstellung einer Audio/Video-Aufzeichnung bei Verwendung der Software ePlayer 101
Abbildung 20: Screenshot der Video/Audio-Aufzeichnung als CD-Version bei Verwendung von Lecturnity. Auf eine vorgefertigte Folie wurden während der Vorlesung vom Dozenten Anmerkungen mit dem Interactive Pen Display erstellt. 103
Abbildung 21: Screenshot der Video/Audio-Aufzeichnung als Internet-Version bei Verwendung von Lecturnity. Die Zeichnung wurde während der Vorlesung vom Dozenten mit dem Interactive Pen Display erstellt. 104
Abbildung 22: Überblick über die Architektur des Systems E-LEARN 107
Abbildung 23: Infrastruktur-Ebene der Architektur des Systems E-LEARN 108
Abbildung 24: Software-Ebene der Architektur des Systems E-LEARN 110
Abbildung 25: Einbettung der Technik-Architektur von E-LEARN in die Dimensionen Organisation, Aufgaben und Menschen 112
Abbildung 26: Architektur des Teilsystems Learning Management System 113

Abbildung 27: Architektur des Teilsystems Multimedia 115

Abbildung 28: Blended Learning Szenarien für den Einsatz von E-LEARN 118

Abbildung 29: Screenshot einer WBT-Lerneinheit von e² E-Learning. Parallel zur animierten Grafik wird ein erklärender Text vorgelesen. 120

Abbildung 30: Konzeptioneller Bezugsrahmen der Arbeit 128

Abbildung 31: Einordnung des konzeptionellen Bezugsrahmens in die Kapitel der Arbeit 134

Abbildung 32: Möglichkeiten, an eine gesuchte Stelle einer aufgezeichneten Veranstaltung zu springen (hier bei Verwendung der Software Lecturnity) 140

Abbildung 33: Schwierigkeiten bei der gleichzeitigen Bewältigung von Arbeit und Studium (RFH, N=20) 177

Abbildung 34: Nutzen von Audio/Video-Aufzeichnungen im Vergleich zu ausgedruckten Folien (RFH, N=20) 178

Abbildung 35: Vergleich Lernen mit Audio/Video-Aufzeichnungen und Lernen mit ausgedruckten Folien (RFH, N=20) 179

Abbildung 36: Nutzen von Audio/Video-Aufzeichnungen im Vergleich zum Besuch der Präsenzveranstaltung (RFH, N=20) 184

Abbildung 37: Vergleich Lernen mit Audio/Video-Aufzeichnungen und Lernen im Hörsaal (RFH, N=20) 185

Abbildung 38: Nutzungsverhalten bei Audio/Video-Aufzeichnungen (RFH, N=19) 185

Abbildung 39: Nutzung von unterschiedlich langen Abschnitten von Audio/Video-Aufzeichnungen (Logfile-Analyse, Uni Köln WS 02/03 & SS 03) 188

Abbildung 40: Aufarbeiten von verpassten Veranstaltungen mit Audio/Video-Aufzeichnungen (RFH, N=20) 195

Abbildung 41: Qualitätsmerkmale der Audio/Video-Aufzeichnungen (RFH, N=26) 197

Abbildung 42: Unterstützung von Lernprozessen durch das Videobild (RFH, N=18) 200

Abbildung 43: Gründe, nicht an der Präsenzveranstaltung teilzunehmen (RFH, N=20) 204

Abbildung 44: Anzahl der Präsenzteilnehmer und Teilnehmer der Audio/Video-Live-Übertragung im WS 02/03 an der Uni Köln 205

Abbildung 45: Kommunikationskanäle für fachlich-inhaltliche und formale Fragen (VWA Köln: N=26; VWA Trier: N=20) 219

Abbildung 46: Rolle des Diskussionsforum bei der Prüfungsvorbereitung und Wissensvermittlung (Uni Köln WS 02/03, N=54) 220

Abbildung 47: Unterstützung verschiedener Lernangebote bei Lernprozessen (Uni Köln WS 02/03, N=54) 221

Abbildung 48: Anzahl der Beiträge pro Monat in den Diskussionsforen zu einzelnen Fächern (Logfile-Analyse, Steuer-Fachschule) 222

Abbildung 49: Nutzen des Lesens und Schreibens von Beiträgen in Diskussionsforen (Steuer-Fachschule, N=130) 223

Abbildungsverzeichnis

Abbildung 50: Streudiagramm der Noten in Abhängigkeit von E-Learning Nutzung und Motivation (Steuer-Fachschule, N=103) 226

Abbildung 51: Nutzen unterschiedlicher Lernkanäle bzw. Lernangebote (RFH, N=20) 229

Abbildung 52: Durchschnittliche Punktzahl in der Klausur in Abhängigkeit von der Nutzung unterschiedlicher Angebote (RFH, N=20) 230

Abbildung 53: Nutzung von e^2 E-Learning im Verlauf der Veranstaltung (Steuer-Fachschule, N=115) 236

Abbildung 54: Gründe für die Nutzung von E-LEARN (RFH, N=20) 241

Abbildung 55: Weitere Gründe für die Nutzung von E-LEARN (RFH, N=20) 241

Abbildung 56: Gründe für die Nutzung von E-LEARN (Uni Köln, N=94) 242

Abbildung 57: Gründe für die Nutzung von e^2 E-Learning (Steuer-Fachschule, N=133) 243

Abbildung 58: Aktivitäten bei Aufbau, Betrieb und Weiterentwicklung von Blended Learning Maßnahmen, die Kosten verursachen 247

Abbildung 59: Pragmatisches Kostenmodell zur Ermittlung der Kosten für Entwicklung, Betrieb, Wartung/Pflege und Weiterentwicklung von E-LEARN 251

Abbildung 60: Gesamtkosten der Alternativen pro Veranstaltung pro Semester in Abhängigkeit von der Anzahl der Veranstaltungen pro Semester 282

Tabellenverzeichnis

Tabelle 1: Situationen, in denen der Einsatz von Blended Learning im Rahmen dieser Arbeit untersucht wurde 12

Tabelle 2: Beispiele für Lernkanäle mit zugehörigem Übertragungsmedium, Codierung und Sinnesmodalität 48

Tabelle 3: Klassifikation verschiedener Lernkanäle nach Raum und Zeit 50

Tabelle 4: Unterrichts-Medien, die von E-LEARN unterstützt werden sollen 72

Tabelle 5: Überblick über verschiedenen Komponenten und Lernkanäle des Systems E-LEARN 83

Tabelle 6: Vergleich der Funktionalität von ePlayer und Lecturnity 98

Tabelle 7: Von E-LEARN benutzte Anwendungs-Software 111

Tabelle 8: Situationen, in denen der Einsatz von Blended Learning untersucht wurde ... 117

Tabelle 9: Vergleich der untersuchten Veranstaltungen mit unterschiedlichen Blended Learning Ansätzen 125

Tabelle 10: Gliederung der Thesen und Zuordnung zu Thesenbündeln 136

Tabelle 11: Messung des Lernerfolgs in Abhängigkeit von Motivation und E-Learning Nutzung 157

Tabelle 12: Übersicht über die durchgeführten empirischen Untersuchungen in chronologischer Reihenfolge 167

Tabelle 13: Zeitlicher Ablauf der Veranstaltung und der Befragungen 170

Tabelle 14: Anzahl der Befragten bei der Steuer-Fachschule 173

Tabelle 15: Computerausstattung der Studierenden zu Hause (RFH, N=36) 176

Tabelle 16: Vorgehen, um mit Audio/Video-Aufzeichnungen eine gesuchte Videostelle in der Veranstaltung zu finden (RFH, N=19) 180

Tabelle 17: Nutzungsintensität der Audio/Video-Aufzeichnungen (Uni Köln SS 03, N=35) 187

Tabelle 18: Persönlicher Kontakt zu Mitstudenten und Dozenten (RFH, N=20) 191

Tabelle 19: Korrelationen zwischen Dimensionen (RFH, N=19) 192

Tabelle 20: Substituieren von Präsenzveranstaltungen durch Audio/Video-Aufzeichnungen 193

Tabelle 21: Einfluss externer Faktoren auf die Teilnehmerzahl bei Präsenzveranstaltung und Audio/Video-Live-Übertragung (RFH) 194

Tabelle 22: Computerkenntnisse und Schulungsbedarf der Befragten (RFH, N=25) ... 199

Tabelle 23: Bevorzugung von Video, Audio und Folien gegenüber Audio und Folien (RFH, N=19) 200

Tabelle 24: Internetzugang der Studierenden (RFH, N=36) 202

Tabelle 25: Teilnehmerzahlen während des Pilotversuchs an der RFH 203

Tabelle 26: Klausurerfolg von Lernergruppen, die Audio/Video-Live-Übertragungen nutzten 208

Tabelle 27: Effektivität von Präsenzveranstaltung und Online-Tutorium bei der Klausurvorbereitung (VWA Köln, VWA Trier) 211

Tabelle 28: Anteil der informellen, organisatorischen und fachlichen Beiträge bei Online-Tutorien (VWA Köln, VWA Trier) 212

Tabelle 29: Durchschnittliches Klausurergebnis in Abhängigkeit von der Beteiligung an Online-Tutorien (VWA Köln) 213

Tabelle 30: Qualitative Aussagen pro und contra Online-Tutorien (Uni Köln SS 03) 216

Tabelle 31: Durchschnittsnoten in Abhängigkeit von E-Learning Nutzung und Motivation (Steuer-Fachschule, N=103) 227

Tabelle 32: Durchschnittsnote in Abhängigkeit von der Nutzung von Audio/Video-Aufzeichnungen (Uni Köln SS 03, N=35) 232

Tabelle 33: Umstellung der Lerngewohnheiten (RFH, N=22) 234

Tabelle 34: An verschiedenen Zeitpunkten ermittelte Zahlungsbereitschaft der Studierenden für eine Veranstaltung (N=17) 235

Tabelle 35: Verdichtete Ergebnisse der Überprüfung von Thesenbündel A 239

Tabelle 36: Verdichtete Ergebnisse der Überprüfung von Thesenbündel B 240

Tabelle 37: Verdichtete Ergebnisse der Überprüfung von Thesenbündel C 240

Tabelle 38: Kostenbereiche und Aktivitätenblöcke, in denen Kosten bei Entwicklung, Betrieb und Weiterentwicklung von Blended Learning Lösungen entstehen 249

Tabelle 39: Für die Kostenanalyse verwendetes Mengengerüst 253

Tabelle 40: Einmalige Kosten eines LMS bei drei verschiedenen Bildungseinrichtungen .. 256

Tabelle 41: Gesamtkosten (Betriebskosten inkl. Abschreibungen) eines Learning Management Systems 258

Tabelle 42: Kosten für Betreuung, Organisation und Koordination pro Veranstaltung 259

Tabelle 43: Für die Durchführung von Audio/Video-Live-Übertragungen und -Aufzeichnungen benötigtes Personal 261

Tabelle 44: Einmalige Investitionskosten für Audio/Video-Live-Übertragungen und -Aufzeichnungen 262

Tabelle 45: Einmalig pro Semester anfallende Betriebskosten 264

Tabelle 46: In einem Semester pro Veranstaltung anfallende Betriebskosten 265

Tabelle 47: Einmalig pro Semester anfallende Betriebskosten inkl. Abschreibungen für Investitionskosten 266

Tabelle 48: Summe der laufenden Betriebskosten pro Semester 266

Tabelle 49: Gesamtkosten für Audio/Video-Live-Übertragungen und -Aufzeichnungen bei drei, sechs und zwölf Veranstaltungen pro Semester 267

Tabelle 50: Verteilung der Gesamtkosten auf eine Veranstaltung, einen Teilnehmer und eine Doppelstunde 267

Tabelle 51: Kosten pro Semester, die bei der inhaltlichen Betreuung eines Diskussionsforums für ein Fach entstehen 268

Tabelle 52: Vergleich der Gesamtkosten für unterschiedliche Blended Learning Angebote 270

Tabelle 53: Alternativen zur Realisierung von Blended Learning 272

Tabelle 54: Kosten von Alternative A1 274

Tabelle 55: Kosten von Alternative B1 275

Tabelle 56: Kosten von Alternative A2 277

Tabelle 57: Kosten von Alternative B2 278

Tabelle 58: Zusammenfassung und Bewertung der Alternativen zum Einsatz von Blended Learning 281

Tabelle 59: Kosten pro Teilnehmer pro Veranstaltung und pro Doppelstunde der Alternativen in Abhängigkeit von der Anzahl der Veranstaltungen pro Semester 283

Tabelle 60: Hochverdichtete Zusammenfassung des Nutzens und der Kosten der Alternativen 285

Abkürzungsverzeichnis

ActiveX	Active Extension
Anm.	Anmerkung
API	Application Programmer's Interface
ASP	Active Server Pages
ATM	Asynchronous Transfer Mode
Aufl.	Auflage
bzw.	beziehungsweise
ca.	circa
CBT	Computer Based Training
CD	Compact Disc
CEMS	Community of European Management Schools
CLIX	Corporate Learning & Information eXchange
CUU	Computer unterstützter Unterricht
d.h.	das heißt
DFN	Deutsches Forschungsnetz
DSL	Digital Subscriber Line
Dstd.	Doppelstunde (90 Minuten)
DVD	Digital Versatile Disk
E-Learning	Electronic Learning
E-Mail	Electronic Mail
EmLeSol	Embedded Learning Solution
ELS	Electronic Learning System
etc.	et cetera
F durch E	Forschung durch Entwicklung
F durch E und B	Forschung durch Entwicklung und Betrieb
f.	folgende

ff.	fort folgende
ggf.	gegebenenfalls
h	Stunde
H.	Heft
HHW	Handelshochschule Warschau
Hrsg.	Herausgeber
HTML	Hypertext Markup Language
i.d.R.	in der Regel
IIS	Microsoft Internet Information Services
IKT	Informations- und Kommunikationstechnik
ILIAS	Integriertes Lern-, Informations- und Arbeitskooperations-System
ILS	Integrated Learning System
IP	Internet Protokoll
ISDN	Integrated Services Digital Network
ISO	International Standards Organization
IT	Informationstechnik
i.e.S.	im engeren Sinne
i.w.S.	im weiteren Sinne
Kap.	Kapitel
kbit/s	Kilobit pro Sekunde
LMS	Learning Management System
mbit/s	Megabit pro Sekunde
MIS	Management-Informationssystem
ms	Millisekunde
N	Anzahl der Befragten
PC	Personal Computer
PDF	Portable Document Format
RFH	Rheinische Fachhochschule Köln

S.	Seite
SS	Sommersemester
SDK	Software Development Kit
SMS	Short Message Service
Std.	Stunde (60 Minuten)
SQL	Structured Query Language
u.a.	und andere
Uni Köln	Universität zu Köln
URL	Uniform Resource Locator
USB	Universal Serial Bus
Verf.	Verfasser
vgl.	vergleiche
VoD	Video on Demand
VWA	Verwaltungs- und Wirtschaftsakademie
WBT	Web Based Training
Wiss. Mitarbeiter	Wissenschaftlicher Mitarbeiter
WS	Wintersemester
WWW	World Wide Web
z.B.	zum Beispiel
z.T.	zum Teil

1 Einleitung

1.1 Problemstellung und Motivation

Die Aufgabenvielfalt von Managern und Angestellten in modernen Unternehmen wird immer größer und die Umwelt innerhalb und außerhalb von Unternehmen immer komplexer. Dementsprechend wird das benötigte Wissen zunehmend wichtiger und muss ständig auf dem aktuellen Stand gehalten werden.[1] Das in der Ausbildung einmal erworbene Wissen reicht für viele Aufgaben nicht mehr aus und muss erneuert werden. Universitäten und die von ihnen angebotenen Abschlüsse bieten zwar die Basis für den Einstieg in den Beruf, jedoch folgen während der Berufstätigkeit meist Weiterbildungsphasen, in denen aktuelles Wissen vermittelt werden soll.[2] Deshalb spielt das Lernen im gesamten Berufsleben eine wichtige Rolle („Life-Long-Learning") und muss neben betrieblichen Aufgaben und privaten Interessen, wie Freizeit und Familie, erledigt werden.[3]

Durch die schnelle Entwicklung der Informationstechnik und die daraus resultierende gestiegene Leistungsfähigkeit und Verfügbarkeit von multimedialen Anwendungen konnte in den letzten Jahren verstärkt E-Learning und Blended Learning[4] in die klassischen Lehr- und Lernprozesse[5] eingeführt werden. Die Nutzung moderner Informations- und Kommunikationstechnologien ist eine maßgebliche Voraussetzung dafür, dass das lebenslange selbstgesteuerte Lernen realisiert werden kann.[6] Aus- und Weiterbildungsträger forcieren nachdrücklich den Einsatz von multimedialen Online-Bildungsangeboten substitutiv oder ergänzend zu traditionellen Lehr- und Lernarrangements.[7] Das Angebot hochwertiger E-Learning Materialien ist jedoch vergleichsweise gering.[8]

Auch die Kombination beider Ansätze, das Blended Learning, wird zunehmend wichtiger. Durch Online-Lernangebote kann die traditionelle Präsenzlehre ergänzt und zum Teil substituiert werden.[9] Die neuen Ansätze bieten eine größere räumliche und zeitliche Flexibili-

---

[1] Vgl. Bucher; Colomb; Hostettler /E-Learning für Wissens-Management 2001/ 44.
[2] Vgl. Zinke; Härtel /Praxis von E-Learning 2004/ 8.
[3] Vgl. Kraemer; Milius; Zimmermann /Elektronische Bildungsmärkte 1998/ 578.
[4] Für die Definition von E-Learning und Blended Learning vgl. Kap. 2.3, S. 29ff.
[5] Für die Definition von Lehr- und Lernprozessen vgl. Kap. 2.2, S. 23ff.
[6] Vgl. Dohmen /Lebenslanges Lernen 1997/ 27ff.
[7] Vgl. Ehrenberg; Scheer; Schumann; Winand /Interuniversitäre Lehr- und Lernkooperationen 2001/ 5.
[8] Vgl. Weber /Informationstechnologien für die Aus- und Weiterbildung 2003/ 27.
[9] Vgl. Ehrenberg; Winand /Virtuelle Aus- und Weiterbildung 2001/ 3.

tät.[10] Dies ist besonders für berufstätige Teilzeit-Lerner vorteilhaft, die aufgrund eines beschränkten Zeitbudgets an traditionellen Präsenzveranstaltungen nur schwierig teilnehmen können.[11]

Durch die Nutzung von Blended Learning besteht das Potenzial, Kosten zu senken, denn rund 50 Prozent der Kosten externer Weiterbildungsmaßnahmen entfallen auf die Nebenkosten (Fahrtkosten, Übernachtungskosten, Arbeitsausfall usw.).[12]

Blended Learning ist daher insbesondere für die berufsbegleitende Weiterbildung nützlich und wird von einigen Autoren als eine Bedingung für lebenslanges Lernen gesehen.[13] Inzwischen hat sich eine Vielzahl von Anwendungsmöglichkeiten für Blended Learning eröffnet, die sich in ihren Zielen, ihren Methoden sowie durch die eingesetzte Technologie und Medien unterscheiden.

Damit Blended Learning Bildungsmaßnahmen[14] erfolgreich angeboten und durchgeführt werden können, muss unter anderem Technik in Form von Hard- und Software sowie die notwendige IT-Infrastruktur ausgewählt, gekauft, implementiert und getestet werden. Lerninhalte müssen mediengerecht aufbereitet werden und ggf. eine Online-Betreuung durch Tutoren organisiert werden.[15] Daraus ergeben sich zahlreiche Probleme und Fragestellungen in technischen und betriebswirtschaftlichen, aber auch in sozialen und pädagogischen Bereichen.[16]

Mit Hilfe von Blended Learning kann Lernern ein „Life-Long-Learning" während bzw. für ihr gesamtes Berufsleben ermöglicht werden.

---

[10] Vgl. Ehrenberg /Internetbasierte Lehrangebote 2001/ 40.

[11] Vgl. Kerres; Voß /Mediennutzung auf dem Digitalen Campus 2003/ 10, Zinke; Härtel /Praxis von E-Learning 2004/ 8 und Stockmann /Evaluation von E-Learning 2004/ 23f.

[12] Vgl. Bucher; Colomb; Hostettler /E-Learning für Wissens-Management 2001/ 44.

[13] Vgl. Laur-Ernst /E-Learning - eine Bedingung für lebenslanges Lernen 2004/ 11.

[14] Für die Definition des Begriffs Bildungsmaßnahme vgl. Kap. 2.4, S. 34.

[15] Vgl. Coenen; Seibt /Marktentwicklung 2001/ 93f.

[16] Vgl. Hansen /E-Learning, Distance Learning 2002/ 1.

1.2 Zielsetzung und explorativer Forschungsansatz der Arbeit

Zielsetzung der Arbeit

Aus dem großen Angebot an Lehr- und Lernmethoden greift diese Arbeit Blended Learning heraus und untersucht das Potenzial der Verwendung von Blended Learning Ansätzen in der berufsbegleitenden Aus- und Weiterbildung sowie in Präsenzstudiengängen an Hochschulen. Dabei werden Informations- und Kommunikationstechniken sowohl konzeptionell als auch explorativ auf ihre Eignung für Lehr-/Lernprozesse analysiert. Im Mittelpunkt steht die Gestaltung, Anwendung und Wirkung von Blended Learning Systemen zur Unterstützung von Lehr-/Lernprozessen.

Die Grundlage der vorliegenden Arbeit bildet das System „E-LEARN", das auf dem System „WI-Pilot I"[17] basiert. E-LEARN wird seit 2001 an unterschiedlichen privaten und öffentlichen Bildungseinrichtungen eingesetzt und ständig weiterentwickelt. Durch die während der Nutzung gewonnenen Ergebnisse wurde die Weiterentwicklung des Systems gesteuert.

Im Rahmen dieser Arbeit wurden mehrere explorative empirische Untersuchungen durchgeführt, in denen die **Effektivität** von Blended Learning, der **Nutzen**, der sich für Studierende aus Blended Learning ergibt und die **Kosten**, die Blended Learning verursacht, untersucht wurden.

Für die Untersuchungen wurde ein explorativer Forschungsansatz benutzt. Auf Grundlage wissenschaftlicher Literatur und empirisch erhobener Daten wurden Thesen aufgestellt, die einen vorläufigen Rang haben. Diesen Thesen wurden Ergebnissen aus explorativen Untersuchungen gegenübergestellt und anhand der dabei gewonnenen Erkenntnisse beurteilt. Gegebenenfalls wurden die Thesen konkretisiert und verändert.

Ziel der Arbeit ist der Gewinn von Erfahrungen und Erkenntnissen, der mit dem Abschluss dieser Arbeit noch nicht beendet ist, sondern durch weitere, auf ihr aufbauende Untersuchungen schrittweise weitergeführt werden muss.

Aus der Vielzahl der denkbaren Möglichkeiten der Blended Learning Unterstützung werden in dieser Arbeit multimediale Lernformen (Audio/Video-Live-Übertragungen und Audio/Video-Aufzeichnungen von Präsenzveranstaltungen), synchrone und asynchrone Kommunikationsformen (z.B. Diskussionsforen, E-Mail, Online-Tutorien, Online-Chats) sowie

---

[17] Das System „WI-Pilot I" wurde von 1996 bis 2001 am Lehrstuhl für Wirtschaftsinformatik, insb. Informationsmanagement an der Universität zu Köln entwickelt und evaluiert (vgl. Seibt; Coenen /Computer- und netzgestütztes multimediales Lernen 2000/; Coenen /E-Learning Architektur für universitäre Lehr und Lernprozesse 2001/).

elektronische Informationen und Downloads von Lernmaterialen und Literaturhinweisen herausgegriffen und untersucht.

Es wird dabei von einer vorgegebenen Lernsituation ausgegangen, die sich durch die Lernprozesse, die Lernziele, die Lernumgebung, die Lerner usw. definiert. Diese Lernsituation kann unterstützt werden durch:

1. klassische/traditionelle Lernmethoden und Systeme,
2. E-Learning Methoden und Systeme oder
3. einer Kombination von 1. und 2. (Blended Learning).

Im Rahmen dieser Arbeit werden Blended Learning Lösungen untersucht. Der Schwerpunkt dieser Arbeit liegt auf der Behandlung folgender Forschungsfragen:[18]

Können bei einer vorgegebenen Kombination von Lernprozessen, Lernzielen, Lernumgebungen, Lernern etc. durch den Einsatz von Blended Learning Lösungen

- die **Effektivität** dieser Kombination von Lernprozessen, Lernzielen, Lernumgebungen, Lernern etc. verbessert werden,

- der **Nutzen** dieser Kombination von Lernprozessen, Lernzielen, Lernumgebungen, Lernern etc. erhöht werden,

- die **Kosten** dieser Kombination von Lernprozessen, Lernzielen, Lernumgebungen, Lernern etc. gesenkt werden?

Bei allen drei Forschungsfragen schließt sich die Frage an, wie dies geschehen kann. Um diese Fragen zu klären, wurde über einen Zeitraum von vier Jahren eine Vielzahl von explorativen Untersuchungen durchgeführt, in denen sowohl Lerner im universitären Umfeld als auch Lerner in berufsbegleitenden Aus- und Weiterbildungseinrichtungen befragt wurden.

Explorativer Forschungsansatz der Arbeit

In Abhängigkeit von den primären Forschungszielen einer wissenschaftlichen Arbeit unterscheidet *Grochla* generell drei mögliche Forschungsstrategien:[19]

- Bei der **sachlich-analytischen Forschungsstrategie** liegt der Schwerpunkt auf der Verbesserung der „Informativität" des Bezugsrahmens[20].[21]

---

[18] Der konzeptionelle Bezugsrahmen, auf dem die im Rahmen dieser Arbeit durchgeführten Untersuchungen basieren, ist in Kap. 4, S. 127ff. dargestellt.

[19] Vgl. hier und im Folgenden Grochla /Einführung in die Organisationstheorie 1978/ 66ff.

- Die **empirische Forschungsstrategie** verfolgt die Absicherung bzw. Bestätigung des Bezugsrahmens.[22]
- Ziel der **formal-analytischen Forschungsstrategie** ist die Erweiterung der entscheidungstechnischen Verwendbarkeit des Bezugsrahmens.[23]

Diese Arbeit verfolgt einen explorativen Forschungsansatz und folgt somit hauptsächlich der empirischen Forschungsstrategie und zu einem geringeren Teil der formal-analytischen Forschungsstrategie. Der konzeptionelle Bezugsrahmen der Arbeit ist in Kapitel 4 (S. 127ff.) dargestellt.

In Bezug auf die Evaluation telemedialer und multimedialer Lernumgebungen ergab sich eine kontroverse Diskussion über die Funktion und den Stellenwert von Evaluation.[24] *Keil-Slavik* vertritt die Auffassung, dass die Verbesserung der Hochschullehre auch mittels neuer Techniken zu den normalen Dienstaufgaben eines Hochschullehrers gehöre und nicht mit dem Wort Evaluation bezeichnet werden sollte.[25] Durch Evaluation könnten unterschiedliche Blended Learning Projekte nicht verglichen werden. Ergebnisse der Evaluation seien nicht verallgemeinerbar und schließlich in sich widersprüchlich. „Zu jedem Befund einer Studie lässt sich mindestens eine Studie mit einem gegensätzlichen Befund finden."[26] Das eigentliche Ziel, nämlich die Verbesserung der Hochschullehre könne deshalb nicht mittels „traditioneller" Evaluationsforschung, sondern nur durch eine evolutionäre Systemgestaltung erreicht werden.

---

[20] Ein Bezugsrahmen stellt die in den Untersuchungen betrachteten Untersuchungsobjekte dar und ordnet sie und stellt den Zusammenhang zwischen ihnen her (vgl. Grochla /Einführung in die Organisationstheorie 1978/ 55 und 62f.). Der Bezugsrahmen beschreibt aufbauend auf der Forschungsfrage die zu untersuchenden Gegenstände mit ihren relevant erscheinenden Merkmalen, Indikatoren zur Erfassung dieser Merkmale und Annahmen über die Zusammenhänge zwischen ihnen.

[21] Ziel ist es dabei, komplexe Zusammenhänge durch die Präzisierung kausaler Annahmen in vier Präzisierungsstufen zu durchdringen: Zwischen welchen Größen existieren Beziehungen? In welcher Richtung existieren Beziehungen? Mit welchem Vorzeichen existieren Beziehungen? Mit welcher Stärke existieren Beziehungen?

[22] Dies geschieht durch die Beschreibung und Prüfung der Treffsicherheit der Beschreibungsmerkmale des Forschungsobjekts und durch die Ableitung von Messinstrumenten und die daran anschließende Ableitung und Operationalisierung von Beziehungen und Ursache-Wirkungs-Zusammenhängen.

[23] Dies wird durch Herleitung vereinfachter und mehr oder weniger abstrahierter Beschreibungen der Problemstrukturen erreicht, die einen unmittelbaren Problembezug haben. Ausgehend von bestimmten Zielvorschriften und Aussagen über die Realität werden Vorgehensweisen für die Erreichung einer möglichst guten Lösung aufgezeigt. Ziel ist dabei weniger die vollständige Realitätserkenntnis, sondern die geeignete Anwendung eines Methodenvorrats auf bestimmte Problemsituationen.

[24] Vgl. Fricke /Evaluation von Multimedia 2002/ 453.

[25] Vgl. Kindt /Projektevaluation in der Lehre 1999/ 128ff.

[26] Keil-Slawik /Evaluation als evolutionäre Systemgestaltung 1999/ 12.

Baumgartner vertritt dagegen den Standpunkt, dass eine richtige und konsequent angewendete traditionelle Evaluationsforschung zur Erforschung und Verbesserung der multimedialen Hochschullehre beitragen kann.[27]

Der Schwerpunkt der empirischen Sozialforschung wurde lange Zeit auf quantitative Analysemethoden gelegt.[28] Dabei werden mit Hilfe von umfangreichen und repräsentativ ausgerichteten Untersuchungen, die statistisch ausgewertet werden, im Vorfeld formulierte Thesen überprüft.[29] *Wollnik* spricht in diesem Zusammenhang von einem „absoluten Empirismus"[30], der dadurch erreicht wird.

Von einigen Autoren wird kritisiert, dass das „Prinzip des kritischen Rationalismus"[31] bei diesem Ansatz nicht gebührend berücksichtigt wird. Nach dem „Prinzip des kritischen Rationalismus", das auf *Popper* zurückgeht, kann keine noch so große Zahl von Messungen und Bestätigungen eine sichere Erkenntnis der Wahrheit einer Theorie ermöglichen. Eng verbunden damit ist der Falsifikationismus, in dem davon ausgegangen wird, dass Hypothesen niemals verifiziert, sondern immer nur falsifiziert werden können. Die alleinige Ausrichtung auf die quantitativen Methoden der empirischen Sozialforschung wird daher zum Teil kritisch gesehen.[32]

Lamnek schlägt vor, im Vorfeld einer umfangreichen Untersuchung das Forschungsgebiet mit einer eher deskriptiv ausgerichteten Zielsetzung „explorativ zu strukturieren"[33]. Dies kann insbesondere bei aktuellen Themenstellungen der Wirtschaftsinformatik, die von dynamischen, technischen und konzeptionellen Weiterentwicklungen geprägt sind, vorkommen.[34] *Szyperski* sieht in einem explorativen, mehrstufigen Vorgehen den Vorteil, dass die Stärken der Forschungsansätze möglichst weitgehend erschlossen werden und Schwächen soweit wie möglich ausgeglichen werden.[35]

---

[27] Vgl. Kindt /Projektevaluation in der Lehre 1999/ 134.
[28] Vgl. Lamnek /Methoden und Techniken 1995/ 1f.
[29] Vgl. Lamnek /Methodologie 1995/ 258ff.
[30] Wollnik /Explorative Verwendung von Erfahrungswissen 1977/ 38.
[31] Vgl. Popper /Forschungslogik 1969/ und Schnell et al. /Empirische Sozialforschung 1999/ 50f.
[32] Vgl. Lamnek /Methodologie 1995/ 6ff.
[33] Lamnek /Methodologie 1995/ 31.
[34] Vgl. Müller-Merbach; Möhrle /Empirische Forschung 1993/ 613.
[35] Vgl. Szyperski /Orientierung 1971/ 279ff.

Unter Exploration versteht *Friedrichs* die „zielgerichtete Suche nach der Erkenntnis eines Objekts"[36]. Er empfiehlt ein exploratives Vorgehen, wenn auf Grund der Neuartigkeit des Untersuchungsgegenstandes nicht davon ausgegangen werden kann, dass aus der Literatur eine hinreichende Präzisierung des Problems möglich ist. *Wollnik* definiert Exploration im Rahmen einer Diskussion über die Grundlagen der explorativen Forschung in der Betriebswirtschaft wie folgt:

> *„Während unter Exploration vielfach die erste empirische und theoretische Orientierung in einem Forschungsbereich zur Vorbereitung größerer, prüfungsbezogener empirischer Studien verstanden wird, fassen wir Exploration allgemeiner ,als informationale Ausschöpfung von systematisch gewonnenem Erfahrungswissen zum Zweck der Theoriebildung.'"*[37]

Gemäß *Grochla* werden bei der empirischen Forschungsstrategie die folgenden Schritte durchlaufen:[38]

- Begriffliche Systematisierung und Darstellung der potenziellen Zusammenhänge im Konzeptionsrahmen; Formulierung der untersuchungsleitenden Thesen
- Deskriptive Beschreibung realer Ausprägungen und erkennbarer Wirkungszusammenhänge anhand von Fallbeispielen
- Erklärung bzw. Systematisierung und Ordnung der empirisch vorgefundenen Beziehungszusammenhänge
- Ableitung von Hilfestellungen zu Problemlösung bzw. Entwicklung neuer, präzisierter Thesen für weitere Untersuchungen

Dieses Vorgehen wird für die vorliegende Arbeit gewählt und in den folgenden Kapiteln durchgeführt.[39]

Forschung durch Entwicklung und Betrieb

Der komplexe reale Sachverhalt einer Blended Learning Umgebung mit der Vielzahl der daran beteiligten Individuen (sowohl auf Lerner- als auch auf Lehrerseite), Lernsituationen und Lerngegenstände lässt sich nicht unter komplett kontrollierbaren Bedingungen nachbil-

---

[36] Friedrichs /Sozialforschung 1990/ 122.
[37] Wollnik /Explorative Verwendung von Erfahrungswissen 1977/ 42f.
[38] Vgl. Grochla /Einführung in die Organisationstheorie 1978/ 70f.
[39] Zum Aufbau der Arbeit vgl. Kap. 1.3, S. 13f.

den. Stattdessen müssen Befragungen und Untersuchungen während der Nutzung eines Blended Learning Systems erfolgen. Dabei kann es zu einer Beeinflussung der Lerner durch Störvariablen kommen, die im Verlauf der Untersuchung nicht alle bekannt sind bzw. nicht alle gesteuert werden können.

Geukes und *Apostolopoulos* merken dazu an:

> *„Die Frage nach der Verbesserung der Lehre durch multimediale Lernsoftware kann deshalb nicht pauschal beantwortet werden, weil die Evaluation der Lehre an sich methodisch besonders komplex ist. Hinzu kommt, dass die gemachten Beobachtungen keinesfalls ausreichen, um statistisch gesicherte Aussagen machen zu können, insbesondere deshalb, weil sich die Lern- und Arbeitsbedingungen unter den Studierenden ständig ändern und demnach für statistische Vergleiche nicht herangezogen werden können."* [40]

Ausgangspunkt des Ansatzes **Forschung durch Entwicklung** (abgekürzt: „F durch E") ist, dass sich ein komplexer realer Sachverhalt nicht in einer Laborsituation nachbilden lässt.[41] Auch ist die Erfassung der Realität mit klassischen Erhebungsinstrumenten nicht immer möglich, da die Untersuchungsziele, -ansätze und -methoden nicht frei bestimmt werden können. Der Forscher muss stattdessen das Erkenntnisziel und sein Vorgehen auf die in der Praxis möglichen Gestaltungsvarianten einschränken.

Die Begrenzung des von *Szyperski* und *Seibt* in den siebziger Jahren vorgeschlagenen und in großen, öffentlich geförderten Pilotprojekten verfolgten Ansatzes „F durch E" auf die Probleme der Informationssystem-Entwicklung hat einen historischen, mit der MIS-Forschung zusammenhängenden Hintergrund (vgl. hierzu die Ausführungen in Abschnitt 2.4). Damals ging es primär um die Überwindung einer Vielzahl von Problemen der Informationssystem-Entwicklung in Unternehmen, mit deren Lösung die Praxis kaum Erfahrung besaß. Die Gestaltungserfahrungen der Unternehmen haben zwar erheblich zugenommen. Dennoch fehlt auch heute die systematische Aufbereitung, Evaluierung und Veröffentlichung der positiven und negativen Erfahrungen aus Informationssystem-Projekten in der betrieblichen Realität. Der typische Praktiker dokumentiert seine Erfahrungen nicht. Man weiß zwar, dass man Fehler macht. Aber man spricht nicht über die eigenen Fehler.

Aus Sicht der Wirtschaftsinformatik ist der Forschungsansatz „F durch E" heute genauso wichtig wie in den siebziger Jahren. Der Gestaltungsgegenstand „Entwicklungsprozesse"

---

[40] Geukes; Apostolopoulos /Didaktik, Produktion und Einsatz multimedialer Lernsysteme 2000/ 175.

[41] Vgl. Szyperski /Orientierung 1971/ 258f.; Seibt /Forschung durch Entwicklung 1981/ 301ff. und Lamnek /Qualitative Sozialforschung 1989/ 20.

erweist sich heute allerdings als zu eng abgegrenzt. Man sollte ihn erweitern um den Gestaltungsgegenstand „Betriebsprozesse". **Forschung durch Entwicklung und Betrieb** (abgekürzt: „F durch E und B") von Blended Learning Systemen als ein spezieller Typ von betrieblichen Informationssystemen bildet das explorative Forschungszentrum dieser Arbeit.

Modellversuchsforschung

In der Wirtschaftspädagogik wird in diesem Zusammenhang von **Modellversuchsforschung** gesprochen. *Sloane* und *Twardy* definieren Modellversuche als „Versuchsmaßnahmen mit Erprobungscharakter", die dem Ziel dienen, „die Ausbildungspraxis den theoretischen Einsichten und praktischen Bedürfnissen entsprechend zu gestalten."[42]

Ausgangspunkt ist die Überlegung, dass sich Aus- und Weiterbildung nicht im Labor nachstellen lassen. Die Vielzahl von intervenierenden Faktoren im Feld macht es auch bei aufwändigen methodologischen Absicherungen schwierig, Wirkungsgrößen allein mit empirischen Modellen zu identifizieren.[43]

Stattdessen werden bei Modellversuchen berufspädagogische Modelle in der Praxis, in der theoretischen Gestaltung der Berufsbildungswirklichkeit und in der exemplarischen und transferierbaren Problemlösung für die berufliche und betriebliche Wirklichkeit erprobt.[44] Modellversuche sind zu einem wichtigen Instrument in der Entwicklung der beruflichen Weiterbildung geworden. Dabei sollen innovative Konzepte der beruflichen Aus- und Weiterbildung zunächst in einem überschaubaren Rahmen in einzelnen Bildungseinrichtungen überprüft werden, bevor sie in der allgemeinen Bildungspraxis übernommen werden.

Problematisch an Modellversuchen wird die Rolle der wissenschaftlichen Begleitforschung gesehen, da der Wissenschaftler zum einen an der Umsetzung innovativer Maßnahmen beteiligt ist und diese Maßnahmen andererseits als unabhängiger neutraler Beobachter beurteilen soll. *Euler* schreibt dazu: „Einerseits wird der wissenschaftlichen Begleitung eine Unabhängigkeit gegenüber dem Projekt zugestanden, andererseits wird von ihr erwartet, dass sie sich in diese Prozesse der Praxisveränderung aktiv einbezieht."[45]

Weiterhin muss die Frage beantwortet werden, inwieweit sich Projektergebnisse, die sich durch Modellversuche ergeben, auf Bereiche, in denen sie nicht erprobt worden sind,

---

[42] Sloane; Twardy /Berufsbildungswirklichkeit durch Modellversuchsforschung 1990/ 209.

[43] Vgl. Stark; Mandl /Das Theorie-Praxis-Problem 1999/.

[44] Vgl. Sloane; Twardy /Berufsbildungswirklichkeit durch Modellversuchsforschung 1990/ 210.

[45] Euler; Dehnbostel /Berufliches Lernen als Forschungsgegenstand 1998/ 495.

übertragen lassen.⁴⁶ Die in einem Modellversuch gegebenen Annahmen und Bedingungen sind nicht identisch mit denen anderer Bildungseinrichtungen. Um Ergebnisse aus Modellversuchen übertragen zu können, muss daher geprüft werden, ob die getroffenen Annahmen übernommen werden können. Der wissenschaftlichen Begleitung kommt daher die Aufgabe zu, „dafür zu sorgen, dass ein Modellversuch kein singulärer Fall bleibt, sondern seine Innovationen in andere Betriebe oder Bildungseinrichtungen übertragen werden können."⁴⁷.

Die einen Modellversuch begleitende wissenschaftliche Forschung bewertet nicht nur die eingesetzten Maßnahmen, sondern wirkt auch an ihrer kontinuierlichen Verbesserung mit. Dadurch verändert sich die Praxis, was sich wiederum auf das Forschungsdesign auswirkt und zu seiner stetigen Modifikation führt.⁴⁸

Trotz der skizzierten Schwierigkeiten, die mit der Modellversuchsforschung einhergehen, ergeben sich mehrere Vorteile: Modellversuche sind in der Regel ergebnisorientiert angelegt, d.h. sie streben allgemeine Ergebnisse zu Fragen der Weiterbildung an. Forschungsergebnisse aus Modellversuchen werden meist veröffentlicht. Solche Ergebnisse würden ansonsten nur in der entsprechenden Bildungseinrichtung dokumentiert und würden nicht zum wissenschaftlichen Fortschritt beitragen.⁴⁹

Weiterhin sind bei Modellversuchen meist Experten aus Theorie und Praxis beteiligt, so dass Fragestellungen aus unterschiedlichen Blickwinkeln beleuchtet werden.⁵⁰ Modellversuche können schließlich Forschungsfragen aufwerfen, die nicht in der eigentlichen Intention des Versuches lagen, sondern sich aus ihr ergeben haben.

Euler und *Dehnbostel* bewerten Modellversuche wie folgt:

> *„Modellversuchen kann prinzipiell ein ausgeprägtes Forschungs- bzw. Erkenntnisgewinnungspotenzial zugeschrieben werden. Modellversuche ermöglichen einen spezifischen Zugang zu Praxisfeldern über einen längeren Zeitraum, wodurch eine wesentliche Unterscheidung etwa zu einer zeitlich punktuell angelegten, quantitativen empirischen Forschungspraxis bezeichnet ist. Aus dieser Intensität der Kommunikation zwischen Wissenschaft und Praxis*

---

[46] Vgl. Benteler /Übertragung von Modellversuchsergebnissen 1991/ 8 und Euler; Dehnbostel /Berufliches Lernen als Forschungsgegenstand 1998/ 490.
[47] Zimmer /Wissenschaftliche Begleitung von Modellversuchen 1997/ 27.
[48] Vgl. Severing /Modellversuchsforschung und Erkenntisgewinn 2001/ 4.
[49] Vgl. Severing /Modellversuchsforschung und Erkenntisgewinn 2001/ 7f.
[50] Zum Thema Wissenschaft-Praxis-Kommunikation vgl. auch Euler /Didaktik einer sozio-informationstechnischen Bildung 1994/ 238-242.

begründet sich zudem das heuristische Potenzial von Modellversuchen für die Berufsbildungsforschung: Modellversuche öffnen den Blick für forschungsrelevante Probleme, die auch jenseits des Modellversuchs aufgenommen und weiterverfolgt werden können."[51]

Im Rahmen dieser Arbeit werden die Forschungsansätze „F durch E und B" und „Wirtschaftspädagogische Modellversuchsforschung" eingesetzt.

Kombination der Forschungsansätze „F durch E und B" und „Wirtschaftspädagogische Modellversuchsforschung" zur Exploration von Blended Learning Lösungen in der Hochschulpraxis

Blended Learning Systeme sind aus Sicht der Wirtschaftsinformatik für Organisationen geschaffene Informationssysteme, die die vier Komponenten Prozesse (Lern- und Lehrprozesse usw.), Menschen (Lehrer, Lerner usw.), Organisationsstrukturen und Technik-Subsysteme umfassen und im Rahmen von Projekten in jeweils betriebsindividueller Weise integrieren (vgl. hierzu im Einzelnen die Ausführungen in Abschnitt 2.4). Zur explorativen Erforschung der Entwicklungs- und Betriebsprozesse derartiger Systeme eignet sich der in der Wirtschaftsinformatik-Forschung entstandene und praktizierte Ansatz „F durch E und B".[52]

Wie Erfahrungen mit diesem Forschungsansatz in der Vergangenheit gezeigt haben, ist die Bereitschaft der Praxis bzw. der beteiligten Praxis-Experten zu derartigen explorativ ausgelegten Projekten davon abhängig, ob für sie etwas herauskommt, d.h. ob für die Erreichung ihrer Gestaltungsziele konkreter Nutzen entsteht. Dieser Nutzen, beispielsweise die erfolgreiche Realisierung der gemeinsam mit den Forschern definierten System-Entwicklungs- und -Betriebsziele, ist Pflicht. Sonst schwindet die Bereitschaft der Praxis zur Durchführung von explorativen Projekten sehr schnell. Die Forscher müssen sicherstellen, dass der System-Entwicklungs- und -Betriebs-Erfolg oberstes gemeinsames Ziel auch für sie ist.

Aus der oben zitierten Literatur über wirtschaftspädagogische Modellversuchsforschung, die gleichermaßen in starker Weise auf den Nutzen von gemeinsam mit Praxisexperten entworfenen und durchgeführten explorativen Projekten abhebt, kann man den Eindruck gewinnen, dass dort die Forschungsziele sehr viel stärker im Vordergrund der gemeinsamen Aktivitäten von Forschern und Praktikern stehen. Wenn dies nicht sichergestellt ist, schwindet die Bereitschaft der Forscher sehr schnell.

---

[51] Euler; Dehnbostel /Berufliches Lernen als Forschungsgegenstand 1998/ 496.
[52] Vgl. Seibt /Forschung durch Entwicklung 1981/ 306f.

Für die in dieser Arbeit verfolgten Forschungsziele scheint die parallele Verfolgung beider Forschungsansätze nützlich. Auf diese Weise könnte es vielleicht gelingen, die auf Erhöhung der Wirksamkeit von System-Entwicklungs- und -Betriebsprozessen ausgerichtete Wirtschaftsinformatik-Forschung mit der auf Erhöhung der Wirksamkeit von pädagogischen Maßnahmen und auf die daraus resultierenden Lernerfolgs-Verbesserungen ausgerichtete Pädagogik-Forschung zu gemeinsamem Nutzen zu verknüpfen. Ziel der Arbeit ist es nicht, eine Forschungsstrategie auszuprobieren. Der Ansatz „F durch E und B" dient gleichermaßen als „Sprungbrett" zur Gewinnung neuer Erkenntnisse.

Diese Ansätze wurde auf sieben spezifische Situationen angewendet, die in Tabelle 1 dargestellt sind. Schwerpunkt der Untersuchungen lag dabei auf Blended Learning Veranstaltungen. In zwei Situationen (beim Bildungsnetzwerk Winfoline und bei der Handelshochschule Warschau) wurde ein für Blended Learning erstelltes System für Kurse ohne Präsenzveranstaltungen genutzt. Dabei wurde nur der E-Learning Teil der Blended Learning Lösung verwendet. In den anderen fünf Situationen wurde eine Blended Learning Lösung genutzt. Die einzelnen Fallsituationen sind in Kapitel 3.6 (S. 117ff.) beschrieben.

Bildungseinrichtung	Art der Veranstaltung	Status der Lerner
Universität zu Köln, Lehrstuhl für Wirtschaftsinformatik	Blended Learning	Vollzeit-Lerner
Verwaltungs- und Wirtschaftsakademie Köln	Blended Learning	Berufstätige Teilzeit-Lerner
Verwaltungs- und Wirtschaftsakademie Trier	Blended Learning	Berufstätige Teilzeit-Lerner
Rheinische Fachhochschule Köln	Blended Learning	Berufstätige Teilzeit-Lerner
Steuer-Fachschule Dr. Endriss	Blended Learning	Berufstätige Teilzeit-Lerner
Bildungsnetzwerk Winfoline	Reines E-Learning	Berufstätige Teilzeit-Lerner
Handelhochschule Warschau	Reines E-Learning	Vollzeit-Lerner

Tabelle 1: Situationen, in denen der Einsatz von Blended Learning im Rahmen dieser Arbeit untersucht wurde

Bei den beiden Universitäten (Köln und Warschau) sind die Lerner „Vollzeit-Lerner", die überwiegend tagsüber ein Studium absolvieren und daneben einer Teilzeitbeschäftigung nachgehen können. Bei den übrigen Bildungseinrichtungen sind die Lerner „Teilzeit-Lerner", die abends und am Wochenende Kurse besuchen.

1.3 Aufbau der Arbeit

Nach der in der Einleitung definierten Problemstellung und Zielsetzung der Arbeit sowie der Begründung des Forschungsbedarfs werden in Kapitel 2 theoretische Grundlagen besprochen. In Kapitel 3 wird der Ansatz der „Forschung durch Entwicklung und Betrieb"[53] im Kontext der Entwicklung und des Betriebes einer Blended Learning Lösung genutzt. Als konkrete Blended Learning Lösung wird das System E-LEARN erläutert, dessen Nutzung Gegenstand der Arbeit ist. Nach einem Überblick über das System werden die Ziele des Systems definiert und anschließend die Komponenten und die Technik-Architektur des Systems vorgestellt. Mit dem Einsatz von Blended Learning bei unterschiedlichen Bildungseinrichtungen unter Zuhilfenahme des Systems E-LEARN wird das Kapitel beendet.

Der konzeptionelle Bezugsrahmen der Arbeit wird in Kapitel 4 dargelegt. Aufbauend darauf werden in Kapitel 5 ein Thesendesign erarbeitet und untersuchungsleitende Thesen abgegrenzt. Die Thesen werden in drei Thesenbündeln zusammengefasst.

Aufbauend auf dem konzeptionellen Bezugsrahmen und dem Thesendesign sowie den Thesen wird in Kapitel 6 ein Evaluationsdesign beschrieben und mehrere explorative empirische Untersuchungen konzipiert und strukturiert.

In Kapitel 7 werden die Thesenbündel mit Hilfe der in Kapitel 6 entworfenen empirischen Untersuchungen überprüft und die Thesen mit der Realität konfrontiert.

Die Kosten des Blended Learning werden anhand verschiedener Szenarien und anhand unterschiedlicher Bildungseinrichtungen in Kapitel 8 dargestellt.

Kapitel 9 enthält Schlussfolgerungen in Form von möglichen Alternativen, in denen Lehr- und Lernprozesse mit Hilfe von Blended Learning unterstützt werden. Die Alternativen werden dargestellt, voneinander abgegrenzt und nach ihrem Nutzen sowie nach den durch sie entstehenden Kosten bewertet.

Das letzte Kapitel gibt Anregungen für weiterführende Forschungen und mögliche zukünftige Forschungsfragen.

Der Aufbau der Arbeit ist in Abbildung 1 dargestellt.

---

[53] Vgl. Kap. 1.2, S. 7.

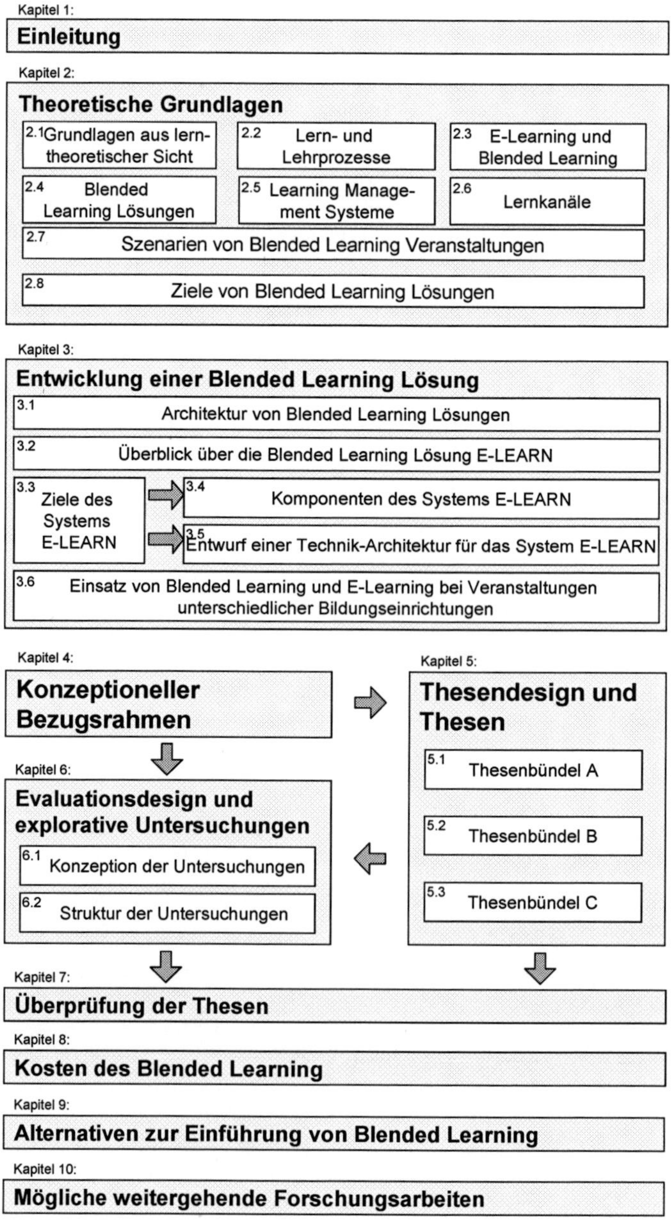

Kapitel 1:
Einleitung

Kapitel 2:
Theoretische Grundlagen

2.1 Grundlagen aus lerntheoretischer Sicht	2.2 Lern- und Lehrprozesse	2.3 E-Learning und Blended Learning
2.4 Blended Learning Lösungen	2.5 Learning Management Systeme	2.6 Lernkanäle

2.7 Szenarien von Blended Learning Veranstaltungen

2.8 Ziele von Blended Learning Lösungen

Kapitel 3:
Entwicklung einer Blended Learning Lösung

3.1 Architektur von Blended Learning Lösungen

3.2 Überblick über die Blended Learning Lösung E-LEARN

3.3 Ziele des Systems E-LEARN ⇒ 3.4 Komponenten des Systems E-LEARN

⇒ 3.5 Entwurf einer Technik-Architektur für das System E-LEARN

3.6 Einsatz von Blended Learning und E-Learning bei Veranstaltungen unterschiedlicher Bildungseinrichtungen

Kapitel 4:
Konzeptioneller Bezugsrahmen

⇒

Kapitel 5:
Thesendesign und Thesen

5.1 Thesenbündel A

5.2 Thesenbündel B

5.3 Thesenbündel C

Kapitel 6:
Evaluationsdesign und explorative Untersuchungen

6.1 Konzeption der Untersuchungen

6.2 Struktur der Untersuchungen

Kapitel 7:
Überprüfung der Thesen

Kapitel 8:
Kosten des Blended Learning

Kapitel 9:
Alternativen zur Einführung von Blended Learning

Kapitel 10:
Mögliche weitergehende Forschungsarbeiten

Abbildung 1: Aufbau der Arbeit

1.4 Begründung des Forschungsbedarfs

Trotz der Vielzahl an Veröffentlichungen im Bereich Blended Learning befindet sich die Forschung in vielen Bereichen noch in explorativen Phasen, da der Einsatz von Blended Learning immer noch von Pilotprojekten und einzelnen staatlich geförderten Projekten an Universitäten geprägt ist.[54]

Euler, *Seufert* und *Wilbers* fassen den Stand der Forschung wie folgt zusammen:

> *„Insgesamt sind die Befunde in vielen Punkten widersprüchlich und geben letztlich keinen Aufschluss darüber, im Hinblick auf welche Lernziele und bei welchen Lernvoraussetzungen spezifische Gestaltungsvarianten eine hohe Lernwirksamkeit begründen. Im Fazit wird die Erkenntnis aus der Lehrmethodenforschung unterstrichen, nach der es in empirischen Studien trotz des Einsatzes aufwändiger statistischer Verfahren nicht möglich ist, die Wirkungsvariablen umfassend zu kontrollieren und zu handlungsleitenden Befunden zu kommen. Es bleibt die allgemeine Aussage, dass es die optimale Methode nicht gibt, sondern dass jede Methode für sich wiederum so unterschiedlich ausgeprägt sein kann, dass sie entsprechend unterschiedliche Wirkungen zeigt.“*[55]

Aus diesen Gründen scheint ein explorativer Forschungsansatz geeignet.

Ziel von staatlicher Seite ist es, die in Gang gesetzte Entwicklung zu verstetigen und zu verbreitern, d.h. die systematische und professionelle Produktion und Nutzung digitaler Lehrmaterialien jenseits von Drittmittel-finanzierten und zeitlich befristeten Projekten und über das Engagement von einzelnen Pionieren hinausgehend zu etablieren.[56]

An der Universität Regensburg werden beispielsweise im Fach Wirtschaftsinformatik seit 1999 synchrone und asynchrone „Teleteaching-Veranstaltungen" durchgeführt.[57] Dort wurde das „Portal Virtuelle Universität Regensburg" als Plattform für „Learning on Demand" entwickelt. Schwerpunkt bei diesem Projekt war die Gewinnung von Kenntnissen im Umgang

---

[54] Vgl. z.B. BMBF /Kursbuch eLearning 2004/ 7ff.
[55] Euler; Seufert; Wilbers /eLearning in der Berufsbildung 2004/ 13.
[56] Vgl. BMBF /eLearning-Dienste für die Wissenschaft 2004/ 2.
[57] Vgl. Lehner /Einführung in Multimedia 2001/ 200.

mit den zugrunde liegenden Techniken und die Untersuchung von pädagogischen Vor- und Nachteilen dieser Lernform.[58]

Die Online-Übertragung von Televorlesungen und Teleseminaren wurde im Rahmen des Projektes „Viror" unter anderem an der Universität Freiburg untersucht.[59] Dabei wurden Veranstaltungen mit Videoconferencing-Technologie über Leitungen mit außerordentlich hohen Bandbreiten im Gigabit-Bereich zwischen verschiedenen Universitäten übertragen. Die Forschung stützte sich dabei vor allem auf die technische Durchführbarkeit und die geeignete Platzierung von Kameras und Mikrofonen im Hörsaal.

Das amerikanische „Journal of Asynchronous Learning Networks" fasst den Forschungsbedarf folgendermaßen zusammen:

> „Future research is needed that looks at a much larger data set, preferably from multiple universities, and that compares pure ALN courses [ALN = Asynchronous Learning Networks, Anm. d. Verf.] to face-to-face plus online discussion courses, and adds additional contextual variables such as students' learning styles as a new factor into the online discussion research model. It is also desirable to redesign the research instrument to further explore measures of motivation and enjoyment. Another topic for research is how newer mobile PCs and the use of digital audio as well as text-based discussion, may affect the process of participation in, and perceived learning from online discussions."[60]

---

[58] Die Ergebnisse des Projektes sind in Lehner /Teleteaching in der Wirtschaftsinformatik 2000/, Lehner; Klosa /Ergebnisse einer Umfrage unter Teilnehmern einer Televorlesung 2000/ und Schäfer /Eine Plattform für Learning on Demand im Internet 2000/ veröffentlicht.

[59] Vgl. Effelsberg /Netztechnik und AV-Geräte für Televorlesungen 2003/ 68ff.

[60] Wu /Predicting Learning from Asynchronous Online Discussions 2004/ 149.

2 Theoretische Grundlagen

Gegenstand der vorliegenden Arbeit sind Blended Learning Systeme. Um dem Kern der Arbeit gerecht zu werden, beschränken sich die nun folgenden Grundlagen auf die für Blended Learning Lösungen wichtigen Grundlagen. Nicht alle Begriffe werden in der Tiefe erläutert. Sie sind zum Teil in Fußnoten erklärt oder können anhand der angegebenen Literatur nachgeschlagen werden.

2.1 Grundlagen aus lerntheoretischer Sicht

Lernen oder der Prozess des Lernens kann über lerntheoretische Ansätze der Psychologie, so genannte Lerntheorien, erläutert werden.[61] Lerntheorien beschäftigen sich mit den Gesetzmäßigkeiten und Bedingungen des Lernens und mit der Systematisierung und Zusammenfassung der Kenntnisse über das Lernen. Mit Lerntheorien sollen die Verhaltensweisen von Lernern erklärt sowie überprüfbar und vorhersagbar gemacht werden. In der wissenschaftlichen Literatur wird der Begriff des Lernens daher, abhängig davon, welche Lerntheorie der Autor vertritt, unterschiedlich definiert.

Den in dieser Arbeit vorgestellten Gestaltungsprinzipien von Blended Learning liegen Annahmen über den Ablauf von menschlichen Lernprozessen zu Grunde. Es gibt eine große Anzahl solcher Vorstellungen über Lernprozesse, die sich in drei Lerntheorien einteilen lassen: Behaviorismus, Kognitivismus und Konstruktivismus.[62]

Über Lerntheorien wurden schon sehr viele gute Grundlagenartikel geschrieben.[63] Daher beschränkt sich die Darstellung der Lerntheorien im Rahmen dieser Arbeit auf die kurze Beschreibung der drei Theorien.

---

[61] Vgl. Parreren /Lernprozeß und Lernerfolg 1972/ 14 und Lefrancois /Psychologie des Lernens 1994/ 8, 16, 220f.

[62] Diese Einteilung wird von zahlreichen Autoren vorgenommen, vgl. z.B. Baumgartner; Payr /Lernen mit Software 1994/ 100, Cooper /From Behaviorism to Cognitivism to Constructivism 1993/ 15ff., Euler /(Multi)mediales Lernen 1994/ 1-24 und Schmitz /Lernen mit Multimedia 1998/ 202ff.

[63] Die Grundlagen der Lerntheorien sind beispielsweise von folgenden Autoren zusammengefasst: Euler /(Multi)mediales Lernen 1994/, Schulmeister /Grundlagen hypermedialer Lernsysteme 2002/ 73ff., Kerres /Multimediale und telemediale Lernumgebungen 2001/ 65ff., Cooper /From Behaviorism to Cognitivism to Constructivism 1993/ 15ff., Bodendorf /Computer in der fachlichen und universitären Ausbildung 1990/ und Kaiser; Kaiser /Studienbuch Pädagogik 2001/.

Behaviorismus[64]

Lernen wird im Behaviorismus mit Verhaltensänderung gleichgesetzt. Es werden so genannte Reiz-Reaktions-Ketten gebildet, nach denen der Mensch auf eine Umweltsituation reagiert:[65] Umweltereignisse lösen unter bestimmten Bedingungen beim Organismus ein gelerntes Antwortverhalten aus. Der durch Lernen erfolgte Erwerb neuer Reiz-Reaktions-Verbindungen führt dann zu dauernden Verhaltensänderungen.[66] Es werden dabei zwei Arten von Lernen unterschieden, Lernen durch klassische Konditionierung (nach *Pawlow*) und Lernen durch operante Konditionierung (nach *Skinner*).

Der Zusammenhang zwischen Reizen und daraus resultierenden Reaktionen wurde von *Pawlow* im Rahmen von Tierversuchen intensiv untersucht.[67] Nach seinem Konzept des „klassischen Konditionierens" besteht der Lernprozess vor allem darin, den ursprünglichen Reiz durch einen anderen, der die gleiche Reaktion auslöst, zu ersetzen.[68]

Dieser Mechanismus erklärt das menschliche Lernen allerdings nur unzureichend und wurde von *Skinner* durch das Konzept des „operanten Konditionierens" erweitert. In einer Lernsituation wird das gewünschte Verhalten (zum Beispiel eine richtige Antwort auf eine Frage zu geben) durch einen positiven externen Reiz (zum Beispiel Lob) verstärkt.[69] Es wird angenommen, dass bei einer Wiederholung des Vorgangs die Wahrscheinlichkeit steigt, dass der Mensch auch ohne die unmittelbare Verstärkung wie gewünscht reagiert (also hier die korrekte Antwort gibt) und somit gelernt hat.

Im Behaviorismus wird das Gehirn als Black Box gesehen und es wird kein Einblick in die internen Prozesse des Lerners genommen (vgl. Abbildung 2). Wichtig sind allein die Input- bzw. Outputströme, also die Beziehungen zwischen den auslösenden Ereignissen (Reiz, Stimuli) und dem korrespondierenden Verhalten (Reaktion, Verhalten).[70] Das Feedback ist extern.

---

[64] Diese Verhaltenstheorie war zwischen 1920 und 1960 das vorherrschende Paradigma der Lerntheorie.

[65] Vgl. Beißner; Kursawe /Multimedia 2000/ 22 und Mathes /E-Learning in der Hochschullehre 2002/ 5.

[66] Vgl. Edelmann /Lernpsychologie 2000/ 7.

[67] Pawlow zeigte den Lernvorgang an einem Experiment mit Hunden: Der ursprüngliche Reiz des Futteranblicks löst bei den Hunden die Reaktion des Speichelflusses aus. Dieser Ursprungsreiz wird mit einem neuen Reiz (Glockenton) gekoppelt: mit jeder Futterausgabe wird der Glockenton geläutet. Nach einiger Zeit entwickelt der Hund schon beim bloßen Erklingen des Glockentons Speichelfluss (vgl. z.B. Zimbardo /Psychologie 2004/ 189ff.).

[68] Vgl. Edelmann /Lernpsychologie 2000/ 7f.

[69] Vgl. z.B. Mathes /E-Learning in der Hochschullehre 2002/ 5.

[70] Vgl. Baumgartner; Payr /Lernen mit Software 1994/ 101.

Theoretische Grundlagen   19

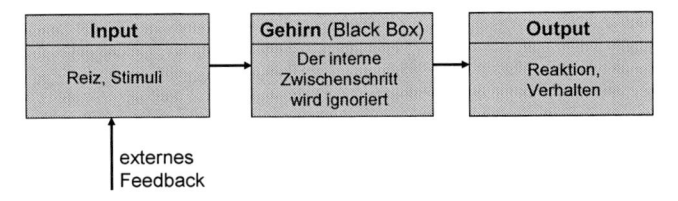

```
┌─────────────────┐    ┌─────────────────┐    ┌─────────────────┐
│     Input       │    │ Gehirn (Black Box)│   │     Output      │
│                 │───▶│ Der interne     │───▶│                 │
│  Reiz, Stimuli  │    │ Zwischenschritt │    │   Reaktion,     │
│                 │    │ wird ignoriert  │    │   Verhalten     │
└─────────────────┘    └─────────────────┘    └─────────────────┘
         ▲
         │
      externes
      Feedback
```

Abbildung 2: Lernen im Behaviorismus[71]

Obwohl gerade dieses Prinzip der Verstärkungen (Belohnungen bzw. Bestrafungen) auch heute noch in pädagogischen Maßnahmen aller Art Verwendung findet, muss die behavioristische Definition des Lernens als dauernde Verhaltensänderung angezweifelt werden.[72] Zum einen ist sie zu eng gefasst, da sie keine Lernvorgänge berücksichtigt, die zu keiner Verhaltensänderung führen.[73] Andererseits ist die Definition zu weit gefasst, da eine Verhaltensänderung zum Beispiel auch eine Anpassung einschließen kann.[74] Weiterhin können kaum höhere Stufen als reproduzierbares Wissen erreicht werden. Ein wirkliches Verständnis von Zusammenhängen wird dabei genau so wenig vermittelt, wie die Fähigkeit, Wissen auf andere Anwendungssituationen zu transferieren, Zusammenhänge zwischen Informationen herzustellen oder das Erlernte zu bewerten.[75]

Bedeutung im Bereich Blended Learning hat die Theorie der operanten Konditionierung vor allem im programmierten Unterricht. Dabei werden dem Lerner über ein Lernprogramm Inhalte präsentiert, über die er Fragen beantworten muss. Lobend oder tadelnd wird ihm dann eine Bewertung seiner Antwort zurückgemeldet.

Kognitivismus[76]

Synonym zum Begriff des Lernens im Behaviorismus wird im Kognitivismus von Wissenserwerb gesprochen. Das Gehirn wird nicht mehr als Black Box gesehen, sondern es wird versucht, die internen Verarbeitungsschritte, die zum Wissenserwerb notwendig sind, zu

---

[71] In Anlehnung an Baumgartner /Webbasierte Lernumgebungen 2001/ 3.

[72] Vgl. Bunge, Ardila /Philosophie der Psychologie 1990/ 282ff.

[73] Beispielsweise kann ein Student durch Lesen eines Artikels die Prinzipien des Business Process Reengineering erlernen, ohne dass sich dies unmittelbar in geändertem Verhalten niederschlägt.

[74] So können wir uns etwa daran gewöhnen, fehlerbehaftete Software zu verwenden. Diese Anpassung des Verhaltens ist aber keinesfalls mit einem Lernprozess identisch.

[75] Vgl. Euler /(Multi)mediales Lernen 1994/ 296 und Mathes /E-Learning in der Hochschullehre 2002/ 5.

[76] Kognitivismus war das vorherrschende Paradigma der Lerntheorien von ca. 1960 bis ca. 1990.

erläutern.[77] Im Gegensatz zu behavioristischen Lerntheorien, die schwerpunktmäßig die äußeren Bedingungen des Lernens (Auslösung von Reaktionen durch Reize bzw. Belohnung oder Bestrafung des Verhaltens durch nachfolgende Konsequenzen) beschreiben, rückt bei den kognitiven Lerntheorien die innere Repräsentation der Umwelt in den Mittelpunkt des Interesses.[78]

Wissenserwerb erfolgt durch Informationsverarbeitung und die Verknüpfung von neuen und alten Informationen. Dadurch werden einerseits die kognitiven Strukturen verändert, andererseits wird der Informationsverarbeitungsprozess aber auch durch sie angestoßen.

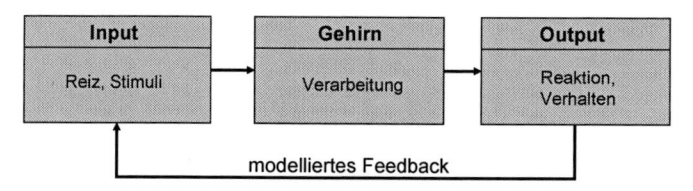

Input	Gehirn	Output
Reiz, Stimuli	Verarbeitung	Reaktion, Verhalten

modelliertes Feedback

Abbildung 3: Lernen im Kognitivismus[79]

Der Lernende wirkt mit Hilfe seines Wissens mit Aktionen auf die Umwelt ein, um Informationen (Feedback) zu erhalten (vgl. Abbildung 3). Diese werden auf der Basis seines vorhandenen Vorwissens mit kognitiven Prozessen verarbeitet, wodurch neues Wissen entsteht, was ein bestimmtes Verhalten bewirkt. Das neue Wissen wird durch kognitive Strukturen des Gedächtnisses repräsentiert und kann bei Bedarf aus dem Gedächtnis abgerufen werden.

Die Kritik am Kognitivismus bezieht sich auf eine zu starke Konzentration auf geistige[80] bzw. kognitive[81] Verarbeitungsprozesse. Emotionen oder körperliche Wahrnehmungen finden keine Berücksichtigung. *Kerres* merkt kritisch an, dass es an präzisen kognitionspsychologischen Modellen mangelt, die die internen Abläufe bei komplexen Lernprozessen beschrei-

---

[77] Diese inneren Prozesse werden auch als Kognitionen bezeichnet und umfassen im Wesentlichen das Wahrnehmen, Denken, Erinnern, Vergessen und Erwarten (vgl. Cooper /From Behaviorism to Cognitivism to Constructivism 1993/ 15 und Zimbardo /Psychologie 2004/ 43). Sie basieren auf kognitiven Strukturen, die als Repräsentationen von Wissen verstanden werden können (vgl. Edelmann /Lernpsychologie 2000/ 241ff.). Vgl. dazu auch Bandura /Sozial-kognitive Lerntheorie 1979/ 31ff.

[78] Vgl. Edelmann /Lernpsychologie 2000/ 9.

[79] In Anlehnung an Baumgartner /Webbasierte Lernumgebungen 2001/ 3.

[80] Vgl. Blumstengel /Hypermediale Lernsysteme 1998/ 114.

[81] Vgl. Schmitz /Lernen mit Multimedia 1998/ 202.

ben.[82] Die Konstruktivisten kritisieren, dass Wissen kein objektives Abbild der externen Realität ist, sondern das Ergebnis eines subjektiven Erkenntnisprozesses.[83] Diese Kritik ist aber nicht als grundsätzliche Ablehnung, sondern eher als Neuakzentuierung zu verstehen.

Konstruktivismus

Aus den oben genannten Kritikpunkten entwickelte sich in den 90er Jahren der Konstruktivismus. Es wird davon ausgegangen, dass es keine objektiv richtige Beschreibung der Realität gibt, sondern dass sich jeder Lernende im Lernprozess seine eigene, subjektive Welt konstruiert.[84]

Im konstruktivistischen Lernprozess wird vorhandenes Wissen mit neuen Informationen verknüpft und das Lernen als aktives Handeln begriffen. Da das Vorwissen jedes Lerners unterschiedlich ist, ist auch das resultierende Wissen von Lerner zu Lerner verschieden. *Schulmeister* spricht davon, dass die Verknüpfung nicht durch vorgegebene einheitliche Methoden und objektives Wissen geschieht, sondern durch die Entwicklung von Lernumwelten, in denen kognitive Lernprozesse in der Auseinandersetzung mit der Umwelt stattfinden.[85]

Konstruktivistische Lernansätze sollen praxisorientiert, in einem realen Kontext eingebunden und von sozialem Handeln geprägt sein.[86] Sie sollen vom Alltagswissen, den Erfahrungen und den Bedürfnissen der Lerner ausgehen. *Cooper* beschreibt den konstruktivistischen Lernprozess wie folgt: „Learning is problem solving based on personal discovery, and the learner is intrinsically motivated"[87]. Lernen wird als ein aktiver, konstruktiver Prozess verstanden, „mittels dessen der Lernende in planvoller und strategischer Weise verfügbare Informationen so organisiert und strukturiert, dass er neues Wissen erzeugen oder besser mit vorhandenem Wissen umgehen kann, um Probleme zu lösen."[88]

„Input" und „Output", wie sie beim Behaviorismus und Kognitivismus genannt werden, finden bei den Konstruktivisten keine Zustimmung.[89] Beim Konstruktivismus (vgl. Abbildung 4) lösen von außen (der Umwelt) eingehende Instruktionen eine Veränderung aus (energeti-

---

[82] Vgl. Kerres /Multimediale und telemediale Lernumgebungen 2001/ 58ff.
[83] Vgl. Baumgartner; Payr /Lernen mit Software 1994/ 106f.
[84] Vgl. Cooper /From Behaviorism to Cognitivism to Constructivism 1993/ 16.
[85] Vgl. Schulmeister /Grundlagen hypermedialer Lernsysteme 2002/ 78.
[86] Vgl. Mathes /E-Learning in der Hochschullehre 2002/ 5.
[87] Cooper /From Behaviorism to Cognitivism to Constructivism 1993/ 17.
[88] Dörr; Strittmatter /Multimedia aus pädagogischer Sicht 2002/ 36.
[89] Vgl. Mader; Stöckel /Virtuelles Lernen 1999/ 39f.

sche Austauschbeziehung). Wie sich diese Veränderung aber auswirkt, wird individuell durch den Lerner und seine Eigenschaften bestimmt (selbstreferentielles, zirkuläres System).[90]

Gehirn
selbstreferentielles, zirkuläres System
energetisch offen, informationell geschlossen

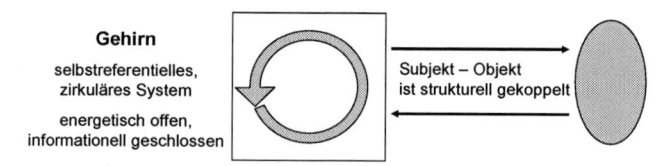

Subjekt – Objekt ist strukturell gekoppelt

Abbildung 4: Lernen im Konstruktivismus[91]

Im Konstruktivismus soll nicht die Lösung feststehender Probleme gelernt werden, sondern die Fähigkeit, Probleme selber zu generieren und Lösungswege zu erarbeiten. Daher wird davon ausgegangen, dass das Wissen dauerhafter beim Lerner gespeichert wird. Die Lerner sollen also befähigt werden, das erworbene Wissen auch auf Alltagssituationen zu transferieren.

Ausgehend aus diesen Forderungen sollen computerunterstützte Lernumgebungen eher den Charakter eines kognitiven Werkzeugs haben als den eines auf Instruktionen ausgerichteten Systems.[92] Blended Learning Anwendungen stellen bei konstruktivistischen Ansätzen die Werkzeuge des Lerners dar und nicht nur das Transportmedium für gespeichertes Wissen. Dies ist eine wesentliche Einschränkung kontruktivistischer Lernansätze, da die Lerner erst den Umgang mit den z.T. komplexen Systemen lernen müssen. Daher werden auch weiterhin instruktionistisch orientierte Lernverfahren Bestand haben, „weil sich diese seit Jahrtausenden für eine Reihe von Lernzielen in der Praxis bewährt haben."[93]

Ein weiterer Kritikpunkt am Konstruktivismus ist die Abhängigkeit vom Vorwissen des Lerners. Ohne oder mit wenig Vorwissen besteht kaum die Möglichkeit, mit Hilfe des eingebrachten Wissens neues Wissen zu generieren: „Ein Mangel an Vorwissen kann hier verhindern, dass überhaupt sinnvolle Erfahrungen gemacht werden."[94]

---

[90] Vgl. Mader; Stöckel /Virtuelles Lernen 1999/ 40.
[91] In Anlehnung an Baumgartner /Webbasierte Lernumgebungen 2001/ 3.
[92] Vgl. Kommers; Jonassen; Mayes /Cognitive tools for Learning 1992/ 78.
[93] Issing /Instruktionsdesign 1997/ 200.
[94] Blumstengel /Hypermediale Lernsysteme 1998/ 11.

2.2 Lern- und Lehrprozesse

Lernprozesse

Lernprozesse umfassen die individuellen physischen und psychischen Vorgänge und Leistungen der Lerner, die beim Erwerb von Wissen und Problemlöse-, Handlungs- und Sozialkompetenzen eine Rolle spielen.[95] *Ehlers* versteht darunter das Zusammenspiel von Lernendem, Lernarrangement[96], betrieblicher Lernkultur, Lerninhalt und angestrebten Qualifikationszielen.[97] *Roth* spricht beim Lernprozess von einer Ausgangslage, die vor Beginn des Lernprozesses gegeben ist, und einer Endlage, die beim Lernen erreicht wird. Die Endlage kann sofort wieder zur Ausgangslage von neuem Lernen werden und somit kann sich der Lernprozess (mit den gleichen oder neuen Lerninhalten) wiederholen.[98]

Gemäß *Elgass* und *Krcmar* besteht ein Lernprozess aus miteinander in Beziehung stehenden Aufgaben zur Umsetzung einer Lernstrategie. Die Spezifikation eines Lernprozesses konkretisiert dabei den globalen Weg, der durch die übergeordnete Lernstrategie vorgegeben ist.[99]

Diese Definitionen werden von *Astleitner* und *Schinagl* um den Bereich E-Learning erweitert. Sie definieren den Lernprozess als einen „Aneignungsprozess, bei dem ein Individuum symbolisch konnotiertes Wissen aus Büchern, Lehrveranstaltungen, CDROM('s), etc. in eine individuelle Wissensbasis transferiert. [...] Die Ankopplungsschnittstellen für neues Wissen sind individuell historisch gewachsen."[100] Beide Autoren folgen damit dem konstruktivistischen Ansatz.

In der Wirtschaftspädagogik haben sich verschiedene Lernphasenmodelle herausgebildet, in die ein Lernprozess untergliedert werden kann. Durch die Artikulation (Gliederung) des Unterrichts in mehrere Phasen werden Erkenntnisse der Lernpsychologie über den Ablauf eines Lernprozesses beschrieben.[101]

---

[95] Vgl. Sembill /Selbstorganisiertes und lebenslanges Lernen 2000/ 70.
[96] Zum Begriff Lernarrangement vgl. Kap. 2.4, S. 39.
[97] Vgl. Ehlers /Qualität beim E-Learning 2002/ 3.
[98] Vgl. Roth /Pädagogische Psychologie des Lehrens und Lernens 1976/ 188.
[99] Vgl. Elgass; Krcmar /Computergestützte Geschäftsprozeßplanung 1993/ 45.
[100] Astleitner; Schinagl /High-Level-Telelernen 2000/ 50.
[101] Einen Überblick über verschiedene Lernphasenmodelle bietet Meyer /Unterrichtsmethoden 2002/ 155ff.

Beispielhaft wird hier das Schema von *Roth* vorgestellt, der den Lernprozess in folgende sechs Stufen unterteilt:[102]

    1. Motivierung des Lerners

    2. Überwinden der Lernschwierigkeiten

    3. Finden der Lösung

    4. Tun und Ausführen

    5. Behalten und Einüben

    6. Bereitstellen, Übertragung und Integration des Gelernten

In Stufe 1 wird der Lerner zum Lernen motiviert. Dies kann aus eigenem Antrieb erfolgen oder von einem Lehrer angestoßen werden.

Daran anschließend können Lernschwierigkeiten auftreten. Beispielsweise gelingt eine beabsichtigte Handlung nicht oder eine gestellte Aufgabe kann nicht gelöst werden.

Sofern der Lerner jetzt nicht aufgibt, wird ein neuer Lösungsweg entdeckt (Stufe 3). Diese Stufe ist laut *Roth* der wichtigste Lernschritt.

In der Stufe „Tun und Ausführen" bewährt sich die gefundene Lösung in der Praxis. Der Lösungsweg wird durchgeführt und ausgestaltet.

Damit das Erlernte nicht in Vergessenheit gerät und dann bei zukünftigen Gelegenheiten neu erlernt werden muss, durchläuft der Lerner anschließend die Stufe des Behaltens und Einübens.

Der Lernprozess ist vollendet, wenn das neu Erlernte auf andere Situationen übertragen werden kann und für den Gebrauch im Leben aufbereitet ist.

Diese Stufen eines Lernprozesses gelten auch für Lernprozesse, die mit Blended Learning Unterstützung durchgeführt werden.

Der Begriff Lernprozess lässt sich auch aus dem Wissensmanagement ableiten. Dabei werden folgende acht Aktivitäten identifiziert, die einen Lernprozess ausmachen: Wissensziele abgrenzen, Wissensidentifikation, Wissenssammlung, Wissensentwicklung, Wissens(ver)teilung, Wissensbilanzierung, Wissensbewahrung, Wissensdemonstration und Wissensdiagnose.[103]

---

[102] Vgl. Roth /Pädagogische Psychologie des Lehrens und Lernens 1976/ 222ff.

[103] Vgl. Reinhardt /Lehren als Planung, Organisation, Kontrolle von Lernen 1994/ 48.

Die Unterteilung des Lernens in Lernprozesse bzw. in Lernprozess-Abschnitte entspricht dem betriebswirtschaftlichen Grundgedanken, Aktivitäten in Prozessen oder Prozessabschnitten zusammenzufassen.[104] Durch das Denken in Prozessen lassen sich Nutzen und Kosten einzelner Aktivitäten unterschiedlichen Prozessen zuordnen.

Die Lernprozesse werden in dieser Arbeit in zwei Hauptbereiche unterteilt. Der Lernprozess **Wissensvermittlung** kann sowohl in einer Präsenzvorlesung als auch beim Lesen eines Buches oder während einer Blended Learning Maßnahme stattfinden.

Ein anderer wichtiger Lernprozess ist nach *Roth* die **Klausurvorbereitung**,[105] deren Ziel nicht die Vermittlung von neuen Lerninhalten und neuem Wissen ist, sondern die Anwendung des bereits gelernten Wissens. Dazu sind beispielsweise Übungsaufgaben geeignet, mit denen der Lerner die Lerninhalte praktisch anwendet. Auch ein Online-Tutorium, in dem ein Lerner Fragen zu den Lerninhalten stellt, dient zur Überprüfung des eigenen Lernstandes und zur Vorbereitung auf die Klausur.

Diese beiden Lernprozesse lassen sich in zahlreiche weitere Prozesse aufgliedern.

Selbstgesteuerte und fremdgesteuerte Lernprozesse

Lernprozesse können in selbstgesteuerte und fremdgesteuerte Lernprozesse unterteilt werden, wobei dies zwei Enden eines Kontinuums mit beliebig vielen Zwischenpunkten sind. Am einen Ende steht das selbstgesteuerte Lernen. Dabei handelt es sich um ein Lernen, bei dem der Lerner die Variablen der Lernsituation (d.h. Lernziele, Lernorte, Lernzeiten, Lernmedien usw.) zum Großteil selbst bestimmt und dabei von außen professionell betreut wird.[106] Ein Beispiel für selbstgesteuertes Lernen ist das Lernen mit Printmedien oder die Nutzung eines Computer Based Training (CBT) oder Web Based Training (WBT)[107].

Am anderen Ende des Kontinuums ist das fremdgesteuerte Lernen, bei dem der Lerner fast keinen Einfluss auf diese Variablen hat, wie beispielsweise bei einem Vortrag. Dabei sind Lernort, -zeit, -medium und -ziel von außen festgelegt und kann vom Lerner nicht verändert werden.

---

[104] Vgl. z.B. Laudon; Laudon /Management Information Systems 2005/ 7.

[105] Vgl. Roth /Pädagogische Psychologie des Lehrens und Lernens 1976/ 281ff.

[106] Sind diese Variablen auf einen einzelnen Lerner zugeschnitten, handelt es sich um individualisiertes Lernen. Autodidaktisches Lernen ist ein Lernen, bei dem der Lerner die Variablen selbst wählt und keine professionelle Hilfe von außen erhält (vgl. Wilbers /E-Learning didaktisch gestalten 2002/ 17).

[107] Zum CBT und WBT vgl. Kap. 2.5, S. 41ff.

Die Lernprozesse können zwischen den beiden Extrempunkten Fremdsteuerung und Selbststeuerung wie ein Schieberegler beliebig hin und her verschoben werden (vgl. Abbildung 5).[108]

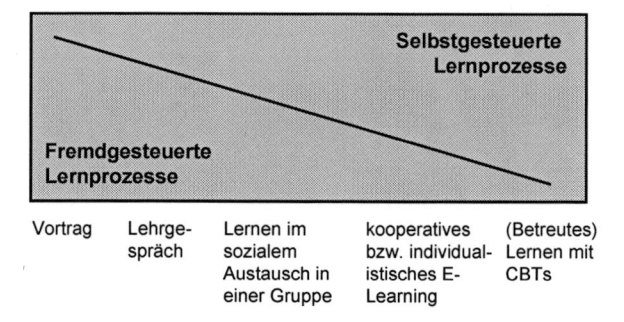

Abbildung 5: Kontinuum von Lernumgebungen nach dem Grad von Fremd- und Selbststeuerung[109]

Wird auf Fremdsteuerung verzichtet, geht dies zu Gunsten der Selbststeuerung. Daher können Lernprozesse auch zwischen der reinen Selbst- bzw. Fremdsteuerung liegen. Beispielsweise sind bei Lehrgesprächen, Lernen im sozialem Austausch in einer Gruppe oder kooperatives bzw. individualistisches E-Learning sowohl Anteile von selbstgesteuertem Lernen als auch fremdgesteuerte Anteile vorhanden.[110]

Lehrprozesse

Simon versteht unter einem Lehrprozess nicht nur die direkte Wissensvermittlung an Lerner,[111] sondern einen umfassenderen Prozess, der mit der Entwicklung einer Lehrstrategie beginnt und mit der Durchführung eines Kurses und dem Feedback der Lerner endet.[112] Bei der direkten Wissensvermittlung kann der Lehrer eine Reihe von Variablen selbst beeinflussen. Dazu gehören beispielsweise der logische Aufbau der Unterrichtseinheit, die für einzelne Unterrichtssequenzen verwendete Zeit, die Verständlichkeit, der Grad der Aktivtät der Lerner

---

[108] Vgl. Euler /High Teach durch High Tech 2001/ 25ff. und Schwarzer /Telelernen mit Multimedia 1998/ 14.
[109] In Anlehnung an Wilbers /E-Learning didaktisch gestalten 2002/ 16f.
[110] Vgl. Ehlers /Qualität beim E-Learning 2002/ 12.
[111] Die direkte Wissensvermittlung an Lernende wird auch als „Lehrprozess im Sinne von Instruktion" bezeichnet (vgl. Sembill /Selbstorganisiertes und lebenslanges Lernen 2000/ 70).
[112] Vgl. Simon /Wissensmedien im Bildungssektor 2001/ 53ff.

etc.[113], aber auch die Entscheidung, ob E-Learning oder Blended Learning Lösungen eingesetzt werden oder nicht.

In Anlehnung an *Simon* werden hier fünf Teilprozesse vorgestellt, aus denen ein Lehrprozess besteht (vgl. Abbildung 6).

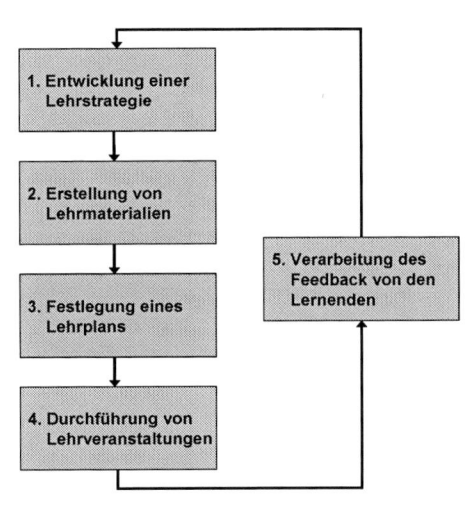

Abbildung 6: Aufteilung von Lehrprozessen in fünf Teilprozesse[114]

In der Regel erhält ein Lehrer die Aufgabe, eine Lehrveranstaltung abzuhalten, in der bestimmte Lernziele erreicht werden sollen. Dazu entwickelt der Lehrer zunächst eine **Lehrstrategie** (Teilprozess 1), bei der er grundsätzliche Entscheidungen über die methodisch-didaktische Gestaltung des Kurses trifft. Aufbauend auf dem Konzept der Veranstaltung und den Vorkenntnissen der Lerner werden die Lernziele definiert. Bereits jetzt muss der Dozent entscheiden, ob und wie er seine Veranstaltung mit E-Learning oder Blended Learning Methoden unterstützen möchte.

Teilprozess 2 ist die **Erstellung von Lehrmaterialien**, mit denen der Dozent unterschiedliche Ziele verfolgen kann. Lehrmaterialen können dazu dienen, Lehrinhalte zu vermitteln, die Aufmerksamkeit des Publikums zu erhöhen oder den Lernfortschritt zu überprüfen. Bezogen auf Blended Learning können beispielsweise internetbasierte Lehrmaterialien eingesetzt werden, die über ein Learning Management System (LMS) zur Verfügung gestellt werden.

---

[113] Vgl. Seifried /Fachdidaktische Variationen 2004/ 73.

[114] In Anlehnung an Simon /Wissensmedien im Bildungssektor 2001/ 54.

Die Überprüfung des Lernfortschritts kann über webbasierte Test-Tools erfolgen, die die Antworten des Lerners automatisch überprüfen und korrigieren. Zur Bereitstellung und Nutzung solcher Online-Lehrmaterialen sind zahlreiche weitere Prozesse notwendig, die in Kapitel 3.4 (S. 81ff.) näher beschrieben werden.

Mit der **Festlegung des Lehrplans** (Teilprozess 3) wird die Entwicklungsphase beendet. Der Lehrplan enthält eine Konkretisierung der Lehrziele, eine Zusammenfassung der Lehrinhalte und legt die Art und Anzahl der Lernerfolgskontrollen (zum Beispiel durch mündliche oder schriftliche Prüfungen) fest.[115] Der Lehrplan informiert die Lerner über den Ablauf und Umfang der Veranstaltung und bietet den Lehrenden eine Grundlage für die Organisation ihres Unterrichts. Die Unterstützung durch Blended Learning muss in diesem Teilprozess konkretisiert werden.

Die **Durchführung der Lehrveranstaltung** (Teilprozess 4) ist im Wesentlichen das Unterrichten mit allen damit verbundenen Tätigkeiten. Dazu können die Erstellung von Klausuren und Tests gehören sowie die Beaufsichtigung und Korrektur solcher Leistungsüberprüfungen.

Während der Lehrveranstaltung kann **Feedback von den Lernern** (Teilprozess 5) eingesammelt werden, indem ihre Erfahrungen mit den Lehrmaterialien zurückmelden. Basierend auf diesen Einschätzungen werden Lehrmaterialien überarbeitet und Lehrprozesse modifiziert. Dieser Prozess kommt nicht nur den Lernern zu gute, sondern schafft auch Wissen bei den Dozenten über die Vorbereitung und Durchführung von zukünftigen (Blended Learning) Veranstaltungen.

---

[115] Vgl. Meyer /Trainingsprogramm zur Lernzielanalyse 1984/ 152f.

2.3 E-Learning und Blended Learning

E-Learning

Der Begriff E-Learning wird in der Literatur und auch in der Praxis nicht einheitlich definiert. Nach *Seibt* werden unter **E-Learning** (Synonym: Online-Learning) „diejenigen Prozesse des Lehrens und Lernens verstanden, zu deren Unterstützung Telekommunikationsnetze, insbesondere das Internet bzw. das WWW und/oder Intranets genutzt werden"[116]. Die Lernprozesse orientieren sich dabei an den „Kunden", also den Interessen der Lerner. Die Lerner sollen in hohem Maße selbst aktiv bzw. interaktiv werden, wenn sie einen Nutzen von Aus-/Weiterbildungsmaßnahmen erreichen wollen.[117]

Mit E-Learning geht häufig eine räumliche oder zeitliche Trennung zwischen Lehrenden und Lernenden einher. Dieses Charakteristikum zeichnet ebenfalls das Fernstudium aus, in dessen Geschichte immer wieder neue Medien in den Prozess der Wissensvermittlung einbezogen wurden.[118] Einige Autoren gehen so weit, dass Sie im E-Learning eine konsequente Weiterentwicklung der klassischen Fernlehre auf der Höhe der gegenwärtig verfügbaren technischen Möglichkeiten sehen.[119]

Twardy, *Wilbers* und *Esser* beziehen auch die Mobilkommunikation in E-Learning ein und verstehen unter E-Learning „ein Lehren und Lernen, das technologisch gestützt bzw. angereichert ist, wobei insbesondere Internet- und Mobilkommunikationstechniken relevant sind."[120]

Euler und *Seufert* sehen E-Learning als Kombination von zwei neuen Komponenten, nämlich zum einen multimedial aufbereiteter und miteinander verknüpfter Lerngegenstände[121] und zum anderen von Telekommunikationsnetzen, die den schnellen Zugriff auf räumlich entfernt liegende Lehr- und Informationssoftware ermöglichen und über die sich Personen per E-Mail,

---

[116] Seibt /Kosten und Nutzen von E-Learning 2002/ 5.

[117] Vgl. Seibt /Kosten und Nutzen von E-Learning 2002/ 5.

[118] So wurden beispielsweise Lehrfilme auf Videokassette, Telefon- und Videokonferenzen und Kommunikation per E-Mail eingeführt.

[119] Vgl. Lehmann/E-Learning 2002/ 328f. Er veranschaulicht dies an den fünf „Mediengenerationen" im Fernstudium. Sie reichen von der (brieflichen) Korrespondenz über das Radio und Telefon zum (satellitengestütztem) Fernsehen. Darauf folgte die computerunterstützte Instruktion, die von digitalen Multimedia-Netzwerken abgelöst wurde.

[120] Twardy; Wilbers; Esser /E-Learning in der Berufsbildung 2001/ 4.

[121] Sie sprechen in diesem Zusammenhang auch von „E-Medien". Darunter fallen Tutorials, Drill-and-Practice- oder Simulationsprogramme, aber auch traditionelle audio-visuell aufbereitete Fallstudien, elektronische Bücher, Informationsbanken, oder Zeitschriften (vgl. Euler; Seufert /Pädagogische Innovation 2005/ 5).

Diskussionsforen oder „virtual classrooms"[122] austauschen können.[123] Häufig werden für E-Learning Multimedia-Inhalte[124] verwendet.

Ähnlich unterteilt *Balzert* E-Learning in einen engeren und einen umfassenderen Sinn.[125] E-Learning im weiteren Sinne umfasst demnach jede Art von Lernen, bei dem elektronische Medien zum Einsatz kommen (zum Beispiel CBTs mit Lerninhalten auf CD oder DVD). Netzbasiertes Lernen ist nach *Balzert* E-Learning im engeren Sinne. Hier können im Gegensatz zum CBT menschliche Tutoren kooperatives Lernen mittels Online-Chats, Instant Messaging und Diskussionsforen unterstützen. Bei netzbasierten Lernen ist es einfacher als beim E-Learning i.w.S., einen Bezug der Leistung eines einzelnen Lernenden zu dem Durchschnitt aller Lernenden herzustellen, da die Anzahl der über Netzwerk abgerufenen Lerneinheiten festgestellt werden kann und eine Leistungsüberprüfung über Netzwerk einfacher realisiert werden kann als dies bei E-Learning i.e.S. der Fall ist.

Baumgartner et al. sehen E-Learning als „Überbegriff für alle Arten medienunterstützten Lernens"[126] und betonen dabei die Flexibilität und Unabhängig von Zeit, Ort und Personen, die E-Learning bietet.[127] Zeitliche Unabhängigkeit entsteht durch das Angebot an asynchronen Kommunikationsmöglichkeiten. Synchrone Kommunikationsvorgänge dagegen sind zeitlich festgelegt. Ortsunabhängigkeit ist prinzipiell gegeben, kann aber durch die physikalische Ausstattung sowie die Notwendigkeit einer Netzanbindung eingeschränkt werden. Nach *Baumgartner et al.* sollen E-Learning Systeme von den Personen, die sie nutzen, unabhängig sein. Sie müssen also so einfach zu bedienen sein, dass sie von den Lernern problemlos

---

[122] Dabei handelt es sich um Werkzeuge, mit denen Lerner und Lehrer synchron online kommunizieren können.

[123] Vgl. Euler; Seufert /Pädagogische Innovation 2005/ 5.

[124] Multimedia wird aus technischer Sicht als die Kombination zeitabhängiger (kontinuierlicher) und zeitunabhängiger (diskreter) Medien charakterisiert (vgl. Steinmetz /Multimedia-Technologie 2000/ 7). Es handelt sich um Informationen/Daten, die aus einer oder mehreren unterschiedliche Medientypen bestehen, zum Beispiel Text, Bilder, Audio oder Video (vgl. Halsall /Multimedia communications 2001/ 1), die in statische (d.h. zeitunabhängige, wie zum Beispiel Text und Bilder) oder dynamische (d.h. zeitabhängige, wie zum Beispiel Audio oder Video) Medien unterschieden werden (vgl. Weidenmann /Multimodalität im Lernprozess 2002/ 32 und Stahlknecht /Einführung in die Wirtschaftsinformatik 2005/ 429). Dabei ist im Gegensatz zu der Definition von Steinmetz wichtig, dass mehrere verschiedene Medien (Text, Grafik, Video und Audio) integriert sind (Vgl. Hornung /Multimedia-Systeme 1994/ 2 und Klimsa /Multimedianutzung 2002/ 5). Ein Film ist demnach noch kein Multimedium, obwohl er Bild und Ton miteinander verknüpft. Er besteht aber lediglich aus zeitabhängigen Komponenten und nicht zeitunabhängige Komponente fehlt. Ebenso ist eine Internetseite mit Bild und Text noch nicht multimedial, da hier die dynamische Komponente fehlt (vgl. Kerres /Technische Aspekte multi- und telemedialer Lernangebote 2002/ 20). Der Einsatz multimedialer Techniken führt dazu, dass der Kommunikationsvorgang komplexer wird und die Bereiche Präsentation und Rezeption stärker als bei klassischen Medien angesprochen werden (vgl. Lehner /Einführung in Multimedia 2001/ 6f).

[125] Vgl. Balzert /Evaluation von E-Learning-Kursen 2005/ 69.

[126] Baumgartner; Häfele; Maier-Häfele /Auswahl von Lernplattformen 2002/ 14.

[127] Vgl. Baumgartner; Häfele; Maier-Häfele /Auswahl von Lernplattformen 2002/ 15f.

genutzt werden können. Die Autoren empfehlen Zulassungsbeschränkungen und Eingangstests, um die Lerner nicht zu überfordern und das Vorwissen der Lerner auf einem vergleichbaren Niveau zu halten.[128]

Eine spezielle Form des E-Learning ist **Telelearning** (Synonym: Teleteaching). Dabei handelt es sich um einen Lernprozess, bei dem Lerninhalte und Informationen (Lerngegenstände) synchron über Fernverbindungen an die Lerner vermittelt werden.[129] Zur Überwindung von Distanzen zwischen räumlich verteilten Lehrenden und Lernenden werden Telemedien wie TV, Telefon oder Internet eingesetzt.[130]

Beim Telelearning werden die Lerninhalte zu einem vereinbarten Zeitpunkt per Audio-Video-Übertragung übermittelt. Häufig können die Lernenden über einen Rückkanal den Ablauf der Veranstaltung beeinflussen. So können sie etwa Fragen an den Dozenten stellen, auf die dieser unmittelbar eingehen kann.[131] Als Rückkanal kommen Telefon, Fax, E-Mail oder Videokonferenzen in Frage. Vor allem aber durch die Internet-Technik lassen sich Zuschauer gut anbinden und kommunikative Lernformen gut realisieren. Somit handelt es sich beim Telelearning um eine synchrone Form des E-Learnings.

Telelearning eignet sich besonders für Vorlesungen und Vorträge.[132] Dabei werden Vorlesungen aus einem Hörsaal an externe, räumliche getrennte Lerner übertragen. Häufig hält ein Teletutor den Kontakt mit den externen Zuschauern über Telefon, Online-Chat oder E-Mail aufrecht und kann die Kommunikation mit dem Dozenten herstellen.

Nicht zu verwechseln mit E-Learning ist **Distance Learning**. Unter Distance Learning versteht man das selbstgesteuerte Lernen, wobei sich Lerner und Lehrer an unterschiedlichen Orten befinden.[133] Dazu ist nicht notwendigerweise der Einsatz von Informations- und Kommunikationstechnik (IKT) erforderlich. Beim Distance Learning erfolgt die Kommunikation zwischen Lernern und Lehrern meist schriftlich und zeitversetzt, d.h. asynchron. Lange Zeit wurden dazu hauptsächlich Lehrbriefe eingesetzt, die später durch Videofilme, Tonbandkassetten, Disketten, E-Mails oder andere Medien ergänzt oder ersetzt werden. Mit dem Einsatz von Netzwerken, neuen Medien und den Möglichkeiten, die das Internet bietet, haben

---

[128] Vgl. Baumgartner; Häfele; Maier-Häfele /Auswahl von Lernplattformen 2002/ 16.
[129] Vgl. Schwarzer /Telelernen mit Multimedia 1998/ 11.
[130] Vgl. Kerres /Multimediale und telemediale Lernumgebungen 2001/ 13.
[131] Vgl. Koch /Handbuch E-Learning 2001/ 8.
[132] Vgl. Kerres /Multimediale und telemediale Lernumgebungen 2001/ 291.
[133] Vgl. Volery; Lord /Critical success factors in online education 2000/ 217.

sich neue Formen des Distance Learning herausgebildet, die hauptsächlich synchron ablaufen. Sie werden als Teleteaching oder Telelearning bezeichnet.

Blended Learning

Zwischen reinen E-Learning Angeboten und rein traditionellen Lernformen sind beliebig viele Mischformen abgrenzbar. Lernkonzepte, die weder nur mit E-Learning noch rein traditionell ablaufen, werden als Blended Learning (engl. Blender = Mixer; Synonyme: Gemischtes Lernen, Hybrides Lernen, Verbund-Lernen, Integrated Learning, Flexible Learning, Hybrid Teaching)[134] bezeichnet.

Nach *Seibt* ist Blended Learning die

> *„Kombination von herkömmlichem/traditionellen „Face-to-Face"-Lernprozessen (Präsenz-Vorlesungen, -Übungen, -Tutorien etc.) und E-Learning-Prozessen, die über Internet laufen und bei denen häufig diverse Multimedia-Komponenten eingesetzt werden"*[135].

Der E-Learning Teil von Blended Learning ist nicht nur auf Prozesse, die über das Internet laufen, beschränkt. So können beispielsweise auch CBTs oder CDs mit Audio/Video-Aufzeichnungen, die offline nutzbar sind, für Blended Learning eingesetzt werden.

Blended Learning umfasst sowohl traditionelle Lern- und Lehrprozesse als auch elektronische Lernprozesse. Insofern stellt Blended Learning einen Oberbegriff für E-Learning und traditionelles Lernen dar. Im Rahmen dieser Arbeit wird **E-Learning als Teil des Blended Learning** gesehen. Wenn von Blended Learning die Rede ist, ist daher auch der E-Learning Teil des Blended Learning gemeint.

Seufert definiert Blended Learning Konzepte als „Lehr-/Lernkonzepte, die eine didaktisch sinnvolle Verknüpfung von ‚traditionellem Klassenzimmerlernen' und Online-Lernen auf der Basis neuer Informations- und Kommunikationsmedien anstreben."[136]

Ähnlich spricht *Sauter* von einem integrierten Lernkonzept, „das die heute verfügbaren Möglichkeiten der Vernetzung über Internet/Intranet in Verbindung mit ‚klassischen' Lernmethoden und -medien in einem sinnvollen Lernarrangement optimal nutzt."[137]

---

[134] Vgl. Reinmann-Rothmeier /Didaktische Innovation durch Blended Learning 2003/ 29.

[135] Seibt /Erfahrungen mit Blended Learning 2004/ 4.

[136] Seufert; Mayr /Fachlexikon E-Learning 2002/.

[137] Sauter; Sauter; Bender /Blended Learning 2004/ 68.

Lerner, die bisher keine oder nur wenig Erfahrungen mit E-Learning Prozessen gemacht haben, haben häufig Schwierigkeiten, sich an die für sie ungewohnten Formen des E-Learning zu gewöhnen. Sie kommen mit Blended-Learning-Lösungen besser zurecht, weil sie dort auf mehr Vertrautes stoßen.[138]

---

[138] Vgl. Seibt /Erfahrungen mit Blended Learning 2004/ 4.

2.4 Blended Learning Lösungen

Eine Blended Learning Lösung kann die Lern- und Lehrprozesse, die Teil einer Bildungsmaßnahme sind, unterstützen. *Seibt* versteht unter dem Begriff **Bildungsmaßnahme**

> *„ein Bündel von inhaltlich-zeitlich zusammenhängenden Aktivitäten, die erforderlich sind, um zu einem bestimmten Zeitpunkt in einem oder mehreren bestimmten Ausbildungs-/Weiterbildungsprozessen für bzw. mit bestimmten Lernern bestimmte Bildungsziele zu erreichen."*[139]

Durch eine Bildungsmaßnahme werden alle zur Durchführung der Maßnahme erforderlichen Besonderheiten festgelegt. Dies sind Lerninhalte, Lernziele, Anzahl und Besonderheiten der beteiligten Lerner, räumliche und zeitliche Dimensionen der Lehr- und Lernprozesse, Zuständigkeiten für Lehrprozesse, das erforderliche Budget, der Umfang der verfügbaren bzw. nutzbaren Ressourcen usw.[140]

Um Blended Learning erfolgreich einsetzen zu können, muss eine **Blended Learning Lösung** entwickelt und implementiert werden, die auf die Lern- und Lehrprozesse der Bildungsmaßnahme, in der sie eingesetzt wird, zugeschnitten ist. Die Bildungsmaßnahme kann zum Beispiel eine Lehrveranstaltung eines Lehrstuhls, eines Fachgebietes oder einer privaten Bildungseinrichtung sein. Bei der Blended Learning Lösung handelt es sich um eine ganzheitliche Lösung, die sowohl IT-gestützte als auch herkömmliche, nicht IT-gestützte Prozesse und Komponenten integriert und dabei die personellen Eigenschaften und Fähigkeiten der Lerner, Lehrer und der übrigen an den Lehr-/Lernprozessen beteiligten Personen bewusst in die Lösungsgestaltung einbezieht.[141]

Das ATOM-Modell

Bei einer Blended Learning Lösung handelt es sich um ein Informationssystem, das in der Universität oder anderen Bildungseinrichtung, in der es genutzt werden soll, eingebettet werden muss. Ein **Informationssystem** definiert *Seibt* wie folgt:

> *„Ein Informationssystem ist ein bestimmter Typ von Systemen, den es nur in Organisationen gibt. Ein Informationssystem ist ein in die Organisation-, Personal- und Technik-Strukturen einer Organisation eingebettetes System (=embedded system). Der Zweck dieser Art von Systemen besteht insbeson-*

---

[139] Seibt /Controlling von Kosten und Nutzen 2005/ 38.
[140] Vgl. Seibt /Controlling von Kosten und Nutzen 2005/ 38.
[141] Vgl. Seibt /Kosten und Nutzen von E-Learning 2002/ 5.

dere darin, die menschliche Informationsverarbeitung und Kommunikation in Organisationen zu unterstützten. Informationssysteme sind „ganzheitliche" Systeme, weil sie alle in Organisationen auftretenden Gestaltungs-Dimensionen umfassen."[142]

Es gehört demnach nicht nur die Technik zu einem Informationssystem, sondern auch die Organisations- und Personalstrukturen in einer Organisation. *Leavitt* schlägt vor, sich bei der Gestaltung von Informationssystemen an den vier Dimensionen Aufgaben, Technologie, Organisation und Mensch zu orientieren (vgl. Abbildung 7).[143]

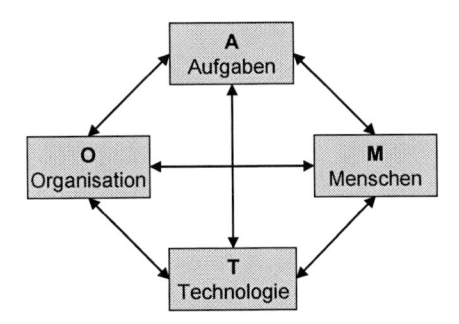

Abbildung 7: Gestaltungsdimensionen von Informationssystemen (ATOM-Modell)[144]

Diese vier Dimensionen sind interdependent, was die Pfeile zwischen ihnen zeigen sollen. Wenn sich eine Dimension verändert, resultieren daraus in der Regel auch Veränderungen der anderen Dimensionen. Daher müssen bei der Systemgestaltung alle vier Dimensionen berücksichtigt werden.

In der Dimension **Aufgaben** werden die betrieblichen Aufgabenbereiche (betriebliche Funktionen, Prozesse, Abteilungen und Stellen), die durch das Informationssystem unterstützt werden sollen, definiert.[145]

Die **Technologie**-Dimension beschäftigt sich mit der Software, Hardware und den Netzwerkkomponenten des Systems.

---

[142] Seibt /Wirtschaftsinformatik 2003/ 123.

[143] Vgl. Leavitt /Organizational Change 1974/ 1144 ff.

[144] In Anlehnung an Leavitt /Organizational Change 1974/ 1145 und Seibt /Wirtschaftsinformatik 2003/ 126.

[145] Vgl. hier und im Folgenden Seibt /Wirtschaftsinformatik 2003/ 126f.

Die bei den Aufgaben identifizierten Prozesse müssen koordiniert werden. Dazu dient die Dimension **Organisation**, in der aufbau- und ablauforganisatorische Regelungen, Strukturen und Arbeitsmethoden definiert werden.

Der Aspekt **Mensch** spielt ebenfalls eine wichtige Rolle bei der Entwicklung von Informationssystemen. Um Systeme erfolgreich implementieren zu können, muss beispielsweise die Akzeptanz der Benutzer, die mit den Systemen arbeiten sollen, sichergestellt werden.

Dimensionen einer Blended Learning Lösung

Auch eine Blended Learning Lösung ist ein Informationssystem und den vier Dimensionen des ATOM-Modells unterworfen. Aufbauend auf dem ATOM-Modell können jedoch noch weitere Dimensionen abgegrenzt werden, die auf eine Blended Learning Lösung einwirken, bzw. diese ausmachen.

Seibt definiert eine Blended Learning Lösung (synonym: Embedded Learning Solution (EmLeSol) oder Blended Learning System) folgendermaßen:

> *„Eine integrierte ganzheitliche Lösung für Lernprozesse, bei deren Entwicklung die zu unterstützenden Prozesse, Technik-Subsysteme, Organisationsstrukturen und -prozesse, Menschen (=Lerner), pädagogisch-didaktischen Konzepte und Kulturen/Verhaltensweisen aufeinander abgestimmt und maßgeschneidert in eine bestimmte Organisationseinheit eingebettet werden."*[146]

Seibt unterscheidet sechs Faktoren, die bei einer Blended Learning Lösung zu integrieren sind (vgl. Abbildung 8).

---

[146] Seibt /Erfahrungen mit Blended Learning 2004/ 6.

Theoretische Grundlagen 37

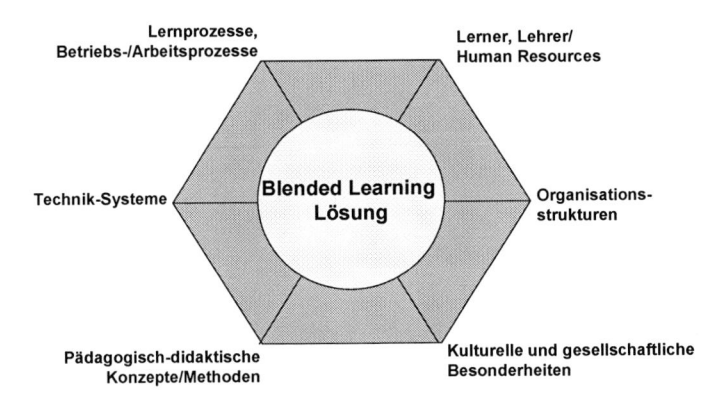

Abbildung 8: Dimensionen, die auf eine Blended Learning Lösung einwirken bzw. die Lösung konstituieren[147]

Dimensionen des Hexagons: Lernprozesse, Betriebs-/Arbeitsprozesse; Lerner, Lehrer/Human Resources; Organisationsstrukturen; Kulturelle und gesellschaftliche Besonderheiten; Pädagogisch-didaktische Konzepte/Methoden; Technik-Systeme — um die zentrale **Blended Learning Lösung**.

Jede Blended Learning Lösung muss die individuellen Eigenschaften der **Lerner, Lehrer und Menschen**, die bei einer Weiterbildungsmaßnahme beteiligt sind, berücksichtigen. Je nach Rahmenbedingungen und Vorwissen der Lerner können andere Blended Learning Lösungen erforderlich sein. Die Blended Learning Lösung muss bezüglich aller sechs Dimensionen in bestehende Altsysteme eingebettet werden. Die Bildungseinrichtung muss dafür sorgen, dass für alle unterschiedlichen Lernergruppen verschiedene Lösungen bereitgestellt werden. Beispielsweise müssen die unterschiedlichen Bedürfnisse berufstätiger Lerner und Vollzeitlerner berücksichtigt werden. Ebenfalls können verschiedene Lösungen für verschiedene Lerninhalte und verschiedene Dozentengruppen notwendig sein.

Die Berücksichtigung der **Organisationsstrukturen**, die für das Lernen benötigt werden, ist für eine erfolgreiche Blended Learning Lösung wichtig. Dazu gehören beispielsweise die Anzahl der Lerner, die Entfernung der Lerner zu den Räumen, in denen der Präsenzunterricht stattfindet oder auch die Anzahl der verfügbaren Lernmittel. Dazu müssen beispielsweise Fragen beantwortet werden, wer für die Erstellung und Verteilung von E-Learning Inhalten zuständig ist, wer die Betreuung von Kommunikationsforen übernimmt und sicherstellt, dass auf eine dort gestellte Frage innerhalb einer gewissen Frist eine Antwort veröffentlicht wird. Ebenso können die Organisation und Durchführung von Online-Test und Leistungsüberprüfungen zur Organisations-Dimension gezählt werden. Dabei muss der organisatorische

---

[147] In Anlehnung an Seibt /Erfahrungen mit Blended Learning 2004/ 6.

Rahmen, in dem die Blended Learning Lösung eingesetzt werden soll, analysiert werden und die Blended Learning Lösung an diese Rahmenbedingungen angepasst werden.

Die **Kultur und die Gesellschaft**, in der das Lernen stattfindet, beeinflusst ebenfalls die Eigenschaften einer Blended Learning Lösung. So können beispielsweise unterschiedliche Lösungen für unternehmensinterne Fortbildungen in Controlling und für das Erststudium im Lehramt notwendig sein, da die Lerner über unterschiedliche Werte, Vorstellungen und Fähigkeiten verfügen.

Eine Anpassung der Blended Learning Lösung ist ebenfalls für die Unterstützung verschiedener **Lernprozesse und Arbeitsprozesse** notwendig. Auch die für die Vermittlung des Wissens notwendigen Lerninhalte können unter diese Dimension gefasst werden. Dazu können CBTs oder WBTs gehören, aber auch synchrone und asynchrone Kommunikationsprozesse, die zum Informationsaustausch zwischen Lernern und Dozenten notwendig sind.

Die eingesetzte **Technik** muss exakt auf die Blended Learning Lösung abgestimmt werden. Bei Blended Learning Lösungen sind dies beispielsweise Learning Management System, Hardware und Software zur Erbringung von Multimedia-Diensten und die dazugehörige Netzwerkinfrastruktur.

Die **pädagogisch-didaktischen Methoden und Konzepte**, mit denen der Lernstoff vermittelt wird, kann ebenfalls einen Einfluss auf die Art der verwendeten Blended Learning Lösung haben.

Seibt legt großen Wert auf die gegenseitige Abstimmung dieser sechs Komponenten und deren Maßschneiderung auf das jeweilige Einsatzszenario. Nur so ist gewährleistet, dass das System auch in der Bildungseinrichtung, in der es eingesetzt wird, seine volle Wirksamkeit entfaltet. Eine Blended Learning Lösung kann man nicht kaufen, da es sich um ein Mensch-Maschine-System handelt, das in den für die jeweilige Organisation individuellen Kontext eingebettet werden muss.[148] Ziel einer Blended Learning Lösung ist die Verbesserung der Wirksamkeit/Wirtschaftlichkeit der Lernprozesse von den Lernern, für die die Lösung entwickelt worden ist. Nur wenn Blended Learning Lösungen in die jeweilige Bildungseinrichtung integriert sind, können diese Ziele erreicht werden.

Im Verlauf dieser Arbeit werden Blended Learning Lösungen entwickelt, die jeweils auf die Organisationen, in denen sie eingesetzt werden, abgestimmt sind.

---

[148] Vgl. Seibt /Kosten und Nutzen von E-Learning 2002/ 12.

Lernumgebung und Lernarrangement

Der Begriff **Lernumgebung** (engl. learning environment) stellt nach *Euler* und *Seufert* das technologische LMS in einen Anwendungszusammenhang und liefert dadurch einen methodischen Entscheidungsrahmen für E-Learning.[149] Es werden also nicht nur die technisch machbaren Funktionalitäten von LMS betrachtet, sondern die Anwendungsmöglichkeiten der Funktionen. So entsteht ein Rahmen, wie Blended Learning Angebote aussehen können.

Kerres sieht in einer Lernumgebung nicht nur auf IKT gestützte Anwendungen, sondern ebenso ein Arrangement unterschiedlicher Arten von Medien, Hilfsmitteln, Einrichtungen und Dienstleistungen.[150] Neben elektronischen Medien können auch traditionelle Medien (wie Overheadfolien oder Arbeitsblätter) sowie sozial-kommunikative Aktionsformen, die in Präsenzveranstaltungen stattfinden, Bestandteil einer Lernumgebung sein.[151]

Mandl versteht unter einer Lernumgebung das Arrangement von Methoden, Techniken, Lernmaterialien und Medien, die mit dem Ziel aufeinander abgestimmt sind, Lernprozesse anzuregen und zu unterstützen.[152] Gemeinsam mit den Lernern bildet die Lernumgebung ein Mensch-Maschine-System.

Als Arbeitsdefinition wird in dieser Arbeit unter Lernumgebung das Zusammenspiel der technischen Komponenten LMS, multimedialer Produktionshardware und -Software mit den Lehr- und Lernprozessen sowie den Lerninhalten verstanden.

Im Gegensatz zur Lernumgebung beinhaltet ein **Lernarrangement** zusätzlich die Lerner. Ein Lernarrangement besteht aus den vier Faktoren Lernumgebung, Lernern, Lernthema und Lernergebnis.[153]

Mit der Lernumgebung ist wie oben beschrieben sowohl die technische Lernumgebung (also zum Beispiel das LMS) als auch die soziale Lernumgebung gemeint. Unter der sozialen Lernumgebung versteht man die Lernkultur, die Räumlichkeiten, etc.

Der Lerner ist ebenfalls Bestandteil eines Lernarrangements. Ihn zeichnen individuelle Eigenschaften aus, wie beispielsweise sein Vorwissen, Bildungsbiographie, Lernkompeten-

---

[149] Vgl. Euler; Seufert /Pädagogische Innovation 2005/ 5.
[150] Vgl. Kerres /Didaktische Konzeption 1999/ 10ff.
[151] Vgl. Euler; Seufert /Pädagogische Innovation 2005/ 5.
[152] Vgl. Mandl /Gestaltung multimedialer Lernumgebungen 1993/ 31 und Reimann-Rothmeier; Mandl /Lernen im Unternehmen 1993/ 248.
[153] Vgl. hier und im Folgenden Ehlers /Qualität beim E-Learning 2002/ 7ff., Reigeluth /Instructional Design 1983/ 22 und Fricke /Effektivität computer- und videounterstützter Lernprogramme 1991/ 15.

zen, Medienkompetenzen, Interessen, Erwartungen, Ziele, etc. Das Lernarrangement muss auf diese Eigenschaft abgestimmt werden.

Das Lernthema beinhaltet den Inhalt und die Aufbereitung des Lernstoffes.

Das (intendierte) Lernergebnis wird durch die Lernziele definiert. Dies kann zum Beispiel ein Transfer des Gelernten am Arbeitsplatz sein, was sich durch einen Zuwachs an Handlungskompetenz bemerkbar macht.

Ein gutes Lernarrangement entsteht, wenn diese vier Faktoren richtig aufeinander abgestimmt sind und zusammenspielen. Alle vier Faktoren beeinflussen den Lernerfolg, die Lerneffektivität und die Qualität eines Blended Learning Angebots.

2.5 Learning Management Systeme

Computer Based Training (CBT)

Aus den Anfangszeiten des E-Learning stammen Computer Based Trainings (CBT). Dabei handelt es sich um ein spezielles Lernprogramm, mit dessen Hilfe sich der Lerner das Wissen selbstständig (d.h. ohne Interaktion mit einem Lehrenden) aneignet.[154] Ein Beispiel für CBT sind sog. Fremdsprachen-Trainings, bei denen die Lerninhalte beispielsweise in Form von Gesprächssituationen präsentiert werden, worauf Vokabeltests und Grammatikaufgaben folgen.[155] Häufig ist neben der reinen Faktenvermittlung auch eine Überprüfung des Wissens Gegenstand eines CBT.[156]

Die Lernressourcen werden über physische Speichermedien zugänglich gemacht, so dass eine Online-Verbindung nicht notwendig ist. Sie werden meist über CD, DVD oder Diskette distribuiert und auf der Festplatte des Lernenden gespeichert. Nachteilig daran ist, dass bei einer Aktualisierung der Inhalte an alle Lerner eine neue Version des CBT gesendet werden muss und von ihnen installiert werden muss.

Von einigen Autoren werden CBTs auch als CUU (Computer-unterstützter Unterricht), CAL (Computer Aided bzw. Assisted Learning) oder CUL (Computer-unterstütztes Lernen) bezeichnet.[157] Diese Einschätzung wird vom Autor der Arbeit nicht geteilt, da die Funktionalität von CBTs weit über die von CUU hinausgeht. Computer-unterstützter Unterricht war ein Vorläufer von CBTs. Sie kommen aus den Anfängen des E-Learning und erlauben eine gute Kontrolle von Lernzielen.

Ein **Lernprogramm** ist ein Programm zur Vermittlung von Lerninhalten, das auf dem Prinzip der Rückkopplung beruht.[158] Zum Zweck der Wissensvermittlung werden dem Lerner eine definierte Folge von Erklärungen präsentiert und Tests, in denen er Fragen zu den Erläuterungen beantworten muss. Ein Lernprogramm verfolgt den Ansatz des Behaviorismus, man spricht auch von „Programmierten Unterricht"[159]. Ein Lernprogramm kann zwar ein Teil eines LMS sein, jedoch spiegelt der starr programmierte Charakter von Lernprogrammen nur unzureichend die Interaktionsmöglichkeiten von LMS wider.

---

[154] Vgl. z.B. Back; Bendel; Stoller-Schai /E-Learning 2002/ 24f, 124f.
[155] Vgl. Bruns; Klenner; Psaralidis /E-Learning 2002/ 784.
[156] Vgl. Schulmeister /Virtuelle Universität 2001/ 311.
[157] Vgl. Seufert; Mayr /Fachlexikon E-Learning 2002/ 96.
[158] Vgl. Bodendorf /Computer in der fachlichen und universitären Ausbildung 1990/ 28f.
[159] Vgl. Lefrancois /Psychologie des Lernens 1994/ 48.

In der Literatur wird der Begriff **Lernsoftware** teilweise synonym zum Begriff Lernprogramm verwendet.[160] Beide Begriffe betonen den technischen Aspekt des Programms und beinhalten nicht die menschlichen, organisatorischen oder didaktischen Aspekte, die bei einer Blended Learning Lösung eine Rolle spielen.

Web Based Training (WBT)

Ein Web Based Training (WBT) ist die Weiterentwicklung eines CBT. Im Unterschied zum CBT kann beim WBT über Netzwerke (heute in der Regel das Internet oder Intranets) auf die Lerninhalte zugriffen werden.[161] Bei ihrer Erstellung werden in erster Linie Internet-Standards wie HTML eingesetzt. Für Animationen und interaktive Komponenten werden zumeist so genannte Plugins genutzt.[162] Dabei kann über Hyperlinks[163] einfach auf Lernressourcen verwiesen werden, die nicht Teil des WBT selbst sind.

Die Lernressourcen sind zentral auf einen Server gespeichert und müssen lediglich dort administriert und aktualisiert werden. Durch die Online-Verbindung ist gewährleistet, dass der Lerner jederzeit Zugriff auf die neueste Version der Ressourcen hat.

Vorteile des WBT im Vergleich zum CBT sind eine weltweite Verfügbarkeit der Lerninhalte, da jeder Lerner mit Internetanschluss davon Gebrauch machen kann. Im Vergleich zum CBT ist auch eine Integration von Tutoren möglich, die über netzbasierte Kommunikationswerkzeuge wie Diskussionsforen oder Online-Chats den Lerner unterstützen können.

Das Internet ermöglicht die Einbettung zusätzlicher synchroner E-Learning Dienste in ein WBT, wie zum Beispiel die Teilnahme an Online-Chats, Audio- und Videokonferenzen oder Streaming Video und ebenso asynchroner Kommunikationsdienste, wie beispielsweise E-Mail und Diskussionsforen.

---

[160] Vgl. z.B. Gabele; Zürn /Entwicklung Interaktiver Lernprogramme 1993/ 39.

[161] Vgl. Issing; Klimsa /Information und Lernen 2002/ 564.

[162] Plugins sind kleine, auf dem Computer des Betrachters zu installierende Programme wie zum Beispiel Macromedia Flash.

[163] Im Gegensatz zu Büchern oder anderen gedruckten Texten, die in der Regel linear gelesen werden, ist Hypertext eine nicht-lineare Strukturierungs- und Präsentationsform für textuelle Daten (vgl. Gipper; Wolff /Hypermedia 1997/ 393). Der Hypertext wird dabei durch eine Konstruktion von Knoten (Nodes) und Verknüpfungen (Hyperlinks) zwischen ihnen realisiert. In den Knoten können atomare Einheiten gespeichert werden, wie zum Beispiel Text, Grafiken oder andere Medien. Die Knoten werden durch Links miteinander verknüpft, so dass der Benutzer bequem von einem Knoten zu einem anderen Knoten gelangen kann und in nicht-lineare Weise auf Informationseinheiten zugreifen kann (vgl. Steinmetz /Multimedia-Technologie 2000/ 699ff.). Zwar können auch gedruckte Texte nicht-linear gelesen werden und Hypertexte können ebenso linear konstruiert werden, jedoch sind Hypertexte grundsätzlich nicht-linear angelegt (vgl. Blumstengel /Hypermediale Lernsysteme 1998/ 72f.).

Nachteilig an einem WBT ist die unter Umständen große Internet-Bandbreite, die zur Nutzung des WBT notwendig ist, sowie die dafür anfallenden Verbindungskosten. Außerdem können sie nicht unterwegs genutzt werden.

Lernplattform

Häufig bieten Lernumgebungen mehr als die reine Bereitstellung von CBTs über DVDs, CDs oder Disketten bzw. WBTs über Netzwerke. Zur Verteilung und für den Zugriff auf E-Learning Inhalte über Netzwerke können **Lernplattformen** eingesetzt werden, auf denen die Inhalte gespeichert werden und über die Lerner auf die Inhalte zugreifen können. Im einfachsten Fall ist dies ein Webserver, der Skripte, Hypertextsammlungen oder andere Inhalte zur Verfügung stellt. Diese Inhalte können bei Bedarf mit einem Passwort geschützt werden, das über eine einfache Benutzerverwaltung zugewiesen wird.

Der Begriff Lernplattform beschreibt Systeme, die Lernern ein Portal zur Verfügung stellen, über das auf unterschiedliche Lerninhalte zugegriffen werden kann.[164] Lerninhalte können beispielsweise als WBT aufgerufen werden. Zusätzlich unterstützen Lernplattformen die Verwaltung unterschiedlicher Kurse und Dozenten. Sie sind jedoch in der Regel nicht in andere Systeme, die in Bildungseinrichtungen genutzt werden (z.B. Abrechnungssysteme, Bildungscontrolling-Werkzeuge, zentrale Lernerverwaltung etc.) integriert. Daher ist auf der Seite der Anbieter ein großer Entwicklungs- und Pflegeaufwand nötig, um eine Lernplattform in die vorhandenen Systeme einer Bildungseinrichtung einzugliedern.

Learning Management Systeme

Integrierter und mit mehr Funktionalität ausgestattet als Lernplattformen sind **Learning Management Systeme** (LMS) (synonym: Electronic-Learning-System (ELS)), die den Kern vieler E-Learning Maßnahmen bilden. Sie bieten häufig ein Management von Ressourcen, wie z.B. Dozenten, Räumen oder Lernmaterialien und sind stärker in die Systemlandschaft einer Bildungseinrichtung eingebettet als Lernplattformen. Sie unterstützen in der Regel umfangreiche Kataloge von Veranstaltungen mit der Möglichkeit, Metadaten anzugeben. Über die Funktionalität von Lernplattformen hinaus sind LMS häufig mit Abrechnungsfunktionen ausgestattet, mit denen private Bildungseinrichtungen kostenpflichtige Lerninhalte verwalten können. LMS schlagen dabei die Brücke zum Bildungscontrolling. Funktionen zur Leistungsüberprüfung mit Tests oder Aufgaben sowie die Unterstützung von Gruppenarbeits-Prozessen für Lerngruppen werden ebenfalls von vielen LMS angeboten.

---

[164] Vgl. Schulmeister /Lernplattformen für das virtuelle Lernen 2003/ 10f.

In der Literatur hat sich eine einheitliche Definition der Begriffe LMS noch nicht durchgesetzt.

Seibt definiert ein **Electronic-Learning-System** sie wie folgt:

> „*Electronic-Learning-Systems (ELS) sind integrierte Mensch-Maschine-Systeme, die in den immer individuellen Kontext von Unternehmen bzw. Organisationen eingebettet werden müssen, um konkrete betriebliche Aus-/Weiterbildungsprozesse erfolgreich unterstützen zu können.*"[165]

Für *Schulmeister* dient ein LMS zur „Darstellung der Kursunterlagen im Netz und für die Abwicklung der Online-Seminare sowie der Kommunikationsangebote (Tutorielle Komponente, Chaträume, Mitteilungsbretter)"[166] und verfügt über folgende Funktionen:[167]

- Benutzerverwaltung
- Kursverwaltung
- Rollen- und Rechtevergabe mit differenzierten Rechten
- Kommunikationsmethoden (Chat, Foren) und Werkzeuge für das Lernen (Whiteboard, Notizbuch, Annotationen, Kalender etc.)
- Darstellung der Kursinhalte, Lernobjekte und Medien in einem netzwerkfähigen Browser.

Nach *Euler* und *Seufert* kann der Studierende über ein LMS „auf Studieninhalte zugreifen, bzw. eine virtuelle Kommunikation mit anderen Studierenden sowie Dozierenden aufnehmen"[168].

Hall versteht unter einem LMS Systeme für die Automatisierung und Administration von Lernprozessen, die zusätzlich über Tracking-Funktionen[169] verfügen.[170]

Eine weitere Differenzierung des Begriffs ergibt sich aus der Abgrenzung eines **Integrated Learning Management System** (ILS). Ein ILS ist ein LMS, in dem die Autoren zusätzlich

---

[165] Seibt /Kosten und Nutzen von E-Learning 2002/ 6.

[166] Schulmeister /Virtuelle Universität 2001/ 165.

[167] Vgl. Schulmeister /Lernplattformen für das virtuelle Lernen 2003/ 10.

[168] Euler; Seufert /Pädagogische Innovation 2005/ 5.

[169] Mit Tracking-Funktionen können Aktionen von Lernenden, wie beispielsweise die Nutzungshäufigkeit eines E-Learning Kurses, eines Diskussionsforums oder Chat-Raums protokolliert werden (vgl. Milius /Learning-Management-System/ 168).

[170] Vgl. Chapman; Hall /Enterprise Learning Management Systems 2003/ 533f.

Kursinhalte arrangieren und designen können und mit dem Kursinhalte selbst dargestellt, vermittelt und gelernt werden können. Für die Erstellung (Authoring) von Lerninhalten können auch nicht-integrierte, externe Editoren genutzt werden (zum Beispiel Macromedia Flash).[171]

Seit einigen Jahren ist ein deutlicher Trend zu einer Integration von zusätzlichen Funktionen in LMS zu beobachten. Funktionen, die traditionell von spezialisierten Content Management Systemen[172] oder Wissensmanagement-Systemen[173] übernommen wurden, werden in LMS integriert. Sind solche Funktionen vorhanden, spricht man von **Learning Content Management Systems**.[174]

Auch darüber hinaus gehende Funktionen wie virtuelle Klassenräume, WebConferencing und kooperative Gruppenarbeit werden zunehmend in LMS integriert. Durch die Integration muss weniger unterschiedliche Software eingesetzt werden und die Verwaltung von Benutzer-Accounts und Lernmaterialien ist einfacher. Allerdings steigt die Komplexität der Systeme dadurch immer weiter an und es müssen Spezialisten für die Einrichtung, Wartung und Administration eingesetzt werden. Zunehmend mehr Learning Management Systeme enthalten geeignete Funktionen, um Bildungscontrolling durchzuführen. Dabei lassen sich beispielsweise detaillierte Berichte zu Art und Umfang der eingesetzten Ressourcen generieren und die dazugehörigen Kosten ermitteln.

Ein LMS übernimmt die Verwaltung von Lernern, Lerninhalten und Lernressourcen (zum Beispiel Schulungsräume, Dozenten, Betreuer) für eine große Zahl von Nutzern. Das System stellt üblicherweise auch Grundfunktionalitäten zur netzbasierten Kommunikation sowie Werkzeuge für die Erstellung von Lerninhalten zur Verfügung. Mittlerweile ist eine beträcht-

---

[171] Vgl. Schulmeister /Lernplattformen für das virtuelle Lernen 2003/ 15.

[172] Mit Content-Management-Systemen können umfangreiche Text- oder Mediensammlungen verwaltet und auf verschiedenen Endgeräten wie z.b. Webbrowser, Mobilfunkgerät oder Personal Digital Assistent (PDA) dargestellt werden. Sie trennen in der Regel Inhalt von Gestaltung und Funktion, bieten verschiedene Navigationsstrukturen und meist eine Verwaltung von unterschiedlichen Versionen eines Dokuments. Der Benutzer kann das System auch ohne Programmierkenntnisse bedienen. Besonderen Wert wird auf eine medienneutrale Datenhaltung gelegt, so sollten beispielsweise Dokumente als PDF oder als HTML-Dokument dargestellt werden können. Je nach Anwendung kann auch eine Rechteverwaltung von Bedeutung sein. Vgl. z.B. Cotoaga; Müller; Müller /Distribution dynamischer Inhalte 2002/ 249ff.

[173] Wissensmanagement beschäftigt sich mit den Möglichkeiten, auf die Wissensbasis eines Unternehmens Einfluss zu nehmen. Unter der Wissensbasis eines Unternehmens werden alle Daten und Informationen, alles Wissen und alle Fähigkeiten verstanden, die diese Organisation zur Lösung ihrer vielfältigen Aufgaben in einer zunehmend komplexeren und schnelllebigeren Wirtschaft benötigt. Dabei werden individuelles Wissen und Fähigkeiten (Humankapital) durch Informationssysteme in strukturelles, also in der Organisation verankertes Wissen transformiert. Vgl. z.B. Bodendorf /Daten- und Wissensmanagement 2003/ 6 oder Seufert; Back; von Krogh /Wissensnetzwerke 1999/ 136.

[174] Vgl. Schulmeister /Lernplattformen für das virtuelle Lernen 2003/ 15.

liche Zahl an LMS verfügbar, so dass nur noch in wenigen Fällen neue entwickelt werden müssen.[175] Jedoch sind bei der Implementierung einer gekauften LMS die organisatorischen und technischen Rahmenbedingungen zu beachten. Eine Anpassung an die lokalen Gegebenheiten ist fast immer notwendig.

Neben rein technischen Aspekten gehören zu einem Blended Learning Konzept eine Reihe von weiteren Gestaltungsfaktoren wie zum Beispiel:[176]

- Umfang und Merkmale der Zielgruppe (Lerner),
- Abläufe und Reihenfolge der durch das LMS zu unterstützenden Aus- und Weiterbildungsaktivitäten,
- Lerninhalte einschließlich Didaktik-Konzepte,
- einzusetzendes Personal (Dozenten, Betreuer, Administratoren, Systementwickler),
- Budgets und Modelle zur internen Leistungsverrechnung,
- Vereinbarungen über Nutzungsrechte bzw. Nutzungspflichten und Nutzungszeiten sowie
- Vereinbarungen über Zugriffsrechte auf die Daten der Lerner.

Baumgartner et al. warnen davor, beim Einsatz von LMS einen wichtigen Aspekt, nämlich „das organisatorische Lernarrangement"[177] zu übersehen. Die Autoren meinen damit die Tatsache, dass jedes LMS durch ihre Funktionalität die Struktur und Auseinandersetzung mit Lerninhalten beeinflusst und dass sich hinter jedem LMS, unabhängig davon, ob dies Entwicklern und Anwendern bewusst ist oder nicht, ein organisations- und lerntheoretisches Modell verbirgt.[178] Daher sollte der Einsatz eines LMS als eine Komponente einer Blended Learning Lösung gesehen werden, die noch von weiteren Dimensionen beeinflusst wird.[179]

Bei der Auswahl eines LMS spielen zahlreiche Faktoren eine Rolle. Dies sind beispielsweise Möglichkeiten zur Integration in vorhandene Systeme zur Verwaltung der Studierenden, die bei Bildungseinrichtungen ggf. bereits im Einsatz sind. Preis, Lizenzierungsmodell, Unterstützung von Updates, Funktionalität, Benutzerfreundlichkeit für Lerner, Aufwand für die

---

[175] Vgl. Bruns; Klenner; Psaralidis /E-Learning 2002/ 785f.

[176] Vgl. Seibt /Kosten und Nutzen von E-Learning 2002/ 11ff. und Bruns; Klenner; Psaralidis /E-Learning 2002/ 785.

[177] Baumgartner; Häfele; Maier-Häfele /Auswahl von Lernplattformen 2002/ 18.

[178] Vgl. Baumgartner; Häfele; Maier-Häfele /Auswahl von Lernplattformen 2002/ 18.

[179] Vgl. Kap. 2.4, S. 36.

Administration etc. sind weitere Kriterien. Der Auswahlprozess für ein bestimmtes Produkt ist ein komplexer Prozess und wird in der Literatur ausgiebig besprochen.[180]

---

[180] Vgl. z.B. Schulmeister /Lernplattformen für das virtuelle Lernen 2003/, Baumgartner; Häfele; Maier-Häfele /Auswahl von Lernplattformen 2002/, Baumgartner /Webbasierte Lernumgebungen 2001/ und Baumgartner /Evaluation mediengestützten Lernens 1999/.

2.6 Lernkanäle

Über „Lernkanäle" findet die Vermittlung von Lerninhalten an Lerner statt. Unter einem Lernkanal versteht man eine spezielle Kombination aus Übertragungsmedien (zum Beispiel Präsenzveranstaltung, Buch, CD oder Internet), Codierung (zum Beispiel Sprache, nur Text, Text mit Grafiken oder Text mit Audio/Video) und angesprochener Sinnesmodalität (zum Beispiel nur auditiv oder audiovisuell).[181]

Studierende können unterschiedliche Lernkanäle nutzen, mit denen die gleichen Lerninhalte vermittelt werden können. Verschiedene Lernkanäle sind beispielsweise traditionelle Präsenzvorlesungen im Hörsaal, telemediale Vorlesungen mit interaktiver Einbindung entfernter Teilnehmer über Audio/Video-Live-Übertragung und Online-Chat, Audio/Video-Aufzeichnungen von Vorlesungen zum Selbststudium, asynchrone Diskussionsforen zur Kommunikation zwischen Dozenten und Studierenden und/oder synchrone Online-Tutorien über Chat. Tabelle 2 zeigt beispielhaft für fünf verschiedene Lernkanäle das Übertragungsmedium, die Codierung und die angesprochene Sinnesmodalität.

Lernkanal	Übertragungsmedium	Codierung	Sinnesmodalität
Präsenzveranstaltung	Stimme, Tafelbild/Folien	Gesprochene Wörter, ggf. Text mit Grafiken auf Folien	Ohr, Auge
Buch	Papier	Geschriebene Wörter, ggf. mit Grafiken auf Papier	Auge
Audio/Video-Live-Übertragung	Netzwerk	Gesprochene Wörter, ggf. Text mit Grafiken auf Bildschirm	Ohr, Auge
Online-Diskussionsforum	Netzwerk	Geschriebene Wörter	Auge
Online-Chat	Netzwerk	Geschriebene Wörter	Auge

Tabelle 2: Beispiele für Lernkanäle mit zugehörigem Übertragungsmedium, Codierung und Sinnesmodalität

Jeder dieser Lernkanäle nutzt verschiedene Techniken sowohl auf Seite des Anbieters als auch auf Seite der Studierenden, um prinzipiell die gleichen Inhalte zu „transportieren". So müssen beispielsweise für den Lernkanal Audio/Video-Live-Übertragung Videokameras und

---

[181] Vgl. Weidenmann /Multimodalität im Lernprozess 2002/ 67 und Coenen /E-Learning Architektur für universitäre Lehr und Lernprozesse 2001/ 114.

Übertragungstechnologien eingesetzt werden, während für den Lernkanal Online-Tutorium ein webbasierter Online-Chat genutzt werden kann. Für eine Präsenzveranstaltung wird häufig keine besondere Technik eingesetzt.

Welche Lernkanäle eingesetzt bzw. angeboten werden, hängt vom Szenario ab, in dem Blended Learning oder E-Learning durchgeführt wird. Dabei können auch mehrere miteinander konkurrierende Lernkanäle parallel eingesetzt werden, zum Beispiel die traditionelle Präsenzveranstaltung im Hörsaal und Audio/Video-Live-Übertragung im Internet. In diesem Fall muss jeder Studierende individuell entscheiden, welcher Lernkanal für ihn den größeren Nutzen hat und welchen Lernkanal er nutzen möchte.

Verschiedene Lernkanäle erfordern unterschiedliche didaktische Konzepte. So muss ein Dozent, der eine Veranstaltung hält, zu der auch externe Teilnehmer per Audio/Video-Live-Übertragung zugeschaltet sind, auf besondere Umstände Rücksicht nehmen. Beispielsweise kann er nicht erkennen, ob die externen Teilnehmer ihm zuhören oder nebenbei andere Tätigkeiten ausführen.

Blended Learning mit synchronen und asynchronen Lernkanälen

Lernkanäle, die bei Blended Learning genutzt werden, können in synchrone und asynchrone Lernkanäle abgegrenzt werden. Unterschiedliche Formen der Kommunikation lassen sich in eine Raum-Zeit-Matrix einteilen.[182] Man kann unterscheiden zwischen Kommunikation, bei der sich die Kommunikationspartner am gleichen Ort befinden (zum Beispiel ein face-to-face-Gespräch) und die an entfernten Orten stattfindet (zum Beispiel ein Telefonat oder ein Brief). Auf der zeitlichen Achse kann zwischen gleichzeitig (synchron) stattfindender Kommunikation (zum Beispiel Telefonat) oder zeitversetzter (asynchroner) Kommunikation (zum Beispiel Fax) unterschieden werden.

Unter dem Begriff **synchrones Blended Learning** versteht man Lernformen, bei denen der Lerner und der Dozent in Echtzeit miteinander kommunizieren. Beispiele für synchrone Kommunikation sind Whiteboard-Sitzungen, Telelearning, Online-Chats, traditionelle Präsenzveranstaltungen und Telefon- bzw. Videokonferenzen.

Beim **asynchronen Blended Learning** findet die Kommunikation nicht zeitgleich statt. Daher werden meistens Diskussionsforen, Newsgroups oder Audio-Video-Aufzeichnungen für die Kommunikation genutzt (vgl. Tabelle 3).

---

[182] Vgl. Johansen /Computer Support for Business Teams 1988/ 44.

	Synchrone Kommunikation (gleiche Zeit)	Asynchrone Kommunikation (unterschiedliche Zeit)
Gleicher Ort	• Präsenzveranstaltung • Lerngruppe	• Aushänge, schwarzes Brett
Unterschiedlicher Ort	• Online-Chat • Telelearning • Audio/Video-Liveübertragung	• Diskussionsforum • Audio/Video-Aufzeichnungen • Distance Learning • E-Mail • Lehrbrief

Tabelle 3: Klassifikation verschiedener Lernkanäle nach Raum und Zeit[183]

Durch synchrone und asynchrone Lernkanäle können räumlich bzw. zeitlich flexible Lernprozesse stattfinden. Solche Kommunikationswege sind die Basis vieler Blended Learning Lösungen und können die Effektivität von Lernprozessen erhöhen.[184]

Generell besteht beim Einsatz von synchronen und asynchronen Kommunikationsinstrumenten die Gefahr, dass sie von Lernern nur in geringem Maße genutzt werden und dass weder eine Koordinierung ihrer Lernprozesse noch eine inhaltliche oder lernzielbezogene Diskussion untereinander stattfindet.[185]

Im Folgenden werden je eine verbreitete Formen der asynchronen Kommunikation (Diskussionsforen) bzw. synchronen Kommunikation (Online-Chats) erläutert.

Asynchrone Kommunikation mit Diskussionsforen

Eine weit verbreitete Form der asynchronen Kommunikation sind Diskussionsforen. Sie haben den Vorteil, dass die Studierenden auch außerhalb der normalen Vorlesungszeiten, zum Beispiel wenn sie spät abends zu Hause lernen, untereinander und mit dem Dozenten kommunizieren können. Dazu stellen sie ihre Fragen oder Kommentare in das Diskussionsforum zur entsprechenden Veranstaltung ein. Die Beiträge bleiben dauerhaft im Diskussionsforum gespeichert und können von allen anderen registrierten Teilnehmern gelesen und

---

[183] In Anlehnung an Back; Seufert /Computer Supported Cooperative Work 2000/ 6.
[184] Vgl. Ehrenberg /Internetbasierte Lehrangebote 2001/ 40.
[185] Vgl. Klauser; Born; Dietz /Potenziale der Technik didaktisch sinnvoll nutzen 2003/ 673f.

beantwortet werden. Die Antworten können sofort erfolgen oder nach einigen Stunden oder Tagen. Durch die Möglichkeit, dass alle Lerner und Dozenten Zugriff auf das Forum haben, kann durch die Veröffentlichung einer Nachricht schnell und einfach eine große Anzahl an Lesern erreicht werden. Antworten erreichen nicht nur den Frager, sondern können von allen Teilnehmern gelesen und weiter kommentiert werden.

Diskussionsforen unterstützen vor allem den Lernprozess der Klausurvorbereitung und weniger den Lernprozess der Wissensvermittlung.[186] Sie dienen zum Nachfragen nicht verstandener Lerninhalte und zur Beseitigung von Unklarheiten.

Die meisten Diskussionsforen sind mit einer Suchfunktion ausgestattet, so dass für die Beantwortung einer Frage nicht unbedingt ein neuer Beitrag geschrieben werden muss. Gerade wenn ein Forum häufig genutzt wird, ist es möglich, dass eine Frage in der Vergangenheit bereits gestellt und diskutiert wurde. Diese Beiträge können mit einer Suchfunktion schnell gefunden werden. Auch außerhalb von Blended Learning Szenarien sind asynchrone Diskussionsforen sehr verbreitet.[187]

Diskussionsforen arbeiten nach dem „Pull"-Prinzip. Das bedeutet, dass der Nutzer aktiv das Diskussionsforum besuchen muss und dort die für ihn relevanten Informationen suchen und abrufen muss.[188] Dabei muss der Nutzer wissen, wo er die benötigten Informationen finden kann. Um diesen Nachteil auszugleichen, kann auf Wunsch eine elektronische Benachrichtigung per E-Mail an den Nutzer gesendet werden, wenn zu einem bestimmten Thema neue Nachrichten erstellt wurden.

Ein Nachteil von asynchronen Kommunikationsformen ist, dass bei einer zu geringen Nutzerzahl Beiträge in Diskussionsforen entweder überhaupt nicht oder erst nach mehreren Tagen beantwortet werden.[189] Eine geringe Frequentierung führt dazu, dass Lerner das Forum besuchen und feststellen, dass dort keine neuen Beiträge eingestellt wurden. Dies kann dazu führen, dass Lerner anschließend das Forum in der Annahme, dass dort sowieso keine neuen Beiträge veröffentlich wurden, überhaupt nicht mehr besuchen.

Synchrone Kommunikation mit Online-Chat

Chat ist eine synchrone Form der Kommunikation, bei der Aussagen durch technische Verbreitungsmittel indirekt durch räumliche Distanz zwischen den Kommunikationspartnern

---

[186] Zu den Lernprozessen Klausurvorbereitung und Wissensvermittlung vgl. Kap. 2.2, S. 25.

[187] Vgl. Looi /Communication Techniques 2002/ 46f.

[188] Vgl. Koch /Handbuch E-Learning 2001/ 7.

[189] Vgl. Klauser; Born; Dietz /Potenziale der Technik didaktisch sinnvoll nutzen 2003/ 673f.

vermittelt werden. Die Chat-Kommunikation kann dabei „one-to-many"-, „one-to-one"-, „many-to-many"- oder die „many-to-one"-Kommunikation beinhalten.[190]

Die Kommunikation im Chat erfolgt anders als bei einem traditionellen Gespräch, da Tippen mehr Zeit beansprucht als Sprechen, besonders wenn der Chatter das Zehnfingersystem nicht beherrscht. Zur Effizienzsteigerung des Chats wird daher versucht, die Zeichenzahl auf ein Minimum zu reduzieren.[191]

Im Vergleich zu asynchronen Diskussionsforen erhält der Lerner bei synchronen Online-Chats die Antwort auf eine Frage sofort. Er braucht sich nicht wie beim Diskussionsforum Stunden oder Tage später neu in das Forum einloggen und in die Thematik einarbeiten, um die Antwort zu verarbeiten, sondern kann sofort darauf reagieren.

Online-Chats wurden zunächst vor allem für die private Kommunikation in der Freizeit genutzt und weniger aus beruflichen oder universitären Gründen.[192] Inzwischen werden sie zunehmend auch für Unternehmenskontakte mit Kunden oder für Ausbildungszwecke eingesetzt.[193] Am Arbeitsplatz werden sie hauptsächlich eingesetzt, um arbeitsrelevante Informationen auszutauschen, Termine zu vereinbaren und Besprechungen zu koordinieren.[194]

Rolle von Online-Chats bei Blended Learning

Online-Chats eignen sich gut für die synchrone Kommunikation zwischen Lernern untereinander und zwischen Lernern und Dozenten. Sie können beispielsweise bei Blended Learning Maßnahmen eingesetzt werden, um vom Lernort entfernte Teilnehmer in die Kommunikation einzubinden. Dabei können unter anderem die Lernprozesse Klausurvorbereitung und Wissensvermittlung unterstützt werden.[195]

---

[190] Vgl. Gallery /Anonymität im Chat 2000/ 74.

[191] Deshalb werden im Chat zahlreiche Abkürzungen und Akronyme benutzt und Wörter werden häufig verkürzt eingetippt. Oft werden Rechtschreib- und Grammatikfehler in Kauf genommen, um Spontaneität und Schnelligkeit der Konservation zu ermöglichen. Die so entstandene Kommunikationsform wird auch als eine „neue Schriftlichkeit" (Haase et al. /Internetkommunikation und Sprachwandel 1997/ 84) bezeichnet, in der mündliche Äußerungen, wie sie zum Beispiel in Gesprächen vorkommen, in ein neues Medium verschoben werden (vgl. Haase et al. /Internetkommunikation und Sprachwandel 1997/ 58). Vgl. dazu auch Schmidt /Chat-Kommunikation im Internet 2000/ 125.

[192] Vgl. Murphy; Collins /Instructional Electronic Chats 1997/ 15.

[193] Vgl. Dichanz; Ernst /Electronic Learning 2002/ 63.

[194] Vgl. Halverson; Erickson; Sussman /Persistent chat environment 2003/ 181.

[195] Zu den Lernprozessen Klausurvorbereitung und Wissensvermittlung vgl. Kap. 2.2, S. 25.

In einer 2003 durchgeführten Untersuchung werden Diskussionen im Chat als unstrukturiert beschrieben, so dass der Chat nach kurzer Zeit unübersichtlich wurde.[196] Es wurde herausgefunden, dass viele Teilnehmer an einer inhaltlichen Diskussion im Chat wenig interessiert sind und ihn häufig für Privatgespräche nutzen. Als weiteres Problem wird beschrieben, dass die Lerner alleine das LMS nutzten und daher kein Kommunikationspartner für synchrone Chats zur Verfügung stand.

Eine andere Studie von rein privaten Chats, die keine lern- oder arbeitsrelevanten Inhalte als Gegenstand hatten, zeigt, dass Chats eine sehr starke Bindung zwischen den Teilnehmern erzeugen können.[197] Chatter verabreden sich regelmäßig, um miteinander zu kommunizieren und verwenden viel Zeit dafür. Im Extremfall kann sogar eine Sucht daraus werden.

Andererseits zeigen Untersuchungen, dass Online-Chats in Lernumgebungen nur eingeschränkt genutzt werden.[198] Es findet sehr wenig Kommunikation zwischen den Studierenden statt, sondern fast nur zwischen Lerner und Dozent. Häufig hat sich ein Studierender in den Chat-Raum eingeloggt, gesehen, dass niemand dort ist und sofort wieder ausgeloggt. Studierende können durch den Chat vom eigentlichen Thema abgelenkt werden und schnell auf andere Themen kommen. Auch Lerner, die nicht schnell tippen können, fühlen sich durch einen Online-Chat benachteiligt.

An der Universität Hohenheim wurde 2002 ein System untersucht, bei sich der Dozent über einen unidirektionellen Audiokanal mit natürlicher Sprache an die Lerner wenden konnte, die über entsprechende Audioausgabegeräte verfügten.[199] Die Lerner hatten einen Online-Chat zur Verfügung, den sie für Rückfragen an den Dozenten nutzen konnten. Sie waren mit den Möglichkeiten des Online-Chats als Kommunikationsmittel zufrieden. Bei großen Teilnehmerzahlen waren die Lerner jedoch oft abgelenkt und verwirrt, da zu einem bestimmten Zeitpunkt nur schwer zu erkennen war, wer mit wem sprach und wer angesprochen wurde.[200]

---

[196] Vgl. Klauser; Born; Dietz /Potenziale der Technik didaktisch sinnvoll nutzen 2003/ 673f.
[197] Vgl. Mock /Agents for Socialization 1996/ 2.
[198] Vgl. Mock /Communication in the classroom 2001/ 17f.
[199] Vgl. Johannsen /Telepräsenz im eLearning 2002/ 134f.
[200] Dies liegt an der Struktur eines Online-Chats. Jeder Teilnehmer tippt seine Frage oder Meinung ein. Diese Nachricht erscheint zusammen mit seinem Namen bei allen Teilnehmern auf dem Bildschirm. In der Zwischenzeit kann – besonders wenn sich viele Teilnehmer im Chatraum aufhalten – bereits ein anderer Nutzer eine Nachricht geschrieben haben. Dadurch kommt es vor, dass sich Nachrichten überkreuzen und nicht mehr einfach zu erkennen ist, für wen eine Antwort oder Frage bestimmt ist. Viele Chatter ergänzen ihre Nachricht daher mit dem Namen des Empfängers.

Dieselbe Untersuchung zeigt, dass Online-Chats häufiger genutzt werden als eine parallel angebotene Videokonferenz.[201] Als Hauptgründe werden die einfachere Nutzung der Chatsoftware und die geringeren Hardware- und Software-Anforderungen für Chats angegeben. Auch die größere Anonymität ist ein Vorteil gegenüber einer Videokonferenz. Nicht alle Lerner wollen Videoaufnahmen aus ihrer Wohnung an andere Lerner übermitteln.

Jahre vorher (1997) wurde die Hypothese aufgestellt, dass textbasierte synchrone Kommunikationsformen bald von synchronen Audio- und Videoübertragungen im Internet verdrängt werden würden.[202] Dies trat jedoch nicht ein. Chat hat nach wie vor den Vorteil der Einfachheit, Unverbindlichkeit, Informalität und Anonymität, was bei Audio- und Videokonferenzen nicht gegeben ist.[203]

Die besonderen Eigenarten des Chats führen aber auch zu Nachteilen bei der Kommunikation.[204] Zum einen geht durch den im Vergleich zu einem face-to-face-Gespräch fehlenden persönlichen Kontakt die Schlagfertigkeit der Kommunikationspartner verloren. Zum anderen kann es Verzögerungen geben, bis die eingetippte Nachricht bei den anderen Chat-Teilnehmern erscheint. Man weiß nicht, ob der Kommunikationspartner gerade mit der Eingabe einer Nachricht beschäftigt ist oder ob er die Nachricht gar nicht gelesen hat. Die Komplexität der Kommunikation ist bei Chat-basiertem E-Learning erheblich höher als beim traditionellen Lernen.[205]

Andere Untersuchungen zeigen, dass Online-Chats zwar kürzer als gesprochene face-to-face-Treffen sind, aber sich nicht von der Gleichzeitigkeit, Emotionalität und Spontaneität von face-to-face-Treffen unterscheiden.[206] Die Lerner müssen sich jedoch erst an diese neuen Kommunikationsformen gewöhnen, um sie nutzen zu können. Zudem müssen die Lerner sich aktiv in den Online-Chat einloggen, um daran teilnehmen zu können.[207]

---

[201] Vgl. Johannsen /Telepräsenz im eLearning 2002/ 281f..

[202] Vgl. Haase et al. /Internetkommunikation und Sprachwandel 1997/ 72.

[203] Vgl. Schmidt /Chat-Kommunikation im Internet 2000/ 129.

[204] Vgl. hier und im Folgenden Klemm; Graner /Chatten vor dem Bildschirm 2000/ 171.

[205] Vgl. Gierke; Schlieszeit; Windschiegel /Vom Trainer zum E-Trainer 2003/ 23f.

[206] Vgl. Faßler; Hentschläger; Wiener /Webfictions 2003/ 101.

[207] Dieser Nachteil lässt sich mit Instant Messaging beseitigen. Über eine Client-Software, die ständig auf dem eigenen PC läuft, wird angezeigt, welcher Kontakt (zum Beispiel andere Studierende oder der Dozent) gerade online ist (vgl. Ljungstrand; Segerstad /Awareness of presence and instant messaging 2000/ 21). Durch einen einfachen Klick kann der Online-Chat mit dem entsprechenden Kontakt gestartet werden. Auch wenn ein Kontakt offline ist, kann eine Nachricht gesendet werden. Sie wird solange auf den Servern des Instant Messaging Betreibers gespeichert, bis der Kontakt das nächste Mal online ist und dann ausgeliefert.

2.7 Szenarien von Blended Learning Veranstaltungen

Schulmeister unterscheidet verschiedene didaktisch begründete Szenarien von Blended Learning Veranstaltungen.[208] Diese Klassifikation wird hier vorgestellt und in Kapitel 3.6 (S. 117ff.) herangezogen, um unterschiedliche Nutzungsszenarien der im Rahmen dieser Arbeit entwickelten Blended Learning Lösung einzuordnen. *Schulmeister* unterscheidet Online-Lernen nach den qualitativen Kriterien Form, Funktionen und Methoden (vgl. Abbildung 9).

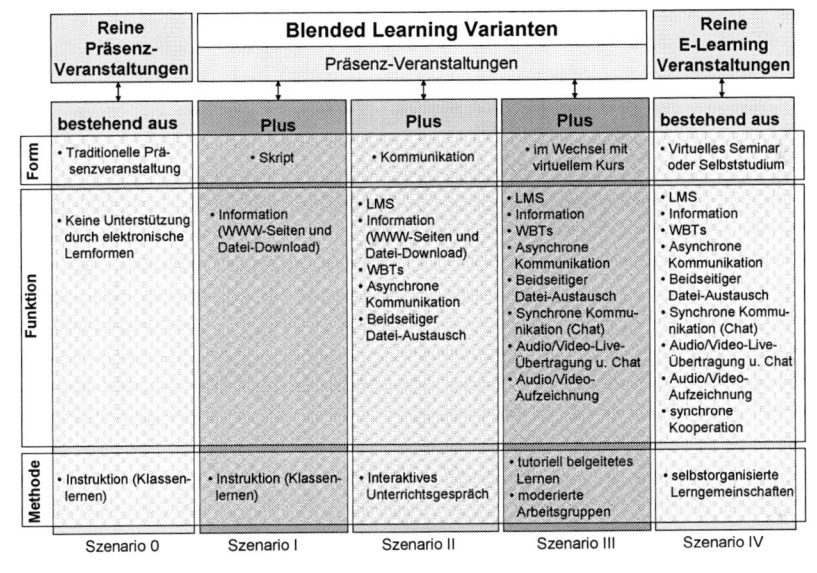

	Reine Präsenz-Veranstaltungen	Blended Learning Varianten – Präsenz-Veranstaltungen			Reine E-Learning Veranstaltungen
	bestehend aus	Plus	Plus	Plus	bestehend aus
Form	• Traditionelle Präsenzveranstaltung	• Skript	• Kommunikation	• im Wechsel mit virtuellem Kurs	• Virtuelles Seminar oder Selbststudium
Funktion	• Keine Unterstützung durch elektronische Lernformen	• Information (WWW-Seiten und Datei-Download)	• LMS • Information (WWW-Seiten und Datei-Download) • WBTs • Asynchrone Kommunikation • Beidseitiger Datei-Austausch	• LMS • Information • WBTs • Asynchrone Kommunikation • Beidseitiger Datei-Austausch • Synchrone Kommunikation (Chat) • Audio/Video-Live-Übertragung u. Chat • Audio/Video-Aufzeichnung	• LMS • Information • WBTs • Asynchrone Kommunikation • Beidseitiger Datei-Austausch • Synchrone Kommunikation (Chat) • Audio/Video-Live-Übertragung u. Chat • Audio/Video-Aufzeichnung • synchrone Kooperation
Methode	• Instruktion (Klassenlernen)	• Instruktion (Klassenlernen)	• Interaktives Unterrichtsgespräch	• tutoriell begleitetes Lernen • moderierte Arbeitsgruppen	• selbstorganisierte Lerngemeinschaften
	Szenario 0	Szenario I	Szenario II	Szenario III	Szenario IV

Abbildung 9: Szenarien von Blended Learning Veranstaltungen[209]

Unter **Form** fasst er die Organisationsform der Lehre, die von reinen Präsenzveranstaltungen bis zu rein elektronischen Lernformen reichen kann. Dazwischen existiert eine Reihe von Mischformen. Präsenzveranstaltungen können als Vorlesung oder Seminar stattfinden und dabei mit Skripten oder Kommunikationssystemen unterstützt werden oder sie finden im Wechsel mit E-Learning Kursen statt. Am anderen Ende der Skala sind Online-Seminare bzw. Selbstlerneinheiten, die ohne Präsenzveranstaltungen auskommen.

---

[208] Vgl. hier und im Folgenden Schulmeister /Lernplattformen für das virtuelle Lernen 2003/ 175ff.

[209] In Anlehnung an Schulmeister /Lernplattformen für das virtuelle Lernen 2003/ 178.

Funktionen der Online-Lehre reichen von der reinen Information der Lerner über Webseiten, auf denen Informationen und Dateidownloads bereitgestellt werden, über beidseitigen Dateiaustausch, asynchroner Kommunikation (zum Beispiel über Diskussionsforen), synchroner Kommunikation (zum Beispiel mit Chat oder Videokonferenzen) bis zur synchronen Kooperation mit Werkzeugunterstützung.

Mit **Methoden** meint *Schulmeister* eine Skala von Lehr-Lernmethoden, die von der Instruktion (d.h. fremdgesteuertem Lernen) bis zum selbstständigen Lernen reicht.[210] Diese Skala „lässt sich vor einem lerntheoretischen Hintergrund interpretieren, der von behavioristischen Lernmodellen über kognitivistische Konzepte bis hin zu einer konstruktivistischen Pädagogik reicht."[211] Zwischenformen sind Unterrichtsgespräche, tutoriell begleitetes Lernen, Lernen in moderierten Arbeitsgruppen und selbstorganisierte Lerngemeinschaften.

Mit Hilfe dieser drei Kriterien beschreibt er vier Szenarien der Online-Lehre und des Online-Lernens. In Szenario I werden Präsenzveranstaltungen durch Netzeinsatz begleitet, wobei die Lerninhalte vor allem in den Präsenzveranstaltungen vermittelt werden. Szenario II beinhaltet die Gleichrangigkeit von Präsenz- und Online-Lernen, Szenario III ist der integrierte Einsatz von Präsenz- und Online-Komponenten mit moderierten Arbeitsgruppen, während mit Szenario IV reine Online-Seminare, Lerngemeinschaften und das Selbststudium mit kooperativen Zielen gemeint sind.

Szenario 0 ist bei *Schulmeister* nicht vorgesehen. Es wurde hinzugefügt, um Blended Learning Veranstaltungen von rein traditionellen Präsenzveranstaltungen, die nicht mit elektronischen Lernformen unterstützt werden, abzugrenzen. In Szenario 0 werden ausschließlich traditionelle Lernmethoden verwendet. Eine Unterstützung mit elektronischen Lernkanälen ist nicht vorgesehen.

Bei **Szenario I** finden die Veranstaltungen als Präsenzveranstaltungen statt, die überwiegend durch den Internet-Download von Skripten, Präsentationen oder sonstige Materialien unterstützt werden. Bei dieser Form des Online-Lernens ersetzt die Online-Komponente lediglich Kopierexemplare in der Bibliothek oder den Verkauf von Skripten und ist unabhängig von der Präsenzveranstaltung.

Zur Unterstützung von Szenario I wird im einfachsten Fall ein Webserver benötigt, auf dem die digitalen Unterrichtsmaterialien abgelegt werden. Diese Art der E-Learning Unterstützung ist bei vielen Universitäten und privaten Bildungseinrichtungen verbreitet.

---

[210] Vgl. Kap. 2.1, S. 25f.

[211] Schulmeister /Lernplattformen für das virtuelle Lernen 2003/ 176f. Zu den Lerntheorien vgl. Kap. 2.1, S. 17ff.

Szenario II geht von einer Gleichrangigkeit der Online- und Präsenzkomponenten aus. Ein Learning Management System (LMS)[212] ermöglicht den Studierenden durch die Veröffentlichung von Mitteilungen und die Nutzung von Diskussionsforen die aktive Teilnahme an E-Learning. In Szenario II werden asynchrone Kommunikationsmittel genutzt. Über WBTs werden ergänzende Lerninhalte zur Verfügung gestellt. Durch diese Elemente wird die Online-Komponente zu einem eigenen Medium und ein Teil der Lernprozesse wird zeit- und ortsunabhängig. Für die Studierenden kommt dadurch eine zusätzliche Aufgabe hinzu. Sie müssen nicht mehr nur die Präsenzveranstaltung besuchen, sondern auch regelmäßig das LMS besuchen, da sie sonst einen Teil der Lernprozesse und Materialen verpassen würden.

Um Szenario II zu realisieren, wird ein LMS benötigt, die erheblich aufwändiger einzurichten und zu administrieren ist als der Webserver aus Szenario I. Jeder Lerner benötigt einen Benutzer-Account, um die Kommunikationsmöglichkeiten des LMS nutzen zu können.

Noch einen Schritt weiter geht **Szenario III**, bei dem sich Präsenzlehre und Online-Lehre abwechseln. E-Learning wird zu einem substanziellen Teil der Lehre und ein Großteil der Aufgaben, Arbeiten und Projekte der Studierenden wird über ein LMS erledigt. Die Kommunikation mit den Lernern findet dabei synchron statt. Die Integration von Präsenzkomponenten und E-Learning Komponenten kann dabei unterschiedliche Formen annehmen, beispielsweise können beide parallel nebeneinander stattfinden oder es werden Inhalte aus E-Learning Einheiten in die Präsenzlehre eingebracht. *Schulmeister* ordnet Teleteaching per Videokonferenz in Szenario II ein.[213] Da dies jedoch eine synchrone Kommunikation beinhaltet, sind diese Lernformen in Szenario III einzuordnen.

Schulmeister erläutert nicht, mit welchen technischen oder didaktischen Mitteln die E-Learning Unterstützung in Szenario III implementiert werden soll. Denkbar ist beispielsweise die Unterstützung von Präsenzveranstaltungen mit live übertragenen Online-Veranstaltungen. Bestimmte Inhalte könnten mit Hilfe von Audio/Video-Aufzeichnungen von Veranstaltungen vermittelt werden und die synchrone Kommunikation mit Chat-basierten Online-Tutorien hergestellt werden.

In **Szenario IV** fallen schließlich reine Online-Seminare, die häufig interaktiv und mit hohen Anteilen an selbstorganisierten Lernprozessen durchgeführt werden. Dabei können neue didaktische Konzepte zum Einsatz kommen, häufig entstehen Online-Kurse aber analog zu traditionellen Konzepten und werden ohne neue didaktische Methoden durchgeführt.

---

[212] Vgl. Kap. 2.5, S. 43ff.

[213] Vgl. Schulmeister /Lernplattformen für das virtuelle Lernen 2003/ 177.

Thissen rechtfertigt den Verzicht auf neue didaktische Formen: „Neue computer- und internetbasierte Informations- und Kommunikationstechnologien erfordern keine neue Didaktik – sie haben aber den Spielraum didaktischer Möglichkeiten entscheidend erweitert."[214]

Problematisch bei reinen Online-Studiengängen sind nach bisherigen Erfahrungen die hohen Abbrecherquoten. Bei Studiengängen mit hohem Schwierigkeitsgrad, wie es beispielsweise bei Wirtschaftsinformatik der Fall ist, wurden Dropout-Raten von 95 Prozent beobachtet.[215] Gerade Studienanfänger, so sind sich Lernpsychologen einig, bringen die Grundvoraussetzung der Studierfähigkeit (z.B. Selbstdisziplin, Hartnäckigkeit, etc.) für ein Online-Studium nicht mit.

Zu kritisieren an der Einteilung von E-Learning in diese fünf Szenarien ist, dass es eine unübersehbare Zahl an Mischformen gibt, die sich nicht in starre Szenarien einordnen lassen. So ist beispielsweise die Kombination von Internet-Downloads (Szenario I) und synchronen Online-Tutorien (Szenario III) denkbar, wobei aber keine asynchronen Kommunikationskanäle genutzt werden. Diese gehören gemäß *Schulmeister* ebenfalls zu Szenario III, werden aber in diesem Beispiel nicht genutzt.

Für die grundsätzliche Unterscheidbarkeit von E-Learning Angeboten nach verschiedenen Kriterien ist das Raster dennoch gut geeignet. In Kapitel 3.6 (S. 117ff.) werden die in dieser Arbeit untersuchten E-Learning und Blended Learning Veranstaltungen den von *Schulmeister* vorgeschlagenen Szenarien zugeordnet.

---

[214] Thissen /Multimedia-Didaktik 2003/ 5.

[215] Vgl. Astleitner /Lernen im Internet 2002/ 68.

2.8 Ziele von Blended Learning Lösungen

Um erfolgreiche Blended Learning Systeme entwickeln zu können, müssen Ziele definiert werden. Diese Ziele können in Anlehnung an das ATOM-Modell[216] dargelegt werden. Das ATOM-Modell enthält die vier Gestaltungsdimensionen Aufgaben, Technik, Organisation und Mensch, nach denen Informationssysteme[217] gestaltet werden sollen. Diese vier Dimensionen sind interdependent, das heißt, wenn eine Dimension verändert wird, resultieren daraus in der Regel auch Veränderungen der anderen Dimensionen. Daher müssen bei der Systemgestaltung alle vier Dimensionen berücksichtigt werden.

Eine Blended Learning Lösung ist ein Informationssystem zur Unterstützung von Lern- und Lehrprozessen. Es kann nach den im ATOM-Modell vorgeschlagenen Dimensionen gestaltet werden.[218] Für die Definition der Ziele von Blended Learning Systemen wurden die Dimensionen des ATOM-Modells angepasst. Sie sind in Abbildung 10 dargestellt.

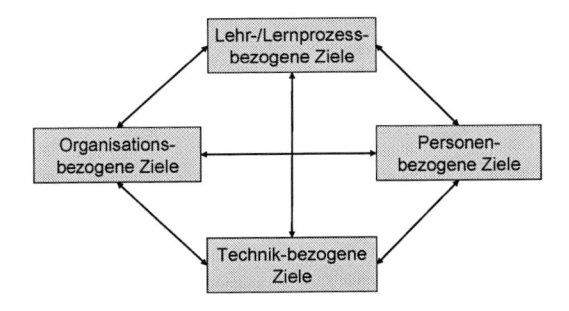

Abbildung 10: Dimensionen der Ziele des Systems E-LEARN

Zentrale Aufgabe einer Blended Learning Lösung ist die **Unterstützung der Lernprozesse** von Studierenden.[219] Mit den Lernprozessen sind untrennbar die Lehrprozesse verbunden, so dass ebenso eine Unterstützung der Lehrprozesse auf Seiten der Dozenten und Tutoren notwendig ist. Entsprechend der Dimension „Aufgaben" des ATOM-Modells werden die Aufgaben von Blended Learning Systemen in den **Lehr-/Lernprozess-bezogenen Zielen** zusammengefasst.

---

[216] Zum ATOM-Modell vgl. Kap. 2.4, S. 34f.

[217] Zum Begriff Informationssystem vgl. Kap. 2.4, S. 34f.

[218] Vgl. dazu auch die sechs Dimensionen einer Blended Learning Lösung (Kap. 2.4, S. 36f).

[219] Vgl. Ehrenberg /Internetbasierte Lehrangebote 2001/ 45.

Technische Ziele von Blended Learning Systemen ist beispielsweise die Anpassbarkeit des Systems an die unterschiedlichen technischen Rahmenbedingungen, die in verschiedenen Bildungseinrichtungen zu finden sind. Dazu ist eine modulare Architektur des Systems mit mehreren unabhängigen Schichten notwendig.

Weitere technische Ziele sind die Einfachheit der Benutzung auf Seiten der Studierenden und auf Seiten der Anbieter von Blended Learning Systemen. Das System soll stabil funktionieren sowie intuitiv und einfach zu benutzen sein. Alle Funktionen sollen möglichst ohne Schulung eingesetzt werden können.

Die **organisatorischen Ziele** umfassen die Implementierung einer Lernumgebung unter Berücksichtung der bei jeder Bildungseinrichtung anderen organisatorischen Rahmenbedingungen. Dabei müssen die Besonderheiten der zu vermittelnden Lerninhalte (zum Beispiel eher praktisches oder eher theoretisches Wissen) und die vorliegenden Unterrichtsformen (zum Beispiel Seminare oder Vorlesungen) berücksichtigt werden.

Aus organisatorischer Sicht spielt die Reduzierung der Kosten für Einrichtung und Betrieb von Blended Learning Systemen und zur Produktion von E-Learning Inhalten eine große Rolle, da nur bei Deckung der Kosten ein Einsatz des Systems wirtschaftlich ist. Ebenso soll die Wiederverwertbarkeit von Lerninhalten gewährleistet werden.

Ziel bei der Dimension **Mensch** ist die Unterstützung von individuellen Lernprozessen unterschiedlicher Nutzer. Dabei lassen sich aktive Ziele, die verfolgt werden, von passiven Zielen, die durch vorhandene Restriktionen gegeben werden, abgrenzen. Beispielsweise können, wenn alle Lerner junge Menschen sind, die eine IT-Vorbildung haben, andere Ziele ermöglicht werden.

Menschen verfolgen unterschiedliche Ziele. Eigenschaften, Qualifikationen etc. von Menschen bilden Restriktionen für die Systemgestaltung. Das System muss sich beispielsweise an die Eigenschaften der Studierenden (Alter, Berufstätigkeit, Vorwissen) anpassen können.

3 Entwicklung einer Blended Learning Lösung

3.1 Architektur von Blended Learning Lösungen

Durch eine **Architektur** werden in der Wirtschaftsinformatik Anwendungssysteme in Teilsysteme unterteilt, die extern sichtbaren Eigenschaften dieser Teilsysteme beschrieben und die Beziehungen zwischen den Teilsystemen definiert.[220] Eine Anwendungsarchitektur umfasst unter anderem die Fixierung der Komponenten (Substrukturen) des Anwendungssystems, die Zuordnung von Funktionalitäten zu Komponenten und die physische Verteilung der Komponenten.

Die Architektur eines Anwendungssystems liefert auf einem hohen Abstraktionsgrad eine Beschreibung des Systems und dient als Kommunikationsgrundlage zwischen den an einem Anwendungssystem beteiligten Interessengruppen (zum Beispiel Entwickler und Nutzer). Ein wesentlicher Nutzen ist dabei die Komplexitätsreduktion und die Möglichkeit, frühzeitig die weitere Entwicklung eines Systems festzulegen.[221]

Bei der Entwicklung von Blended Learning Lösungen ist es aus diesen Gründen ebenfalls notwendig, eine Architektur aufzubauen. *Schulmeister* schlägt eine generelle, idealtypische Technik-Architektur für LMS vor, die aus verschiedenen Schichten und Teilsystemen besteht (vgl. Abbildung 11).[222]

---

[220] Vgl. hier und im Folgenden Seibt /Informationssystem-Architekturen 1991/255ff., Zühlsdorff /Anwendungsarchitektur 2001/ 42ff. und Heinrich; Heinzl; Roithmayr /Wirtschaftsinformatik-Lexikon 2004/ 72.
[221] Vgl. Seibt /Probleme und Aufgaben der Wirtschaftsinformatik 1990/ 14.
[222] Vgl. hier und im Folgenden Schulmeister /Lernplattformen für das virtuelle Lernen 2003/ 10ff.

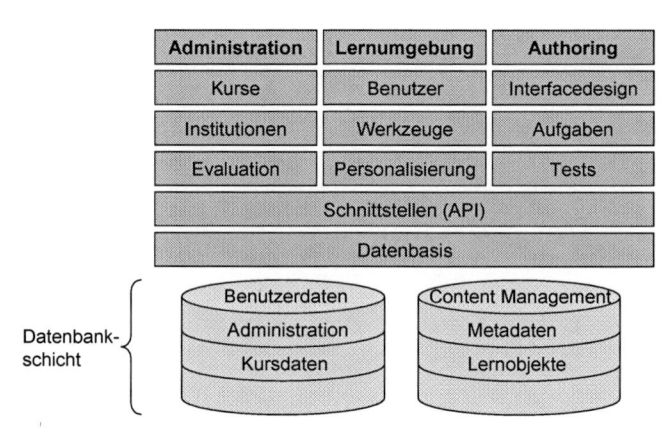

Abbildung 11: Idealtypische Technik-Architektur eines Learning Management Systems[223]

In einer **Datenbankschicht** befinden sich die Benutzerdaten der Lerner, Dozenten, Tutoren und Administratoren mit Login-Namen, Passwörtern und individuellem Lernstand jedes Lerners. Daten, die zur Administration des LMS benötigt werden, wie beispielsweise Benutzerrechte und Zugriffsmöglichkeiten werden in einem separaten Teil der Datenbank gespeichert. In den Kursdaten sind alle Daten zu einzelnen Kursen wie z.B. Art und Inhalt des Kurses, benötigtes Vorwissen, Termine des Kurses, Namen des Dozenten usw. gespeichert. Je nach Ausgestaltung des LMS sind weitere Datenbanken denkbar.

In den zur Verwaltung der Lerninhalte notwendigen Daten (Content Management) werden beispielsweise die Art der Darstellung, die aktuelle Version eines Lernobjekts und der Name des Autors, der das Lernobjekt erstellt hat, gespeichert. Alle Lernobjekte mit den dazugehörigen Metadaten (z.B. Typ des Lernobjektes, vorgesehene Bearbeitungsdauer, benötigtes Vorwissen, Lernziele etc.) werden ebenfalls in der Datenbank gespeichert.

Über die nächst höhere Schicht, die **Datenbasis**, kann auf die Datenbanken zugegriffen werden. Sie stellt in Abhängigkeit von der verwendeten Datenbank-Software Zugriffsmöglichkeiten zur Abfrage und Änderung der Datenbanken zur Verfügung.

Die **Schnittstelle** zwischen der Datenbasis und den einzelnen Teilsystemen eines LMS bilden definierte APIs (Application Programmer's Interface), die genaue Schnittstellen-Spezifikationen der zu verbindenden Teilsysteme enthalten. Häufig werden auch Schnittstellen zur

---

[223] In Anlehnung an Schulmeister /Lernplattformen für das virtuelle Lernen 2003/ 11.

Integration des LMS mit anderen Systemen wie zum Beispiel Studierendensekretariat, Raumverwaltung, Abrechnungssystemen oder Bibliotheken zur Verfügung gestellt.

Schulmeister unterteilt ein LMS in die drei Teilsysteme Administration, Lernumgebung und Authoring, die jeweils wieder aus mehreren Untersystemen bestehen.

Das Teilsystem **Administration** enthält Funktionen zur Verwaltung von Kursen, der Aufstellung von Vorlesungskatalogen für verschiedene Bildungsinstitutionen und stellt häufig Werkzeuge zur Evaluierung des LMS bereit.

Die **Lernumgebung** ist das für den Lerner sichtbare und unmittelbar nutzbare Teilsystem eines LMS. Über Werkzeuge können Lerner verschiedene Lernkanäle nutzen (z.b. Online-Chat, Diskussionsforen etc.). Häufig können Lerner das Erscheinungsbild des LMS nach ihren individuellen Vorstellungen personalisieren. Dabei können z.B. die aktuellsten Beiträge der vom Nutzer abonnierten Diskussionsforen und die nächsten Termine der gebuchten Veranstaltungen übersichtlich auf einer Startseite angezeigt werden.

Das Teilsystem **Authoring** ist für die Erstellung von Lerninhalten verantwortlich. Über ein „Interfacedesign" können Inhalt, Struktur und Layout von Lernobjekten festgelegt werden. In der Regel existieren weitere Funktionen zur Erstellung von Übungsaufgaben und zur Entwicklung von Tests, mit denen der Lerner selbständig die Erreichung von Lernzielen überprüfen kann. Diese Tests können von Tutoren manuell korrigiert werden oder auch als „multiple choice"-Tests vollautomatisch vom LMS korrigiert und bewertet werden. Bei einigen LMS ist das Teilsystem Authoring ausgelagert und Lerninhalte werden mittels spezialisierter Standardsoftware wie beispielsweise Macromedia Flash erstellt. Die meisten LMS können auch auf außerhalb liegende Lernobjekte per Hyperlink verweisen, so dass auch Lerninhalte genutzt werden können, die nicht mit den Authoring-Funktionen des LMS erzeugt wurden.

Einbettung einer Technik-Architektur in Organisation, Prozesse und Personen

Diese von *Schulmeister* vorgeschlagene Technik-Architektur eines LMS enthält zwar alle wichtigen Teilsysteme, sagt aber nichts über die zugrunde liegenden Technologien und die Art der benötigen IT-Infrastruktur aus.

Sie beschränkt sich auf die Technik des LMS und geht nicht auf die Organisations-, Mensch- und Aufgaben-/Prozess-Komponenten einer Blended Learning Lösung ein. Bei der Entwicklung einer Blended Learning Lösung müssen verschiedene Dimensionen berücksichtigt werden, die auf die Lösung einwirken.[224] Damit die Technik-Architektur Teil einer erfolgreichen Blended Learning Lösung wird, müssen Organisationsstrukturen der Bildungseinrichtungen, in denen sie eingesetzt wird, und Rahmenbedingungen und Restriktionen, die durch die Lernergruppen und Dozenten vorgegeben sind, berücksichtigt werden. Die Technik-Architektur muss darüber hinaus zu den Aufgaben und Prozessen der Bildungseinrichtung passen (vgl. Abbildung 12).

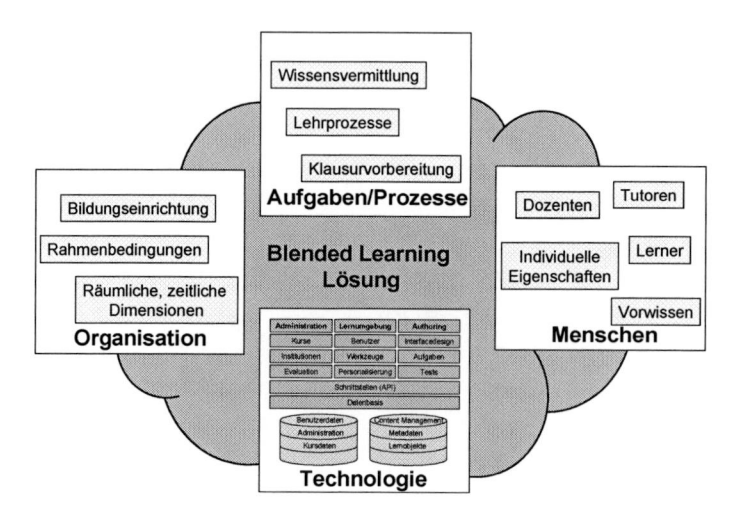

Abbildung 12: Einbettung einer Technik-Architektur eines LMS in die Dimensionen Organisation, Aufgaben und Menschen

---

[224] Vgl. dazu das ATOM-Modell (Kap. 2.4, S. 34).

3.2 Überblick über die Lernkanäle und Dienste der Blended Learning Lösung E-LEARN

In den folgenden Abschnitten werden zunächst die Ziele einer Blended Learning Lösung mit dem Namen „E-LEARN" definiert und anschließend eine Architektur für dieses System entwickelt. Im Anschluss daran wird gezeigt, wie das System bei sieben verschiedenen Situationen bei unterschiedlichen Bildungseinrichtungen eingesetzt wurde.[225]

Bevor die Ziele der Blended Learning Lösung E-LEARN erläutert werden, wird hier kurz beschrieben, welche Lernkanäle[226] und Blended Learning Dienste das System Lernern zur Verfügung stellt.[227]

Das System E-LEARN unterstützt die Lernprozesse von Studierenden mit mehreren unterschiedlichen Lernkanälen und Blended Learning Diensten. Dabei sollen die Studierenden selber die Auswahl treffen, welche Lernkanäle bzw. Dienste ihnen individuell am besten helfen und diese nutzen. Die elektronischen Lernkanäle können parallel und additiv zu klassischen Lernkanälen genutzt werden. Die Bildungseinrichtung, in der das System eingesetzt wird, kann ebenfalls entscheiden, welche Lernkanäle/Dienste sie anbietet oder ob sie aus Kostengründen oder aus anderen Gründen auf einzelne Lernkanäle/Dienste verzichtet.

Das System E-LEARN besteht aus folgenden zehn synchronen bzw. asynchronen[228] Lernkanälen und Diensten, die den Studierenden zur Verfügung gestellt werden.[229]

- **Traditionelle Präsenzveranstaltung im Hörsaal (synchron)**
  Die traditionelle Präsenzveranstaltung findet wie gewohnt im Hörsaal statt und kann, wie alle anderen Veranstaltungen auch, von den Studierenden besucht werden. Der Dozent hält die Vorlesung und kann direkt (synchron) mit den Studierenden, die sich im Hörsaal befinden, kommunizieren.

- **Audio/Video-Live-Übertragung (synchron)**
  Die Vorlesung wird mit Kamera und Mikrofon aufgenommen und live ins Internet übertragen. Bild und Ton des Dozenten sowie synchronisierte Einblendungen von Fo-

---

[225] Eine Übersicht über die Situationen, in denen die Blended Learning Lösung eingesetzt wurde, bietet Tabelle 1 auf S. 12.

[226] Vgl. Kap. 2.6, S. 48f.

[227] Die hier vorgestellten Lernkanäle und Blended Learning Dienste basieren auf Vorarbeiten von Coenen /E-Learning Architektur für universitäre Lehr und Lernprozesse 2001/ und Seibt; Coenen /Computer- und netzgestütztes multimediales Lernen 2000/.

[228] Zu den Begriffen synchron und asynchron vgl. Kap. 2.6, S. 49ff.

[229] Die einzelnen Lernkanäle werden in Kapitel 3.4 (S. 81ff.) eingehend erläutert.

lien und Notizen des Dozenten können von externen Lernern synchron über Internet empfangen werden. An der Live-Übertragung können Studierende zum Beispiel zu Hause oder in der Firma teilnehmen.

- **Online-Chat als Rückkanal bei der Audio/Video-Live-Übertragung (synchron)**
  Der Rückkanal für die Kommunikation der externen Lerner mit dem Dozenten erfolgt per Online-Chat.[230] Ein „Chatmaster" (zum Beispiel ein Tutor oder eine studentische Hilfskraft) im Hörsaal betreut den Chat und leitet Fragen von externen Lernern an den Dozenten weiter. Die Antwort des Dozenten wird per Audio/Video-Live-Übertragung an den Fragenden und alle anderen externen Lerner übermittelt. So ist eine Kommunikation zwischen externen Lernen und dem Dozenten möglich.

- **Interaktive CD mit Audio/Video-Aufzeichnungen der Vorlesung (asynchron)**
  Die mit der Kamera aufgenommenen Videos und der Ton des Dozenten werden zusammen mit synchronisierten Einblendungen von Folien und Notizen des Dozenten auf CD oder DVD zusammengestellt und den Lernern nach der Veranstaltung als Audio/Video-Aufzeichnung zur Verfügung gestellt.

  Die Lerner können interaktiv durch die Audio/Video-Aufzeichnungen navigieren. Dabei werden die Folien und Notizen des Dozenten synchronisiert zu Video und Ton immer an der richtigen Stelle eingeblendet. Die interaktive CD kann offline genutzt werden (zum Beispiel zur Klausurvorbereitung).[231]

- **Audio/Video-Aufzeichnungen im Internet als Video on Demand (asynchron)**
  Die Audio/Video-Aufzeichnungen, die über Internet bereitgestellt werden, enthalten ebenfalls Bild und Ton sowie synchronisierte Folieneinblendungen. Im Gegensatz zu der interaktiven CD können sie über Internet als Video on Demand genutzt werden. Die Funktionalität ist sonst sehr ähnlich.[232]

- **Digitale Unterrichtsmaterialien (asynchron)**
  Digitale Unterrichtsmaterialien wie beispielsweise Folien, Skripte, Aufgaben etc. können über das LMS heruntergeladen werden und von den Studierenden ausgedruckt werden.

---

[230] Vgl. Kap. 2.6, S. 51ff.

[231] Die Inhalte der Veranstaltungen werden auf CDs oder DVDs zusammengestellt. Diese Medien können von den Studierenden von einem LMS zum Selberbrennen auf CD heruntergeladen werden oder werden von Dozenten in den Veranstaltungen ausgegeben.

[232] Die Audio/Video-Aufzeichnungen werden in der Regel jeweils ein bis zwei Tage nach der Veranstaltung im Internet bereitgestellt und können dort genutzt werden.

- **Betreutes Diskussionsforum zu den Lerninhalten (asynchron)**
  Über das LMS wird ein asynchrones Diskussionsforum zu den Inhalten der Veranstaltung angeboten, das permanent von einem Tutor betreut wird.

- **E-Mail-Kommunikation zwischen Studierenden und Dozent/Tutor (asynchron)**
  Fragen, die den Dozenten per E-Mail erreichen und die für alle Studierenden interessant sind, werden inklusive der Antworten darauf über das Diskussionsforum interessierten Lernern zugänglich gemacht.

- **Interaktive Online-Tutorien (synchron)**
  Zur Unterstützung der Lernprozesse finden synchrone Online-Tutorien über Chat statt, die von einem Dozenten oder Tutor betreut werden. Im Online-Tutorium können Lerner Fragen zu den Inhalten der Veranstaltung stellen, die sofort vom Tutor oder Dozenten beantwortet werden.

- **Diskussionsforum zu technischen Fragen und Problemen (asynchron)**
  Für die Lösung von technischen Fragen und Problemen wird ein weiteres, permanent von einem Tutor betreutes Diskussionsforum über das LMS angeboten.

Zusätzlich zu diesen Lernkanälen gibt es ein **LMS als zentralen Einstiegspunkt für alle Lerner**. Alle teilnehmenden Studierenden sind beim LMS registriert und können über das LMS die zu den Veranstaltungen angebotenen Lernkanäle nutzen.

Mit Hilfe dieser Lernkanäle und Dienste sollen eine Reihe von Zielen erreicht werden, die im folgenden Kapitel vorgestellt werden.

3.3 Ziele der Blended Learning Lösung E-LEARN

Die in den folgenden Kapiteln formulierten Ziele bilden die Grundlage für die Erstellung der Blended Learning Lösung E—LEARN.[233] Die konkreten Ziele von E-LEARN orientieren sich an den in Kapitel 2.8 (S. 59ff.) dargestellten allgemeinen Zielen von Blended Learning Lösungen. Die nun folgenden Ziele sind nach den in Abbildung 10 (S. 59) dargestellten Dimensionen gegliedert.

3.3.1 Lehr-/Lernprozess-bezogene Ziele

3.3.1.1 Unterstützung von Lernprozessen

Effektivität von Lernprozessen

Neben Zeitvorteilen und einer größeren räumlichen und zeitlichen Flexibilität sollen Lerner mit E-LEARN ihre Lernprozesse mit einer größeren Effektivität ausführen können. Dies kann beispielsweise durch eine bessere Beantwortung von inhaltlichen Fragen, ein besseres Verstehen des Stoffes bei gleich bleibender Lernzeit oder das bessere Nacharbeiten von verpassten Veranstaltungen bei konstanter Lernzeit erreicht werden. Eine weitere Form der Effektivitätssteigerung ist beispielsweise das schnellere Verstehen von Lerninhalten bei konstantem Lernerfolg. Notwendige Funktionalitäten zur Erreichung dieser Ziele sind in Tabelle A.1 in Anhang A (S. 323) beschrieben.

Zeitersparnis beim Lernen

Die für die Erreichung von gegebenen Lernzielen auf Seiten der Lerner benötigte Zeit soll durch E-LEARN reduziert werden. Typische Tätigkeiten, die von Lernern durchgeführt werden, werden dazu von E-LEARN unterstützt. Der Wegfall von Fahrtzeiten von und zur Präsenzveranstaltung, das schnellere Verstehen von Lerninhalten, das schnellere Auffinden von Lernmaterialen, die schnellere Beantwortung von inhaltlichen Fragen oder das schnellere Nacharbeiten von Lerninhalten können zur Einsparung von Zeit führen. Die zur Erreichung der Ziele notwendige Funktionalität ist in Tabelle A.2 in Anhang A (S. 323) zusammengefasst.

---

[233] Die Ziele bauen auf Vorarbeiten von Coenen /E-Learning Architektur für universitäre Lehr- und Lernprozesse 2001/ auf. Gegenstand der folgenden Ausführungen sind lediglich Ziele, die über die Arbeit von *Coenen* hinausgehen.

Zeitliche Flexibilität

Durch Blended Learning soll die zeitliche Flexibilität der Lerner steigen, da sie nicht mehr an feste Vorlesungszeiten gebunden sind, sondern zu den Zeiten lernen können, die ihnen individuell am besten passen. Dies kann vor allem für berufstätige Lerner von Vorteil sein. Mit Blended Learning Lösungen ist beispielsweise die Kommunikation mit Dozenten und Kommilitonen außerhalb der Zeiten von Präsenzveranstaltungen oder das Nachholen von verpassten Präsenzveranstaltungen möglich. Funktionen zur Zielerreichung im Bereich zeitliche Flexibilität sind in Tabelle A.3 in Anhang A (S. 324) abgedruckt.

Räumliche Flexibilität

Ein weiteres Ziel ist es, die Lernprozesse der Lerner ortsungebunden zu unterstützen. Potenziale, die sich durch E-LEARN bezüglich einer größeren räumlichen Flexibilität ergeben können, sind: Teilnahme an Vorlesungen an entfernten Orten, selbstgesteuertes Lernen mit Audio/Video-Aufzeichnungen der Vorlesung an entfernten Orten sowie synchrone und asynchrone Kommunikation mit Dozenten und Kommilitonen, wenn der Lerner nicht vor Ort ist. Die Detaillierung dieser Ziele befindet sich in Anhang A in Tabelle A.4 (S. 324).

Erhöhung der Motivation

Unter **Motivation** versteht man die „momentane Bereitschaft eines Individuums, seine sensorischen, kognitiven und motorischen Funktionen auf die Erreichung eines künftigen Zielzustandes zu richten und zu koordinieren."[234] Bei der Motivation spielen äußere Bedingungen und bereits entwickelte Bedürfnisstrukturen eine Rolle. Dabei sind die Lerninhalte und ihre Darbietung besonders wichtig, da die Lernmotivation durch das Motivationspotenzial der Lerngegenstände entwickelbar ist.[235]

In der wissenschaftlichen Literatur gibt es Hinweise, dass durch Blended Learning eine Verbesserung der Motivation der Lerner erfolgen kann.[236] Durch Blended Learning lassen sich Lerninhalte besser mit Beiträgen aus externen Quellen verknüpfen, beispielsweise mit

---

[234] Schmidt; Stark /CBT in der betrieblichen Lernkultur 1996/ 151 (Definition von Heckhausen).

[235] Vgl. Schmidt; Stark /CBT in der betrieblichen Lernkultur 1996/ 153.

[236] Vgl. z.B. Kerres; Gorham /Telemediale Lernangebote in der betrieblichen Weiterbildung 1999/ 25 und Euler; Seufert; Wilbers /eLearning in der Berufsbildung 2004/ 14.

Webseiten oder anderen Internet-Quellen.[237] Die Vermittlung von Lerninhalten kann plastischer und faszinierender erfolgen.[238]

Allerdings konnte in einzelnen Studien nachgewiesen werden, dass sich die Lernmotivation durch den Einsatz von neuen Lernmedien nur kurzfristig steigern lässt, da der „Neuigkeitseffekt", der sich durch die Neuigkeit multimedialer Präsentationen ergibt, nachlässt.[239] Sollte dieser Effekt nicht von Dauer sein, rechtfertigt er nicht die teure Produktion multimedialer Inhalte.[240]

In den Untersuchungen von *Coenen* trat dieser Effekt in Bezug auf Online-Tutorien und Audio/Video-Live-Übertragungen ebenfalls auf, und ein Teil der Lerner nutzte elektronische Lernkanäle nur einmal.[241] Die Nutzung der Audio/Video-Aufzeichnungen dagegen war dauerhaft.[242] Es konnte nachgewiesen werden, dass die Motivation der Studierenden durch eine Live-Übertragung der Vorlesung gefördert wird,[243] und durch den Einsatz von multimedialen Audio-Video-basierten Lerninhalten erhöht wird.[244]

Daher sollte das Potenzial, das die verbesserte Interaktivität zwischen Dozenten und Lernern entstehen kann, beachtet werden. Mit Hilfe von Blended Learning kann die Interaktivität erheblich gesteigert werden, was sich positiv auf die Motivation auswirken kann, da der Lerner seinen Lernprozess individuell steuern kann. „Ab einem bestimmten Interaktivitätsgrad ist es dem Lernenden beispielsweise möglich, eine eingebundene Videosequenz vor- und zurückzuspulen, die Größe des Hilfefensters festzulegen oder eine ihm wichtige Sequenz beliebig oft zu wiederholen."[245]

E-LEARN soll die Motivation und den Spaß am Lernen erhöhen. Dies kann beispielsweise durch den erhöhten Komfort, den eine einfache Navigation in den Audio/Video-Aufzeichnung bietet, erreicht werden. Auch die Einsparung von Fahrtzeiten und -kosten kann sich positiv auf den Lernspaß auswirken.

---

[237] Vgl. Bruns; Gajewski /Multimediales Lernen im Netz 1999/ 124.

[238] Vgl. Stadelhofer /Selbstgesteuertes Lernen 1999/ 153.

[239] Vgl. Kerres /Multimediale und telemediale Lernumgebungen 2001/ 97 und 267.

[240] Vgl. Ehlers /Qualität beim E-Learning aus Lernersicht 2004/ 83.

[241] Vgl. Coenen /E-Learning Architektur für universitäre Lehr und Lernprozesse 2001/ 340, 380.

[242] Vgl. Coenen /E-Learning Architektur für universitäre Lehr und Lernprozesse 2001/ 355f.

[243] Vgl. Coenen /E-Learning Architektur für universitäre Lehr und Lernprozesse 2001/ 323f.

[244] Vgl. Coenen /E-Learning Architektur für universitäre Lehr und Lernprozesse 2001/ 405.

[245] Bruns; Gajewski /Multimediales Lernen im Netz 1999/ 27

3.3.1.2 Unterstützung von Lehrprozessen

Anpassung an das vom Dozenten benutzte Unterrichts-Medium

Ein erfolgreiches Blended Learning System benötigt nicht nur die Akzeptanz der Studierenden, sondern auch die der Dozenten.[246] Durch E-Learning werden neue Anforderungen an Dozenten gestellt.[247] Da mit dem System E-LEARN Präsenzveranstaltungen unterstützt werden sollen, die von Dozenten gehalten werden, welche häufig schon seit Jahren unterrichten und ihre eigenen Gewohnheiten haben, ist es wichtig, dass sich zur Sicherstellung der Akzeptanz solcher Dozenten das System möglichst dem Unterrichtsstil und -medium der Dozenten anpasst und nicht umgekehrt. Mit dem System E-LEARN sollen sich beliebige Veranstaltungsinhalte, die in einem Unterrichtsraum oder Hörsaal von einem Dozenten präsentiert werden, aufzeichnen und wiedergeben lassen.

Ein oder mehrere der folgenden Unterrichts-Medien[248] werden von den vielen Dozenten bei traditionellen Lehrveranstaltungen verwendet: Tafel, Overhead-Projektor und Beamer.[249] Daraus lässt sich die in Tabelle 4 dargestellte Nutzung von Unterrichts-Medien ableiten. Es ist auch eine Kombination dieser Medien denkbar.

---

[246] Vgl. Lai /Role of the Teacher 2002/ 345.

[247] Vgl. Beutner; Twardy /e-Learning Konzepte 2003/ 578f.

[248] Zum Begriff Unterrichtsmedium vgl. Petermandl /Medien in der beruflichen Weiterbildung 1991/ 10f.

[249] Vgl. Riser et al. /Konzeption und Entwicklung interaktiver Lernprogramme 2002/ 126.

Medium	Vom Dozenten vor der Veranstaltung erstellte Folien	Notizen des Dozenten während der Veranstaltung
–	nicht vorhanden	keine
Tafel	nicht vorhanden	Der Dozent nutzt während der Vorlesung die Tafel.
Overhead-Projektor	nicht vorhanden	Der Dozent erstellt während der Vorlesung neue Folien mit Notizen, Kommentaren, Grafiken oder Diagrammen.
Overhead-Projektor	Vorbereitete Folien (ausgedruckt auf Spezialfolie oder per Hand gezeichnet)	keine
Overhead-Projektor	Vorbereitete Folien (ausgedruckt auf Spezialfolie oder per Hand gezeichnet)	Der Dozent ergänzt die vorbereiteten Folien während der Vorlesung mit Notizen, Kommentaren, Grafiken oder Diagrammen.
Beamer	Vorbereitete (PowerPoint-)Folien	keine
Beamer	Vorbereitete (PowerPoint-)Folien	Der Dozent ergänzt die vorbereiteten Folien während der Vorlesung mit Notizen, Kommentaren, Grafiken oder Diagrammen.

Tabelle 4: Unterrichts-Medien, die von E-LEARN unterstützt werden sollen

Die verschiedenen Medien sollen mit E-LEARN über Internet live an externe Studierende übertragen werden können und per Audio/Video-Aufzeichnung auf CD und im Internet als Video on Demand zur Verfügung gestellt werden. Dabei sollen Notizen, die der Dozent während der Veranstaltung macht, live zu den externen Lernern übertragen werden können. Die Notizen sollen auch auf der Audio/Video-Aufzeichnung der Veranstaltung vorhanden sein und synchron zu Bild und Ton des Dozenten erscheinen.

Gleichzeitig sollen Studierende, die eine Vorlesung als Präsenzveranstaltung im Hörsaal verfolgen, durch die Audio/Video-Live-Übertragung und die Aufzeichnung der Veranstaltung mit E-LEARN nicht behindert werden.

Das System E-LEARN soll sich dem Unterrichtsstil des Dozenten anpassen und dem Dozenten neben seinen unterrichtsbezogenen Aufgaben keine weitere Arbeit machen. Die Kommunikation mit den extern zugeschalteten Lernern soll den Dozenten möglichst wenig von seiner eigentlichen Aufgabe – dem Unterricht – abhalten.

Um die Akzeptanz des Dozenten weiter zu erhöhen, soll er keine aufwändigen Schulungen zur Nutzung des Systems durchlaufen müssen. Es soll möglich sein, einen Dozenten innerhalb kurzer Zeit mit dem Umgang der für ihn relevanten Technik vertraut zu machen.

Kostengünstige Aktualisierung von Lerninhalten

Mit E-LEARN sollen die Lerninhalte im Vergleich zu Büchern oder Skripten schneller aktualisiert werden können. Traditionell wird eine Präsenzveranstaltung von dem zuständigen Dozenten in der Regel nach und nach überarbeitet und so immer auf dem aktuellen Stand gehalten. Dies gilt insbesondere für Veranstaltungen in Bereichen, in denen die Lerninhalte sehr dynamisch sind, wie beispielsweise in der Wirtschaftsinformatik oder im Internet-Recht. Die Überarbeitung von Veranstaltungen schließt auch die Änderung oder Ergänzung von Folien ein, die in der Veranstaltung gezeigt werden.

Die Aktualisierung der Lerninhalte erfolgt bei E-LEARN durch die erneute Audio/Video-Aufnahme der modifizierten Veranstaltung.

Da eine Überarbeitung der Präsenzveranstaltung auf jeden Fall, auch unabhängig von der Blended Learning Unterstützung, notwendig ist, entsteht nur ein geringer zusätzlicher Aufwand für die Aktualisierung von E-Learning Inhalten (nämlich für die Erstellung von Audio/Video-Aufzeichnungen). Bei der Veränderung von WBTs, CBTs oder auch traditionellen Büchern oder Skripten ist der Aktualisierungs-Aufwand höher, da neben der Überarbeitung der Veranstaltung diese Lernmedien separat aktualisiert werden müssen.

Mit Hilfe von E-LEARN kann stets die aktuellste Fassung einer Veranstaltung als Audio/Video-Aufzeichnung kostengünstig bereitgestellt werden.

Schnellere Aktualisierung von Lerninhalten

Die Aktualisierung von Lerninhalten soll mit E-LEARN schneller möglich sein als bei traditionellen Lerninhalten.

Die Erstellung oder Veränderung eines Buches oder Skriptes erfordert meist eine große Vorlaufzeit, so dass im Extremfall bei Erscheinen des fertigen Druckerzeugnisses einige Teile schon veraltet sein können. Mit E-LEARN aufgezeichnete Veranstaltungen können nach einer kurzen Bearbeitungszeit in der Regel noch am selben Tag im Internet als Video on Demand angeboten werden. Bei der Verwendung von Video on Demand ist sichergestellt, dass alle Lerner stets die aktuellste Version der Lerninhalte haben.

Bei papiergebundenen Lernmaterialien besteht das Problem, dass bei einer Aktualisierung der Lerninhalte diese nicht automatisch allen Lernern zur Verfügung stehen.

3.3.2 Technik-bezogene Ziele

Hardware-, Software- und Internet-Bandbreiteanforderungen auf Seite der Lerner

Das System E-LEARN soll von möglichst vielen Studierenden genutzt werden können und muss daher mit einer beschränkten Hardware- und Softwareausstattung bei den Lernenden auskommen. Auch die zur Verfügung stehende Internet-Bandbreite für die Live-Übertragung von Veranstaltungen muss sich deutlich von anderen Blended Learning Projekten unterscheiden. So werden beispielsweise im Projekt „Viror" an der Universität Freiburg[250] sowie an der Universität Erlangen-Nürnberg[251] Vorlesungen über breitbandige ATM-Verbindungen des Deutschen Forschungsnetzes (DFN) übertragen, die aber nicht von privaten Internetzugängen empfangen werden können.[252] Zur Nutzung der Lernkanäle, die E-LEARN bietet, soll eine ISDN-Leitung bzw. ein Modem ausreichen.

Hardwareseitig soll ein normaler PC oder ein Notebook mit einer Soundkarte und Lautsprechern zur Ausgabe der Audiodaten und softwareseitig ein Windows-Betriebssystem ausreichen.[253]

Spezielle Software zur Teilnahme an synchronen oder asynchronen Kommunikationsformen oder an multimedialen Audio/Video-Übertragungen soll von den Studierenden nicht gekauft werden müssen. Es soll die Software zur Nutzung von allen E-LEARN-Angeboten ausreichen, die werksseitig auf einem Computer bereits vorinstalliert ist.

Hardware-, Software- und Internet-Bandbreiteanforderungen auf Seite der Bildungseinrichtungen

Für die Nutzung von E-LEARN sind Hardware und Software notwendig, die zusammen die Dienste des Systems bereitstellten. Bei der Entwicklung der Architektur von E-LEARN müssen die Kosten für die Anschaffung und Pflege, Wartung und Weiterentwicklung der

---

[250] Vgl. Effelsberg /Netztechnik und AV-Geräte für Televorlesungen 2003/ 68ff.

[251] Vgl. Bodendorf et al. /E-Teaching in der Hochschule 2002/ 23ff.

[252] Für E-LEARN kommt diese Technologie nicht in Frage, da auch von schmalbandigen Internet-Zugängen über ISDN (64 kbit/s bei einem Kanal bzw. 128 kbit/s bei Kanalbündelung) die Teilnahme an Live-Übertragungen von Veranstaltungen möglich sein soll. Über eine Modem-Verbindung (max. Geschwindigkeit: 56 kbit/s) soll zumindest eine eingeschränkte Teilnahme an Audio/Video-Live-Übertragungen möglich sein. Zwar sind DSL-Zugänge mit einer Bandbreite von 768 kbit/s bis mehreren mbit/s auch bei Studierenden immer mehr verbreitet, jedoch würde das Erfordernis eines DSL-Internetzugangs Studierende, die mit einer geringeren Bandbreite ausgestattet sind, benachteiligen.

[253] Eine Unterstützung von alternativen Betriebssystemen wie Linux ist nicht unbedingt notwendig, da nahezu alle Studierenden über einen Computer verfügen, der mit Windows ausgestattet ist.

Hardware- und Softwarekomponenten beachtet werden. Daher soll die Architektur des Systems einfach wartbar und überschaubar sein, so dass es auch von angeleiteten studentischen Hilfskräften administriert werden kann.

Modulare Architektur des Systems

Die Architektur des Systems soll modular aufgebaut sein, so dass eine große Flexibilität bezüglich der eingesetzten Hardware und Software entsteht.[254] Dies soll durch einen schichtweisen Aufbau des Systems erreicht werden. Hardware- oder Software-Komponenten sollen auf einer Schicht ausgetauscht werden können, ohne dass davon andere Schichten betroffen sind. Dazu ist es notwendig, Schnittstellen zwischen den Schichten zu definieren, wodurch die Funktionalität einer Schicht einer anderen Schicht zur Verfügung gestellt werden kann.

Eine Skalierbarkeit des Systems ist wünschenswert, um die Kosten für Hardware gering zu halten. Mit einem skalierbaren System ist es möglich, die Anzahl der benötigten Rechner an die Anzahl der Teilnehmer, die ein System parallel nutzen, anzupassen. So soll es möglich sein, das System E-LEARN beispielsweise für ein Pilotprojekt mit einer geringen Teilnehmerzahl auf einer für diese Anzahl von Teilnehmern geeigneten Hardware einzurichten und, wenn das Pilotprojekt in einen Regelbetrieb mit einer größeren Teilnehmerzahl überführt wird, mit Hilfe von zusätzlicher Hardware zu erweitern.

Konfiguration der Netzwerkinfrastruktur und Firewalls

E-LEARN soll sich der lokalen Netzwerkinfrastruktur anpassen, die in der Bildungseinrichtung, in der es eingesetzt wird, existiert. Dazu müssen die Restriktionen, die sich beispielsweise aus der zur Verfügung stehenden Bandbreite, der Anzahl von Netzwerkdosen im Hörsaal sowie der physikalischen und logischen Netzwerkstruktur ergeben, beachtet werden.

Das System E-LEARN soll ohne eine Veränderung der Firewall auf der Lerner-Seite voll funktionsfähig sein.[255] Eine solche Veränderung ist nur schwierig durchzuführen und erfordert

---

[254] Eine modulare Architektur hat den Vorteil, dass das System damit einfacher an die jeweiligen Rahmenbedingungen, die bei einzelnen Bildungseinrichtungen vorliegen, angepasst werden kann.

[255] Aufgrund der zunehmenden Verbreitung von Viren, Würmern und anderen Schädlingen im Internet wird in immer mehr Unternehmen und Universitäten der Zugang zum Internet durch eine Firewall reglementiert, die häufig eine Liveübertragung von Audio/Video-Daten aus einem Hörsaal heraus an externe Teilnehmer blockiert. (Zur Definition und Funktionsweise von Firewalls vgl. z.B. Tanenbaum /Computernetzwerke 2003/ 837ff., Comer /Computernetzwerke und Internets 2002/ 568ff oder Kurose; Ross /Computernetze 2002/ 637ff.) Auch viele private PCs sind mittlerweile durch Firewalls gesichert. Daher muss zwischen der Konfiguration der Firewall bei der Bildungseinrichtung und der Konfiguration der Firewall beim Lernenden unterschieden werden.

eine detaillierte Kenntnis der Internet- und Netzwerktechnik, die bei den meisten Lernern nicht vorhanden sein dürfte. Eine Veränderung der Firewall-Konfiguration bei der Bildungseinrichtung, die die Blended Learning Dienste anbietet, ist jedoch durchführbar, da sie in der Regel über entsprechend geschultes Personal verfügt.

3.3.3 Organisations-bezogene Ziele

Wiederverwendung und Mehrfachnutzung von Bildungsinhalten

Durch die Wiederverwendbarkeit und Mehrfachnutzung von Bildungsinhalten können sich für Bildungseinrichtungen erhebliche Kostenvorteile ergeben.[256] Mit E-LEARN produzierte Audio/Video-Aufzeichnungen von Präsenzveranstaltungen sollen sich in anderen Kursen oder Semestern wiederverwenden lassen.

Identische Inhalte sollen von unterschiedlichen Bildungseinrichtungen genutzt werden können. Dies kann durch die Audio/Video-Live-Übertragung an entfernte Hochschulen erfolgen oder durch die Bereitstellung von Audio/Video-Aufzeichnungen an andere Bildungseinrichtungen.

Reduzierung der Kosten für die Produktion von Blended Learning Inhalten

In der Literatur werden sehr hohe Kosten für die Einführung von Blended Learning und die Produktion von Blended Learning Inhalten genannt. Oft zitiert werden die Zahlen von *Kerres*, der im Jahr 2001 mit 20.000 bis 60.000 DM für die Entwicklung von CBTs oder WBTs (ohne Computeranimationen oder Videos) pro Unterrichtsstunde rechnete.[257] Für die Produktion von Videoaufnahmen rechnete er mit 2.000 bis 4.000 DM pro Minute[258], das entspricht 180.000 bis 360.000 DM pro Doppelstunde (90 Minuten)! Bei solchen Kosten würde sich die Entwicklung von Blended Learning Inhalten nur für wenige Bildungseinrichtungen rentieren. Aufgrund der Entwicklung von leistungsfähigeren Verfahren für die Produktion von CBTs, WBTs und Videos kann heute von deutlich geringern Kosten ausgegangen werden.

Die Kosten des Systems E-LEARN sollen sich in einem Rahmen bewegen, die auch von Bildungseinrichtungen aufgebracht werden können, die auf Studiengebühren angewiesen sind und somit von den Studierenden selbst finanziert werden. Dabei muss berücksichtigt werden, dass Kurse, die mit E-LEARN unterstützt werden sollen, teilweise nur von 20 bis 40 Lernern

---

[256] Vgl. Ehrenberg /Internetbasierte Lehrangebote 2001/ 40.

[257] Vgl. Kerres /Multimediale und telemediale Lernumgebungen 2001/ 118.

[258] Vgl. Kerres /Multimediale und telemediale Lernumgebungen 2001/ 118.

besucht werden. Daher können die Kosten nicht auf mehrere Tausend Lerner verteilt werden, wie es in anderen Szenarien möglich ist.

Ziel von E-LEARN ist ein Low-Cost-Ansatz, der dennoch eine gute Qualität und einen belegbaren Nutzen bei den Lernern erreicht.

3.3.4 Personen-bezogene Ziele

Hierbei handelt es sich um aktive Ziele, die vom Betreiber des Systems definiert werden.

Individualisierung der Lernprozesse

Der Blended Learning Ansatz des Systems E-LEARN soll die individuellen, bei jedem Studierenden unterschiedlichen Lernprozesse unterstützen. Dazu ist eine besondere Flexibilität des Systems notwendig, die erreicht werden kann, indem ein Multikanal-Ansatz mit mehreren verschiedenen Lernkanälen genutzt wird.

Die Studierenden sollen die Möglichkeit haben, zwischen verschiedenen Lernkanälen und Blended Learning Diensten auszuwählen und selbst zu entscheiden, welche Lernmethode für sie die beste ist. Dazu muss der Aufwand betrieben werden, mehrere Lernkanäle parallel anzubieten.

Unterstützung unterschiedlicher Zielgruppen

Das System E-LEARN soll die Lehr- und Lernprozesse sowohl von Vollzeitstudierenden an Universitäten als auch von Teilzeitstudierenden in berufsbegleitenden Studiengängen an anderen Bildungseinrichtungen unterstützen. Diese Zielgruppen nehmen an Präsenzveranstaltungen teil und sollen durch einen Blended Learning Ansatz in ihren Lernprozessen unterstützt werden.

Lerner, die an reinen Online-Studiengängen teilnehmen, sollen von dem System ebenfalls unterstützt werden. Sie sind in der Regel berufstätig und studieren in Teilzeit ausschließlich mittels E- Learning.

Unterstützung von Blended Learning Prozessen bei Vollzeitstudierenden

Vollzeitstudierende befinden sich üblicherweise im Erststudium, in dem sie die grundlegenden Qualifikationen des Studierens erwerben.[259] Dabei verzichten sie zugunsten ihrer Bildungsaktivitäten auf die Erzielung von Einkommen und erfüllen daher die Grundvoraus-

---

[259] Vgl. Holst /Fernstudium und virtuelle Universität 2002/ 11.

setzung, zeitlich flexibel an Veranstaltungsterminen teilnehmen und ihre Zeitplanung dem Stundenplan der Universität anpassen zu können.[260] Die Studierenden nehmen dabei in der Regel an wöchentlich stattfindenden Präsenzveranstaltungen wie zum Beispiel Vorlesungen, Übungen, Tutorien usw. teil, in denen häufig Lehrmaterialen wie Skripte, Folien oder Literaturhinweise zur Verfügung gestellt werden. Außerhalb der Präsenzveranstaltungen muss im Selbststudium gelernt werden, bei dem der in den Präsenzveranstaltungen vermittelte Stoff wiederholt und vertieft wird.

Durch E-LEARN sollen die Lernprozesse sowohl während der Präsenzveranstaltungen als auch während der Selbstlernphasen unterstützt werden.

Unterstützung von Blended Learning Prozessen bei Teilzeitstudierenden

Teilzeitstudierende sind Berufstätige, die Geld in ihre Bildung investieren, um ihren Arbeitsplatz zu sichern und beruflich aufzusteigen.[261] Sie verzichten zugunsten von Bildung auf ihre Freizeit. Berufstätige sind dabei besonderen Restriktionen unterworfen, da sie neben den beruflichen Aufgaben auch noch die Bildungsaktivitäten bewältigen müssen. Sie sind zeitlich wenig flexibel und können in der Regel nur abends oder am Wochenende außerhalb der üblichen Arbeitszeiten an Präsenzveranstaltungen teilnehmen. Auch der im Selbststudium zusätzlich zu der Teilnahme an Präsenzveranstaltungen zu bewältigende Stoff kann meist nur abends und am Wochenende gelernt werden und kollidiert somit mit den Zeiten der Präsenzveranstaltungen.

Hier ergeben sich besondere Möglichkeiten für die Unterstützung mit Blended Learning. Die Teilnahme an Präsenzveranstaltungen kann mit Hilfe von Audio/Video-Live-Übertragungen von Veranstaltungen räumlich flexibler gestaltet werden. Eine zeitliche Flexibilisierung kann sich aus der Audio/Video-Aufzeichnung von Veranstaltungen ergeben, mit der Teilzeitstudierende die Möglichkeit haben, eine verpasste Vorlesung nachzuarbeiten.

Unterstützung von E-Learning Prozessen bei Teilzeitstudierenden in reinen Online-Studiengängen

Eine dritte Gruppe von Lernern, die mit dem System E-LEARN unterstützt werden soll, sind Teilzeitstudierende in reinen Online-Studiengängen. Sie absolvieren ihr Studium ebenfalls berufsbegleitend, nehmen aber an keinen Präsenzveranstaltungen teil. Die Inhalte des Studiums müssen sich die Lerner im Selbststudium zu Hause oder am Arbeitsplatz aneignen.

---

[260] Vgl. Schlaffke; Weiß /Private Bildung 1996/ 178.
[261] Vgl. Schlaffke; Weiß /Private Bildung 1996/ 178.

Damit ist allerdings nicht das traditionelle Fernstudium-Modell gemeint, sondern eine Unterstützung der Lernprozesse mit E-Learning beispielsweise durch die Nutzung von synchronen und asynchronen Kommunikationsmöglichkeiten mit Dozenten und anderen Studierenden oder die Teilnahme an Audio/Video-Live-Übertragungen von Veranstaltungen.

3.3.5 Abgrenzung von nicht verfolgten Zielen

Das System E-LEARN soll Unterrichtsformen, deren Hauptbestandteil die Kommunikation zwischen den Lernern untereinander ist, nicht mit Audio/Video-Aufzeichnungen oder Live-Übertragungen unterstützen. Dies ist beispielsweise bei Seminaren der Fall oder bei Gruppen, die ein (hypothetisches) Projekt bearbeiten („Learning by doing").

Die Aufnahme von Diskussionen zwischen mehreren Beteiligten ist technisch sehr aufwändig. Um erkennen zu können, wer gerade spricht, müsste bei jedem Beitrag die Kamera auf den Redner gerichtet werden. Dies ist bei der üblichen Raumanordnung an Hochschulen nur mit mehreren Kameras möglich. Auch die Aufnahme des Tons in akzeptabler Qualität wird mit steigender Anzahl der Teilnehmer schwieriger. Zwar ist eine Unterstützung mit Audio/Video-Aufnahmen mit größerem technischem Aufwand möglich, jedoch soll dies in dieser Arbeit nicht untersucht werden.

Auch die Zuschaltung externer Lerner ist bei Veranstaltungen mit vielen Teilnehmern schwierig. Zwar existieren zahlreiche Videokonferenzlösungen, die jedoch meist große Probleme haben, mehr als zwei Punkte miteinander zu verbinden. Sind beispielsweise 20 externe Lerner zugeschaltet, die mit 20 Präsenzlernern diskutieren möchten, ist das auch für heutige Videokonferenzgeräte ein kaum zu bewältigendes Problem. Die Kosten für die Unterstützung solcher Veranstaltungen wären äußerst hoch.

Aus diesen Gründen ist die Unterstützung von Seminar-Veranstaltungen mit hohem Diskussionsanteil mit E-LEARN nicht möglich.

Die Blended Learning Unterstützung von Software-Schulungen in einem PC-Pool ist ebenfalls nicht Ziel des Systems. Szenarien, in denen der Dozent eine Programmiersprache erläutert und anschließend den Studierenden bei der Lösung von Programmieraufgaben hilft, indem er sich durch den PC-Pool bewegt und auf jeden Lerner einzeln zugeht, sollen mit E-LEARN nicht unterstützen werden. Auch hier ergäbe sich die Notwendigkeit einer direkten, individuellen und umfangreichen Kommunikation zwischen Dozent und einzelnen externen Lernern, bei der zusätzlich der Bildschirminhalt des Lerners für den Dozenten zugänglich sein müsste.

Auch naturwissenschaftliche oder medizinische Praktika, in denen Studierenden praktische Experimente oder Laborarbeiten durchführen müssen, sollen mit E-LEARN nicht unterstützt werden können.

3.4 Komponenten der Blended Learning Lösung E-LEARN

Um die in Kapitel 3.3 definierten Ziele der Blended Learning Lösung E-LEARN erreichen zu können, wurde eine Reihe von verschiedenen Lernkanälen[262] entwickelt, die von unterschiedlichen Komponenten[263] des Systems E-LEARN bereitgestellt werden. Die Komponenten lassen sich in die Kategorien Informationen und Downloads, Asynchrone Kommunikation, synchrone Kommunikation, Audio/Video-Live-Übertragungen, Audio/Video-Aufzeichnungen und traditionelle Präsenzveranstaltungen einteilen (vgl. Abbildung 13). Diese Komponenten werden den Lernern über ein LMS, das als zentraler Einstiegspunkt zur Verfügung steht, bereitgestellt.

Learning Management System
Zentraler Einstiegspunkt für alle Lerner
CLIX

Informationen und Downloads
- Aktuelles und Termine
- Lernmaterialien zum Ausdrucken
- Alte Klausuraufgaben mit Lösungen
- Zusatzliteratur und Literaturhinweise

Asynchrone Kommunikation
- Diskussionsforen
- Lerngruppen
- E-Mail
- Protokolle von Online-Tutorien

Synchrone Kommunikation
- Online-Tutorien (Chat)
- Awareness-Funktion

Audio/Video-Live-Übertragungen
- Übertragung von Bild und Ton
- Übertragung von Folien des Dozenten
- Einbeziehung von Live-Notizen und -Kommentaren des Dozenten über Interactive Pen Display
- Kommunikation mit dem Dozenten über Chat

Audio/Video-Aufzeichnungen
- Interaktive CD-ROM
- Video on Demand im Internet

Traditionelle Präsenzveranstaltungen

→ Blended Learning Lerner

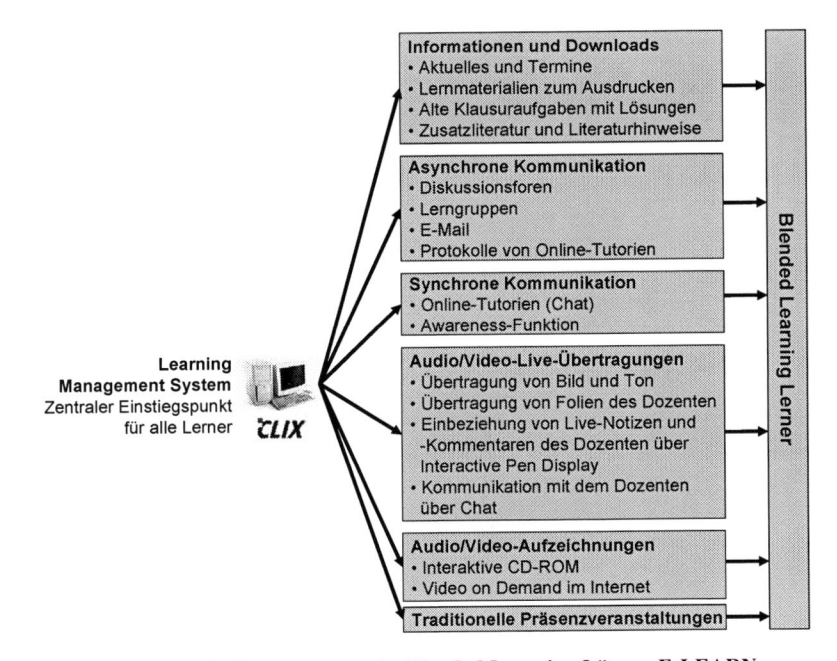

Abbildung 13: Komponenten der Blended Learning Lösung E-LEARN

---

[262] Zum Begriff Lernkanal vgl. Kap. 2.6, S. 48ff.

[263] In Anlehnung an Coenen /E-Learning Architektur für universitäre Lehr und Lernprozesse 2001/ 163, der die Bestandteile des Systems WI-Pilot I „IKT-Komponenten" nannte, werden die einzelnen Bestandteile des Systems E-LEARN „Komponenten" genannt. Eine andere mögliche Bezeichnung ist „Subsysteme".

Aus Sicht der Lerner sind die einzelnen Komponenten des Systems E-LEARN nicht sichtbar, da sie sich hinter dem LMS „CLIX"[264] verbergen. Von dort werden die einzelnen Komponenten entweder als integrierte CLIX-Funktion aufgerufen oder es werden über Hyperlinks Funktionen aufgerufen, die von anderen Diensten, die nicht in CLIX integriert sind, bereitgestellt werden. Für den Studierenden geschieht dies völlig transparent.

Tabelle 5 zeigt am Beispiel der Veranstaltung „Grundzüge der Wirtschaftsinformatik I", die im WS 02/03 von Prof. Seibt an der Universität zu Köln gelesen wurde, welche Komponenten mit welchen Lernkanälen angeboten wurden. Diese Lernkanäle bzw. Angebote werden in den folgenden Kapiteln beschrieben.

---

[264] CLIX wird von der Firma imc vertrieben (vgl. http://www.im-c.de/).

Komponente	Lernkanäle bzw. Dienste
Learning Management System	• Registrierung beim LMS • Unterschiedliche Mandanten für jede Bildungseinrichtung • Vorlesungskataloge

Informationen und Downloads	• Lehrplan
	   o Foliensätze von Vorlesung, Übung und Tutorium als PDF zum Download
	   o Aufgabenblätter zur Übung
	   o Klausuraufgaben der vorangegangenen Semester mit Lösungen, Übungsklausuren
	• Kalender mit Übersicht der Veranstaltungstermine
	• Teilnehmerverzeichnis mit persönlichen Informationen über die Studierenden
	• Dokumentenarchiv, in das Studierende für alle Mitstudierenden sichtbar selbst erstellte Dokumente einstellen können
	• Bibliothek
	   o Literaturhinweise
	   o Artikel und Auszüge aus wissenschaftlichen Veröffentlichungen
	   o ergänzende Folien von anderen Vorlesungen
	   o Glossare zu Begriffen der Wirtschaftsinformatik allgemein
	   o Glossar zu speziellen Begriffen der Vorlesung
	• Beschreibung mit detaillierten Informationen zur Veranstaltung
	• What's new zeigt neue Dokumente und Diskussionsbeiträge seit dem letzten Besuch an

Asynchrone Kommunikation	• Diskussionsforum für inhaltliche Fragen • Diskussionsforum für technische Fragen • E-Mail-Unterstützung • Protokoll der Online-Tutorien
Synchrone Kommunikation	• Online-Tutorium zu festgelegten Terminen • Chatraum zur ständigen Benutzung • Awareness-Funktion zeigt die gerade angemeldeten Teilnehmer an. Diese können sofort kontaktiert werden • Physischer Team-Room im Gebäude des Lehrstuhls, ausgestattet mit Laptops, Videobeamer und Internetzugang
Audio/Video-Live-Übertragungen	• Live-Übertragung von Bild und Ton • Übertragung der Bildschirminhalte (Folien und Notizen) • Kommunikation mit dem Dozenten über Chat
Audio/Video-Aufzeichnungen	• Interaktive Audio/Video-Aufzeichnung im Internet (Video on Demand) • Download der interaktiven Audio/Video-Aufzeichnung auf CD (zum Selberbrennen als ISO-Image)
Traditionelle Präsenzveranstaltungen	• Präsenz-Vorlesung • Präsenz-Übung • Präsenz-Tutorium

Tabelle 5: Überblick über verschiedenen Komponenten und Lernkanäle des Systems E-LEARN

3.4.1 Beschreibung der Komponente „Learning Management System"

Das Learning Management System (LMS) ist der zentrale Einstiegspunkt für alle Lerner (vgl. Abbildung 13 auf S. 81). Vor dort können alle anderen Lernkanäle und Angebote des Systems angesteuert und genutzt werden. Bei E-LEARN wird als LMS „CLIX Campus" von der Firma imc, Saarbrücken eingesetzt.

Vom LMS können alle anderen Komponenten des Systems von den Lernern per Hyperlink angesteuert werden.

Registrierung beim LMS

Für die Nutzung des LMS müssen die Studierenden zunächst einen Benutzeraccount beantragen. Dazu wurde eine ASP-Webseite programmiert, mit der die zur Registrierung notwendigen Daten erfasst wurden. Berechtigt für die Nutzung des LMS war jeder an der Universität zu Köln eingeschriebene Studierende und die Studierenden der weiteren teilnehmenden Bildungseinrichtungen.

Unterschiedliche Mandanten für jede Bildungseinrichtung

Eine Besonderheit des LMS CLIX ist die Mandantenfähigkeit.[265] Um Studierenden verschiedener Bildungseinrichtungen unterschiedliche Inhalte zur Verfügung stellen zu können, können in CLIX verschiedene Mandanten eingerichtet werden.

Das System E-LEARN wurde im Untersuchungszeitraum von unterschiedlichen Bildungseinrichtungen genutzt. Die Studierenden verschiedener Bildungseinrichtungen wurden unterschiedlichen Mandanten zugeteilt, so dass Studierende einer Bildungseinrichtung jeweils in demselben Mandanten angelegt wurden, aber auf Informationen, die für die anderen Bildungseinrichtungen bestimmt waren, nicht zugreifen konnten.[266]

Durch die Einrichtung der Mandanten können die im LMS abgelegten Inhalte logisch voneinander getrennt werden. Das bedeutet, dass die Studierenden, Dozenten und Administratoren eines Mandanten die Lerninhalte, Benutzer, Diskussionsforen etc. der anderen

---

[265] Vgl. Milius /Learning-Management-System 2002/ 165ff.

[266] Da aus datenschutzrechtlichen Gründen vom Studierendensekretariat der Universität zu Köln keine Listen der eingeschriebenen Studierenden zur Verfügung gestellt werden konnten, wurde die Zugehörigkeit zu einer Bildungseinrichtung durch die Angabe einer gültigen Matrikelnummer überprüft. Die Gültigkeit einer Matrikelnummer konnte durch die Überprüfung der letzten Ziffer der Matrikelnummer, die eine Prüfziffer ist, festgestellt werden. Nach der Überprüfung der Registrierungs-Angaben wurden die Anmeldeunterlagen per E-Mail versendet.

Mandanten nicht sehen können. Aus Sicht der Nutzer handelt es sich daher um drei komplett voneinander getrennte Systeme, die aber auf derselben physikalischen Hardware laufen. Dadurch ist es möglich, Hardware- und Administrationskosten einzusparen und dennoch getrennte Nutzungsbereiche zu schaffen.

Vorlesungskataloge

Nach dem Einloggen in CLIX muss der Lerner zunächst die Veranstaltungen buchen, auf die er zugreifen möchte. Nach der Buchung kann er alle Materialen, die zu einer Veranstaltung hinterlegt sind, nutzen und die verschiedenen Lernkanäle und Angebote einsetzen.

Dazu muss zuvor vom Administrator des LMS eine entsprechende Veranstaltungsstruktur definiert werden. Die Veranstaltungsstruktur muss für jeden Mandanten separat eingerichtet werden und enthält alle Veranstaltungen, welche die Studierenden buchen können sowie zahlreiche Metadaten wie Beschreibungen, Lernziele, Inhalte usw. Für bestimmte Veranstaltungen können Zugangsbeschränkungen eingerichtet werden (beispielsweise für Seminare, die eine beschränkte Teilnehmerzahl haben).

Denkbar ist auch der Einsatz eines anderen LMS als CLIX. Dazu müssten entsprechende Parametrisierungen, Konfigurierungen und ggf. Anpassungen vorgenommen werden, damit die Zusammenarbeit mit den anderen Komponenten des Systems E-LEARN gewährleistet ist.

3.4.2 Beschreibung der Komponente „Informationen und Downloads"

Über die Komponente „Informationen und Downloads" des Systems E-LEARN können Lerner auf Lernmaterialien zugreifen und aktuelle Nachrichten und Termine zu Veranstaltungen aufrufen. Abbildung 14 zeigt einen Screenshot des LMS CLIX. Über eine Reihe von Buttons, die sich im oberen Bereich des Bildschirms befinden („Lehrplan", „Kalender", „Teilnehmer", „Kommunikation", „Bibliothek", „Beschreibung" und „What's new?"), kann der Lerner die unterschiedlichen Lernkanäle und Dienste, die zu der Veranstaltung (hier: „Einführung in die Wirtschaftsinformatik") angeboten werden, zugreifen. Diese Funktionen sind Bestandteil von CLIX und es muss daher keine Integration mit externer Software durchgeführt werden.

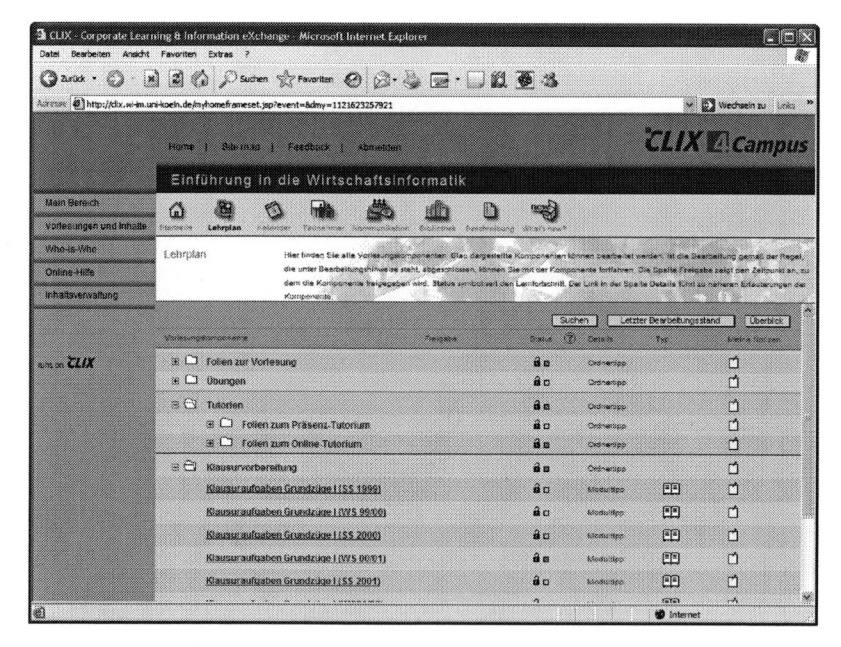

Abbildung 14: Screenshot des Lehrplans des LMS CLIX

Der **Lehrplan** enthält die Folien zu Vorlesungen, Übungen und Tutorien zum Download im PDF-Format, die sich die Studierenden ausdrucken können. Zur selbstgesteuerten Vorbereitung auf die Klausur werden ehemalige Klausuraufgaben mit Lösungen und verschiedene Übungsklausuren bereitgestellt.

Im **Kalender** können alle Termine der gewählten Veranstaltung nachgeschlagen werden.

Welche **Teilnehmer** sich für die Veranstaltung angemeldet haben, kann über Teilnehmer-Funktion recherchiert werden. Sofern Teilnehmer neben ihrem Namen noch weitere Informationen, wie zum Beispiel Adressen, Fotos, Hobbys etc. angegeben haben, werden diese hier dargestellt. Eine Awareness-Funktion zeigt die Teilnehmer, die gerade bei dem LMS angemeldet sind, separat an. Sie können sofort kontaktiert werden.

Über ein Dokumentenarchiv (beim Button **Kommunikation**) können die Lerner untereinander Dateien austauschen, die beispielsweise von anderen Lernern, die in derselben Lerngruppe sind, geladen werden können. So können zum Beispiel Zusammenfassungen von Veranstaltungen oder interessante Zusatzliteratur zur Verfügung gestellt werden.

Die **Bibliothek** enthält weitere Dokumente zur Veranstaltung, wie zum Beispiel Literaturhinweise und wissenschaftliche Artikel zu bestimmten Vorlesungsinhalten. Weiterhin sind hier die Einstiegspunkte für die Online-Tutorien, die Audio/Video-Live-Übertragung von Veranstaltungen und die Audio/Video-Aufzeichnungen im Internet zu finden. Die Protokolle der Online-Tutorien können angezeigt werden und die Audio/Video-Aufzeichnungen auf CD können als ISO-Image zum Selberbrennen herunter geladen werden.

Der Button **Beschreibung** enthält detaillierte Informationen zur Veranstaltung und **What's new** zeigt die neuen Dokumente und Diskussionsbeiträge seit dem letzten Besuch an. Hier kann eine automatische E-Mail-Benachrichtigung beim Eingang von neuen Beiträgen oder Dokumenten konfiguriert werden.

Auf der linken Seite des Screenshots in Abbildung 14 befindet sich ein Menü, über das die Nutzer weitere Funktionen, wie die Verwaltung ihres Benutzer-Accounts, die Erstellung einer eigenen Homepage innerhalb des Systems oder die Buchung von Veranstaltungen, ausführen können. Die „Inhaltsverwaltung" steht nur den Dozenten oder Tutoren zur Verfügung, die damit neue Lerninhalte hinzufügen oder Aktualisierung an vorhandenen Inhalten vornehmen können.

3.4.3 Beschreibung der Komponente „Asynchrone Kommunikation"

Diskussionsforen

Um den Lernern auch außerhalb der Veranstaltungszeiten die Kommunikation untereinander und mit Tutoren oder Dozenten zu ermöglichen, können Diskussionsforen genutzt werden.[267] Beim System E-LEARN sind mehrere Diskussionsforen in das LMS eingebettet. Zu jeder Veranstaltung können in separaten Foren inhaltliche und technische Fragen gestellt werden. Die Foren werden von Tutoren bzw. den Dozenten der Veranstaltungen betreut.

Um E-LEARN auch bei Bildungsanbietern einsetzen zu können, die nicht das LMS CLIX nutzen, kann das Diskussionsforum von den anderen Komponenten getrennt werden. Insbesondere die Audio/Video-Aufzeichnungen im Internet, die interaktiven CDs, und die Liveübertragungen inklusive Online-Chat lassen sich auch mit einer anderen Diskussionsforums-Software oder eines anderen LMS nutzen.

---

[267] Vgl. Kap. 2.6, S. 50f.

Lerngruppen

Innerhalb des LMS können für die Kommunikation und den Dateiaustausch von Lerngruppen getrennte Bereiche eingerichtet werden. Nur die Teilnehmer einer Lerngruppe haben darauf Zugriff und können auch außerhalb von Präsenztreffen mit Hilfe eines eigenen Diskussionsforums miteinander kommunizieren. Dateien wie zum Beispiel Zusammenfassungen von Veranstaltungen können über das LMS zwischen den Teilnehmern der Lerngruppe ausgetauscht werden. Für jede Lerngruppe kann ein eigenständiger Bereich eingerichtet werden.

E-Mail

E-Mail arbeitet im Gegensatz zu Diskussionsforen nach dem „Push"-Prinzip. Hierbei erfolgt der Versand von Informationen mit individuellem Inhalt automatisch in festgelegten Intervallen oder bei vordefinierten Ereignissen in der Regel via E-Mail (teilweise auch SMS oder andere Technologien auf mobile Endgeräte).[268] Das „Push"-Prinzip richtet sich an eine Zielgruppe mit einem regelmäßigen Informationsbedarf zu einem bestimmten Thema. Der Nutzer wird mit den relevanten Informationen passiv versorgt.

Dozenten erhalten von Lernern regelmäßig Fragen zu ihrer Veranstaltung per E-Mail.[269] Sofern die Frage und die Antwort darauf auch für andere Studierende von Interesse sind, wird der Absender der Frage unkenntlich gemacht und die Frage zusammen mit der Antwort im Forum veröffentlicht. Durch die Anonymisierung des Fragers soll das Stellen von Fragen unterstützt werden, die der Frager als vermeintlich „dumm" einordnet.

Protokolle von Online-Tutorien

Alle Beiträge von Studierenden und Dozenten, die während eines Online-Tutoriums eingetippt werden, werden automatisch von der Chat-Software mitprotokolliert. Das Protokoll enthält die gesamte Diskussion des Tutoriums. Es steht allen registrierten Lernern nach Ende des Online-Tutoriums im LMS zum Download zur Verfügung.

Mit dem Protokoll der Online-Tutorien können dort gestellte Fragen und die Antworten darauf auch nach Ende des Tutoriums noch verwertet werden. Auch Studierende, die nicht am Online-Tutorium teilnehmen konnten, profitieren davon. In Verbindung mit den Diskussionsforen und E-Mail kann auch das Protokoll der Online-Tutorien als asynchrone Kommunikati-

---

[268] Vgl. Wiesner; Bodendorf /Push Konzepte – State of the Art 2005/ 6f und Koch /Handbuch E-Learning 2001/ 7.

[269] Vgl. Dahm /E-Learning in der berufsbegleitenden Weiterbildung 2003/ 77f.

onsform gesehen werden. Sollten sich weitere Fragen aus dem Studium des Protokolls ergeben, können Lerner diese über das Diskussionsforum oder per E-Mail stellen.

3.4.4 Beschreibung der Komponente „Synchrone Kommunikation"

Online-Tutorien (Chat)

Ein Online-Tutorium findet als Online-Chat in einem speziellen Chat-Raum statt.[270] Die Teilnehmer können von beliebigen Orten daran teilnehmen und benötigen dafür einen PC mit einem Internetzugang. Da beim Online-Chat lediglich Textnachrichten, aber keine Audio/Video-Daten übermittelt werden, reicht eine Internetverbindung per Modem aus.[271]

Das Online-Tutorium soll dazu dienen, offene Fragen, die sich nach dem Studium der Lernmaterialen und der Nutzung der Diskussionsforen nicht lösen lassen, zu beantworten. Es findet an vorher veröffentlichten Terminen statt und wird von einem Tutor oder Dozenten betreut. Die Inhalte des Tutoriums werden vor dem Termin des Tutoriums bekannt gegeben, so dass sich die Studierenden darauf vorbereiten können.

Nachdem sich alle Teilnehmer beim Online-Tutorium angemeldet haben, werden sie durch den Dozenten begrüßt. Er steht dann für inhaltliche oder organisatorische Fragen zu den Inhalten, über die das Online-Tutorium geht, zur Verfügung. Sofern das Online-Tutorium das letzte vor der Klausur ist, werden von den Teilnehmern neben inhaltlichen Fragen häufig auch organisatorische Fragen zur Klausur gestellt. Die Teilnehmer möchte beispielsweise wissen, wie viele Fragen die Klausur haben wird, wie die zeitliche Einteilung erfolgen soll etc. Diese Fragen werden vom Dozenten genauso wie inhaltliche Fragen über Chat beantwortet.

Für das Online-Tutorium wird nicht die in CLIX integrierte Chat-Funktion genutzt, da diese vom Funktionsumfang und Layout für Online-Tutorien, in denen von den Teilnehmern viele und lange Beiträge gesendet werden, ungeeignet ist. Stattdessen wurde ein auf Active Server Pages (ASP) basierender Online-Chat entwickelt, der über Hyperlink in das LMS integriert wurde. Mittels eines Cookies[272] wird überprüft, ob der Chat-Teilnehmer sich beim LMS als registrierter Nutzer korrekt angemeldet hat.

---

[270] Vgl. Kap. 2.6, S. 51f.

[271] Vgl. Looi /Communication Techniques 2002/ 48ff.

[272] Cookies sind kleine Textdateien, die vom Web-Server zum Web-Browser gesendet werden und auf dem lokalen Computer gespeichert werden. Sie können von anderen Web-Seiten ausgelesen werden. Dadurch kann eine Schnittstelle zwischen verschiedenen Webseiten geschaffen werden (vgl. z.B. Kappel et al. /Architektur von Web-Informationssystemen 2003/ 110).

Awareness-Funktion

Die Awareness-Funktion wird von CLIX zur Verfügung gestellt. Durch diesen Dienst können alle angemeldeten Lerner sehen, welche Teilnehmer, die für dieselbe Veranstaltung registriert sind, gerade im LMS aktiv (angemeldet) sind. So kann mit einem einfachen Klick mittels Chat eine direkte Kommunikation mit anderen Lernern aufgebaut werden, ohne dass erst eine separate Chat-Applikation gestartet werden muss oder die E-Mail-Adresse herausgesucht und ein E-Mail-Programm gestartet werden muss.

Der Online-Status von Tutoren und Dozenten wird auf diese Weise ebenfalls angezeigt. Sie können bei Bedarf kontaktiert werden.

Team-Room

Für die Studierenden wurde ein im Gebäude der Universität physisch vorhandener „Team-Room" eingerichtet, in dem sie sich zum Lernen und zur Vorbereitung zur Klausur treffen konnten. Der Team-Room ist mit Notebooks, einem Internet-Anschluss einem elektronischen Whiteboard ausgestattet. Die Studierenden können alle Komponenten des Systems E-LEARN im Team-Room nutzen.

3.4.5 Beschreibung der Komponente „Audio/Video-Live-Übertragung"

Für die Audio/Video-Live-Übertragung der Veranstaltung ins Internet inkl. Chat werden verschiedene Teil-Komponenten benötigt, die in den folgenden Abschnitten beschrieben werden.

Die **Live-Übertragung von Bild und Ton** erfolgt mit einer Videokamera, die von einem Kameramann bedient wird. Das Videobild inkl. Ton des Dozenten wird über Internet an die externen Lerner übertragen.

Mit der **Live-Übertragung von Folien des Dozenten** können die externen Lerner alle Folien, die der Dozent zeigt, auf ihrem Bildschirm sehen.

Live-Notizen und Kommentare des Dozenten werden über ein „Interactive Pen Display" einbezogen, auf dem der Dozent mit einem Stift schreibt. Alle Notizen und Grafiken, die der Dozent anfertigt, werden an die externen Lerner übertragen.

Mit der Teil-Komponente **Online-Chat** wird die Kommunikation der externen Lerner mit dem Dozenten sichergestellt. Alle externen Lerner melden sich in einem Online-Chatraum an, in dem auch ein Chatmaster angemeldet ist, der sich gleichzeitig im Hörsaal befindet und Fragen von externen Lernern an den Dozenten weitergeben kann.

An der Live-Übertragung sind demnach vier Rollenträger beteiligt:

- Der Dozent hält die Präsenzveranstaltung im Hörsaal.
- Der Chatmaster sitzt im Hörsaal, betreut den Online-Chat und sorgt für die Kommunikation zwischen externen Lernern und dem Dozenten.
- Der Kameramann (zum Beispiel eine studentische Hilfskraft) bedient die Kamera im Hörsaal und stellt die korrekte Abmischung des Tons sowie das reibungslose Zusammenspiel der Technik sicher.
- Die externen Lerner empfangen zu Hause oder in der Firma die Vorlesung inklusive Video, Audio und Folien über Internet und beteiligen sich via Online-Chat mit Fragen und Kommentaren an der Vorlesung.

Live-Übertragung von Bild und Ton

Bei der Audio/Video-Live-Übertragung ins Internet wird der Dozent mit einer leistungsstarken digitalen Kamera gefilmt. Diese Art von Kamera ist heute lichtstark genug, um mit der vorhandenen Beleuchtung im Hörsaal qualitativ hochwertige Bilder aufzunehmen.[273]

Über Internet werden Ton und Bild des Dozenten sowie alle Folien, die er zeigt, live zu den externen Lernern übertragen. Die Kommunikation zwischen den externen Lernern und dem Dozenten erfolgt über einen Online-Chat, der von einem Chatmaster betreut wird.

Der Ton des Dozenten wird über ein kleines, leistungsstarkes, kabelloses Mikrofon, welches er am Revers trägt, per Funk an ein Mischpult übertragen. Zusätzlich steht ein zweites kabelloses Stabmikrofon zur Verfügung, das im Saal herumgereicht werden kann und mit dem Fragen und Diskussionsbeiträge der Studierenden live aufgenommen und eine Diskussion interaktiv unterstützt werden können. Das Signal des Publikum-Mikrofons wird ebenfalls per Funk an das Mischpult übertragen. Das Videobild sowie das abgemischte Tonsignal werden im Hörsaal mit einem Notebook digitalisiert und per Streaming Video[274] über Internet

---

[273] Eine solche Kamera kostet inklusive allem Zubehör wie Stativ, Transportkiste etc. ca. 2.000 bis 3.000 €. Eine Liste der für die Durchführung der Audio/Video-Aufzeichnung benötigten Geräte sowie Hardware- und Software-Komponenten befindet sich in Tabelle 44 auf S. 262.

[274] Unter Streaming Media versteht man die Übertragung von Audio- und Videodaten über das Internet, ohne dass die Audio/Video-Daten zuvor komplett herunter geladen werden müssen (vgl. Mayer /Streaming Media 2001/ 18). Die Wiedergabe der Audio- und Videodaten kann bereits während des Downloads erfolgen. Dadurch werden unrealistisch hohe Downloadzeiten drastisch verkürzt und Live-Übertragungen überhaupt erst ermöglicht.

an einen Mediaserver übertragen, der an der Uni Köln steht. Dort wird das Signal vervielfältigt und über CLIX an die externen Lerner weitergeleitet (vgl. Abbildung 15).

Aufgrund der technisch notwendigen Pufferung des Videosignals ergibt sich eine Verzögerung von ca. 15 Sekunden.[275] Das bedeutet, dass die externen Lerner die Ausführungen des Dozenten erst 15 Sekunden später hören und sehen als die Teilnehmer im Hörsaal. Da der Rückkanal von den externen Teilnehmern zum Dozenten über Online-Chat realisiert ist, und sich dadurch ebenfalls Verzögerungen ergeben können, fällt diese Verzögerung nicht negativ auf.

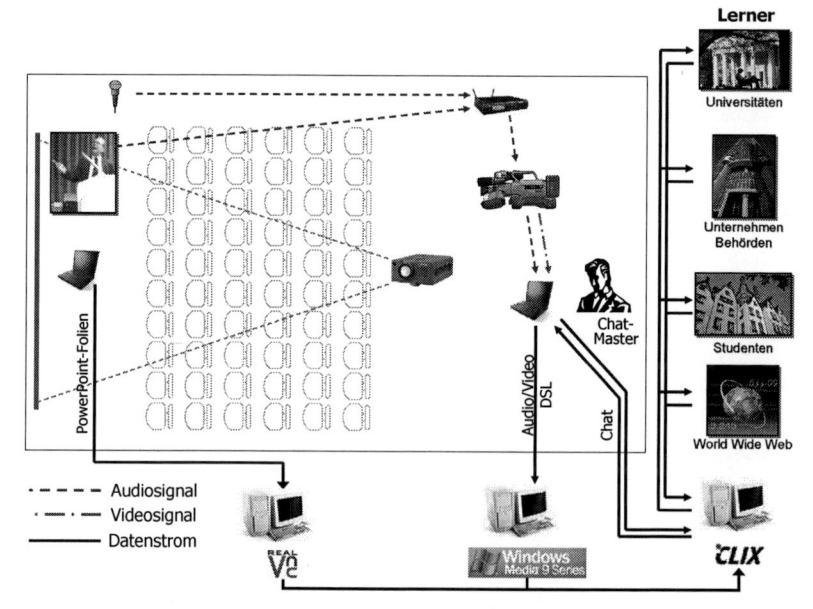

Abbildung 15: Schematische Darstellung der Audio/Video-Live-Übertragung

---

Dem Media Server auf der Senderseite (Server) steht auf der Empfängerseite (Client) ein Audio-Video-Player entgegen. Der Media Server sendet die komprimierten Datenpakete, welche die Audio- und Videoinformationen enthalten, über Internet an den Client. Dort werden die Datenpakete vom Audio-Video-Player empfangen, dekodiert und auf dem Bildschirm des Nutzers dargestellt.

[275] Bei der Übertragung ist die Client-Seite mit einem Puffer ausgestattet, in dem je nach Verbindungsqualität 10 bis 30 Sekunden des Datenstroms zwischengespeichert werden, um mögliche Verzögerungen bei der Übertragung auszugleichen (vgl. Bruns; Klenner; Psaralidis /E-Learning 2002/ 787). Dadurch ist die Übertragung nicht ganz synchron, sondern um die Pufferlänge zeitversetzt. Aus diesem Grund eignet sich Streaming Video nicht für ein direktes Gespräch zwischen Lerner und Lehrer.

Live-Übertragung von Folien des Dozenten

Der Dozent zeigt seine Folien im Hörsaal mit Hilfe eines Notebooks und Video-Beamers. Um die externen Lerner möglichst umfassend in die Vorlesung einzubinden, werden die Folien, die der Dozent zeigt, ebenfalls via Internet übertragen. Dazu wird der gesamte Bildschirminhalt des Dozenten an die externen Studierenden übermittelt. Die Aufzeichnung, Komprimierung und Übertragung der Bildschirminhalte des Dozenten-Notebooks erledigt die Client-Server-Software RealVNC[276]. Die RealVNC-Server-Komponente läuft auf dem Notebook des Dozenten und die Bildschirminhalte inklusive Folien und Notizen werden bei den externen Teilnehmern im Webbrowser, der mit Hilfe eines Java-Applets als Client fungiert, dargestellt.

Da der gesamte Bildschirminhalt des Dozenten-Notebooks gesendet wird, ist dieses Verfahren unabhängig von der verwendeten Präsentationssoftware. Folien, die mit PowerPoint gezeigt werden, können genauso übertragen werden, wie beispielsweise die Präsentation einer Software oder einer Internet-Seite. Auf Seite der Studierenden ist lediglich ein Webbrowser zur Darstellung des Datenstroms notwendig.

Im Vergleich zu einem direkten Abfilmen der Leinwand oder des Bildschirms mit einer Videokamera ergibt sich durch die Verwendung von RealVNC eine erheblich geringere Übertragungs-Bandbreite bei gleichzeitig besserer Qualität.

Einbeziehung von Live-Notizen und -Kommentaren des Dozenten über Interactive Pen Display

Viele Dozenten nutzen neben oder statt vorgefertigten (PowerPoint-)Folien auch eigene Notizen, Formeln, Diagramme oder Zeichnungen, die sie während der Veranstaltung per Hand an eine Tafel oder auf einen Overhead-Projektor schreiben.[277] Mit dem System E-LEARN können diese Unterrichtsmedien sowohl im Hörsaal genutzt als auch synchron an externe Teilnehmer übertragen werden. Zusätzlich werden diese Medienformen (vorgefertigte Folien und Notizen/Kommentare des Dozenten) aufgezeichnet und automatisch in die Audio/Video-Aufzeichnungen integriert.

Die Teilnehmer der Präsenzveranstaltung können alle Folien, die der Dozent benutzt, sowie seine geschriebenen Notizen über einen Beamer auf einer Leinwand im Hörsaal sehen. Der Dozent nutzt dafür ein so genanntes „Interactive Pen Display", das aus einem Flachbildschirm

---

[276] http://www.realvnc.com/
[277] Vgl. Tabelle 4 auf S. 72.

besteht, auf dem mit einem speziellen Stift geschrieben werden kann.[278] Alle auf das Interactive Pen Display geschriebenen oder gezeichneten Informationen erscheinen sofort auf dem Display und gleichzeitig über einen Beamer auf der Leinwand des Hörsaals, so dass der Dozent wie auf einem Overhead-Projektor schreiben und Zeichnungen anfertigen kann. Die Teilnehmer der Präsenzveranstaltung sehen so alle Folien und ad-hoc vom Dozenten durchgeführten Veränderungen und Ergänzungen auf der Leinwand.

Um Folien und Notizen des Dozenten an die externen Zuhörer zu übertragen, wird der Bildinhalt des Interactive Pen Displays im Notebook digital aufgezeichnet, komprimiert und live an die externen Studierenden übertragen.[279]

Insgesamt ergibt sich durch den Einsatz des Interactive Pen Displays aus Sicht der Teilnehmer der Präsenzveranstaltung dieselbe Funktionalität, wie sie bei der Benutzung eines Overhead-Projektors oder einer Tafel zur Verfügung steht. Der große Vorteil besteht darin, dass alle Notizen live an die externen Zuschauer übertragen und außerdem für die Audio/Video-Aufzeichnungen weiterverwendet werden. Für die Präsenzteilnehmer ist die Nutzung von Interactive Pen Display und Beamer nicht störend. Einige Studierende berichten sogar, die Schrift des Dozenten damit besser lesen zu können als an der Tafel.

Durch die Verwendung eines Interactive Pen Displays konnte das in Kapitel 3.3.1.2 (S. 71) formulierte Ziel, dass sich das System E-LEARN an die vom Dozenten genutzten Unterrichtsmedien anpassen soll, erreicht werden.

Chat für die Kommunikation mit dem Dozenten

Die Kommunikation der externen Lerner mit dem Dozenten findet über einen Online-Chat statt. Alle externen Teilnehmer befinden sich in einem Online-Chatraum, in dem sich auch ein Chatmaster befindet, der im Vorlesungssaal sitzt.

Der Chatmaster kann Fragen und Kommentare, die die externen Teilnehmer über ihre Tastatur in den Chatraum eintippen, entgegennehmen und gefiltert an den Dozenten

---

[278] Es wurde ein Cintiq 15X Interactive Pen Display der Firma Wacom (http://www.wacom.de/) genutzt. Stattdessen kann auch ein Tablet-PC genutzt werden, der die Funktionalität des Interactive Pen Displays und eines Notebooks in einem Gerät vereint und preisgünstiger ist als die Anschaffung der getrennten Geräte. Das Interactive Pen Display ist mit dem Monitorausgang des Notebooks verbunden und kommuniziert zusätzlich über den USB-Port mit dem Notebook. Der zugehörige Stift enthält statt einer Schreib-Mine eine kleine Plastiknase, mit der man das Interactive Pen Display berühren kann. Über eine im Stift eingebaute Spule, deren Induktivität über ein Magnetfeld, das im Display integriert ist, abgetastet wird, kann die exakte Position des Stiftes festgestellt werden. Sobald die Plastiknase das Display berührt, wird von der Software an der entsprechenden Stelle in der ausgewählten Farbe ein Punkt dargestellt. Dadurch ist normales Schreiben wie auf Papier möglich. Über zusätzliche Knöpfe am Stift lassen sich weitere Funktionen wie Mausklicks etc. ausführen.

[279] Dies geschieht mit Hilfe der Software RealVNC.

weiterleiten. Dazu zeigt der Chatmaster im Hörsaal wie ein normaler Präsenz-Teilnehmer auf und kommuniziert dem Dozenten die Fragen bzw. Kommentare, zum Beispiel akustisch. Die Antwort des Dozenten gelangt über den Audio/Video-Strom wieder zurück an die externen Teilnehmer. Auf diese Weise ist die Kommunikation der externen Teilnehmer mit dem Dozenten sichergestellt. Das Videobild des Dozenten und die Folien sowie der Chatraum werden auf dem Bildschirm der externen Teilnehmer angezeigt (vgl. Abbildung 16).

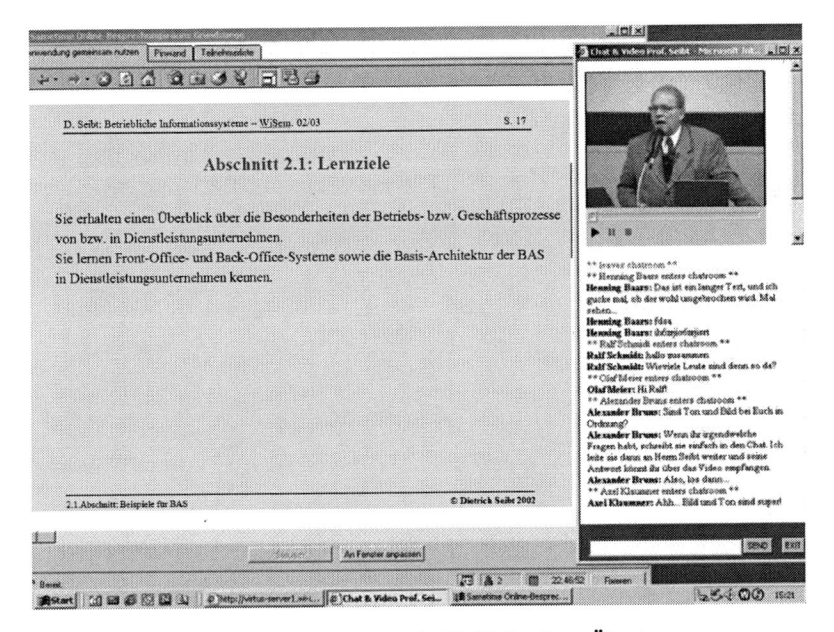

Abbildung 16: Screenshot der Audio/Video-Live-Übertragung

Notwendige Bandbreite für die Audio/Video-Live-Übertragung

Der Videostream hat eine Bandbreite von 112 kbit/s, zusammen mit der Übertragung von Folien und Chat und der Einbeziehung von Overhead ergibt sich dadurch eine maximale Bandbreite von 128 kbit/s.

Die externen Teilnehmer sind mit einem leistungsfähigeren Multimedia-Server[280] verbunden, der in den Räumen der Universität Köln steht und alle Teilnehmer mittels Streaming Video mit Audio/Video-Daten versorgt. Vom Hörsaal zum Server der Universität reicht dagegen

---

[280] Vgl. Kap. 3.5.2, S. 114.

eine vergleichsweise schmale Bandbreite von 128 kbit/s aus (vgl. Abbildung 17). Für eine Live-Übertragung können somit auch Hörsäle genutzt werden, die lediglich über WLAN oder über eine DSL-Leitung mit dem Internet verbunden sind. Der Server in der Uni muss für jeden Teilnehmer jeweils 128 kbit/s (n · 128 kbit/s für n externe Teilnehmer) zur Verfügung stellen können.

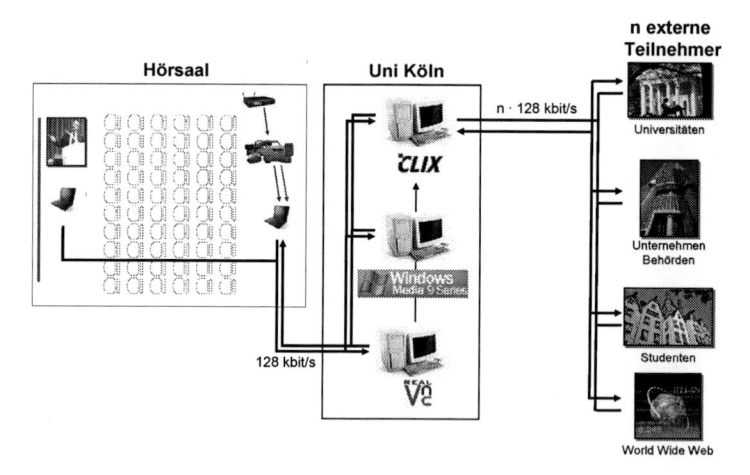

Abbildung 17: Benötigte Bandbreite für die Live-Übertragung an externe Teilnehmer

Um an der Audio/Video-Live-Übertragung teilnehmen zu können, wird auf Seite der externen Lerner ein normaler Windows-PC[281] mit Internetzugang benötigt. Für den Empfang von Ton, Folien und Notizen des Dozenten sowie für die Teilnahme am Online-Chat ist eine Internetverbindung per Modem ausreichend. Um darüber hinaus auch das Videobild des Dozenten zu empfangen, wird eine ISDN- bzw. DSL-Verbindung benötigt.

---

[281] Hardware- und Softwarevoraussetzungen sind: Windows-PC, mind. Pentium III 500 MHz und Internetanschluss. Eine Firewall kann das E-Learn-Angebot verhindern. Die Stabilität ist mit Windows 2000 oder XP erfahrungsgemäß erheblich besser als unter Windows 98 oder ME. Software-Voraussetzungen: Webbrowser (Internet Explorer 5.0 oder höher), ist seit Windows 98 standardmäßig installiert; Microsoft Media Player 6.4 oder höher, ist seit Windows 98 standardmäßig installiert; Java, ist bei Windows XP i.d.R. standardmäßig installiert.

3.4.6 Beschreibung der Komponente „Audio/Video-Aufzeichnungen"

Die im Rahmen der Präsenzveranstaltung bei der Audio/Video-Live-Übertragung anfallenden Daten (das heißt Audio, Video, Folien und Notizen des Dozenten) werden parallel zur Live-Übertragung im Hörsaal auf einem Notebook gespeichert und anschließend mit zum größten Teil automatisch für die spätere Verwendung als Audio/Video-Aufzeichnung im Internet oder auf CD aufbereitet.

Für die Erzeugung und Nutzung von Audio/Video-Aufzeichnungen gibt es zwei Alternativen.

Die erste Alternative nutzt das an der Universität zu Köln entwickelte Softwarepaket „ePlayer", mit dem während einer Veranstaltungen Bild, Ton und die Folien, die der Dozent zeigt, aufgezeichnet werden können. Die Aufzeichnungen werden weitestgehend automatisch weiterverarbeitet und können in einem Webbrowser abgespielt werden.

Die zweite Alternative ist die Nutzung der Software „Lecturnity" von der Firma IMC[282], mit der ein ähnliches Vorgehen möglich ist.

Der größte Unterschied zwischen diesen beiden Alternativen ist, dass es mit dem ePlayer möglich ist, beliebige Webseiten direkt in die Benutzeroberfläche zu integrieren. Dadurch braucht der Lerner keine anderen Programme oder Webseiten aufrufen, wenn er beispielsweise in einem Glossar die Bedeutung eines Begriffes nachschlagen möchte. Durch die Webseiten-Integration sind für den Lerner alle wichtigen Informationen zur Veranstaltung jederzeit zugänglich.

Bei Lecturnity ist dies nicht möglich. Hier muss der Lerner in einem separaten Fenster weiterführende Informationen zur Veranstaltung aufrufen. Er muss dazu die entsprechenden Links und Adressen kennen und sich aktiv bemühen, die Inhalte zu erreichen.

Vorteil von Lecturnity ist, dass nicht nur statische PowerPoint-Folien aufgezeichnet werden können, sondern dass der Dozent in Verbindung mit einem entsprechenden Eingabegerät, das er während der Veranstaltung nutzt (zum Beispiel ein Interactive Pen Display oder Tablet-PC), auch eigenhändige Notizen, Skizzen oder Grafiken anfertigen kann, die aufgezeichnet werden. So können auch Dozenten, die traditionell mit Kreide an der Tafel oder mit einem Folienstift auf dem Overhead-Projektor schreiben, unterstützt werden.

Die Unterschiede zwischen den beiden Alternativen sind in Tabelle 6 zusammengefasst.

---

[282] http://www.im-c.de/

	E-Player	Lecturnity
Vorteile	• Automatische, mit der entsprechenden Videostelle synchronisierte Einblendung von Folien. • Einbindung beliebiger HTML-Inhalte (zum Beispiel Glossare, Gliederungen, Literaturhinweise, Übungsaufgaben mit Lösungen, usw.) in die Benutzeroberfläche über Mehrwert-Buttons möglich. • Kein Wechsel der Programms oder der Web-Seite nötig, um an Zusatzinformationen (Mehrwert-Buttons) zu gelangen. • CD und Internet-Version der Audio/Video-Aufzeichnung sind identisch. • Geringe Ladezeiten für die Folien.	• Automatische, mit der entsprechenden Videostelle synchronisierte Einblendung von Folien. • Skizzen, Notizen, Grafiken und Kommentare des Dozenten, die er während der Präsenzveranstaltung entstellt, werden synchron eingeblendet. • Auch unter alternativen Betriebssystemen (zum Beispiel Linux) funktionsfähig.
Nachteile	• Keine Einbindung von Notizen und Kommentaren, die der Dozent während der Veranstaltung erstellt. • Funktioniert nur unter Windows-Betriebssystemen.	• Keine Einbindung von Webseiten in die Benutzeroberfläche möglich. • Für zusätzliche Informationen muss der Lerner das Programm bzw. die Webseite verlassen. • CD und Internet-Version sind unterschiedlich, Volltextsuche ist nur bei der CD-Version möglich.

Tabelle 6: Vergleich der Funktionalität von ePlayer und Lecturnity

Mit beiden Alternativen können zwei Versionen der aufgezeichneten Veranstaltung angefertigt werden: eine im Internet per Streaming Video nutzbare sowie eine auf einer interaktiven CD erstellte, auch offline nutzbare Version.

3.4.6.1 Erstellung und Nutzung von Audio/Video-Aufzeichnungen mit der Software ePlayer

Darstellung einer Audio/Video-Aufzeichnung bei Verwendung der Software ePlayer

Abbildung 18 zeigt einen Screenshot der Audio/Video-Aufzeichnung auf der interaktiven CD bei Verwendung des ePlayers. Die gesamte Benutzeroberfläche läuft in einem Webbrowser und sieht daher bei Verwendung der Video on Demand Version genau so aus.

Entwicklung einer Blended Learning Lösung 99

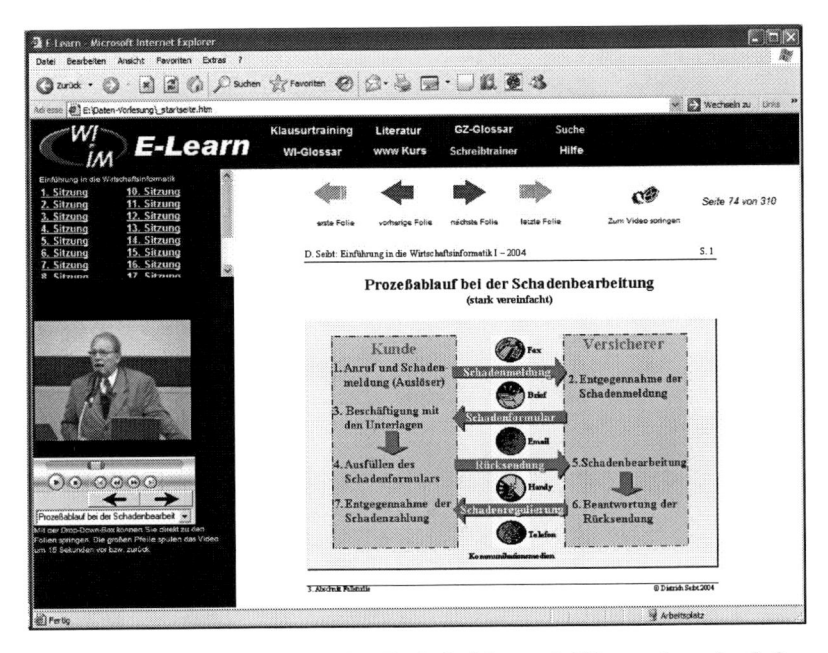

Abbildung 18: Screenshot der Video/Audio-Aufzeichnung bei Verwendung der Software ePlayer

Auf der linken Seite kann der Lerner auswählen, welche Sitzung der Veranstaltung er anschauen möchte. Darunter befindet sich das Video des Dozenten, in dem mit einem Positionsbalken und einigen Knöpfen gespult werden kann. Der Lerner kann das Video auch an jeder beliebigen Stelle anhalten (beispielsweise, um einen Begriff nachzuschlagen) und anschließend an derselben Stelle wieder starten. Wird im Video an eine andere Stelle gespult, wird automatisch die zugehörige Folie angezeigt und auf der rechten Seite eingeblendet. Andersherum wird beim Aufruf einer bestimmten Folie die entsprechende Videoposition angesprungen. So kann der Lerner komfortabel durch die Veranstaltung navigieren und hat stets die zu Bild und Ton synchronisierten Folien vor sich.

Unter dem Videobild können einzelne Folien mit einer Drop-Down-Box angesteuert werden. Über der Folie befinden sich Buttons, mit denen man zu anderen Folien bzw. zur passenden Videostelle springen kann.

Am oberen Bildschirmrand befindet sich eine Reihe von so genannten „Mehrwert-Knöpfen", mit denen beliebige Webseiten angezeigt werden können. Die Inhalte der Webseiten erscheinen an der Stelle, wo ansonsten die Folien angezeigt werden. Der Lerner braucht die Benutzeroberfläche nicht zu verlassen, um mit den Mehrwert-Knöpfen zu arbeiten.

Es wurden bei der CD und der Video on Demand Version verschiedene Inhalte realisiert, auf die mit den Mehrwert-Knöpfen zugegriffen werden kann. Dazu gehören ein Klausurtraining mit Multiple-Choice-Tests, Klausuraufgaben und Lösungen, Literaturhinweise, ein GZ-Glossar mit den wichtigsten Begriffen der Veranstaltung, eine Suchfunktion, ein WI-Glossar, in dem zahlreiche Begriffe aus dem Bereich der Wirtschaftsinformatik definiert werden, ein WBT „WWW-Kurs", in dem Internet-Technologie erklärt wird, ein WBT „Schreibtrainer", das Hinweise zum Schreiben und Formulieren gibt, und schließlich eine Online-Hilfe.

Mit Hilfe einer Suchfunktion können alle Folieninhalte im Volltext durchsucht werden. Als Treffer werden die Folien angezeigt, auf denen der Suchbegriff vorkommt. Durch einen Klick auf einen Treffer gelangt man zur Folie und kann sich die dazu passende Videostelle anschauen.

Erstellung einer Audio/Video-Aufzeichnung bei Verwendung der Software ePlayer

Die Erstellung der Audio-/Videoaufzeichnungen erfolgt mit einem im Rahmen von mehreren Diplomarbeiten[283] an der Universität zu Köln entworfenen und weiterentwickelten Softwarepaket. Die für eine fertige CD bzw. die fertige Audio/Video-Aufzeichnung im Internet benötigten Funktionen sind dabei auf drei unterschiedliche Teilsysteme verteilt: PowerPoint-Sniffer, Content-Wizard und ePlayer (vgl. Abbildung 19).

---

[283] Vgl. Klarzynski /Erstellung von E-Learning-Content 2003/, Krause /Unterstützung von E-Teaching-Prozessen mit einem Interactive Pen Display 2003/, Lohner /System zur Digitalisierung, Komprimierung, Bereitstellung und flexiblen Verknüpfung von Video-basierten Lerninhalten 1999/, Hückelheim /Anforderungsanalyse und Implementierung einer Lehr- und Lernplattform 1999/ und Kroeber /Entwicklung einer multimedialen Lernoberfläche 1999/.

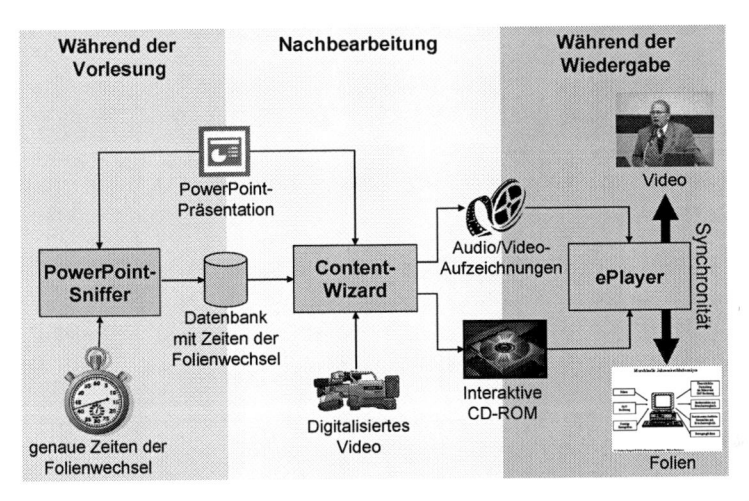

Entwicklung einer Blended Learning Lösung 101

Abbildung 19: Prozess der Erstellung einer Audio/Video-Aufzeichnung bei Verwendung der Software ePlayer

Die Software PowerPoint-Sniffer protokolliert während der Präsenzveranstaltung automatisch die genauen Zeiten, wann welche PowerPoint-Folie vom Dozenten gezeigt wurde. Dies geschieht im Hintergrund mit Hilfe einer Erweiterung von PowerPoint. Die Zeiten werden direkt auf dem Notebook des Dozenten in einer kleinen Datenbank gespeichert, die für die Weiterverarbeitung genutzt wird.

Mit der Software Content-Wizard werden nach Ende der Präsenzveranstaltung von einer studentischen Hilfskraft Audio/Video-Aufzeichnungen auf CD und als Video on Demand Version für das Internet erzeugt. Dabei werden von der Software die vom Dozenten genutzte PowerPoint-Präsentation, die mit dem PowerPoint-Sniffer protokollierten Zeiten und das digitalisierte Video zusammengefügt. Dadurch entstehen die CD- bzw. Internet-Versionen der Veranstaltung. Dies geschieht weitgehend automatisch und benötigt ca. 20 Minuten Arbeitszeit für eine zweistündige Vorlesung.[284]

Das Modul ePlayer kommt beim Lerner zum Einsatz und läuft in einem Webbrowser als ActiveX-Control. Der ePlayer stellt die Synchronität von Folien, Ton und Video sicher und sorgt dafür, dass immer die korrekte Folie zu einer Videostelle angezeigt wird und umgekehrt.

---

[284] Vgl. Klarzynski /Erstellung von E-Learning-Content 2003/ 53f.

Die Erstellung der Audio/Video-Aufzeichnungen (inklusive Internetversion und CD-Version) erfolgt über einen handelsüblichen PC.[285]

Das für die Benutzung der Software notwenige Wissen kann einer geeigneten studentischen Hilfskraft innerhalb eines Tages beigebracht werden. Anschließend können die Video-Aufnahmen von Hilfskräften selbstständig weiterbearbeitet und auf CD bzw. im Internet veröffentlicht werden.

Die Unterstützung der Prozesse für die Erstellung von Audio/Video-Aufzeichnungen hat sich seit des ersten Einsatzes des Vorgänger-Systems WI-Pilot I im Jahr 1999 stark verändert. 1999 dauerten die Nachbearbeitung der aufgenommenen Videos und die Erstellung einer Audio/Video-Aufzeichnung für eine 60-minütige Veranstaltung ca. 6,5 Stunden.[286]

Im Rahmen dieser Arbeit und in mehreren Diplomarbeiten wurden erhebliche Automatisierungen und Verbesserungen bei der Erstellung von Audio/Video-Aufzeichnungen vorgenommen und die Unterstützung der Prozesse durch selbstentwickelte Software wesentlich verbessert. Dadurch konnte die Dauer für die Erstellung der Audio/Video-Aufzeichnung einer 90-minütigen Vorlesung auf CD und als Video on Demand im Internet auf 20 Minuten reduziert werden.[287] Gleichzeitig wurde die Qualität der Audio/Videoaufzeichnungen verbessert, weil durch die zunehmende Automatisierung der einzelnen Bearbeitungsschritte Fehlerquellen ausgeschlossen wurden.

3.4.6.2 Erstellung und Nutzung von Audio/Video-Aufzeichnungen mit der Software Lecturnity

Darstellung einer Audio/Video-Aufzeichnung auf einer interaktiven CD bei Verwendung der Software Lecturnity

Um eine Audio/Video-Aufzeichnung mit der Software Lecturnity anschauen zu können, wird eine kostenlose Software benötigt, die der Lerner auf seinem Computer installieren muss. Mit dieser Software wird die Audio/Video-Aufzeichnung dargestellt, die neben Bild und Ton des

---

[285] Der PC muss mit folgender Software ausgestattet sein: Windows XP Betriebssystem, Microsoft Windows Media Player 9 (gehört zu Windows XP), Microsoft Windows Media Video 9 Video Compression Manager (kostenloser Download bei Microsoft), Microsoft Windows Media Player 9 Dienstprogramme (kostenloser Download bei Microsoft), PowerPoint (gehört zu Microsoft Office XP), PowerPoint Sniffer, Content-Wizard, ePlayer (selbstentwickelte Software) sowie Nero Burning ROM (Software zum Brennen von CDs).

[286] Vgl. Seibt; Coenen /Computer- und netzgestütztes multimediales Lernen 2000/ 66.

[287] Vgl. Klarzynski /Erstellung von E-Learning-Content 2003/ 53f.

Dozenten auch die Folien sowie Notizen, die der Dozent während der Präsenzveranstaltung ad-hoc auf dem Interactive Pen Display geschrieben hat, enthält.

Der Dozent spricht synchron zu seinen Folien und Notizen, die neben dem Videobild dargestellt werden (vgl. Abbildung 20). Wie bei der Software ePlayer lassen sich über einen Positionsbalken oder über das Anklicken einer Folie Abschnitte der Veranstaltung wiederholt anzeigen oder überspringen. Jede Stelle der Vorlesung kann so komfortabel angesteuert werden. Das Videobild sowie die dazu gehörenden Folien und Notizen werden jederzeit synchron gezeigt.

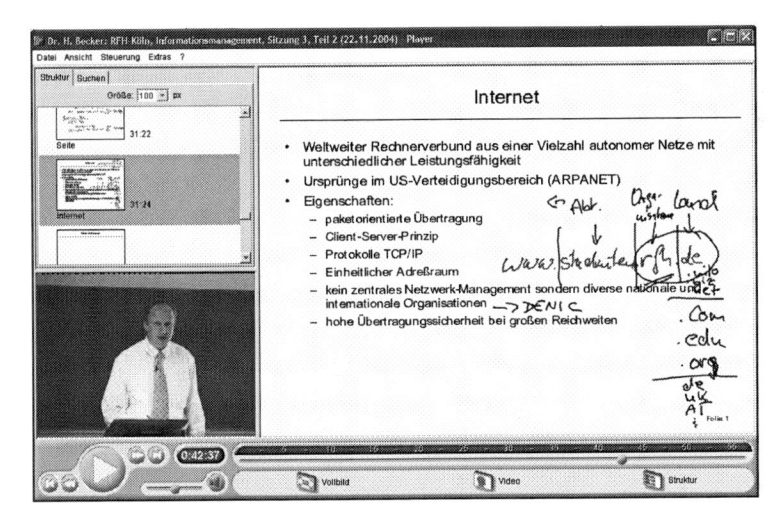

Abbildung 20: Screenshot der Video/Audio-Aufzeichnung als CD-Version bei Verwendung von Lecturnity. Auf eine vorgefertigte Folie wurden während der Vorlesung vom Dozenten Anmerkungen mit dem Interactive Pen Display erstellt.

Die Offline-Nutzung der CD läuft unter Windows- und Linux-Betriebssystemen. Dazu müssen ein kleines Java-Programm und ein Video-Codec (XviD) installiert werden, die beide auf der CD enthalten sind. Statt CDs könnten selbstverständlich DVDs zur Verfügung gestellt werden.

Darstellung einer Audio/Video-Aufzeichnung per Video on Demand im Internet bei Verwendung der Software Lecturnity

Die Internet- und CD-Versionen sind vom Funktionsumfang und Bedienung fast identisch. Auch bei den Audio/Video-Aufzeichnungen im Internet wird der Dozent mit synchronisierten

Folien und Notizen dargestellt (vgl. Abbildung 21). Die CD-Version bietet jedoch einen etwas größeren Benutzerkomfort, wie zum Beispiel separat ein- und ausschaltbare Folien bzw. Videobilder sowie eine Volltextsuche über die Inhalte sämtlicher zu der jeweiligen Lehrveranstaltung gehörenden PowerPoint-Folien.

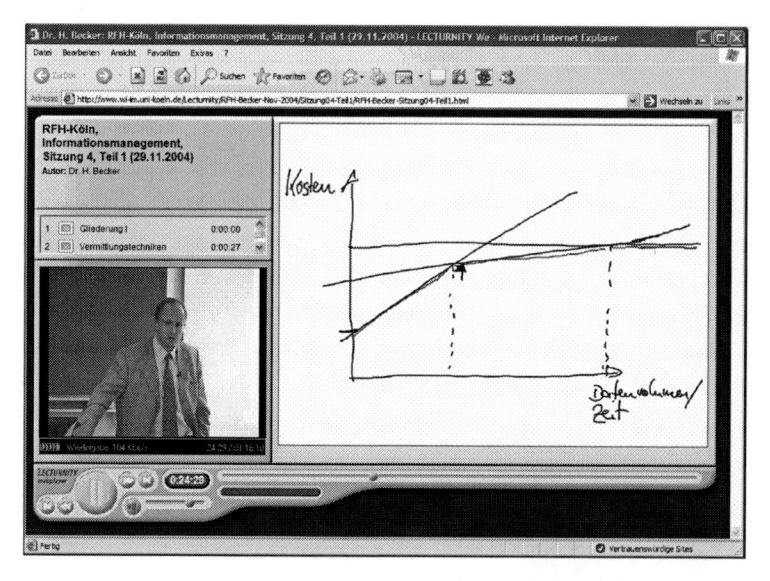

Abbildung 21: Screenshot der Video/Audio-Aufzeichnung als Internet-Version bei Verwendung von Lecturnity. Die Zeichnung wurde während der Vorlesung vom Dozenten mit dem Interactive Pen Display erstellt.

Für die Nutzung der Audio/Video-Aufzeichnung im Internet wird der Internet-Explorer und Windows-Media-Player benötigt, die beide bereits ins Betriebssystem integriert sind. Die Darstellung der Inhalte funktioniert über ein Java-Applet und ein ActiveX-Control.

Erstellung einer Audio/Video-Aufzeichnung bei Verwendung der Software Lecturnity

Bei Verwendung von Lecturnity zur Erstellung von Audio/Video-Aufzeichnungen protokolliert die Software die während der Veranstaltung vom Dozenten gezeigten Folien. Zusätzlich werden vom Dozenten vorgenommenen Anmerkungen bzw. Notizen, die er auf einem Interactive Pen Display oder einem Tablet-PC anfertigt, aufgezeichnet.[288] Die Erstellung der

---

[288] Vgl. dazu auch Kap. 3.4.5, S. 93.

Audio/Video-Aufzeichnungen auf CD und als Video on Demand Version im Internet erfolgt in einem zweiten Schritt und kann von einer studentischen Hilfskraft vorgenommen werden. Nach einer entsprechenden Einarbeitung dauert die Erstellung einer Audio/Video-Aufzeichnung einer 90-minütigen Veranstaltung auf CD und als Video on Demand ca. 20 Minuten.

Das Video zur Vorlesung wird dabei, genau wie bei der Erstellung von Audio/Video-Aufzeichnungen mittels ePlayer, nicht geschnitten. Sollte sich der Dozent beispielsweise versprechen oder ein zu spät kommender Studierender durchs Bild laufen, ist dies auch in der Audio/Video-Aufzeichnung zu sehen. Zwar ließen sich solche Szenen mit zusätzlichem personellen und technischen Aufwand herausschneiden, jedoch werden sie von den Nutzern als nicht störend empfunden, sondern unterstreichen sogar noch den Live-Charakter der Veranstaltung.

3.5 Entwurf einer Technik-Architektur für die Blended Learning Lösung E-LEARN

Zur Erreichung der Ziele des Systems E-LEARN[289] und zur Realisierung der einzelnen Komponenten des Systems[290] wurde eine modulare System-Architektur[291] entworfen, die schnell und einfach so konfiguriert werden kann, dass sie den Anforderungen verschiedener Bildungseinrichtungen genügt. Um diese Flexibilität zu erreichen, musste die von *Coenen* vorgeschlagene IKT-Architektur für das WI-Pilot I System[292] vom Autor der vorliegenden Arbeit grundlegend neu aufgebaut werden.

Die Architektur des Systems E-LEARN kann in drei Teilsysteme eingeteilt werden: Administration, LMS und Multimedia. Jedes dieser Teilsysteme erfüllt spezielle Aufgaben, die für die Funktionalität von E-LEARN notwendig sind. Weiterhin können drei Ebenen unterschieden werden, die von der benötigten Infrastruktur über die Software bis zu den Lernern reichen.

Die Trennung in verschiedene Teilsysteme und Schichten vereinfacht die Entwicklung, den Test und die Implementierung des Systems. Auch die Kommunikation mit Entscheidern, Dozenten, Administratoren und Anwendern auf Seiten der Bildungseinrichtungen, die ein solches System einsetzen möchten, wird dadurch verbessert.

Dadurch konnten die in Kapitel 3.3.2 (S. 75) formulierten Ziele wie Modularität und Skalierbarkeit des Systems erreicht werden.

Die **Infrastruktur-Ebene** der Architektur (vgl. Abbildung 22) stellt die Voraussetzungen für die Funktionsfähigkeit der Software zur Verfügung. Die Infrastruktur-Ebene gliedert sich in zwei Schichten. Die Dienste-Schicht stellt verschiedene Dienste bereit (zum Beispiel Datenbank-Dienste, Web-Dienste), welche von der Software-Ebene benötigt werden, um Lernkanäle von E-LEARN bereitstellen zu können. Die Hardware-Schicht beinhaltet die benötigte Hardware zur Ausführung dieser Dienste.

---

[289] Zu den Zielen von E-LEARN vgl. Kap. 3.3, S. 68ff.

[290] Zu den Komponenten des Systems E-LEARN vgl. Kap. 3.4, S. 81ff.

[291] Zum Begriff Architektur vgl. Kap. 3.1, S. 61.

[292] Vgl. Coenen /E-Learning Architektur für universitäre Lehr und Lernprozesse 2001/ 131 ff und Seibt; Coenen /Computer- und netzgestütztes multimediales Lernen 2000/ 12ff.

Entwicklung einer Blended Learning Lösung

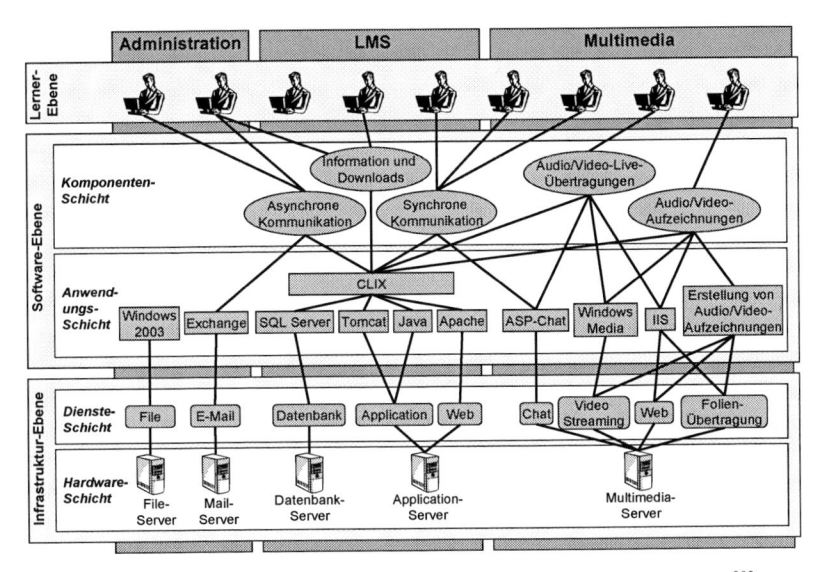

Abbildung 22: Überblick über die Architektur des Systems E-LEARN[293]

Auf der **Software-Ebene** läuft die Anwendungs-Software des Systems E-LEARN, die zum Beispiel Diskussionsforen, Online-Chat, Videoübertragung, etc. zur Verfügung stellt. Zur Ausführung von Funktionen der Anwendungs-Software werden Dienste der Infrastrukur-Ebene in Anspruch genommen. Auch die Software-Ebene unterteilt sich in zwei Schichten. Die Anwendungs-Schicht enthält die Anwendungs-Software, welche die Lernkanäle und Dienste von E-LEARN ausführt. In der Komponenten-Schicht werden verschiedene Anwendungssysteme der Anwendungsschicht zu lauffähigen und von den Lernern nutzbaren Komponenten zusammengefasst.[294]

Die **Lerner-Ebene** beinhaltet die Hard- und Software, welche die Lerner benötigen, um mit dem System E-LEARN arbeiten zu können.

Die Schichten der System-Architektur sind unabhängig voneinander. Jede Schicht erfüllt dabei ganz bestimmte, definierte Aufgaben und kommuniziert mit der darüber liegenden und der darunter liegenden Schicht über definierte Schnittstellen. Durch die Schnittstellen zwischen den Schichten ist es möglich, die Schichten unabhängig voneinander zu entwickeln, zu testen und zu warten. Für andere Schichten ist die Funktionsweise innerhalb einer

---

[293] Vereinfachte Darstellung.

[294] Zu den Komponenten des Systems E-LEARN vgl. Kap. 3.4, S. 81ff.

bestimmten Schicht nicht sichtbar. Zur Nutzung ihrer Funktionen ist lediglich die Kenntnis der definierten Schnittstellen nötig. Die Schnittstellen zwischen den Schichten sind in Abbildung 22 mit schwarzen Linien dargestellt.

Die Unterteilung in verschiedene Ebenen und Schichten hat den Vorteil, dass man das System flexibel einsetzen kann. So können auf der Komponenten-Schicht in Abhängigkeit von den Wünschen, finanziellen Restriktionen oder sonstigen Rahmenbedingungen der Bildungseinrichtung, in der das System eingesetzt werden soll, einzelne Komponenten genutzt oder nicht genutzt werden, ohne dass die Architektur des Systems geändert werden muss.

Der modulare Aufbau erlaubt beispielsweise, dass die Komponenten „Audio/Video-Live-Übertragungen" und „Synchrone Kommunikation" von einer bestimmten Bildungseinrichtung nicht genutzt werden. In diesem Fall werden auf der Anwendungsschicht die entsprechenden Anwendungssysteme deaktiviert bzw. nicht installiert. Das übrige System bleibt unverändert.

Auch ein Austausch einzelner Module des Systems ist so möglich. Wenn beispielsweise statt des LMS CLIX ein anderes Produkt eingesetzt werden soll, müssen lediglich auf der Anwendungs-Schicht Änderungen vorgenommen werden. Die darüber und darunter liegenden Schichten bleiben unverändert.

Infrastruktur-Ebene der Architektur von E-LEARN

Die Infrastruktur-Ebene besteht aus der Hardware-Schicht und der Dienste-Schicht (vgl. Abbildung 23). Die Hardware-Schicht stellt die Rechenleistung und Speicherplatz bereit, welche von der Dienste-Schicht benötigt werden.

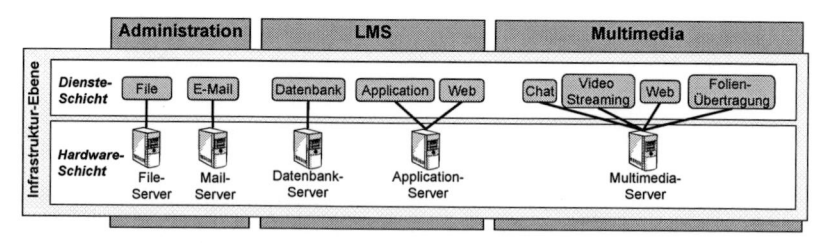

Abbildung 23: Infrastruktur-Ebene der Architektur des Systems E-LEARN[295]

---

[295] Die Schnittstellen zur Software-Ebene sind zur Vereinfachung weggelassen. Sie sind in Abbildung 22, S. 107 enthalten.

Die **Hardware-Schicht** besteht aus Computern (Servern), die mit Windows-Betriebssystemen ausgestattet sind. Jeder Server bietet auf der **Dienste-Schicht** unterschiedliche Dienste[296] an, welche wiederum von der darüber liegenden Software-Ebene genutzt werden. Ein Dienst ist beispielsweise ein „Web-Dienst", der WWW-Seiten bereitstellt, die von den Anwendungssystemen der über der Dienste-Schicht liegenden Anwendungs-Schicht benötigt werden.

Die Dienste auf der Dienste-Schicht sind unabhängig von der Hardware definiert. Dadurch ist es möglich, das System E-LEARN flexibel in Abhängigkeit von der Nutzerzahl zu skalieren. Bei Einsatz des Systems mit geringen Nutzerzahlen können mehrere Dienste auf einer Hardware (einem Server) laufen. Sind größere Nutzerzahlen zu erwarten, kann jeder Dienst auch eine eigenständige, leistungsfähige Hardware benutzen. Es ist möglich, dass ein Dienst (zum Beispiel der Datenbank-Dienst) auf mehreren Servern parallel läuft und so die Last auf mehrere Maschinen gleichmäßig verteilt wird. Das andere, kostengünstigste Extrem ist es, alle Dienste auf einer einzigen Hardware einzusetzen. Dies ist aber nur für sehr kleine Nutzerzahlen möglich und hat den Nachteil, dass bei Ausfall der Hardware kein einziger Dienst mehr verfügbar ist.

Zugriffe von Lernern auf das System werden von den einzelnen Diensten automatisch protokolliert. Dabei werden die genaue Zeit, das Datum, die Art des Zugriffes und die IP-Adresse des Rechners, von dem der Zugriff erfolgt, in **Logfiles** gespeichert. Die Logfiles können zur Auswertung der Nutzung des Systems herangezogen werden. Sie helfen auch, eventuell auftretende Fehler nachzuvollziehen und zu beheben.

In Abbildung 23 ist dargestellt, wie sich die neun Dienste, die für E-LEARN benötigt werden, auf fünf unterschiedliche Server verteilen. Einige Dienste (zum Beispiel Application- und Web-Dienst) laufen zusammen auf einem physikalischen Server.

Software-Ebene der Architektur von E-LEARN

Die Software-Ebene setzt sich aus der Anwendungs-Schicht und der Komponenten-Schicht zusammen. Die Anwendungs-Schicht besteht aus der Anwendungs-Software, in der die Lernkanäle und Dienste von E-LEARN implementiert sind, und nutzt die Dienste der Dienste-Schicht. Einzelne Anwendungssysteme ergänzen sich zu den Komponenten des Systems

---

[296] Die Begriffe „Server" und „Dienst" werden in der Praxis häufig nicht getrennt. „Server" kann eine Hardware bezeichnen, auf der eine Software läuft, die „Dienste" anbietet, welche von Clients nachgefragt werden (eine ausführliche Darstellung der Client/Server-Architektur findet sich beispielsweise in Laudon; Laudon /Management Information Systems 2005/ 268f.). Die Programme, die diese „Dienste" (engl. „Services") ausführen, werden aber häufig auch als „Server"(-Programme oder -Dienste) bezeichnet. Im zweiten Fall handelt es bei einem Server also um eine Software, die einen Dienst anbietet. Hier wird Server-Software als „Dienst" bezeichnet und Server-Hardware als „Server".

E-LEARN, die auf der Komponenten-Schicht angesiedelt sind. Mit diesen Komponenten arbeiten und lernen die Nutzer. Sie stellen die Lernkanäle von E-LEARN bereit.

Ein Beispiel für eine Anwendungs-Software, die auf der Anwendungs-Schicht genutzt wird, ist CLIX, die ihrerseits auf vier weitere Anwendungssysteme (SQL Server, Tomcat, Java und Apache) aufbaut (vgl. Abbildung 24). Die Anwendungssysteme SQL Server, Tomcat, Java und Apache greifen auf die entsprechenden Dienste auf der Dienste-Schicht zu.

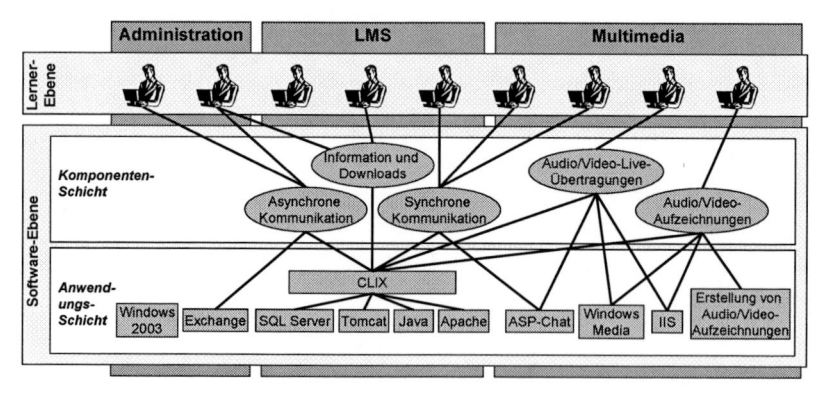

Abbildung 24: Software-Ebene der Architektur des Systems E-LEARN[297]

In Tabelle 7 sind die einzelnen Dienste und Server der Infrastruktur-Ebene mit der benötigten Anwendungs-Software zusammengefasst.

---

[297] Die Schnittstellen zur Infrastruktur- und Lerner-Ebene sind zur Vereinfachung weggelassen. Sie sind in Abbildung 22, S. 107 enthalten.

Teilsystem	Hardware-Schicht	Dienste-Schicht	Anwendungssoftware auf Anwendungs-Schicht
LMS	Datenbank-Server	Datenbank-Dienst	• SQL Server 2000 (Microsoft)
	Application-Server	Application-Dienst	• Tomcat (Open Source Middleware) • Java-Laufzeitumgebung (Programmiersprache von Sun)
		Web-Dienst	• Apache (Open Source Webserver)
Multimedia	Multimedia-Server	Streaming-Video-Dienst	• Windows Media Server (Microsoft)
		Web-Dienst	• Internet Information Services (Microsoft)
Administration	File-Server	File-Dienst	• Windows 2003 Server
	Mail-Server	E-Mail-Dienst	• Exchange 2003 (Microsoft)

Tabelle 7: Von E-LEARN benutzte Anwendungs-Software

Einbettung der Technik-Architektur von E-LEARN in Organisation, Prozesse und Personen

Um seinen Nutzen entfalten zu können, muss die Technik-Architektur einer Blended Learning Lösung an die Organisation, die Prozesse und die beteiligten Personen angepasst werden.[298] In Kapitel 3.1 (S. 63) wurde bereits allgemein beschrieben, wie die Technik-Architektur einer Blended Learning Lösung in die Dimensionen Organisation, Aufgaben/Prozesse und Mensch eingebettet werden kann.

Analog dazu muss auch die Blended Learning Lösung E-LEARN in diese Dimensionen implementiert werden. In Anlehnung an das ATOM-Modell[299] wird in folgender Abbildung verdeutlicht, dass nur die Dimension Technologie noch nicht das System E-LEARN ausmacht. Organisation, Aufgaben/Prozesse und Menschen, die das System nutzen, müssen ebenfalls berücksichtigt werden.

---

[298] Vgl. Kap. 2.4, S. 36ff.
[299] Zum ATOM-Modell vgl. Kap. 2.4, S. 34.

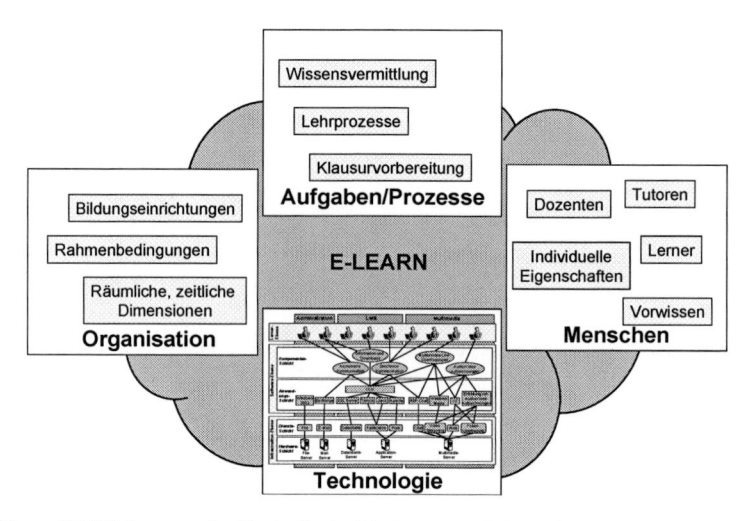

Abbildung 25: Einbettung der Technik-Architektur von E-LEARN in die Dimensionen Organisation, Aufgaben und Menschen

Die **Aufgaben/Prozesse** bzw. Lernprozesse, die mit E-LEARN unterstützt werden sollen, wurden bereits in Kapitel 3.3.1 (S. 68ff.) dargestellt.

Die **Organisations**-bezogenen Ziele von E-LEARN wurden in Kapitel 3.3.3 (S. 76f.) definiert. Die Besonderheiten der den Bildungseinrichtungen, in denen das System eingesetzt wird, werden in Kapitel 3.6 (S. 117ff.) erläutert.

Personen-bezogene Ziele des Systems sind Gegenstand von Kapitel 3.3.4 (S. 77ff.).

In den folgenden Abschnitten werden die einzelnen Teilsysteme der **Technik**-Architektur von E-LEARN beschrieben.

3.5.1 Architektur des Teilsystems „Learning Management System"

Der Einstieg zum System E-LEARN erfolgt aus Sicht der Studierenden über das LMS CLIX, die gleichzeitig den Kern des Teilsystems „Learning Management System" bildet. Dieses Teilsystem ist die Konkretisierung der idealtypischen Technik-Architektur eines Learning Management Systems nach *Schulmeister*, die in Kapitel 3.1 (S. 61ff) dargestellt ist.

Um das LMS betreiben zu können, werden auf Dienste-Schicht die Dienste Datenbank, Application und Web benötigt, die auf Hardware-Schicht auf zwei unterschiedlichen Servern laufen (vgl. Abbildung 26).

Entwicklung einer Blended Learning Lösung 113

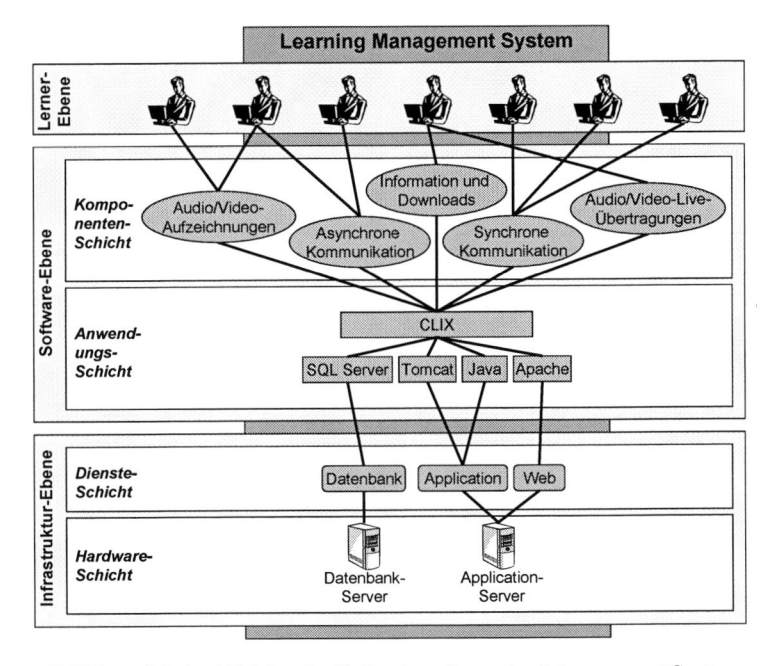

Abbildung 26: Architektur des Teilsystems Learning Management System

Der **Datenbank-Dienst** verwaltet und speichert alle sich häufig ändernden Daten, die zum Betrieb des LMS verwaltet werden müssen, wie zum Beispiel Benutzerdaten mit Passwörtern, Zugriffsberechtigungen, Vorlesungskataloge, Buchungsinformationen über Veranstaltungen, Lernstände einzelner Studenten, Inhalte der Diskussionsforen usw. Die eigentlichen Lerninhalte liegen aus Performance-Gründen nicht in der Datenbank, sondern werden von einem Web-Dienst übertragen. Die Datenbank enthält lediglich Metainformationen über diese Lerninhalte, also beispielsweise Name, Art, Größe, Pfad und weitere Daten, die der Tutor oder Administrator zur Kennzeichnung der Lerninhalte vergeben kann.

Auf Anwendungs-Schicht wird als Datenbank-Software Microsoft SQL Server 2000 eingesetzt. Aus Performance-Gründen läuft der Datenbank-Dienst auf einem eigenen Rechner, dem Datenbank-Server[300].

Damit die in der Datenbank gespeicherten Informationen in einem Internet-Browser dargestellt werden können, müssen sie zunächst verarbeitet werden. Zur Verarbeitung zählen

---

[300] Spezifikationen des Datenbank-Servers: Prozessor: Intel Pentium III mit 1,4 GHz; Speicher: 1 GByte.

beispielsweise Aufgaben wie Lese- und Schreibzugriffe auf die Datenbank, Überprüfen auf korrekte Benutzerrechte, individuelle Markierung von Diskussionsbeiträgen, die ein einzelner Benutzer noch nicht gelesen hat, Erzeugung von Layout und Formatierung der Ausgaben, usw. Dies erledigt der Applicationserver-Dienst und leitet die Ausgaben an den Web-Dienst weiter.

Als **Application-Dienst** kommen zwei unterschiedliche Software-Lösungen zum Einsatz: Zum einen Tomcat[301], eine Open Source-Middleware, welche die Verbindung zwischen Java und dem Webserver herstellt, und zum anderen die Sun Java Laufzeitumgebung[302]. Die Sun Java Laufzeitumgebung führt den Java-Code aus, in dem CLIX programmiert ist.

Als **Web-Dienst** wird Apache[303] (Open Source Software) verwendet. Tomcat, Java und Apache laufen zusammen auf einem weiteren pysikalischen Rechner[304], dem Application-Server.

3.5.2 Architektur des Teilsystems Multimedia

Im Bereich Multimedia kann der Lerner die Komponenten Audio/Video-Live-Übertragung und Audio/Video-Aufzeichnung nutzen (vgl. Abbildung 27).

---

[301] Im Einsatz ist Version 4.0.6.

[302] Im Einsatz ist das Sun Java SDK Version 1.4.1.

[303] Im Einsatz ist Version 1.3.27.

[304] Spezifikationen des Application-/Web-Servers: Dual-Prozessor: 2 x Intel Pentium III mit 1,4 GHz; Speicher: 2 GByte.

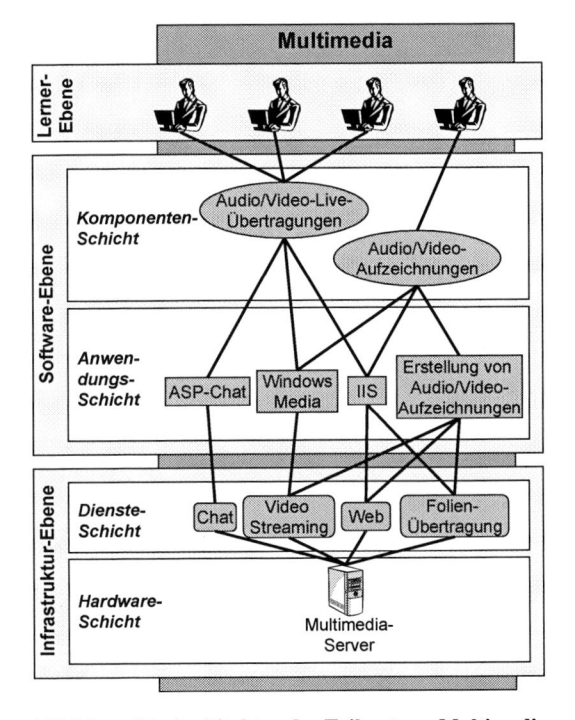

Entwicklung einer Blended Learning Lösung 115

Abbildung 27: Architektur des Teilsystems Multimedia

Für die Live-Übertragung von Veranstaltungen und für den Aufruf von Videos aus dem Internet werden weitere Dienste benötigt. Mit den Diensten Folienübertragung und Video Streaming werden Bild, Ton und Folien synchron zu den Lernern außerhalb des Hörsaals übertragen. Über den Chat-Dienst können die externen Lerner mit dem Dozenten kommunizieren. Der Web-Dienst steuert die gesamte Live-Übertragung.

Als Streaming-Dienst wird der Microsoft Windows Media Server[305] verwendet. Da der Streaming-Dienst lediglich Videodateien übermitteln kann, müssen andere Inhalte, wie zum Beispiel Folien und HTML-Inhalte, über einen Web-Dienst übertragen werden. Die Kommunikation mit den externen Lernern über Online-Chat wird ebenfalls über den Web-Dienst mit Hilfe eines in der Skriptsprache ASP programmierten Chats abgewickelt.

---

[305] Der Windows Media Server ist Teil der Internet Information Services 5.0, die bei Windows 2000 Server enthalten sind. Eine ausführliche Beschreibung der dabei verwendeten Audio- und Videocodecs, der Übertragung und benötigten Bandbreiten findet sich z.B. in Künkel /Streaming Media 2001/ 105ff.

Als Anwendungs-Software wird dazu Microsoft Internet Information Services (IIS) eingesetzt. Die Multimedia-Dienste werden gemeinsam von einem weiteren Rechner, dem Multimedia-Server,[306] zur Verfügung gestellt.

Die Übertragung der Folien an die externen Lerner erledigt der Folien-Übertragungs-Dienst. Mit Hilfe der Software VNC werden alle Bildschirminhalte des Dozenten an die externen Teilnehmer der Veranstaltung übertragen.

3.5.3 Architektur des Teilsystems Administration

Um den Betrieb des Systems E-LEARN organisatorisch aufrechterhalten zu können und die Erstellung von Audio/Video-Aufzeichnungen zu gewährleisten, sind weitere Dienste (E-Mail-Dienste und File-Dienste) notwendig, die nicht direkt mit dem System E-LEARN zusammenhängen. Meistens stehen sie in einer Organisation bereits zur Verfügung, da sie auch für andere Aufgaben benötigt werden.

Beim System E-LEARN werden dazu ebenfalls Microsoft-Produkte (Windows 2003 Server und Exchange 2003) auf zwei verschiedenen physikalischen Servern (File-Server und Mail-Server) eingesetzt. Denkbar ist auch der Einsatz von anderen, vergleichbaren Systemen.

---

[306] Spezifikationen des Multimedia-Servers: Prozessor: Intel Pentium III mit 1,4 GHz; Speicher: 512 MByte.

3.6 Einsatz von Blended Learning und E-Learning bei Veranstaltungen unterschiedlicher Bildungseinrichtungen

Im Rahmen dieser Arbeit wurden verschiedene Situationen aus den in Kapitel 2.7 (S. 55ff.) vorgestellten Szenarien von Blended Learning Veranstaltungen nach *Schulmeister*[307] ausgewählt und näher betrachtet. In sieben konkreten, individuellen Situationen wurde der Einsatz einer Blended Learning Lösung genauer untersucht und analysiert. Die untersuchten Situationen sind in Tabelle 8 dargestellt.

Bildungseinrichtung	Art der Veranstaltung	Status der Lerner
Universität zu Köln, Lehrstuhl für Wirtschaftsinformatik	Blended Learning	Vollzeit-Lerner
Verwaltungs- und Wirtschaftsakademie Köln	Blended Learning	Berufstätige Teilzeit-Lerner
Verwaltungs- und Wirtschaftsakademie Trier	Blended Learning	Berufstätige Teilzeit-Lerner
Rheinische Fachhochschule Köln	Blended Learning	Berufstätige Teilzeit-Lerner
Steuer-Fachschule Dr. Endriss	Blended Learning	Berufstätige Teilzeit-Lerner
Bildungsnetzwerk Winfoline	Reines E-Learning	Berufstätige Teilzeit-Lerner
Handelshochschule Warschau	Reines E-Learning	Vollzeit-Lerner

Tabelle 8: Situationen, in denen der Einsatz von Blended Learning untersucht wurde

Abbildung 28 zeigt anhand der Klassifizierung von Schulmeister die Fallsituationen, die im Rahmen dieser Arbeit erforscht wurden. Dabei wurden den Lernern an verschiedenen Bildungseinrichtungen unterschiedliche Grade der Blended Learning Unterstützung angeboten. Sie reichten von der Blended Learning Unterstützung von Präsenzveranstaltung mit LMS und Diskussionsforen (Szenario II) über die Unterstützung von Präsenzveranstaltungen mittels Audio/Video-Aufzeichnungen und -Live-Übertragungen (Szenario III) bis zu reinen E-Learning Veranstaltungen, bei denen keine Präsenzveranstaltungen stattfanden (Szenario IV). Veranstaltungen aus den Szenarien 0 und I wurden nicht betrachtet, da sie keine oder nur sehr schwache E-Learning Anteile beinhalten.

---

[307] Vgl. Abbildung 9 in Kap. 2.7.

Reine Präsenz-Veranstaltungen	Blended Learning Varianten			Reine E-Learning Veranstaltungen
	Präsenz-Veranstaltungen			
bestehend aus	Plus	Plus	Plus	bestehend aus
• Traditionelle Präsenzveranstaltung • Keine Unterstützung durch elektronische Lernformen	• Information (WWW-Seiten und Datei-Download)	• LMS • Information (WWW-Seiten und Datei-Download) • WBTs • Asynchrone Kommunikation • Beidseitiger Datei-Austausch	• LMS • Information • WBTs • Asynchrone Kommunikation • Beidseitiger Datei-Austausch • Synchrone Kommunikation (Chat) • Audio/Video-Live-Übertragung u. Chat • Audio/Video-Aufzeichnung	• LMS • Information • WBTs • Asynchrone Kommunikation • Beidseitiger Datei-Austausch • Synchrone Kommunikation (Chat) • Audio/Video-Live-Übertragung u. Chat • Audio/Video-Aufzeichnung • synchrone Kooperation
		• Steuerfach-Schule Dr. Endriss	• Uni Köln • VWA Köln • VWA Trier • RFH Köln	• Winfoline Göttingen • Handelshochschule Warschau
Szenario 0	Szenario I	Szenario II	Szenario III	Szenario IV

Unterstützung durch das System e² E-Learning — Unterstützung durch das System E-LEARN

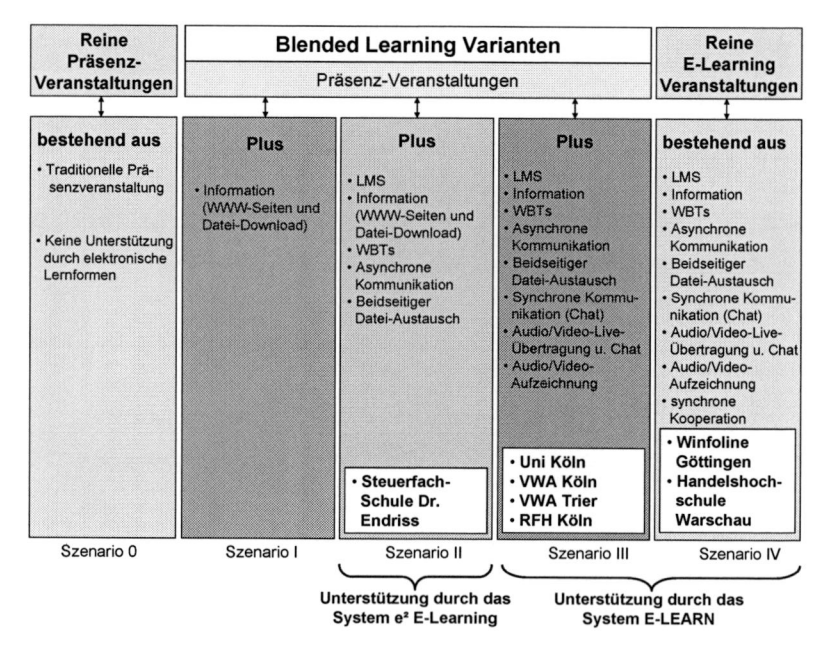

Abbildung 28: Blended Learning Szenarien für den Einsatz von E-LEARN[308]

Einsatz von Blended Learning in Szenario II

Szenario II der Einteilung nach *Schulmeister* sind Veranstaltungen, bei der Teile der Lehre zeit- und ortsunabhängig mit Blended Learning unterstützt werden.[309] Dazu wird ein LMS benötigt, welche die Lernkanäle und Dienste bereitstellt, die von den Lernern zur Durchführung der Blended Learning Lernprozesse benötigt werden. Im Rahmen dieser Arbeit wurde die Blended Learning Unterstützung bei Veranstaltungen der **Steuer-Fachschule Dr. Endriss** (ab hier Steuer-Fachschule genannt) untersucht.

Präsenzveranstaltungen der Steuer-Fachschule werden von berufstätigen Lernern besucht, die abends bzw. am Wochenende eine Weiterbildung zum Bilanzbuchhalter absolvieren. Dabei wird ein Teil der für die Ausbildung benötigten Stunden mit E-Learning im Selbststudium durchgeführt.

---

[308] In Anlehnung an Schulmeister /Lernplattformen für das virtuelle Lernen 2003/ 178.

[309] Vgl. Kapitel 2.7 (S. 55ff.) und Schulmeister /Lernplattformen für das virtuelle Lernen 2003/ 178. Zu e² E-Learning vgl. S. 119.

Dazu wird das Blended Learning System „e² E-Learning" eingesetzt, das den Lernern im Vergleich zu E-LEARN keine Audio/Video-Aufzeichnungen und -Live-Übertragungen anbietet, sondern Präsenzveranstaltungen mit klassischen WBTs unterstützt. e² E-Learning ist unabhängig von dem System E-LEARN, basiert auf einem anderen LMS und bietet den Studierenden andere Lernkanäle und Dienste. Es handelt sich also um ein völlig anderes Lernarrangement.

Unterstützt werden die Lerner durch zahlreiche von Dozenten moderierte Diskussionsforen, in denen Fragen zu den einzelnen Fächern und zu den Inhalten der E-Learning Lerneinheiten gestellt werden können. e² E-Learning basiert auf dem LMS ILIAS[310] und ist eine Eigenentwicklung der Steuer-Fachschule.

Über das LMS können die Studierenden online umfangreiche Lerneinheiten in Form von WBTs abrufen, in denen neben Texten auch animierte Grafiken, Fallstudien und Übungsaufgaben mit Lösungen hinterlegt sind. In Abbildung 29 ist eine animierte Grafik dargestellt. Während die Animation abläuft, wird ein erklärender Text von einem Sprecher vorgelesen. Die vorgelesenen Texte sind mit der animierten Grafik synchronisiert. So werden unterschiedliche Sinne des Lerners gleichzeitig angesprochen. Eine Sequenz mit Animation und Sprache dauert maximal eine Minute.

Für alle Dienste von e² E-Learning ist ein Internetzugang erforderlich. Da jedoch keine Videosequenzen übertragen werden, ist die Nutzung auch mit einer Modem-Verbindung möglich.

---

[310] http://www.ilias.uni-koeln.de/

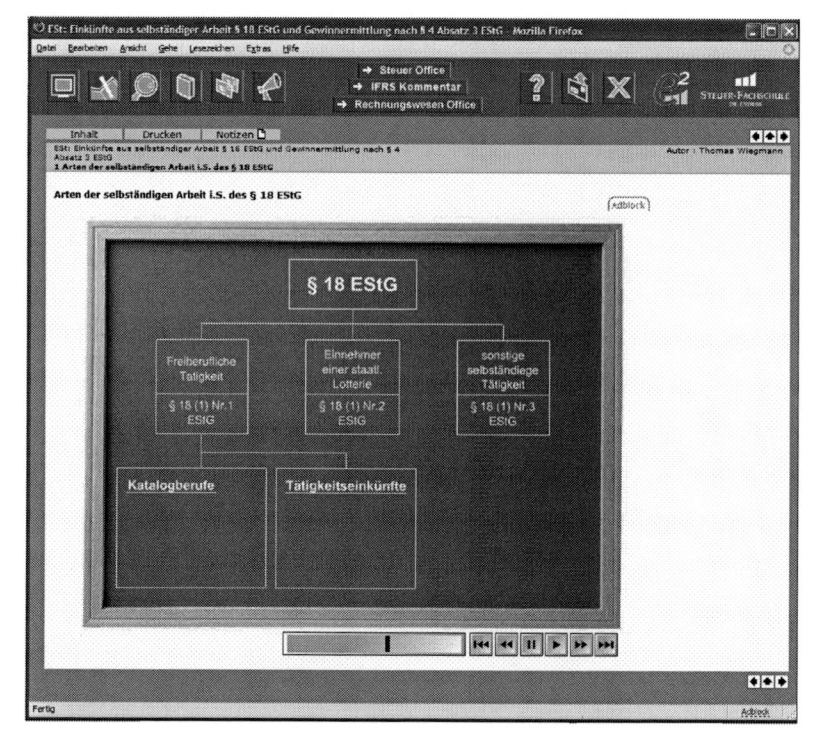

Abbildung 29: Screenshot einer WBT-Lerneinheit von e² E-Learning. Parallel zur animierten Grafik wird ein erklärender Text vorgelesen.

Die Lehrgänge der Steuer-Fachschule stützen sich stark auf Skripte mit Anmerkungen, Kommentaren und Wiederholungsfragen. Die Skripte sollen hauptsächlich der Wissensvermittlung dienen, während die E-Learning Angebote zur Kontrolle und Wiederholung genutzt werden.

Einsatz von Blended Learning in Szenario III

Das System E-LEARN wurde oder wird an insgesamt sechs unterschiedlichen Bildungseinrichtungen eingesetzt. Davon fällt der Einsatz bei vier Bildungseinrichtungen in *Schulmeisters* Szenario III: Universität zu Köln, Verwaltungs- und Wirtschaftsakademien Köln und Trier und Rheinische Fachhochschule Köln.

Der Einsatz von E-LEARN an diesen Bildungseinrichtungen wird im Folgenden kurz beschrieben:

- **Universität zu Köln, Lehrstuhl für Wirtschaftsinformatik**
  E-LEARN wird seit April 2001[311] bei Wirtschaftsinformatik-Veranstaltungen eingesetzt, die von Studierenden des Studiengangs Wirtschaftsinformatik und von Studierenden von wirtschaftswissenschaftlichen Studiengängen[312] besucht wurden. Dabei wurden Veranstaltungen im Grund- und im Hauptstudium des Studiengangs Wirtschaftsinformatik und Veranstaltungen im Wahlfach Wirtschaftsinformatik bei den wirtschaftswissenschaftlichen Studiengängen unterstützt.

  Bei allen untersuchten Veranstaltungen handelte es sich um Präsenzveranstaltungen, die mit den in Kapitel 3.4 beschriebenen Lernkanälen und Diensten des Systems E-LEARN unterstützt wurden (Blended Learning).[313] Die Teilnehmer waren Vollzeitstudierende, die teilweise neben dem Studium für einige Stunden pro Woche berufstätig waren.

- **Verwaltungs- und Wirtschaftsakademie Köln (VWA Köln)**
  Aufgabe der Verwaltungs- und Wirtschaftsakademien ist Aus- und/oder Fortbildung von Kaufleuten auf wissenschaftlicher Basis. Fach- und Führungskräften werden berufsbegleitend verwaltungs- und wirtschaftswissenschaftliche Präsenzstudiengänge angeboten.[314] An der VWA Köln[315] nutzen Teilzeitstudierende im Studiengang zum „Wirtschaftsinformatiker (VWA)" das System E-LEARN im Fach Wirtschaftsinformatik.

  Die Studierenden der VWA Köln verfügen über Audio/Video-Aufzeichnungen von Vorlesungen und können Audio/Video-Live-Übertragungen von Veranstaltungen nutzen. Folien der Veranstaltungen werden zum Download bereitgestellt und über ein

---

[311] Das System WI-Pilot I, das das Vorgänger-System von E-LEARN ist, wurde von 1999 bis 2001 eingesetzt. Vgl. Coenen /E-Learning Architektur für universitäre Lehr und Lernprozesse 2001/ und Seibt; Coenen /Computer- und netzgestütztes multimediales Lernen 2000/.

[312] Darunter fallen die Studiengänge Betriebswirtschaftslehre, Volkswirtschaftslehre, Wirtschaftspädagogik und Volkswirtschaftslehre sozialwissenschaftlicher Richtung.

[313] Die genaue Aufstellung der Blended Learning Komponenten, welche die Studierenden nutzen konnten, ergibt sich aus Tabelle 9 auf Seite 125.

[314] Um einen grundständigen Studiengang der VWA besuchen zu können, wird eine abgeschlossene kaufmännische Lehre und mindestens ein Jahr Berufserfahrung oder eine weiterführende berufsqualifizierende Ausbildung gefordert. Voraussetzung zur Teilnahme an einem Aufbaustudium der VWA ist mehrjährige Berufserfahrung und ein betriebs- oder verwaltungswirtschaftliches Diplom einer VWA, einer Fachhochschule, einer Universität oder einer vergleichbaren Einrichtung.

[315] http://www.vwa-koeln.de/

Diskussionsforum können Studierende kommunizieren. Vor jeder Klausur wird ein Online-Tutorium angeboten, in dem letzte Fragen geklärt werden können. Der Zugriff auf alle E-Learning Inhalte erfolgt über CLIX.[316]

Die Blended Learning Unterstützung der Studierenden der VWA Köln ist permanent gegeben. Das heißt, dass die Lerner genügend Zeit haben, um ihre Lerngewohnheiten so anzupassen, dass sie die Blended Learning Angebote gut nutzen können.

- **Verwaltungs- und Wirtschaftsakademie Trier (VWA Trier)**

  Die VWA Trier[317] bietet, ähnlich wie die VWA Köln, berufstätigen Studierenden Präsenzstudiengänge an. Für den Aufbaustudiengang zum „Informatik-Betriebswirt (VWA)" nutzen Studierende der VWA Trier das System E-LEARN.[318]

  Neben Online-Tutorien können die Studierenden über CLIX weitere Informationsangebote wie beispielsweise Folien und Lernmaterial herunterladen. Über ein Diskussionsforum können sich Studierende untereinander und mit den Dozenten austauschen. Eine Wirtschaftsinformatik-Veranstaltung wurde mittels Audio/Video-Live-Übertragung von Köln aus an Lerner der VWA Trier übertragen. Dadurch konnte eine Reihe von Lernern, die den Studiengang verspätet angefangen haben und dadurch die reguläre Präsenzveranstaltung in Trier verpasst haben, die Kölner Vorlesung via Internet verfolgen. Gleichzeitig wurden ihnen die Audio/Video-Aufzeichnungen der Veranstaltung zur Verfügung gestellt.

- **Rheinische Fachhochschule Köln (RFH)**

  Die Rheinische Fachhochschule Köln[319] ist eine private Fachhochschule, die berufsbegleitende und Vollzeit-Studiengänge anbietet. Im Rahmen der vorliegenden Arbeit wurde ein Pilotversuch „Blended Learning" für eine Veranstaltung im Bereich Wirtschaftsinformatik durchgeführt. Die Teilnehmer dieser Veranstaltung waren berufstätig und besuchten abends und am Wochenende Veranstaltungen der RFH.

  Vor dem Pilotversuch „Blended Learning" hat die RFH keinen nennenswerten Blended Learning Aktivitäten durchgeführt, so dass die Studierenden den Umgang mit Blended Learning in dem zeitlich begrenzten Pilotversuch lernen mussten.

---

[316] Die genaue Aufstellung der Blended Learning Komponenten, welche die Studierenden nutzen konnten, ergibt sich aus Tabelle 9, S. 125.

[317] http://www.vwa-trier.de/

[318] Die genaue Aufstellung der Blended Learning Komponenten, welche die Studierenden nutzen konnten, ergibt sich aus Tabelle 9, S. 125.

[319] http://www.rfh-koeln.de/

Beim Pilotversuch wurde eine Veranstaltung mit dem System E-LEARN unterstützt. Den Studierenden wurde eine Audio/Video-Live-Übertragung der Vorlesungen inkl. Chat angeboten. Zusätzlich wurden die Veranstaltungen als Audio/Video-Aufzeichnungen auf CD und als Video on Demand bereitgestellt. Ein LMS mit betreuten Diskussionsforen wurde den Studierenden im Pilotversuch nicht angeboten.[320]

Einsatz von E-Learning in Szenario IV

Für reine E-Learning Veranstaltungen ohne Präsenzanteil nach Szenario IV von *Schulmeister* wird das System E-LEARN beim Winfoline Bildungsnetzwerk in Göttingen und bei der Handelshochschule Warschau eingesetzt.

- **Bildungsnetzwerk Winfoline**

    Das Bildungsnetzwerk Winfoline besteht aus einer Reihe von Universitäten, deren Online-Lernangebote über ein einheitliches LMS (CLIX) miteinander verbunden sind. Ziel ist es, Bildungsangebote von einzelnen multimedial aufbereiteten Lerneinheiten bis hin zu einer gesamten Online-Lehrveranstaltung anzubieten. Schwerpunkt ist die internetbasierte Aus- und Weiterbildung im Fach Wirtschaftsinformatik im berufsbegleitenden Weiterbildungsstudiengang „Master of Science in Information Systems".[321]

    Die untersuchte Veranstaltung „Einführung in die Wirtschaftsinformatik" wurde als reiner E-Learning Kurs abgehalten. Die Studierenden kamen lediglich an einem Kick-off-Meeting zusammen und wurden dort in die Benutzung des Systems E-LEARN eingewiesen. Anschließend erfolgte eine Selbstlernphase von vier Monaten Dauer, in denen die Studierenden die Lerninhalte mit Hilfe der Audio/Video-Aufzeichnungen und anderen Lernkanälen und Diensten von E-LEARN bearbeiten mussten.

    Kurz vor der Klausur fand ein Online-Tutorium statt, in dem die Studierenden letzte Fragen stellen konnten. Dieses Online-Tutorium war die einzige synchrone Komponente des Studiengangs, da keine Audio/Video-Live-Übertragungen angeboten wurden.

    Bei reinen E-Learning Studiengängen konnten Abbrecher-Quoten von bis zu 95 Prozent beobachtet werden.[322] Da die Winfoline-Studierenden bereits einen universitären

---

[320] Die genaue Aufstellung der Blended Learning Komponenten, welche die Studierenden nutzen konnten, ergibt sich aus Tabelle 9 auf Seite 125.

[321] http://www.winfoline.de/

[322] Vgl. Astleitner /Lernen im Internet 2002/ 68.

Diplom- oder Masterabschluss erworben haben, verfügen sie über ausreichende Lernerfahrung, um einen reinen Online-Studiengang erfolgreich abschließen zu können.

- **Handelshochschule Warschau**
  Über einen Zeitraum von zwei Semestern wurde die Veranstaltung „Grundzüge der Wirtschaftsinformatik" per Audio/Video-Live-Übertragung an die Handelshochschule Warschau (HHW)[323] übertragen. Zuhörer in Polen waren Studierende des Studiengangs Wirtschaftsdeutsch, die mit dieser Veranstaltung einen Wirtschaftsinformatik-Schein (CEMS-Schein[324]) erwerben konnten.

  Ihnen standen bis auf die Präsenzveranstaltung dieselben Lernkanäle wie den deutschen Wirtschaftsinformatik-Studierenden zur Verfügung. Da nicht alle Studierenden in Warschau mit entsprechenden Internet-Verbindungen ausgestattet waren, wurde die Audio/Video-Live-Übertragung zentral in einem Hörsaal der Handelshochschule Warschau übertragen. Dort übernahm ein Mitarbeiter die Chat-basierte Kommunikation (über den Chatmaster in Köln) mit dem Dozenten in Köln.

  Die Studierenden schrieben jeweils am Ende des Semesters dieselbe Klausur, die auch die Kölner Studierenden schreiben mussten, um den CEMS-Schein zu erlangen.

Vergleich des Einsatzes von Blended Learning und E-Learning bei unterschiedlichen Bildungseinrichtungen

Einen Überblick über die Gemeinsamkeiten und Unterschiede der Blended Learning bzw. E-Learning Unterstützung bei den untersuchten Fallsituationen gibt Tabelle 9.

---

[323] http://www.sgh.waw.pl/

[324] CEMS = Community of European Management Schools (http://www.cems.org/).

Entwicklung einer Blended Learning Lösung

Komponente der Blended Learning Lösung E-LEARN	Lernkanäle bzw. Dienste	Uni Köln	VWA Köln	VWA Trier	RFH Köln	Steuer-Fachschule Endriss	Winfo-line	HH War-schau
LMS	Learning Management System	✓	✓	✓		✓	✓	✓
Informationen und Downloads	Foliensätze von Präsenzveranstaltungen als PDF zum Download	✓	✓	✓	✓		✓	✓
	Aufgabenblätter mit Übungen und Lösungen	✓	✓	✓		✓	✓	✓
	Ehemalige Klausuraufgaben mit Lösungen, Übungsklausuren	✓	✓	✓				✓
	Kalender mit Übersicht der Veranstaltungstermine	✓	✓	✓			✓	✓
	Teilnehmerverzeichnis mit persönlichen Informationen	✓	✓	✓			✓	✓
	Literaturhinweise	✓	✓	✓		✓	✓	✓
	Artikel und Auszüge aus wissenschaftlichen Veröffentlichungen	✓	✓	✓		✓	✓	✓
	Glossar zu Begriffen aus der Veranstaltung	✓	✓	✓		✓	✓	✓
	What's new (anzeigen von neuen Dokumente und Diskussionsbeiträgen)	✓	✓	✓				
Asynchrone Kommunikation	Betreutes Diskussionsforum für inhaltliche Fragen	✓	✓	✓			✓	✓
	Betreutes Diskussionsforum für technische Fragen	✓	✓	✓				✓
	Betreuung durch E-Mail	✓	✓	✓			✓	✓
	Protokolle von Online-Tutorien	✓	✓	✓				
Synchrone Kommunikation	Online-Tutorium zu festgelegten Terminen	✓	✓	✓	✓			✓
	Chatraum zur ständigen Benutzung	✓	✓	✓	✓			✓
	Awareness-Funktion (zeigt die gerade angemeldeten Teilnehmer an)	✓	✓	✓	✓			✓
	Physischer Team-Room im Gebäude des Lehrstuhls	✓						
Audio/Video-Live-Übertragungen	Live-Übertragung von Bild und Ton	✓	✓	✓				
	Übertragung der Bildschirminhalte (Folien und Notizen)	✓	✓	✓			✓	
	Kommunikation mit dem Dozenten über Chat	✓	✓	✓				
Audio/Video-Aufzeichnungen	Interaktive Audio/Video-Aufzeichnung im Internet (Video on Demand)		✓	✓			✓	
	Download der interaktiven Audio/Video-Aufzeichnung auf CD-ROM		✓	✓			✓	
Präsenzveranst.	Traditionelle Präsenzveranstaltung		✓	✓	✓	✓		
Szenario (nach *Schulmeister*)		III	III	III	III	II	IV	IV
Einsatz von WBTs	animierte Grafiken					✓		
	Sprechertexten (Audio), synchron zu den animierten Grafiken					✓		
Anzahl der Teilnehmer pro Kurs		90-150	ca. 20	30-40	30-40	ca. 20	ca. 10	ca. 15

Tabelle 9: Vergleich der untersuchten Veranstaltungen mit unterschiedlichen Blended Learning Ansätzen

4 Erarbeitung eines konzeptionellen Bezugsrahmens zur Untersuchung von Lehr- und Lernprozessen bei Blended Learning

Um Schlussfolgerungen aus bestimmten Maßnahmen und den sich daraus ergebenen Wirkungen ableiten zu können, wird ein konzeptioneller Bezugsrahmen benötigt, der die in den Untersuchungen betrachteten Untersuchungsobjekte darstellt und ordnet und den Zusammenhang zwischen ihnen herstellt. *Grochla* nennt diesen Bezugsrahmen „Konzeptionsrahmen", der aufbauend auf der Forschungsfrage die zu untersuchenden Gegenstände mit ihren relevant erscheinenden Merkmalen, Indikatoren zur Erfassung dieser Merkmale und Annahmen über die Zusammenhänge zwischen ihnen beschreibt.[325]

Für den explorativen Forschungsansatz der Arbeit wird ein Bezugsrahmen erarbeitet, in den die Thesen einzuordnen sind. In Abbildung 30 ist der konzeptionelle Bezugsrahmen der Arbeit grafisch dargestellt. Ausgehend von Forschungsfragen aus Sicht der Wirtschaftsinformatik werden Untersuchungsgegenstände definiert, Thesen abgegrenzt und überprüft und ggf. revidiert und erweitert. Daraus werden Schlussfolgerungen getroffen, die mögliche Szenarien zur Einführung von Blended Learning darstellen.

---

[325] Vgl. Grochla /Einführung in die Organisationstheorie 1978/ 55 und 62f.

Sichten anderer Disziplinen
(z.B. Pädagogik und Didaktik des Blended Learning)

Wirtschaftsinformatik-Sicht (Kern der Arbeit)

Forschungsfragen: Nutzen des Blended Learning | Effektivität des Blended Learning | Kosten des Blended Learning

	Untersuchungsobjekte:	
Nutzung von Blended Learning	Uni Köln, VWA Köln, VWA Trier, Winfoline, RFH Köln, Steuer-Fachschule	Analyse der Kosten des Blended Learning

Empirisch-explorativer Forschungsansatz:

| Abgrenzung von Thesen | **Thesenbündel A** Nutzen von Blended Learning und Einfluss auf die Effektivität von Lernprozessen | **Thesenbündel B** Einfluss von Blended Learning auf den Lernerfolg | **Thesenbündel C** Änderung der Nutzung von Blended Learning im Zeitverlauf | Allgemeines Kostenmodell |

Explorative Untersuchungen:

| Überprüfung von Thesen | Uni Köln, VWA Köln, VWA Trier, Winfoline, RFH Köln, Steuer-Fachschule | Analyse der Kosten anhand einer konkreten Fallsituation |

| Revision/Erweiterung der Thesen | Modifizierte Thesen | Vermutungen | |

| Schlussfolgerungen | Mögliche Szenarien zur Einführung von Blended Learning | |

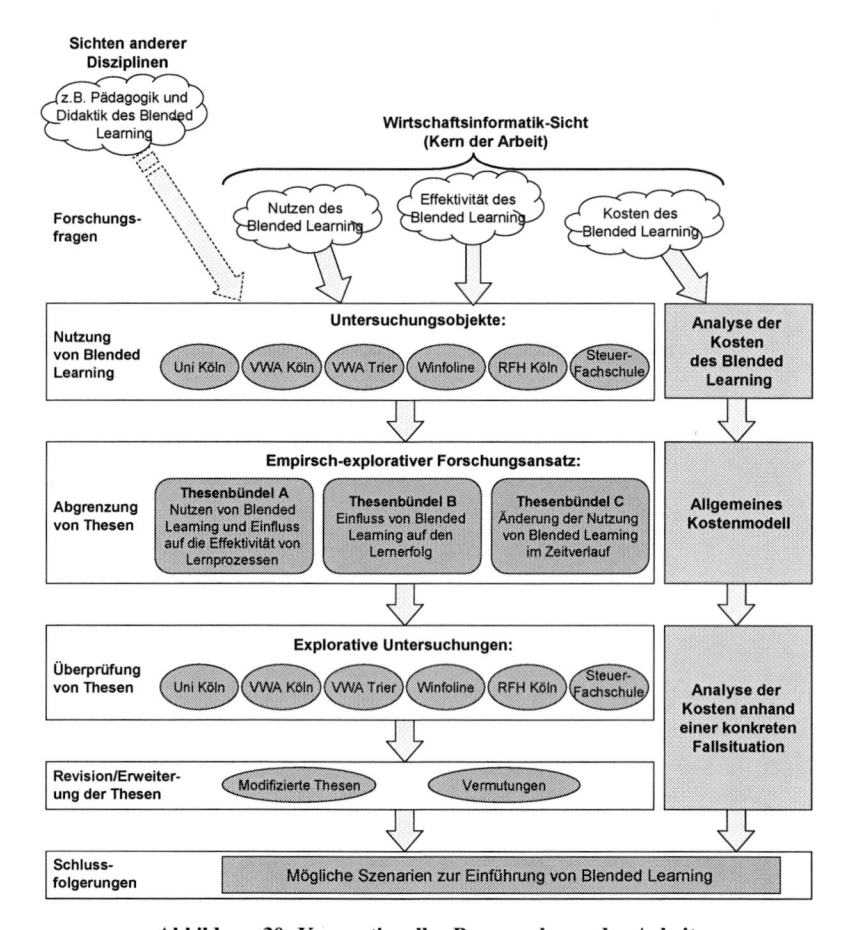

Abbildung 30: Konzeptioneller Bezugsrahmen der Arbeit

Zu den Kosten des Blended Learning wurden keine Thesen aufgestellt. Bisher haben sich die im Rahmen von Pilotsystementwicklungen gestalteten Blended Learning Systeme sehr selten mit den Kosten dieser Systeme beschäftigt.[326] Daher ist sehr wenig Material verfügbar, um Thesen zu Kosten des Blended Learning zu begründen. Um dennoch aus betriebswirtschaftlicher Sicht die zu der Nutzenbetrachtung gehörenden Kostenaspekte analysieren zu können, wurde aufbauend auf Kostenschätzungen von *Seibt*[327] in einer konkreten Fallsituation die

---

[326] Vgl. Seeber; Krekel; Buer /Bildungscontrolling 2000/ 22.

[327] Vgl. Seibt /Kosten des Blended Learning Systems E-LEARN 2004/.

Kosten analysiert.[328] Daraus ließen sich weitere Thesen aufstellen. Im Rahmen dieser Arbeit war das aus den genannten Gründen nicht durchführbar.

Die Kosten des Blended Learning werden zunächst mit einem allgemeinen Kostenmodell systematisiert und anschließend anhand einer konkreten Fallsituation analysiert.[329]

Forschungsfragen, die Blended Learning betreffen, können aus Sicht verschiedener Disziplinen gestellt werden können. *Hansen* sieht im Zusammenhang mit E-Learning zahlreiche Probleme und Fragestellungen in technischen und betriebswirtschaftlichen, aber auch in sozialen und pädagogischen Bereichen.[330]

Wirtschaftsinformatik beschäftigt sich unter anderem mit der Effektivität, den Kosten und dem Nutzen von Informationssystemen.[331] Blended Learning Systeme werden hier als eine spezielle Art von Informationssystemen gesehen.[332] Somit kommen die Forschungsfragen aus Wirtschaftsinformatik-Sichtweise aus den Bereichen Effektivität, Nutzen und Kosten von Lehr- und Lernprozessen, die mit Blended Learning unterstützt werden.

Pädagogische Fragen werden aus wirtschaftspädagogischer Sicht untersucht. Dabei sind Forschungsfragen, die sich mit der Didaktik und Pädagogik von Blended Learning befassen, von Interesse.[333]

Daneben spielt E-Learning und Blended Learning auch bei anderen Disziplinen eine Rolle. Beispielsweise können der Einsatz von Audio/Video-Aufzeichnungen in Bezug auf den Rechtsrahmen untersucht werden und urheberrechtliche und weiterbildungsrechtliche Fragen erörtert werden.[334] Dies ist jedoch nicht Gegenstand dieser Arbeit.

---

[328] Vgl. dazu Kap. 8.2, S. 250ff.

[329] Vgl. dazu Kap. 8, S. 245ff.

[330] Vgl. Hansen /E-Learning, Distance Learning 2002/ 1.

[331] Laut Selbstverständnis der wissenschaftlichen Kommission Wirtschaftsinformatik (WKWI) nutzt die Wirtschaftsinformatik soziologische, wirtschaftswissenschaftliche und psychologische Erkenntnisse, Theorien und Analysemethoden, um Informationssysteme unter anderem darauf zu untersuchen, wie Abteilungen und Unternehmen die Systementwicklung beeinflussen und wie sich die Systeme auf den Einzelnen oder auf (Nutzer-)Gruppen auswirken. Dabei werden zum Beispiel Fragen der Wirtschaftlichkeit des Informationssystemeinsatzes diskutiert und Auswirkungen von Informationssystemen auf die Kontroll- und Kosten- und Wertschöpfungsstrukturen des Unternehmens und ganzer Branchen untersucht (vgl. König /WKWI Profil der Wirtschaftsinformatik 1994/ 80).

[332] Zum Begriff Informationssystem vgl. Kap. 2.4, S. 34.

[333] Vgl. z.B. Euler; Seufert; Wilbers /eLearning in der Berufsbildung 2004/ 20f.

[334] Vgl. z.B. Vahrenwald /Recht in Online und Multimedia 2001/.

Pädagogisch-didaktische Forschungsfragen sind ebenfalls nicht Kern dieser Arbeit. Die in dieser Arbeit verfolgten Forschungsfragen aus Wirtschaftsinformatik-Sicht sind hier nochmals zusammengefasst:[335]

Können bei einer vorgegebenen Kombination von Lernprozessen, Lernzielen, Lernumgebungen, Lernern etc. durch den Einsatz von Blended Learning Lösungen

- die **Effektivität** dieser Kombination von Lernprozessen, Lernzielen, Lernumgebungen, Lernern etc. verbessert werden,
- der **Nutzen** dieser Kombination von Lernprozessen, Lernzielen, Lernumgebungen, Lernern etc. erhöht werden,
- die **Kosten** dieser Kombination von Lernprozessen, Lernzielen, Lernumgebungen, Lernern etc. gesenkt werden?

Effektivität von Blended Learning Prozessen

Die Effektivität (oder Wirksamkeit) drückt den Grad der Zielerreichung einer Maßnahme unabhängig von dem dazu notwendigen Ressourceneinsatz aus.[336] Die Messung der Effektivität ist mit Größen möglich, die nicht oder nur sehr schwierig mit Geldeinheiten bewertet werden können.

Bei der Messung der Effektivität des Blended Learning gilt immer das „ceteris-paribus"-Prinzip. Beispielsweise kann bei einem vorgegebenen und konstanten Lernerfolg die Effektivität von Lernprozessen gesteigert werden, indem Lerner durch Blended Learning in weniger Zeit denselben Lernerfolg erreichen wie vorher ohne Blended Learning. Oder vice versa spricht man bei einer vorgegebenen und konstanten Lernzeit von einer Steigerung der Effektivität, wenn der Lernerfolg durch die Nutzung von Blended Learning im Vergleich zum traditionellen Lernen steigt.

Nutzen von Blended Learning Prozessen

Eng verbunden mit der Effektivität ist der Nutzen, weil sie kongruent sind.[337] Unter Nutzen werden die Vorteile gefasst, die ein Auftraggeber von einer für ihn durchgeführten betriebli-

---

[335] Vgl. dazu auch Kap. 1.2, S. 3ff.

[336] Vgl. z.B. Seibt /Kosten und Nutzen von E-Learning 2002/ 4 und Kerres /Multimediale und telemediale Lernumgebungen 2001/ 113.

[337] Vgl. Seibt /Kosten und Nutzen von E-Learning 2002/ 4.

chen Maßnahme, von einem Prozess oder einer durchgeführten Aktivität erwartet bzw. erhält.[338]

Bezogen auf die Unterstützung von Lehr- und Lernprozessen lassen sich grundsätzlich folgende Nutzeneffekte abgrenzen:[339]

- Nutzenarten für die beteiligten **Lernenden** betreffen das Lernergebnis, beispielsweise den Wissenszuwachs oder die Erhöhung der Motivation, den Aufwand für Lernprozesse (zum Beispiel durch Reduktion von Lernzeiten) oder den Lernerfolg.

- Nutzen für die beteiligten **Lehrenden** und Dozenten kann durch die Erleichterung der Vorbereitung und Durchführung von Lernprozessen entstehen, zum Beispiel durch eine höhere Transparenz der Lernprozesse oder eine Beschleunigung der Wissensvermittlung.

- Nutzen für die beteiligten **Bildungseinrichtungen** kann in Form von Kosteneinsparungen bei Bildungsmaßnahmen oder in der Verkürzung von Schulungen vorhanden sein.

- Nutzen für die beteiligten **Entwickler** kann durch Erleichterungen des Entwicklungsprozesses von Blended Learning Inhalten und Systemen entstehen, beispielsweise durch die Wiederverwendung von Lerninhalten oder eine erhöhte Anpassungsfähigkeit von Lerninhalten an sich verändernde Anforderungen.

Im Rahmen dieser Arbeit werden vor allem die Nutzenarten, die sich auf Seite der Lernenden ergeben, untersucht. Der sich für Lehrende und Bildungseinrichtungen ergebende Nutzen wird am Rande ebenfalls beurteilt.

Kosten von Blended Learning Prozessen

Während in anderen betrieblichen Bereichen wirtschaftswissenschaftlich begründete, hochdifferenzierte Controllingkonzeptionen existieren und eine breite praktische Anwendung gefunden haben, sind die Konzepte, Modelle und Instrumente sowie deren Implementierung im Bildungsbereich eher als defizitär zu charakterisieren.[340]

---

[338] Vgl. z.B. Seibt /Kosten und Nutzen von E-Learning 2002/ 2.

[339] Vgl. Seibt /Controlling von Kosten und Nutzen 2005/ 45, Seibt /Kosten und Nutzen von E-Learning 2002/ 27ff. und Bolz /Multimedia-Fallstudien 2002/ 61.

[340] Vgl. Seeber; Krekel; Buer /Bildungscontrolling 2000/ 22.

Bei der Nutzung von Blended Learning können Kosten[341] durch die Entwicklung und kontinuierliche Verbesserung von Blended Learning Systemen und durch die Durchführung und kontinuierliche Verbesserung von Aus- und Weiterbildungsmaßnahmen entstehen, die durch Blended Learning Systeme unterstützt werden.[342]

Bei der Berechnung von Blended Learning Kosten spielt eine Reihe von Einflussfaktoren eine Rolle. Dies sind beispielsweise: Kosten für die Erfolgs- und Verbrauchserfassung; Infrastruktur/Providerdienste; Kursverwaltung und Repository; Rechnungsstellung, Leistungsverrechnung und Bezahlvorgang sowie Administration der Teilnehmer und Abrechnungssysteme.[343]

Im Rahmen dieser Arbeit werden die durch den Einsatz von Blended Learning entstehenden Kosten in Kapitel 8 dargestellt. Dabei werden unterschiedliche Szenarien berücksichtigt, die unterschiedliche Kosten verursachen.

Pädagogik und Didaktik des Blended Learning

Im Zusammenhang mit Blended Learning spielen wirtschaftspädagogische Forschungsfragen eine wichtige Rolle. Forschungsfragen aus pädagogisch-didaktischer Sicht sind beispielsweise, wie Lernumgebungen „spezifische Wirkungen im Hinblick auf die Förderung von fachlichen und überfachlichen Handlungskompetenzen (insbesondere Selbstlern- und Sozialkompetenzen)"[344] realisieren können oder für welche Lernvoraussetzungen bzw. welche sozialen oder ökonomischen Merkmale von Lernenden welche Lernumgebungen nachweisbare Vorteile bringen.[345]

Ein anderer möglicher Forschungsschwerpunkt aus medienpädagogischer Sicht ist die Erforschung, welche Faktoren für die Qualität beim Blended Learning aus Lernersicht bedeutsam sind.[346] Dabei müssen Determinanten eines Qualitätsbegriffes aus Sicht der Lerner ermittelt werden und so operationalisiert werden, dass sie in die Konstruktion von konkreten Blended Learning Angeboten überführt werden können.

---

[341] Zur Definition von Kosten vgl. Kap. 8, S. 245.
[342] Vgl. Seibt /Kosten und Nutzen von E-Learning 2002/ 2.
[343] Vgl. Jung /Ökonomisches Modell zur Entwicklung und Bereitstellung von E-Learning-Services 2003/ 491ff.
[344] Euler; Seufert; Wilbers /eLearning in der Berufsbildung 2004/ 20.
[345] Vgl. Euler; Seufert; Wilbers /eLearning in der Berufsbildung 2004/ 20.
[346] Vgl. Ehlers /Qualität beim E-Learning 2002/ 11.

Daneben spielen zahlreiche weitere pädagogisch-didaktische Themen bei Entwicklung und Betrieb von Blended Learning Systemen eine Rolle.[347] Pädagogisch-didaktische Fragen wurden im Rahmen dieser Arbeit nicht behandelt.

Explorative Untersuchungen

Gegenstände der in dieser Arbeit durchgeführten explorativen Untersuchungen sind verschiedene Aus-/Weiterbildungsprozesse, bei denen Blended Learning eingesetzt wird. Die Art und Weise, wie Blended Learning zur Unterstützung solcher Prozesse bei verschiedenen Einrichtungen genutzt wird, wurde bereits in Kapitel 3.6 (S. 117ff.) dargestellt. In Kapitel 5 werden ein Thesendesign erarbeitet und ausgehend von der wissenschaftlichen Literatur Thesen abgeleitet, die die Ziele der Forschung widerspiegeln. Die Thesen werden in verschiedenen Thesenbündeln zusammengefasst und strukturiert. In mehreren explorativen empirischen Untersuchungen, die in den Bildungseinrichtungen (den Untersuchungsobjekten) durchgeführt werden, werden die Thesen mit der Realität konfrontiert (Kapitel 1). Auf den Ergebnissen der Überprüfung der Thesen aufbauend werden in Kapitel 9 verschiedene Szenarien zur Realisierung von Blended Learning erarbeitet. Abbildung 31 stellt den Zusammenhang des konzeptionellen Bezugsrahmens der Arbeit[348] zu den einzelnen Kapiteln der Arbeit dar.

---

[347] Einen Überblick gibt beispielsweise Schröder /Multimediales und telekommunikatives Lernen und Lehren 2003/ 17ff.

[348] Vgl. Abbildung 30 auf S. 128.

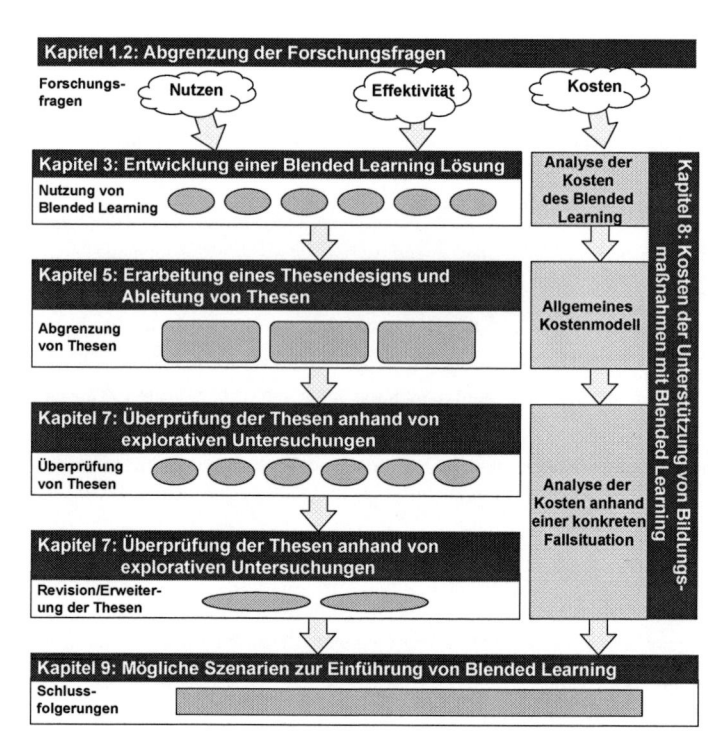

Abbildung 31: Einordnung des konzeptionellen Bezugsrahmens in die Kapitel der Arbeit

5 Erarbeitung eines Thesendesigns und Ableitung von untersuchungsleitenden Thesen zum Bereich Nutzen-/Effektivitätssteigerungen durch Blended Learning

Aus den Zielen des Systems E-LEARN[349] werden in diesem Abschnitt Thesen aufgestellt, die durch explorative Untersuchungen überprüft werden. Die Thesen werden in drei Thesenbündeln zusammengefasst, die jeweils aus mehreren Thesen bestehen.

Thesenbündel A untersucht den Nutzen von Blended Learning[350] und den Einfluss auf die Effektivität von Lernprozessen.

In **Thesenbündel B** wird der Einfluss von Blended Learning auf den Lernerfolg untersucht.

Mit **Thesenbündel C** wird analysiert, inwiefern Studierende Zeit benötigen, um ihre Lerngewohnheiten an Blended Learning anzupassen und den sich daraus ergebenden Nutzen zu erkennen.

Bei der Aufstellung der Thesen wurde sich an den Lernprozessen orientiert.[351] Es wurden nicht alle Lernprozesse komplett analysiert, sondern selektiv die beiden Lernprozesse Wissensvermittlung und Klausurvorbereitung.

Für die Untersuchung der Kosten von Blended Learning Lösungen wurden keine Thesen aufgestellt. Die bei Blended Learning entstehenden Kosten werden in Kapitel 8 analysiert.

Die folgende Tabelle gibt einen Überblick über die Thesen und ihre Gliederung. In den folgenden Abschnitten werden die Thesen abgegrenzt, vorgestellt und begründet.

---

[349] Vgl. Kap. 3.3, S. 68ff.

[350] E-Learning wird als Teil des Blended Learning gesehen. Daher ist im Folgenden nur von Blended Learning die Rede (vgl. auch Kap. 2.3, S. 32).

[351] Vgl. dazu auch Kap. 2.2, S. 23f.

Thesenbündel A: Nutzen von Blended Learning und Einfluss auf die Effektivität von Lernprozessen

Effektivitäts- und Nutzenaspekte von Audio/Video-Aufzeichnungen	Nutzen von Audio/Video-Aufzeichnungen im Vergleich zu ausgedruckten Folien im Lernprozess Klausurvorbereitung: • These A1 • These A2 • These A3 • These A4 • These A5
	Nutzen von Audio/Video-Aufzeichnungen im Vergleich zum Lernen im Hörsaal im Lernprozess Wissensvermittlung: • These A6 • These A7 • These A8 • These A9 • These A10
	Effektivität der Benutzeroberfläche der Audio/Video-Aufzeichnungen in den Lernprozessen Klausurvorbereitung und Wissensvermittlung: • These A11 • These A12
Effektivitäts- und Nutzenaspekte von Audio/Video-Live-Übertragungen	• These A13
Effektivitäts- und Nutzenaspekte von synchronen Online-Tutorien	• These A14 • These A15
Effektivitäts- und Nutzenaspekte von asynchronen Diskussionsforen	• These A16

Thesenbündel B: Einfluss von Blended Learning auf den Lernerfolg

- These B1
- These B2
- These B3

Thesenbündel C: Änderung der Nutzung von Blended Learning im Zeitverlauf

- These C1
- These C2
- These C3

Tabelle 10: Gliederung der Thesen und Zuordnung zu Thesenbündeln

5.1 Thesenbündel A: Nutzen von Blended Learning und Einfluss auf die Effektivität von Lernprozessen

In Thesenbündel A werden insgesamt 16 Thesen abgegrenzt, die den Nutzen von Blended Learning und den Einfluss auf die Effektivität von Lernprozessen betreffen. Dazu werden Thesen zu folgenden Lernkanälen des Blended Learning Systems begründet.

- Thesen zu Effektivitäts- und Nutzenaspekten von Audio/Video-Aufzeichnungen[352]
- Thesen zu Effektivitäts- und Nutzenaspekten von Audio/Video-Live-Übertragungen[353]
- Thesen zu Effektivitäts- und Nutzenaspekten von synchronen Online-Tutorien[354]
- Thesen zu Effektivitäts- und Nutzenaspekten von asynchronen Diskussionsforen[355]

Die Thesen werden jeweils zu unterschiedlichen Lernprozessen, wie beispielsweise der Klausurvorbereitung oder der Wissensvermittlung im Hörsaal aufgestellt.

5.1.1 Effektivitäts- und Nutzenaspekte von Audio/Video-Aufzeichnungen

Zwölf Thesen des Thesenbündels A betreffen Effektivitäts- und Nutzenaspekte von Audio/Video-Aufzeichnungen. Dabei werden die Lernprozesse Wissensvermittlung und Klausurvorbereitung untersucht, welche zentrale Prozesse von Lernern an Hochschulen darstellen. Thesen zu folgenden Nutzenarten werden aufgestellt:

- Nutzen von Audio/Video-Aufzeichnungen im Vergleich zu ausgedruckten Folien im Lernprozess Klausurvorbereitung[356]
- Nutzen von Audio/Video-Aufzeichnungen im Vergleich zum Lernen im Hörsaal im Lernprozess Wissensvermittlung[357]
- Effektivität der Benutzeroberfläche der Audio/Video-Aufzeichnungen in den Lernprozessen Klausurvorbereitung und Wissensvermittlung[358]

---

[352] Vgl. Kap. 5.1.1, S. 137ff.
[353] Vgl. Kap. 5.1.2, S. 148ff.
[354] Vgl. Kap. 5.1.3, S. 151ff.
[355] Vgl. Kap. 5.1.4, S. 153ff.
[356] Vgl. Kap. 5.1.1.1, S. 138ff.
[357] Vgl. Kap. 5.1.1.2, S. 142ff.
[358] Vgl. Kap. 5.1.1.3, S. 146ff.

Die nun folgenden Kapitel sind entsprechend gegliedert.

5.1.1.1 Nutzen von Audio/Video-Aufzeichnungen im Vergleich zu ausgedruckten Folien im Lernprozess Klausurvorbereitung

Argumente/Begründung für These A1

Bei traditionellen Präsenzveranstaltungen werden Folien, die ein Dozent während einer Veranstaltung zeigt, dem Teilnehmerkreis der Veranstaltung häufig über Internet oder andere Kanäle zur Verfügung gestellt, so dass Lerner nicht die Inhalte der Folien abschreiben müssen.[359] Allerdings wird das Tafelbild oder die Notizen, die der Dozent während der Vorlesung auf Overhead-Folien anfertigt, vom Lerner häufig selbst mitgeschrieben (sofern der Lerner dies für nötig erachtet), da diese in der Regel nicht veröffentlicht werden. Dadurch ist der Lerner während der Veranstaltung mit dem Abschreiben des Tafelbilds und dem Mitschreiben von mündlichen Ausführungen des Dozenten beschäftigt und kann sich nur begrenzt auf die Inhalte der Veranstaltung konzentrieren.

Die Audio/Video-Aufzeichnung der Veranstaltung hat den Vorteil, dass bei ihr sowohl alle mündlichen Kommentare des Dozenten als auch alle schriftlichen Notizen, die er während der Veranstaltung auf Tafel oder Overhead-Projektor angefertigt hat, automatisch aufgezeichnet werden. Der Lerner ist während der Veranstaltung nicht mit diesen Tätigkeiten beschäftigt, und kann seine Aufmerksamkeit für andere Aktivitäten einsetzen.

Die Audio/Video-Aufzeichnung bietet eine „perfekte Vorlesungsmitschrift", in der alle Gedanken und Ausführungen des Dozenten und die Diskussionsbeiträge von Lernern enthalten sind.[360] Dem Lerner stehen im Vergleich zu den Folien zusätzliche Informationen zur Verfügung, die er für seine Lernprozesse einsetzen kann.

Durch die mündlichen Erläuterungen und Ausführungen des Dozenten, die bei ausgedruckten Folien nicht vorhanden sind, kann es möglich sein, Lerninhalte in kürzerer Zeit zu bewältigen. Eventuell kann dadurch, dass Lerninhalte besser verstanden werden, Zeit eingespart werden, weil Inhalte nicht mehr in Folien oder Lehrbüchern nachgeschlagen werden müssen.

Bei der Nutzung von CDs kann jeder Lerner das Lerntempo individuell selbst bestimmen. Inhalte, die schwer verständlich sind, können wiederholt angeschaut werden, während Inhalte, die aufgrund des unterschiedlichen Vorwissens verschiedener Lerner bereits bekannt sind,

---

[359] Vgl. auch die Komponente „Informationen und Downloads" des Systems E-LEARN (Kap. 3.4.2, S. 85ff.).
[360] Vgl. Kap. 3.4.6, S. 97ff.

übersprungen werden können. Die Evaluation des Einsatzes von multimedialen CDs zur Unterstützung von Lernprozessen von Studierenden in Glasgow ergab: „Flexibility was seen by students as the main benefit to be gained by using CDs. This enabled them to work at their own place, and their own time. Being able to concentrate on the parts they found difficult and to go back and re-listen to parts not understood first time round, were all positive features."[361] In anderen Untersuchungen wurde ebenfalls nachgewiesen, dass es zu einer Reduzierung der Lernzeit bei interaktiven Medien im Vergleich zu konventionellem Unterricht kommt.[362]

Es wird folgende These aufgestellt:

> **These A1:** Im Lernprozess Klausurvorbereitung kann beim Lernen mit Audio/Video-Aufzeichnungen im Vergleich zum Lernen mit ausgedruckten Folien Lernzeit eingespart werden.

Argumente/Begründung für These A2

Bei der Nutzung von Audio/Video-Aufzeichnungen hat der Lerner verschiedene Möglichkeiten, eine gewünschte Stelle der Veranstaltung zu finden. Sie sind davon abhängig, wie er sich an die gesuchte Stelle erinnert. Beispielhaft werden hier drei Fälle aufgezählt, wie ein Lerner sich an eine bestimmte Stelle der Veranstaltung erinnern kann:

- Der Lerner weiß die ungefähre Zeit, wann die gesuchte Stelle in der Veranstaltung behandelt wurde (zum Beispiel direkt am Anfang oder unmittelbar vor der Pause).
- Der Lerner kann sich an eine markante Folie erinnern, die er mit der gesuchten Stelle verbindet (zum Beispiel eine bestimmte Grafik oder die Farbe einer Überschrift).
- Der Lerner erinnert sich an einen bestimmten Begriff, den er auf der Folie zur gesuchten Stelle der Veranstaltung gesehen hat.

Bei der Audio/Video-Aufzeichnung kann in allen drei Fällen die gewünschte Stelle der Veranstaltung schnell aufgefunden werden. Die Möglichkeiten werden anhand des Screenshots der Audio/Video-Aufzeichnung auf CD erläutert (vgl. Abbildung 32)

---

[361] Roberts; Shaw; Grigg /Multimedia marketing experience 1999/ 11.
[362] Vgl. Kerres /Mediendidaktische Forschung 2000/ 119.

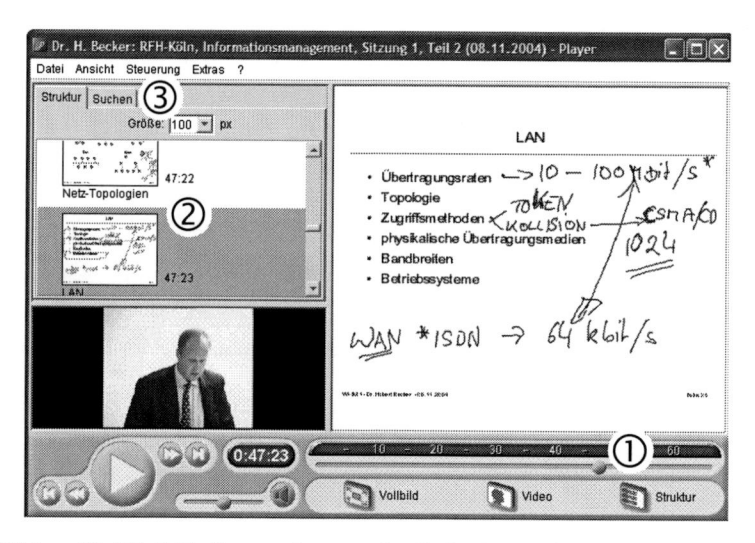

Abbildung 32: Möglichkeiten, an eine gesuchte Stelle einer aufgezeichneten Veranstaltung zu springen (hier bei Verwendung der Software Lecturnity[363])

Erinnert sich der Lerner an die ungefähre Zeit, an der die gesuchte Stelle in der Veranstaltung behandelt wurde, kann er mit Hilfe des Fortschrittsbalkens (vgl. ① in Abbildung 32) zur entsprechenden Stelle der Veranstaltung springen. Von dort kann er anschließend durch Vor- oder Zurückspulen an die exakte Position der gesuchten Stelle navigieren.

Falls sich der Lerner an eine markante Folie erinnert, kann er diese über die verkleinerten Folien in der Folienstruktur (vgl. ② in Abbildung 32) finden und aufrufen. Das Video springt automatisch an die entsprechende Stelle, wo die Folie behandelt wird.

Im dritten Fall kann der Lerner über die Volltextsuche (vgl. ③ in Abbildung 32) den Begriff, an den er sich erinnert, eingeben. Er erhält eine Liste mit den Überschriften der Folien, auf denen der gesuchte Begriff vorkommt. Nun kann er auf die gewünschte Folie klicken und kann sich das dazugehörende Video anzeigen lassen.

Aufgrund dieser Möglichkeiten, die bei ausgedruckten Folien nicht existieren, wird folgende These aufgestellt:

These A2: Im Lernprozess Klausurvorbereitung können Lerner gesuchte Inhalte schneller mit Audio/Video-Aufzeichnungen auffinden als mit ausgedruckten Folien.

---

[363] Zur Software Lecturnity vgl. Kap. 3.4.6.2, S. 102ff.

Argumente/Begründung für These A3

Die Audio/Video-Aufzeichnungen sind eine reale Wiedergabe der Veranstaltung, in der interaktiv navigiert und vor- oder zurückgespult werden kann und bei der durch das bewegte Bild und die Stimme des Dozenten Emotionen vermittelt und wichtigere von unwichtigeren Passagen unterschieden werden können. Dagegen sind ausgedruckte Folien statisch und lassen keine Rückschlüsse zu, wie umfangreich sie besprochen wurden, oder welche mündlichen Anmerkungen der Dozent zu ihnen gemacht hat. Audio/Video-Aufzeichnungen sind im Vergleich zu ausgedruckten Folien interaktiver und dynamischer.

Bei der Lektüre von Folien oder Skripten und deren inhaltlicher Erfassung ist eine große mentale Konzentration aufzubringen, die den Lernern wenig Spaß macht.[364] Dagegen gibt es Hinweise, dass bei einer aktiven, interaktiven Beteiligung der Lerner die Konzentration leicht fällt. Dies ist bei der Nutzung von Audio/Video-Aufzeichnungen der Fall.

Daher wird folgende These aufgestellt:

These A3: Im Lernprozess Klausurvorbereitung können sich Lerner bei der Nutzung von Audio/Video-Aufzeichnungen besser konzentrieren als bei der Nutzung von ausgedruckten Folien.

Argumente/Begründung für These A4

Durch verschiedene Medientypen werden unterschiedliche Formen der Wahrnehmung angesprochen, wodurch der Stoff besser verarbeitet und behalten werden kann.[365] Dies ist bei der Audio/Video-Aufzeichnung der Fall, da sie im Vergleich zum Lernen mit ausgedruckten Folien mehr Sinne anspricht.

Aus den schon genannten Gründen, dass Audio/Video-Aufzeichnungen eine perfekte Vorlesungsmitschrift bieten, und der Möglichkeit, schwierige Passagen der Veranstaltung wiederholt anschauen zu können, besteht die Vermutung, dass Lerner mit Audio/Video-Aufzeichnungen Lerninhalte besser lernen bzw. begreifen können, als dies bei ausgedruckten Folien der Fall ist.

These A4: Im Lernprozess Klausurvorbereitung können Lerner die Inhalte mit Audio/Video-Aufzeichnungen besser lernen/begreifen als beim Lernen mit ausgedruckten Folien.

---

[364] Vgl. Rheinberg; Fries /Förderung der Lernmotivation 1998/ 177.
[365] Vgl. Schmitt-Kölzer /Einsatz Neuer Medien in der Berufsausbildungsvorbereitung 1999/ 35.

Argumente/Begründung für These A5

Untersuchungen zeigen, dass die Nutzung von nicht-interaktiven Print-Materialien Lernern nicht so viel Spaß macht wie die Nutzung von interaktiven E-Learning Medien.[366] Darauf stützt sich folgende These:

> **These A5:** Im Lernprozess Klausurvorbereitung macht Lernern das Lernen mit Audio/Video-Aufzeichnungen mehr Spaß als das Lernen mit ausgedruckten Folien.

5.1.1.2 Nutzen von Audio/Video-Aufzeichnungen im Vergleich zum Lernen im Hörsaal im Lernprozess Wissensvermittlung

Argumente/Begründung für These A6

Mit Hilfe von Audio/Video-Aufzeichnungen können Studierende ihre Lernzeiten unabhängig von zeitlich festgelegten Lehrveranstaltungen selbst bestimmen. Sie können genau dann arbeiten, wenn ihre persönliche Lernkurve nach oben zeigt. Ihre individuellen „High-Level-Zeiten" können besser genutzt werden, da man davon ausgeht, dass dann die Aufnahmekapazität und persönliche Leistungsfähigkeit am größten sind.[367]

Die Veranstaltung im Hörsaal zu verfolgen hat den Vorteil, dass man den Dozenten unmittelbar erlebt und direkt mit ihm kommunizieren kann.

Der Lerner kann seine Lernzeit auf die für ihn interessanten und unbekannten Inhalte reduzieren. Dagegen kann es vorkommen, dass beim Lernen im Hörsaal Lerninhalte, die bereits bekannt sind, erneut gehört werden.

Da bei einer Präsenzveranstaltung im Hörsaal die Lerninhalte in einer festgelegten Reihenfolge präsentiert werden, die vom Dozenten bestimmt wird, kann der Lerner nur sehr begrenzt (beispielsweise durch Zwischenfragen) einen Sprung zu anderen Lerninhalten veranlassen. Dies könnte beispielsweise notwendig sein, wenn Lerninhalte einen Bezug zu anderen Inhalten haben, die in vorhergehenden Veranstaltungen präsentiert wurden und zu denen noch inhaltliche Fragen bestehen.

---

[366] Vgl. Mayer /I-Learning statt E-Learning 2001/ 106 und Rheinberg; Fries /Förderung der Lernmotivation 1998/ 177.

[367] Vgl. Holst /Fernstudium und virtuelle Universität 2002/ 12.

Ein Lerner kann in einem solchen Fall in der Präsenzveranstaltung meist nur durch Blättern im Skript oder in der Literatur zu diesen Lerninhalten gelangen. Diese Suche ist jedoch aufwändig und nimmt Zeit in Anspruch, während der die Vorlesung nicht verfolgt werden kann.

Daher sollte es bei der Nutzung von Audio/Video-Aufzeichnung möglich sein, Lernzeit einzusparen.

These A6: Im Lernprozess Wissensvermittlung kann bei der Nutzung von Audio/Video-Aufzeichnungen im Vergleich zum Lernen im Hörsaal Lernzeit eingespart werden.

Argumente/Begründung für These A7

Im Hörsaal können Lerner durch andere Lerner abgelenkt werden. Bei einer Audio/Video-Aufzeichnung ist die Ablenkung durch andere Lerner nicht gegeben, da sie in einer ruhigen Umgebung (beispielsweise zu Hause) genutzt werden kann.

Es wird folgende These aufgestellt:

These A7: Im Lernprozess Wissensvermittlung ist bei der Nutzung von Audio/Video-Aufzeichnungen die Konzentration der Lerner nicht schlechter als beim Lernen im Hörsaal.

Argumente/Begründung für These A8

Der Lerner kann bei der Nutzung von Audio/Video-Aufzeichnungen seine Lernprozesse individualisieren. Er kann selbst Lernziele und -inhalte auswählen und die Lerngeschwindigkeit sowie die zeitliche und räumliche Lernorganisation nach seinen Wünschen bestimmen.[368] Die Anschaulichkeit kann auch dadurch wachsen, dass die medialen Darstellungen durch den Lernenden unterbrochen oder wiederholt aufgerufen werden können.[369] Der Lerner kann das Video an jeder beliebigen Stelle anhalten, und beispielsweise in der Literatur oder anderen Quellen unklare Inhalte nachschlagen und das Video anschließend weiterlaufen lassen.[370] Passagen, die der Lerner nicht verstanden hat, kann er mehrmals wiederholt anschauen, bis er sie verstanden hat.

---

[368] Vgl. Euler; Seufert; Wilbers /eLearning in der Berufsbildung 2004/ 7.
[369] Vgl. Euler; Seufert; Wilbers /eLearning in der Berufsbildung 2004/ 7.
[370] Vgl. Kap. 3.4.6, S. 97ff.

Dies ist bei einer Veranstaltung im Hörsaal, in der der Dozent das Lerntempo bestimmt, nicht möglich. Falls Unklarheiten auftreten, besteht zwar die Möglichkeit, Zwischenfragen zu stellen, was allerdings häufig nicht in ausreichendem Maße genutzt wird.

Daher besteht die Vermutung, dass beim Lernen mit Audio/Video-Aufzeichnungen Lerninhalte mindestens genauso gut verstanden werden wie beim Lernen im Hörsaal.

These A8: Im Lernprozess Wissensvermittlung werden bei der Nutzung von Audio/Video-Aufzeichnungen Inhalte mindestens genauso gut begriffen/verstanden wie beim Lernen im Hörsaal.

Argumente/Begründung für These A9

In Studien wurde herausgefunden, dass Lernern das selbstgesteuerte Lernen[371] mehr Spaß macht als das fremdgesteuerte Lernen.[372] *Coenen* fand heraus, dass 91 Prozent der Befragten aufgrund des Spaßes an Multimedia-Möglichkeiten Online-Vorlesungen nutzen.[373]

Demnach müssten Lerner bei der Nutzung einer multimedialen Audio/Video-Aufzeichnung, bei der sie die Lernprozesse selbst steuern können, mehr Spaß haben als bei einer Präsenzveranstaltung im Hörsaal, wo der Lernvorgang vom Dozent fremdgesteuert wird.

Daher wird folgende These formuliert:

These A9: Im Lernprozess Wissensvermittlung macht die Nutzung von Audio/Video-Aufzeichnungen Lernern mehr Spaß als das Lernen im Hörsaal.

Argumente/Begründung für These A10

Da die Audio/Video-Aufzeichnungen ein komplettes Abbild einer Präsenzveranstaltung bieten, können sie eingesetzt werden, um die Teilnahme an einer Präsenzveranstaltung zu substituieren. Studierende, die beispielsweise aus beruflichen Gründen oder aufgrund von Krankheit nicht an einer Präsenzveranstaltung teilnehmen können, können mit der Audio/Video-Aufzeichnung die verpassten Inhalte nacharbeiten.

---

[371] Zur Abgrenzung von selbstgesteuerten und fremdgesteuerten Lernprozessen vgl. Kap. 2.2, S. 25ff.
[372] Vgl. Plaßmeier et. al /Selbstgesteuertes Lernen 2000/ 20.
[373] Vgl. Coenen /E-Learning Architektur für universitäre Lehr und Lernprozesse 2001/ 323.

Ein anderes Szenario besteht bei reinen E-Learning Kursen, in denen ganz auf Präsenzveranstaltungen verzichtet wird. Dies ist beispielsweise bei Studierenden von Winfoline der Fall.[374] Sie können keine Präsenzveranstaltungen besuchen und können auch nicht an Audio/Video-Live-Übertragungen teilnehmen, da sie während der Übertragungszeiten beruflich tätig sind. In diesem Fall kommt der Audio/Video-Aufzeichnung die besondere Bedeutung zu, dass sie nicht zur Unterstützung der Präsenzveranstaltung dient, sondern den Kern des Lernprozesses Wissensvermittlung bildet.

Da mit der Audio/Video-Aufzeichnung eine verpasste Veranstaltung nachgeholt werden kann, ist eine Anwesenheit von Studierenden bei Präsenzveranstaltung nicht unbedingt erforderlich. Bei den meisten Bildungseinrichtungen wird ein Fehlen bei Präsenzveranstaltungen nicht sanktioniert, so dass jeder Lerner selbst entscheiden muss, ob er an einer Veranstaltung teilnimmt oder fehlt. Diese Entscheidung wird davon beeinflusst, für wie wichtig der einzelne Lerner die Veranstaltung empfindet, und wie wichtig ihm die Tätigkeiten oder Termine sind, die er stattdessen durchführen oder wahrnehmen könnte. Auch spielt eine Rolle, wie gut der Vorlesungstermin und -ort zu seinen anderen Terminen passt.

Durch die Verfügbarkeit von Audio/Video-Aufzeichnungen können die Inhalte einer Präsenzveranstaltung zu einem späteren Zeitpunkt nachgeholt werden. Daher sinkt die relative Wichtigkeit der Präsenzveranstaltung. Lerner könnten in dem Wissen, dass sie eine verpasste Präsenzveranstaltung mit der Audio/Video-Aufzeichnung nachholen können, eher geneigt sein, eine Präsenzveranstaltung ausfallen zu lassen.

Der Lerner könnte allerdings nicht so diszipliniert sein, eine Veranstaltung, die er mit der Absicht, sie nachzuholen, verpasst hat, auch tatsächlich nachzuholen. In diesem Fall würden sich negative Effekte ergeben.

Es ist zu vermuten, dass die Teilnahme an einer Präsenzveranstaltung durch Audio/Video-Aufzeichnungen ersetzt werden kann.

These A10: Im Lernprozess Wissensvermittlung kann die Nutzung von Audio/Video-Aufzeichnungen die Teilnahme an Präsenzveranstaltungen ersetzen.

---

[374] Vgl. Kap. 3.6, S. 123f.

5.1.1.3 Effektivität der Benutzeroberfläche der Audio/Video-Aufzeichnungen in den Lernprozessen Klausurvorbereitung und Wissensvermittlung

Argumente/Begründung für These A11

Der Bedienungskomfort einer Lernumgebung basiert auf Gestaltungsprinzipien, wie übersichtlicher Struktur, der klaren Unterscheidung von wählbaren und nicht wählbaren Informationsteilen, umfangreichen Hilfesystemen, verständlichen Texten, usw.[375] Ein hoher Bedienungskomfort trägt zu einer effektiven Nutzung von Lernumgebungen bei, wodurch ihr Nutzen erhöht wird.

Bei Audio/Video-Aufzeichnungen ist eine gute Tonqualität zur Verständlichkeit des Dozenten und von Beiträgen von anderen Studierenden notwendig. Nur dann ist es möglich, eine Aufzeichnung als Ersatz für den Besuch einer Präsenzveranstaltung zu nutzen.

Gute Navigationsmöglichkeiten bei Audio/Video-Aufzeichnungen erhöhen die Effektivität des Lernens, und eine funktionierende Synchronität zwischen Bild, Ton und Folien bewirkt, dass Erläuterungen des Dozenten den richtigen Folien zugeordnet werden.

Die Lesbarkeit von Anmerkungen und Notizen, die der Dozent während der Veranstaltung ad-hoc erstellt,[376] ist bei Audio/Video-Aufzeichnungen wichtig, damit der Lerner erkennt, was der Dozent mit seinen Anmerkungen erreichen möchte und damit der Lerner Zusammenhänge versteht.

Dabei muss berücksichtigt werden, dass die Qualität der Darstellung auch bei einer längeren Betrachtungsdauer (zum Beispiel wenn ein Lerner eine komplette 90-minütige Veranstaltung an einem Stück anschaut) nicht ermüdend wirkt.

Es wird vermutet, dass diese Qualitätsmerkmale bei der Audio/Video-Aufzeichnung gegeben sind. Daher wird folgende These aufgestellt:

> **These A11:** In den Lernprozessen Klausurvorbereitung und Wissensvermittlung wird die Qualität und der Bedienungskomfort der Audio/Video-Aufzeichnungen von den Lernern positiv beurteilt.

---

[375] Vgl. Astleitner /Emotionen und web-basierte Erziehung 2000/ 12.
[376] Vgl. Kap. 3.4.5, S. 93f.

Argumente/Begründung für These A12

Bei der Erstellung von Audio/Video-Aufzeichnungen können drei Fälle unterschieden werden. Eine Aufzeichnung einer Präsenzveranstaltung kann nur den Ton des Dozenten umfassen, das Bild und den Ton oder das Bild, den Ton und die Folien, die der Dozent zeigt. Die beim System E-LEARN gewählte Alternative umfasst die Aufnahme und Aufzeichnung von Videobild und Ton des Dozenten. Zusätzlich werden Folien und Kommentare des Dozenten aufgezeichnet.

Für die Videoaufnahmen ist eine Person erforderlich, welche die Videokamera bedient und zusätzlich werden technische Maßnahmen zur Verarbeitung des Videosignals benötigt.[377] Um diesen Aufwand und damit Kosten zu sparen, könnte man auf die Aufzeichnung des Videobilds des Dozenten verzichten. Anschaffung und Bedienung einer Videokamera würden entfallen und die Anzahl der notwendigen Schritte zur Erstellung einer Audio/Video-Aufzeichnung auf CD bzw. als Video on Demand im Internet würde reduziert. Bei dieser Alternative stünden den Lernern lediglich der Ton des Dozenten und die synchronisierten Folien zur Verfügung, die er während der Präsenzveranstaltung auflegt.

Durch die Nutzung verschiedener Medientypen werden unterschiedliche Formen der Wahrnehmung angesprochen, wodurch der Stoff besser verarbeitet und behalten werden kann.[378] Dies ist bei der gleichzeitigen Nutzung von Audio und Video der Fall.

Das Videobild trägt dazu bei, dem Lerner wichtige Reize, wie beispielsweise Stimmlage, Mimik, Gestik des Dozenten etc., zu vermitteln.[379] Durch die Vielzahl an Reizen, die der Lerner erfährt, ist das Verfolgen der Veranstaltung weniger ermüdend. Differenzierte Beobachtungen zu Tonfall, Mimik, Gestik, Rhythmus, Lautstärke und Intonation sind in videobasierten Präsentationen möglich,[380] was bei rein audiobasierten Vorlesungsmitschnitten sehr schwer fällt. Sollten den Lernern nur der Ton und die Folien zur Verfügung gestellt werden ist anzunehmen, dass diese beim Anschauen der Audio/Video-Aufzeichnungen schneller ermüden.

Es wird daher die These aufgestellt, dass das Videobild die Lernprozesse unterstützt und die alleinige Nutzung von Ton im Vergleich zur Nutzung von Bild und Ton nachteilig ist.

---

[377] Vgl. Kap. 3.4.6, S. 97ff.

[378] Vgl. Schmitt-Kölzer /Einsatz Neuer Medien in der Berufsausbildungsvorbereitung 1999/ 35.

[379] Vgl. Astleitner /Emotionen und web-basierte Erziehung 2000/ 9.

[380] Vgl. Klauser /Anchored Instruction 1999/ 148f.

> **These A12:** In den Lernprozessen Klausurvorbereitung und Wissensvermittlung verbessert das Videobild des Dozenten die Effektivität von Audio/Video-Aufzeichnungen und -Live-Übertragungen. Der Verzicht auf das Videobild und die alleinige Nutzung von Ton sind für die Lerner nachteilig.

5.1.2 Effektivitäts- und Nutzenaspekte von Audio/Video-Live-Übertragungen

Argumente/Begründung für These A13

Bei der Nutzung der Audio/Video-Live-Übertragung können externe Studierende den Dozenten über Video sehen, seinen Vortrag hören und die Folien, die er auflegt, verfolgen.[381] Gleichzeitig besteht für externe Teilnehmer mit Hilfe eines Chat-Masters im Hörsaal die Möglichkeit der Kommunikation mit dem Dozenten über einen Online-Chat. Externen Studierenden werden also grundsätzlich dieselben Quellen zur Wissensvermittlung bereitgestellt wie den Studierenden im Hörsaal.

Daher sollte es für Studierende, die keine Möglichkeit haben, an der Präsenzveranstaltung teilzunehmen (beispielsweise weil die Entfernung zum Hörsaal zu groß ist), realisierbar sein, eine Veranstaltung online, d.h. ohne eine Teilnahme an einer Präsenzveranstaltung, zu besuchen und erfolgreich abzuschließen.

Bei der Live-Übertragung von Veranstaltungen zwischen den Universitäten Erlangen und Nürnberg stellte sich heraus, dass externe Teilnehmer einen Vorteil gegenüber Teilnehmern im Hörsaal hatten: „So waren einige Overheadfolien während der Tafelübung nur so kurz aufgelegt worden, daß ein Abschreiben für die Studierenden im realen Hörsaal unmöglich war. Die Teilnehmer am entfernten Ort hatten jedoch die Gelegenheit, auch in der Kürze der Zeit einen elektronischen Snapshot zu machen, diesen auszudrucken und sich somit einen Vorteil vor den anderen Kommilitonen zu verschaffen."[382]

Ein Modellversuch in den Niederlanden, der Telelernen in der Berufsausbildung erprobte, hat gezeigt, dass die Prüfungsergebnisse nicht schlechter waren als in der herkömmlichen Ausbildung.[383]

---

[381] Vgl. Kap. 3.4.5, S. 93f.

[382] Grebner; Langenbach; Bodendorf /Multimedia-unterstützte Dezentralisierung 1997/ 22f.

[383] Vgl. Schmitt-Kölzer /Einsatz Neuer Medien in der Berufsausbildungsvorbereitung 1999/ 35f.

Eine Reihe von Untersuchungen zeigt jedoch, dass die Lerner bei der Vermittlung von Lerninhalten über Videokonferenz-Technik aufgrund der im Vergleich zur Präsenzveranstaltung schlechteren Audio-/Videobedingungen eine höhere Konzentration aufbringen müssen, um der Interaktion zu folgen.[384] Dadurch tritt eine schnellere Ermüdung auf. Auch bei qualitativ hochwertigen Live-Übertragungen mit Videokonferenzsystemen, wie sie beispielsweise von *Effelsberg* durchgeführt wurden, konnte dieser Zusammenhang beobachtet werden.[385] In Videokonferenz-Vorlesungen konnte daher deutlich weniger Stoff vermittelt werden als bei vergleichbaren Präsenzveranstaltungen.[386]

In der Literatur finden sich widersprüchliche Angaben darüber, ob bei einer Audio/Video-Live-Übertragung die Kommunikation der externen Teilnehmer mit dem Dozenten stärker oder schwächer ausgeprägt ist als bei einer Präsenzveranstaltung.

In einem Modellversuch, bei dem kaufmännische Auszubildende Telelernen nutzten, wurde gezeigt, dass die Kommunikation dieser Lerner untereinander und zum betreuenden Lehrpersonal erheblich ausgeprägter war als bei den anderen Auszubildenden.[387]

Für bestimmte Lernende können durch Audio/Video-Aufzeichnungen neue Möglichkeiten der Kontaktgestaltung mit den Mitlernenden oder auch dem Dozenten entstehen. „Die ‚dosierte Anonymität' beim Lernen (man ist allein, kann aber via Netz einen Online-Kontakt zu anderen Menschen aufnehmen) kann einen Anreiz zu Risiko und Experimentierfreude schaffen."[388] So wurde in Beobachtungen von *Issing* herausgefunden, dass in einigen Online-Seminaren eine intensivere Kommunikation und Zusammenarbeit der Studierenden untereinander und mit dem Dozenten stattfindet, als dies üblicherweise im Präsenzunterricht der Fall ist.[389]

Untersuchungen von telemedialen Vorlesungen an der Universität Erlangen-Nürnberg ergaben dagegen „nachdrückliche Hinweise darauf, dass die Kommunikationsintensität zwischen Dozierenden und Studierenden in der Online-Vorlesung im Vergleich zu einer Präsenzvorlesung weiter sinkt; insbesondere die Studierenden am entfernten Ort melden sich so gut wie gar nicht."[390] Dort hatte der Dozent Schwierigkeiten, sich auf die veränderte

---

[384] Vgl. Johannsen /Telepräsenz im eLearning 2002/ 352f.

[385] Vgl. Effelsberg /Das Projekt Teleteaching der Universitäten Mannheim und Heidelberg 1997/ 426f.

[386] Vgl. Walter; Hänni /Evaluation of High-Performance Teleteaching 1998/ 64.

[387] Vgl. Schmitt-Kölzer /Einsatz Neuer Medien in der Berufsausbildungsvorbereitung 1999/ 35f.

[388] Euler; Seufert; Wilbers /eLearning in der Berufsbildung 2004/ 7.

[389] Vgl. Issing /Online studieren 1998/ 104.

[390] Euler; Seufert; Wilbers /eLearning in der Berufsbildung 2004/ 15.

Situation einzustellen, er vergaß beispielsweise die Studierenden am entfernten Ort (keine Begrüßung und Verabschiedung, Irritation bei Fragen). Eine ungezwungene bzw. spontane Beteiligung war aufgrund der notwendigen Bild- und Mikrofonausrichtung schwieriger. Störeffekte und der Lärmpegel waren am entfernten Ort häufig so hoch, dass ein konzentriertes Lernen erschwert wurde.

Beim System E-LEARN besteht die besondere Situation, dass Fragen von externen Lernern per Online-Chat gestellt werden und dem Dozenten von einem Chatmaster, der sich im Hörsaal befindet, zugerufen werden. Der Chatmaster filtert die im Chat aufkommenden Fragen und kann, wenn er es für erforderlich hält, eine Frage direkt im Chat beantworten. Andernfalls formuliert er ggf. die Frage des externen Lerners um, so dass sie verständlicher wird, und ruft sie dem Dozenten zu. Er nennt dabei den Namen des Fragers nicht. Der Dozent antwortet und der externe Frager erhält die Antwort über den Audio/Video-Datenstrom.[391]

Der Vorteil für den externen Frager dabei ist, dass er unerkannt bleibt, und er keine „Angst" davor haben muss, dass ihn der Dozent oder Kommilitonen identifizieren und er wegen einer vermeintlich „dummen" Frage Nachteile haben wird. Die Formulierung der Frage durch den Chatmaster kommt Lernern entgegen, die nicht gerne vor einem großen Publikum (den Teilnehmern im Hörsaal) sprechen möchten.

In den Untersuchungen von *Coenen* konnte die These, dass sich eine Live-Übertragung besonders gut eignet, um das prüfungsrelevante Wissen verständlich zu vermitteln, nicht bestätigt werden.[392] Er formulierte die modifizierte These, dass durch eine kontrollierte Live-Übertragung das prüfungsrelevante Wissen mindestens so verständlich vermittelt wird wie bei der Teilnahme im Hörsaal.

Darauf aufbauend wird die These aufgestellt, dass auch Studierende, die ausschließlich Audio/Video-Live-Übertragungen gehört haben, die Veranstaltung erfolgreich absolvieren können.

These A13: Der Lernprozess Wissensvermittlung kann auch von Studierenden, die keine Präsenzveranstaltungen gehört haben, und stattdessen Audio/Video-Live-Übertragungen genutzt haben, erfolgreich absolviert werden.

---

[391] Vgl. Kap. 3.4.5, S. 94f.

[392] Vgl. Coenen /E-Learning Architektur für universitäre Lehr und Lernprozesse 2001/ 324ff.

5.1.3 Effektivitäts- und Nutzenaspekte von synchronen Online-Tutorien

Argumente/Begründung für These A14

Durch die Teilnahme an einem Online-Tutorium können nicht nur Fahrt- und Reisekosten gespart und eine Teilnahme von entfernten Studierenden erreicht werden. Es gibt Hinweise darauf, dass bei der Kommunikation über Chat eine höhere Qualität der Beiträge als in traditionellen Tutorien erreicht wird, weil die Beiträge schriftlich formuliert werden und daher besser durchdacht und elaboriert sind.[393] Der im Vergleich zu Präsenztutorien anonyme Charakter des Mediums Chat fördert den enthemmten Nachrichtenaustausch. Allerdings wird die Kommunikation auch schwieriger, da das Eintippen von Beiträgen aufwändiger ist als das Vortragen von mündlichen Beiträgen.[394]

Der Lernprozess Wissensvermittlung ist über ein Online-Tutorium nicht so einfach durchzuführen wie bei einer Audio/Video-Live-Übertragung, da der Dozent alle Informationen, die er den Teilnehmern kommunizieren möchte, über eine Tastatur in einen Online-Chat eintippen muss.

Dagegen kann er bei einer Audio/Video-Live-Übertragung so reden, wie er es von Präsenzveranstaltungen gewöhnt ist. Der Rückkanal bei der Audio/Video-Live-Übertragung ist über einen Online-Chat realisiert, so dass die externen Teilnehmer über die Tastatur mit dem Dozenten kommunizieren müssen. Der Dozent kann bei Audio/Video-Live-Übertragungen Antworten jedoch über natürliche Sprache geben, so dass grundsätzlich die externen Teilnehmer bei der Kommunikation benachteiligt sind. Bei einer vortragsbasierten Veranstaltung wie einer Vorlesung ist dies unproblematisch, da der größere Anteil der Beiträge in der Regel beim Dozenten liegt.

Zur Wissensvermittlung ist eine Audio/Video-Live-Übertragung demnach besser geeignet als ein Online-Tutorium. Dies wird auch in Untersuchungen von *Coenen* bestätigt.[395]

Ein Online-Tutorium kann kurz vor der Klausur helfen, letzte Fragen der Studierenden zu beantworten und zur Wissensüberprüfung dienen.[396] Die Studierenden können erkennen, ob ihr Wissensstand für die Klausur ausreicht, können Wissenslücken identifizieren und mittels

---

[393] Vgl. Bruhn; Gräsel; Mandl; Fischer /Lernen mit Computernetzen 1998/ 389.
[394] Vgl. Scheuermann /Informations- und Kommunikationstechnologien in der Hochschullehre 1998/ 44.
[395] Vgl. Coenen /E-Learning Architektur für universitäre Lehr und Lernprozesse 2001/ 326 und 380f.
[396] Vgl. Coenen /E-Learning Architektur für universitäre Lehr und Lernprozesse 2001/ 381.

Chat schließen. Der Lernprozess Klausurvorbereitung wird unterstützt. Dazu muss bereits genügend Vorwissen vorhanden sein und die Studierenden müssen in der Lage sein, Fragen beantworten und auch stellen zu können. Damit Studierende sinnvolle Fragen stellen können, ist es notwendig, dass sie vor Beginn des Online-Tutoriums die Lerninhalte, über die das Tutorium geht, bereits gelernt haben. Idealerweise sollten sie sich Fragen überlegt haben, die sie dem Dozenten via Chat stellen können.

Wenn Studierende an einem Tutorium teilnehmen, und die Inhalte des Tutoriums nicht gelernt haben, liegt der Schwerpunkt des Tutoriums auf der Wissensvermittlung. Dafür ist das Online-Tutorium jedoch nicht so gut geeignet wie die Audio-Video-Live-Übertragung.

Daher wird die These aufgestellt, dass zur effektiven Nutzung eines Online-Tutoriums die Studierenden die Lerninhalte bereits kennen sollen.

> **These A14:** Der Erfolg der Nutzung eines Online-Tutoriums für den Lernprozess Klausurvorbereitung hängt davon ab, ob die Teilnehmer zum Zeitpunkt des Tutoriums die behandelten Inhalte bereits beherrschen.

Argumente/Begründung für These A15

Studierende können sich in Bezug auf Quantität und Qualität unterschiedlich stark an einem Online-Tutorium beteiligen. Die Qualität von Fragen oder Kommentaren kann in fachliche Beiträge unterteilt werden, die sich auf die Lerninhalte des Tutoriums beziehen, und in „off-topic-Inhalte", die sich nicht mit den eigentlichen Themen des Tutoriums beschäftigen.

Es ist zu vermuten, dass Lerner, die das Online-Tutorium für fachliche bzw. inhaltliche Beiträge nutzen, ein besseres Klausurergebnis erreichen als Teilnehmer, die sich nicht am Tutorium beteiligen oder es für „off-topic-Inhalte" nutzen.

> **These A15:** Lerner, die das Online-Tutorium für den Lernprozess Klausurvorbereitung nutzen und dort viele fachliche bzw. inhaltliche Beiträge beisteuern, erreichen in der Klausur ein besseres Ergebnis als Lerner, die wenig fachliche bzw. inhaltliche Beiträge beisteuern.

5.1.4 Effektivitäts- und Nutzenaspekte von asynchronen Diskussionsforen

Argumente/Begründung für These A16

Mit einem Diskussionsforum können Studierende und Dozenten jederzeit, also auch außerhalb des Präsenzunterrichtes, asynchron miteinander kommunizieren.[397]

Da meist viele Lerner auf ein Diskussionsforum zugreifen können, besteht die Möglichkeit, mit einem Beitrag im Forum eine große Anzahl von Lernern zu kontaktieren. Dadurch steigt die Wahrscheinlichkeit einer schnellen Antwort auf eine Frage und die Kommunikation kann beschleunigt werden. Viele Lerner schätzen es besonders, sich von Lerner zu Lerner „auf ihrer Ebene" über Fragen zum Stoff auszutauschen.[398]

Hinzu kommt, dass eine Frage in dem Moment, in dem sie auftaucht, sofort in das Diskussionsforum eingestellt werden kann und nicht die Gefahr besteht, dass der Lerner sie bis zur nächsten Möglichkeit, den Dozenten persönlich zu fragen, vergisst.

Die Rolle von Diskussionsforen wird jedoch auch kritisch gesehen. So nutzen die Lerner laut *Euler et al.* ein Diskussionsforum häufig nur als Informationsquelle und reagieren ohne Druck oder Anreiz nur selten auf die eingestellten Fragen.[399] Die Qualität der Beiträge sei ohne externe Unterstützung zumeist niedrig und es würde von der Kompetenz des Moderators abhängen, inwieweit Diskussionen entfacht, Teilnehmer zu Beiträgen aufgefordert, diskrepante Beiträge zusammengeführt und aufbereitet werden können und so die Qualität der Diskussionen gesteigert werden kann.

An Universitäten und vielen privaten Bildungseinrichtungen ist die Kommunikation mit dem Dozenten nicht einfach herzustellen. Meist können Fragen an den Dozenten nur während der Präsenzveranstaltung gestellt werden oder unmittelbar davor oder danach. Häufig kann auch ein Sprechstunden-Termin mit dem Dozenten vereinbart werden, was jedoch mehr Aktivität auf Seiten der Studierenden erfordert. Da in privaten Bildungseinrichtungen häufig freie Dozenten eingestellt werden, die kein Büro bei der Bildungseinrichtung haben, entfällt diese Möglichkeit teilweise.

---

[397] Vgl. Kap. 3.4.3, S. 87.

[398] Vgl. Balzert; Balzert; Zwintzscher /Die E-Learning-Plattform W3L 2004/ 130.

[399] Vgl. Euler; Seufert; Wilbers /eLearning in der Berufsbildung 2004/ 17.

Studierende verlangen zunehmend nach Gesprächen mit Dozenten auch außerhalb der Sprechstunden-Zeiten.[400] Dies gilt insbesondere für berufstätige Studierende, die aufgrund der gleichzeitigen Bewältigung von Beruf und Studium zeitlich eingeschränkter sind als Vollzeit-Studierende.

Durch die Nutzung von Diskussionsforen besteht die Möglichkeit, einen Dozenten auch zwischen Präsenzveranstaltungen zu kontaktieren. Da viele Dozenten, Moderatoren oder Tutoren auch zwischen Präsenzveranstaltungen und Sprechstundenterminen Fragen aus dem Diskussionsforum beantworten, kann eine schnellere und somit effektivere Kommunikation stattfinden. Es wird folgende These aufgestellt:

These A16: Das Diskussionsforum spielt im Lernprozess Klausurvorbereitung bei der Kommunikation mit dem Dozenten eine wichtige Rolle.

---

[400] Vgl. Baumgartner; Welte /Lernen lehren – Lehren lernen 2001/ 283.

5.2 Thesenbündel B: Einfluss von Blended Learning auf den Lernerfolg

Durch den Einsatz von Blended Learning erhofft man sich nicht nur eine Verbesserung der Effektivität von Lernprozessen, sondern auch eine Steigerung des Lernerfolgs.

Unter der Evaluation des Lernerfolgs können gemäß *Baumgartner* unterschiedliche Prozesse verstanden werden.[401] Zum einen kann der Lernerfolg durch die quantitative Bestimmung von Lernergebnissen am Ende eines Kurses (beispielsweise über eine Klausur) ermittelt werden. Mit der Messung der sporadischen oder systematischen Rückmeldung zur Verbesserung des Unterrichts an den Dozenten/Trainer kann ebenso der Lernerfolg gemessen werden wie durch wissenschaftliche Begleituntersuchungen eines Pilotprojekts oder Modellversuchs. Eine andere Form der Evaluation des Lernerfolgs analysiert die ökonomisch-quantitativen Kosten eines Ausbildungsmodells.

Die Evaluation des Lernerfolgs gestaltet sich problematisch. Die generelle Beurteilung der pädagogischen Leistungsfähigkeit multimedialer Lernumgebungen ist nur schwierig möglich,[402] da sie von sehr vielen Störvariablen (zum Beispiel Intelligenz, Motivation, Tagesform des Lerners) beeinflusst wird. Teilweise wird sogar von einer „Nicht-Evaluierbarkeit von Multimedia"[403] gesprochen.

Andererseits „werden zweifellos Lernerfolge begünstigt, wenn Lernende Eigeninitiativen entfalten, d. h. wenn sie Lernmaterialien [...] erkunden können und nicht nur, wie in der Regel bei bisherigen Formen der programmierten Unterweisung, vorgegebene Pfade nachvollziehen müssen."[404] *Coenen* konnte in Untersuchungen eine Verbesserung der Wissensvermittlung durch die Nutzung von E-Learning nachweisen.[405]

Der Lernerfolg hängt von mehreren Faktoren ab. Die mediale, didaktische und methodische Ausgestaltung einer E-Learning Umgebung spielt dabei eine Rolle. Aber auch die individuellen Eigenschaften des Lerners wie zum Beispiel Vorwissen, Motivation, die Fähigkeit zur Wahrnehmung und Verarbeitung audiovisueller Reize usw. beeinflussen den Lernerfolg.[406]

---

[401] Vgl. hier und im Folgenden Baumgartner /Evaluation mediengestützten Lernens 1999/ 62f.
[402] Vgl. Euler /Multimediale und telekommunikative Lernumgebungen 1999/ 80ff.
[403] Vgl. Hermann /Multimedia-Didaktik 1999/ 12.
[404] Vgl. Kuhlen /Hypertext 1991/ 181.
[405] Vgl. Coenen /E-Learning Architektur für universitäre Lehr und Lernprozesse 2001/ 405.
[406] Vgl. Schröder /Bericht der Arbeitsgruppe Berufs- und Wirtschaftspädagogik 1997/ 59ff.

Argumente/Begründung für These B1

Die Nutzung des E-Learning Teils einer Blended Learning Lösung[407] kann zu einer Verbesserung der Motivation der Lerner führen[408] und die Vermittlung von Lerninhalten verbessern.[409] Um Aussagen über Zusammenhänge zwischen Motivation, Lernerfolg und der Nutzung von E-Learning treffen zu können, muss zunächst geklärt werden, wie man die Motivation von Lernern, den Lernerfolg und die Nutzung von E-Learning Systemen ermittelt.

Zur Messung des Lernerfolgs gibt es verschiedene Möglichkeiten. Nach *Schulmeister* definiert sich Lernerfolg „weniger durch das Erreichen bestimmter Lernziele, sondern durch die real absolvierten Prozesse des Lernens selbst und durch die Eigenkonstruktion von Wissen, die in diesen Lernprozessen stattfindet."[410] Eine andere, pragmatischere Möglichkeit, Lernerfolg zu messen, ist die in einer Klausur erreichte Punktzahl oder Note als Maßstab heranzuziehen.

Um den Einfluss von Blended Learning Maßnahmen auf den Lernerfolg zu ermitteln, müsste man Störvariablen, wie zum Beispiel die Fähigkeit zur Wahrnehmung audiovisueller Reize, kennen. Die Anzahl der Störvariablen ist jedoch so groß, dass kaum alle Störvariablen gemessen werden können. Erst bei der Untersuchung von sehr großen Fallzahlen könnten Störvariablen zuverlässig analysiert werden.

Einen wichtigen Einfluss auf den Lernerfolg hat die Lern- bzw. **Leistungsmotivation** der Lerner. Ein Lerner mit einer größeren Motivation wird sich intensiver mit den Lerninhalten auseinandersetzen und sich besser auf eine Prüfung vorbereiten als ein nicht so stark motivierter Lerner.

Zur Erhebung der Motivation kann die Vorgehensweise von *Schuler* und *Prochaska* herangezogen werden, die einen Standard-Fragebogen zur Messung der Leistungsmotivation erstellt haben.[411] Sie präsentieren ein Leistungsmotivationsinventar, das aus 17 verschiedenen Dimensionen besteht,[412] mit dem die Leistungsmotivation gemessen werden kann. Die

---

[407] Im Folgenden ist unter „E-Learning" der E-Learning Teil einer Blended Learning Lösung gemeint (vgl. dazu auch Kap. 2.3, S. 32).

[408] Vgl. z.B. Kerres; Gorham /Telemediale Lernangebote in der betrieblichen Weiterbildung 1999/ 25 und Euler; Seufert; Wilbers /eLearning in der Berufsbildung 2004/ 14.

[409] Vgl. Stadelhofer /Selbstgesteuertes Lernen 1999/ 153 und Bruns; Gajewski /Multimediales Lernen im Netz 1999/ 124.

[410] Schulmeister /Virtuelles Lernen aus didaktischer Sicht 1999/ 17.

[411] Vgl. Schuler; Prochaska /Leistungsmotivation 2001/.

[412] Die Dimensionen sind: Beharrlichkeit, Dominanz, Engagement, Erfolgszuversicht, Flexibilität, Flow (d.h. die Tendenz, sich unter Ausblendung aller Ablenkungen Aufgabenstellungen zu widmen), Furchtlosigkeit, Inter-

Langform des Tests besteht aus 170 Fragebogen-Items (zehn pro Dimension), mit denen die Leistungsmotivation in jeder Dimension überprüft werden kann. Anhand der Antworten kann anschließend ein Wert für die Leistungsmotivation der Befragten berechnet werden.

Die Messung der Nutzung von E-Learning Angeboten ist durch Logfiles und Befragungen der Studierenden über ihre Lerngewohnheiten möglich.

Zur Ermittlung des Lernerfolgs kann die in der Klausur erreichte Punktzahl herangezogen werden.

Nach Messung der Motivation unter Verwendung des Leistungsmotivations-Inventars und der Messung der Nutzung von elektronischen Lernkanälen kann eine Matrix aufgestellt werden, aus der sich der Lernerfolg, mit der erreichten Punktzahl in einer Klausur als Indikator, ergibt (vgl. Tabelle 11).

	Überdurchschnittliche E-Learning Nutzung	**Unterdurchschnittliche E-Learning Nutzung**
Überdurchschnittliche Motivation	Lernerfolg (erreichte Punktzahl)	Lernerfolg (erreichte Punktzahl)
Unterdurchschnittliche Motivation	Lernerfolg (erreichte Punktzahl)	Lernerfolg (erreichte Punktzahl)

Tabelle 11: Messung des Lernerfolgs in Abhängigkeit von Motivation und E-Learning Nutzung

Anhand dieser Matrix lässt sich ablesen, wie sich die Motivation und die Nutzung von E-Learning auf den Lernerfolg auswirken.

Durch die Reichhaltigkeit der Präsentation können Multimediainhalte, und insbesondere die Kombination von Grafiken, Animationen, Bildern und Ton, eine motivierende Wirkung[413] auf Lerner ausüben.[414] Die Vermittlung von Lerninhalten kann mittels multimedialer Präsentation plastischer und faszinierender erfolgen.[415] Demnach müssten von ihnen motivierende Effekte auf Lerner ausgehen.

---

nalität, Kompensatorische Anstrengung, Leistungsstolz, Lernbereitschaft, Schwierigkeitspräferenz, Selbstständigkeit, Selbstkontrolle, Statusorientierung, Wettbewerbsorientierung und Zielsetzung (vgl. Schuler; Prochaska /Leistungsmotivation 2001/ 13ff.).

[413] Zum Begriff Motivation vgl. Kap. 3.3.1.1, S. 69.

[414] Vgl. Hoffman; Ritchie /Using Multimedia 1997/ 103.

[415] Vgl. Stadelhofer /Selbstgesteuertes Lernen 1999/ 153.

In einer am Lehrstuhl für Wirtschaftsinformatik, insb. Informationsmanagement in Köln durchgeführten Untersuchung konnte nachgewiesen werden, dass die Motivation der Studierenden durch den Einsatz von multimedialen Lerninhalten erhöht wird.[416]

Um den Unterschied der Motivation von Lernern, die E-Learning-Angebote nutzen, im Vergleich zu solchen zu messen, die diese nicht zur Verfügung haben, müssten allerdings zwei voneinander unabhängige Lernergruppen gebildet werden. Bei beiden Gruppen müsste die Motivation gemessen werden.

Diese Vorgehensweise lässt sich jedoch im Rahmen der Veranstaltungen, die mit dem System E-LEARN unterstützt werden, nicht realisieren, da einzelne Lerner nicht von Lernangeboten ausgeschlossen werden können. Dadurch würde die Chancengleichheit bei Prüfungen gefährdet.[417]

Es besteht die Vermutung, dass der Nutzen von E-Learning-Angeboten von der Motivation eines Lerners abhängt. Lerner, die eine hohe Motivation haben, müssten demnach Lernangebote häufiger nutzen als wenig motivierte Lerner. Daher müssten E-Learning-Angebote besonders von besser motivierten Studierenden genutzt werden. Eine größere Nutzung von E-Learning führt zu effektiveren Lernprozessen und zur Verbesserung der Wissensvermittlung (vgl. Thesenbündel A). Dies führt zu folgender These:

These B1: Lerner, die überdurchschnittlich motiviert sind und e^2 E-Learning nutzen, erreichen in der Klausur ein besseres Ergebnis als Lerner, die überdurchschnittlich motiviert sind und e^2 E-Learning nicht nutzen.

Argumente/Begründung für These B2

Anderseits besteht die Vermutung, dass Lerner, die an sich wenig motiviert sind, mittels E-Learning motiviert werden, sich mit Lerninhalten auseinanderzusetzen und daher einen größeren Lernerfolg erreichen. Daher wird folgende These formuliert:

---

[416] Vgl. Coenen /E-Learning Architektur für universitäre Lehr und Lernprozesse 2001/ 405.

[417] Die Beschränkung auf den in der Praxis möglichen Gestaltungsrahmen ergibt sich aus dem Ansatz „Forschung durch Entwicklung und Betrieb", den diese Arbeit verfolgt (vgl. Kap. 1.2, S. 7 und Szyperski /Orientierung 1971/ 258f., Lamnek /Qualitative Sozialforschung 1989/ 20, Seibt /Forschung durch Entwicklung 1981/ 301ff.).

> **These B2:** Lerner, die unterdurchschnittlich motiviert sind und e² E-Learning nutzen, erreichen in der Klausur ein besseres Ergebnis als Lerner, die unterdurchschnittlich motiviert sind und e² E-Learning nicht nutzen.

Argumente/Begründung für These B3

Durch die Möglichkeit, den Lehrinhalt auf mehreren Wahrnehmungskanälen (auditiv und visuell) anzubieten, wird die Lernleistung im Allgemeinen verbessert.[418] *Coenen* konnte in seinen Untersuchungen zwar eine Verbesserung der Wissensvermittlung durch Audio/Video-Aufzeichnungen feststellen, jedoch nicht angeben, wie sich diese auf das Klausurergebnis auswirkt. Er stellte daher die These auf, dass eine vertiefende empirische Untersuchung zeigen wird, „dass die konsequente Nutzung des WI-Pilot I Systems zu einem höheren Lernerfolg bei den Studenten führt"[419] und schlug vor, diese in den Mittelpunkt zukünftiger Untersuchungen zu stellen.

In den vorhergehenden Abschnitten wurden bereits zahlreiche Gründe für eine höhere Effektivität der Lernprozesse durch E-LEARN angegeben. Besonders die Audio/Video-Aufzeichnungen haben das Potenzial, aufgrund des selbst bestimmbaren Lerntempos den Lernprozess positiv zu beeinflussen. Einzelne Abschnitte lassen sich beliebig oft wiederholen und im Vergleich zu traditionellen Lernmitteln ist die „Mitschrift" der Vorlesung erheblich besser.

Sollte dies zutreffen, müsste sich diese größere Effektivität auch in einem besseren Lernerfolg niederschlagen. Der Lernerfolg kann dabei pragmatischerweise über die in der Klausur erreichte Punktzahl gemessen werden.

Im direkten Vergleich von Audio/Video-Aufzeichnungen und dem Lernen mit Folien sollte sich aus diesen Gründen ein besseres Ergebnis für die Lerner ergeben, die sich mit Hilfe der Audio/Video-Aufzeichnungen auf die Klausur vorbereitet haben.

> **These B3:** Lerner, die Audio/Video-Aufzeichnungen nutzen, erreichen in der Klausur ein besseres Ergebnis als Lerner, die Audio/Video-Aufzeichnungen nicht nutzen.

---

[418] Vgl. Klimsa /Multimedianutzung 2002/ 11f.

[419] Coenen /E-Learning Architektur für universitäre Lehr und Lernprozesse 2001/ 410. Der WI Pilot I umfasst ähnliche Lernkanäle wie das System E-LEARN.

5.3 Thesenbündel C: Änderung der Nutzung von Blended Learning im Zeitverlauf

Argumente/Begründung für These C1

Bei der Verwendung von Blended Learning zur Unterstützung von Lernprozessen müssen Lerner ihre Lerngewohnheiten umstellen. Über Jahre hinweg wurden bestimmte (traditionelle) Lerngewohnheiten aufgebaut, welche die Lerner nicht ohne weiteres aufgeben können oder wollen.[420] Der Wechsel zu elektronischen Lernangeboten kann schwer fallen, wenn man bereits mit dem bisherigem Medium umzugehen gewohnt war. Die Umstellung der Lerngewohnheiten erfolgt dabei in einem kontinuierlichen Prozess.[421]

Ein Lerner muss beispielsweise erst lernen, mit dem technischen System umzugehen, um die Audio/Video-Aufzeichnungen effektiv nutzen zu können. Er muss auch seine Lerngewohnheiten verändern und ausprobieren, welche Nutzungsweise für ihn individuell den größten Nutzen bietet. Ein Lerner könnte zum Beispiel zunächst eine gesamte Veranstaltung am Stück anschauen und anschließend Inhalte, der er noch nicht verstanden hat, erneut anschauen oder bei Bedarf gezielt nachschlagen. Oder er könnte erst mit Hilfe von ausgedruckten Folien zur Veranstaltung lernen und bei Unklarheiten gezielt die entsprechenden Videostellen anschauen.

Bei der Nutzung der Audio/Video-Aufzeichnungen entsteht eine Lernkurve, die sich in einem zunehmend besseren Umgang und effektiverer Nutzung der Audio/Video-Aufzeichnungen äußern müsste. Nach einiger Zeit sollten die Lerner daher ihre Lerngewohnheiten an die Nutzung von Audio/Video-Aufzeichnungen anpassen können.

> **These C1:** Lerner können ihre Lerngewohnheiten an die Nutzung von Audio/Video-Aufzeichnungen anpassen.

Argumente/Begründung für These C2

Viele Lerner sind bereit, für ein Lehrbuch Geld zu bezahlen, da sie davon ausgehen, dass sie mit einem solchen Buch ihre Lernprozesse besser oder effektiver durchführen können. Analog dazu sollte eine Steigerung der Effektivität von Lernprozessen durch Blended Learning bei

---

[420] Vgl. Kerres /Potenziale des Lernens im Internet 2000/ 183.
[421] Vgl. Staudt /Online 2002/ 160.

Lernern dazu führen, dass ihnen der im Vergleich zu traditionellen Lernprozessen zusätzliche Nutzen einen Vorteil verschafft, für den sie bereit sind zu bezahlen.

Oben wurden Thesen aufgestellt, dass Audio/Video-Aufzeichnungen die Lernprozesse verbessern[422]. Ausgehend von These C1 müsste auch die Bereitschaft, Geld für Audio/Video-Aufzeichnungen auszugeben, mit zunehmender Nutzungsdauer steigen. Dies wird in These C2 zum Ausdruck gebracht.

These C2: Mit zunehmender Nutzungsdauer von Audio/Video-Aufzeichnungen sind Lerner bereit, mehr Geld dafür auszugeben.

Argumente/Begründung für These C3

Bei der Steuer-Fachschule werden WBTs eingesetzt, die neben den Präsenzveranstaltungen Lernern elektronische Inhalte vermitteln.[423] Auch bei der Nutzung von WBTs müssen Lerner ihre Lerngewohnheiten umstellen.

Analog zu C2 ist zu vermuten, dass die Nutzung von WBTs zu Beginn eines Blended Learning Kurses gering ist und dann ansteigt.

These C3: Die Nutzung von WBTs ist zu Beginn eines Kurses gering und steigt dann an.

---

[422] Vgl. Thesenbündel A und B.
[423] Vgl. Kap. 3.6, S. 118f.

6 Entwurf eines Evaluationsdesigns zur Überprüfung der Thesen durch explorative Untersuchungen

6.1 Konzeption der empirischen Untersuchungen

Im Rahmen der empirischen Untersuchungen konnten nicht alle Thesen streng methodologisch überprüft werden, da für den Einsatz von E-Learning und Blended Learning zur Unterstützung im Sinne der in Kapitel 5 aufgestellten Thesen noch keine empirisch fundierten Untersuchungen vorliegen. Der vorliegende komplexe reale Sachverhalt kann auch nicht in einer Laborsituation nachgebildet werden. Daher wird bei den Untersuchungen der Ansatz „Forschung durch Entwicklung und Betrieb"[424] verfolgt. Bei explorativen Untersuchungen werden im Vergleich zu einer hypothesenprüfenden Untersuchung weniger verbindliche Richtlinien gefordert.[425]

Nach der Entscheidung über das Forschungsdesign ist es notwendig, darüber zu entscheiden, welche Instrumente und Techniken der Datenerhebung eingesetzt werden sollen.[426] Für eine Befragung kommen drei verschiedene Instrumente in Frage: die schriftliche Befragung, das persönliche „Face-to-face"-Interview und das telefonische Interview.[427]

Für die vorliegende Arbeit wurden schriftliche Befragungen, die mit papiergebundenen Fragebögen und Online-Fragebögen durchgeführt wurden, und „face-to-face"-Interviews genutzt. Darüber hinaus wurde das Nutzungsverhalten von Studierenden anhand von Logfiles analysiert.

Die Befragungen wurden an unterschiedlichen Bildungseinrichtungen durchgeführt. Die Beschreibung der zur Verfügung stehenden Lernkanäle und Dienste der einzelnen Bildungseinrichtungen befindet sich in Kapitel 3.6 (S. 117ff.).

Befragungen mit Fragebögen

Bei einer schriftlichen Befragung werden die Fragen selbstständig vom Teilnehmer der Untersuchung beantwortet.[428] Vorteile schriftlicher Befragungen sind der im Vergleich zu

---

[424] Vgl. Kap. 1.2, S. 7 und Szyperski /Orientierung 1971/ 258f, Seibt /Forschung durch Entwicklung 1981/ 301ff. und Lamnek /Qualitative Sozialforschung 1989/ 20.

[425] Vgl. Friedrichs /Sozialforschung 1980/ 123 und Bortz /Empirische Forschung 1984/ 26f.

[426] Vgl. Schnell et al. /Empirische Sozialforschung 1999/ 297.

[427] Vgl. Diekmann /Empirische Sozialforschung 2003/ 373.

[428] Vgl. Bortz /Empirische Forschung 1984/ 180f.

Interviews geringere Aufwand, dass Fehler der Einflussnahme eines Interviewers vermieden werden und dass bei der Durchführung der Befragung eine größere zeitliche Flexibilität besteht.[429] Nachteilig bei Fragebögen sind mangelnde Erklärungsmöglichkeiten, hohe Ausfallwahrscheinlichkeiten und geringe Einflussmöglichkeiten durch den Interviewer.[430]

Für die durchgeführten Befragungen wurden sowohl papiergebundene Fragebögen als auch Online-Fragebögen genutzt. Die Online-Befragungen wurden mittels der Software OPST 2.0 der Firma Globalpark[431] durchgeführt. Mit dieser Software können online Befragungen erstellt und durchgeführt und die gesammelten Daten in verschiedenen Formaten auf einen lokalen Rechner übertragen werden. Die Lerner wurden über das LMS CLIX auf eine für die Befragung erstellte Webseite geleitet, mit der sie den Online-Fragebogen beantworten konnten. Anschließend wurden die Daten in die Software SPSS 12 der Firma SPSS[432] importiert und dort ausgewertet.

Die papiergebundenen Fragebögen wurden von den Befragten ausgefüllt und anschließend codiert und ebenfalls in die Software SPSS importiert. Dort erfolgte analog zu den Online-Fragebögen die Auswertung.

Befragungen mit Interviews

Um nicht nur quantitative Daten erheben zu können, sondern auch qualitative Aussagen zu Effektivität und Nutzen von Blended Learning zu ermitteln, wurden zur Überprüfung der Thesen Interviews herangezogen.

Qualitative Befragungen sind mündlich-persönlich, nehmen also die Form des Interviews an.[433] Nicht-standardisierte Interviews haben den Vorteil, dass sie sich durch nicht vorformulierte Fragen und die nicht vorgegebene Reihenfolge situativ anpassen können.

Die bei der Überprüfung der Thesen herangezogenen Interviews wurden in enger Zusammenarbeit mit dem Autor dieser Arbeit im Rahmen einer Diplomarbeit erhoben.[434] Sie wurden aufgezeichnet und transkribiert, so dass die Aussagen der Befragten zur Überprüfung der Thesen herangezogen werden konnten.

---

[429] Vgl. Müller-Böling; Klandt /Methoden empirischer Wirtschafts- und Sozialforschung 1996/ 42f.

[430] Vgl. Bortz /Empirische Forschung 1984/ 181f.; Wottawa; Thierau /Handbuch Evaluation 1990/ 127.

[431] http://www.globalpark.de/

[432] http://www.spss.de/

[433] Vgl. Lamnek /Methoden und Techniken 1995/ 59f.

[434] Vgl. Starck /Evaluation studentischen Lernverhaltens 2004/.

Analyse von Logfiles

Um die quantitativen und qualitativen Daten, die mit Fragebögen und Interviews erhoben wurden und den subjektiven Empfinden der Befragten entsprechen, mit objektiven Daten zu verknüpfen, wurden Logfile-Analysen durchgeführt.

Logfiles werden von verschiedenen Diensten des Systems E-LEARN protokolliert.[435] Jeder Dienst protokolliert Zugriffe auf Inhalte in so genannten Logfiles, indem er sich Daten wie Benutzernamen, Datum und Uhrzeit, Zugriffsart, aufgerufene Inhalte etc. merkt und in bestimmten Intervallen diese Daten in einfache Textdateien schreibt. Anhand dieser Daten kann die Nutzung von E-LEARN nach Uhrzeit, Datum und Art der Nutzung analysiert werden.

Zur Überprüfung der Thesen wurden Logfiles analysiert, in denen die Nutzung von Diskussionsforen, Foliendownloads, Streaming Videos usw. protokolliert wurde. Anhand dieser Daten konnte ermittelt werden, wie oft Lerner die Dienste des Systems E-LEARN tatsächlich genutzt haben. Daneben wurden Logfiles von Online-Tutorien ausgewertet, um das Nutzungsverhalten bei Online-Tutorien zu untersuchen.

Auswahl der Befragten

Um eine Auswahl von Befragten einer Untersuchung durchführen zu können, muss zunächst eine Grundgesamtheit bestimmt werden. Unter einer Grundgesamtheit wird die Bestimmung der für die Forschungsfrage relevanten Personen und/oder Objekte verstanden.[436] Voll- oder Totalerhebungen, bei denen die Grundgesamtheit untersucht wird, werden aufgrund ihrer Dauer und Kosten selten durchgeführt.[437] Meistens werden Teilerhebungen oder Stichprobenuntersuchungen vorgenommen, von denen man auf die Grundgesamtheit bzw. die darin herrschende Merkmalsverteilung schließen kann.[438] So haben Experteninterviews die Gewinnung von Erkenntnissen zum Ziel, die über den untersuchten Fall hinausreichen.[439]

Die Auswahl der Stichprobe erfolgt durch verschiedene zufallsgesteuerte oder nicht zufallsgesteuerte Auswahlverfahren. Bei einer zufallsgesteuerten Auswahl haben alle Elemente der

---

[435] Vgl. Kap. 3.4, S. 109.
[436] Vgl. Dreier /Datenanalyse 1994/ 30.
[437] Vgl. Atteslander /Methoden der empirischen Sozialforschung 2000/ 290; Dreier /Datenanalyse 1994/ 30.
[438] Vgl. Lamnek /Methodologie 1995/ 273.
[439] Vgl. Mayer /Interview und schriftliche Befragung 2002/ 38.

Grundgesamtheit die gleiche Chance, ausgewählt zu werden.[440] Bei der nicht zufallsgesteuerten Auswahl wird zwischen einer willkürlichen Auswahl aufs Geratewohl und einer bewussten und planvollen Auswahl nach vorher festgelegten Kriterien unterschieden.[441] Als Beispiel einer bewussten Auswahl nennt *Althoff* die Durchführung von Expertengesprächen.[442]

Die Untersuchungen, die zur Überprüfung der Thesen durchgeführt wurden, sind Vollerhebungen. Die gesamte Anzahl der Lerner, die die jeweilige Veranstaltung besuchte und das System E-LEARN nutzte, ist dabei die Grundgesamtheit. Daher war es nicht notwendig, eine Stichprobe auszuwählen.

---

[440] Vgl. Althoff /Auswahlverfahren in der empirischen Sozialforschung 1993/ 42.

[441] Vgl. Kromrey /Modelle und Methoden der standardisierten Datenerhebung und Auswertung 2002/ 260f.

[442] Vgl. Althoff /Auswahlverfahren in der empirischen Sozialforschung 1993/ 30.

6.2 Struktur der empirischen Untersuchungen

Tabelle 12 gibt einen Überblick über die zehn zur Überprüfung der Thesen herangezogenen empirischen Untersuchungen.

Unter-suchung	Bildungseinrichtung	Zeitpunkt der Untersuchung	Methode	Anzahl der Items[443]	N
①	Universität zu Köln, Wirtschaftsinformatik (WS 02/03)[444]	Oktober 2002 bis März 2003	Fragebogen	202	95
②	VWA Köln[445]	März 2003	Fragebogen	97	26
③	VWA Trier[445]	März 2003	Fragebogen	85	21
④	Winfoline[445]	März 2003	Fragebogen	59	13
⑤	Universität zu Köln, Wirtschaftsinformatik (SS 03)[446]	Juli 2003	Interview	85	38
⑥	Rheinische Fachhoch-schule Köln	Anfangsbefragung Oktober 2004	Fragebogen	16	36
⑦	Rheinische Fachhoch-schule Köln	Zwischenbefragung Dezember 2004	Fragebogen	76	20
⑧	Steuer-Fachschule Dr. Endriss, Präsenzlehrgang	April 2005	Fragebogen	79	118
⑨	Steuer-Fachschule Dr. Endriss, Fernlehrgang	April 2005	Fragebogen	66	15
⑩	Rheinische Fachhoch-schule Köln	Abschlussbefragung Mai 2005	Fragebogen	69	26

Tabelle 12: Übersicht über die durchgeführten empirischen Untersuchungen in chronologischer Reihenfolge

---

[443] Unter einem Item versteht man eine als Frage oder Urteil formulierte Aussage, zu der die befragte Person ihre Zustimmung oder Ablehnung (gegebenenfalls in unterschiedlicher Intensität) äußern kann.

[444] Die Untersuchungen wurden im Rahmen des Projekts E-W-E-Learn durchgeführt (vgl. Klenner; Psaralidis /E-W-E-Learn Abschlussbericht 2003/). Sie basieren auf Vorarbeiten von *Coenen* (vgl. Coenen /E-Learning Architektur für universitäre Lehr und Lernprozesse 2001/).

[445] Die Untersuchungen wurden im Rahmen einer Diplomarbeit durchgeführt (vgl. Dahm /E-Learning in der berufsbegleitenden Weiterbildung 2003/).

[446] Die Untersuchungen wurden im Rahmen einer Diplomarbeit durchgeführt (vgl. Starck /Evaluation studenti-schen Lernverhaltens 2004/).

Die Anzahl der Items ist bei den verschiedenen Untersuchungen unterschiedlich. Es wurde ein Fragenkatalog aufgebaut, aus dem die Fragebögen für die jeweilige Untersuchung zusammengestellt wurden. Dadurch konnten bei unterschiedlichen Untersuchungen gleiche Frageblöcke verwendet werden, beispielsweise, um die Leistungsmotivation von Studierenden zu messen.[447] Die Fragestellung orientiert sich an Untersuchungen, die von *Coenen* durchgeführt wurden.[448]

Zwei Untersuchungen, die an der Universität zu Köln mit Studierenden des Fachs Wirtschaftsinformatik durchgeführt wurden, wurden zur Überprüfung der Thesen herangezogen. Dabei wurden die in Kapitel 5 hergeleiteten Thesen jeweils beim Entwurf des Untersuchungsdesigns berücksichtigt.

Empirische Untersuchungen von Blended Learning Veranstaltungen an der Universität zu Köln im WS 2002/2003

Im Rahmen des Projekts E-W-E-Learn, das am Lehrstuhl für Wirtschaftsinformatik, insb. Informationsmanagement durchgeführt wurde, befragten *Klenner* und *Psaralidis* in enger Zusammenarbeit mit dem Autor der Arbeit Studierende des Fachs Wirtschaftsinformatik.[449] Im Wintersemester 02/03 wurde mit zwei Online-Befragungen das geplante Lernverhalten der Lerner zu Beginn des Semesters und das tatsächliche Lernverhalten der Lerner am Ende des Semesters gemessen. Im Rahmen dieser Arbeit fließen die Ergebnisse der Befragung am Ende des Semesters (Untersuchung ① aus Tabelle 12), an der 95 Studierende teilnahmen, in die Überprüfung der Thesen ein.

Empirische Untersuchungen von Blended Learning Veranstaltungen der VWA Köln und der VWA Trier im WS 2002/2003 und von reinen E-Learning Veranstaltungen des Winfoline Bildungsnetzwerks

Dahm führte Anfang 2003 drei vergleichende Untersuchungen bei der VWA Köln, bei der VWA Trier und beim Bildungsnetzwerk Winfoline durch. Dabei wurden Online-Fragebögen genutzt, die von den Studierenden ausgefüllt wurden.[450]

Bei der VWA Köln (Untersuchung ② aus Tabelle 12) und VWA Trier (Untersuchung ③ aus Tabelle 12) nahmen im WS 2002/2003 26 bzw. 21 Teilnehmer an den Befragungen teil. An

---

[447] Vgl. Kap. 5.2, S. 156f.
[448] Vgl. Coenen /E-Learning Architektur für universitäre Lehr und Lernprozesse 2001/.
[449] Vgl. Klenner; Psaralidis /E-W-E-Learn Abschlussbericht 2003/.
[450] Vgl. Dahm /E-Learning in der berufsbegleitenden Weiterbildung 2003/.

den Untersuchungen bei Winfoline nahmen 13 Personen teil (vgl. Untersuchung ④ aus Tabelle 12). Dies ist mit der geringen Menge der Studierenden zu erklären, die das Fach „Einführung in die Wirtschaftsinformatik" im WS 2002/2003 hörten.

In diesem Zusammenhang sei nochmals auf den explorativen Ansatz der vorliegenden Arbeit verwiesen.[451]

Empirische Untersuchungen von Blended Learning Veranstaltungen an der Universität zu Köln im SS 2003

In der Untersuchung von *Stark*[452] wurden im Anschluss an das Sommersemester 2003 insgesamt 38 Interviews mit Studierenden geführt, die an der Klausur im Fach Wirtschaftsinformatik teilnahmen (Untersuchung ⑤ aus Tabelle 12). Die Interviews dauerten durchschnittlich 20 bis 30 Minuten. Die transkribierten Interviews wurden im Rahmen der vorliegenden Arbeit erneut ausgewertet und zur qualitativen Bewertung der Thesen herangezogen.

Im Sommersemester 2003, in dem die Untersuchung durchgeführt wurde, wurde im Fach „Grundzüge der Wirtschaftsinformatik I" keine Präsenzveranstaltung angeboten.[453] Die Studierenden mussten verstärkt auf Angebote des Systems E-LEARN zurückgreifen, um die fehlende Präsenzlehre zu substituieren. Zur Unterstützung der Studierenden wurden über das Semester verteilt vier Online-Tutorien gehalten, an denen die Studierenden teilnehmen konnten. Jeweils eine Woche vor jedem Tutorium konnten die Studierenden Übungsaufgaben zum Inhalt des Tutoriums über das LMS CLIX herunterladen.

Empirischen Untersuchungen von Blended Learning Veranstaltungen an der Rheinischen Fachhochschule Köln im WS 04/05

Untersuchungsgegenstand bei den Befragungen an der Rheinischen Fachhochschule Köln (RFH) war die Veranstaltung „Informationsmanagement" von Prof. Dr. Becker, die im WS 04/05 an der RFH für Studierende im zweiten Semester angeboten wurde. Die Veranstaltung umfasste insgesamt 15 Doppelstunden, die auf sechs Termine verteilt wurden.

In einem „Pilotversuch Blended Learning" wurde die Eignung des Systems E-LEARN zur Unterstützung von Lernprozessen von Studierenden der RFH analysiert.[454]

---

[451] Vgl. Kap. 1.2, S. 4ff.

[452] Vgl. Starck /Evaluation studentischen Lernverhaltens 2004/.

[453] Dieses Fach hat einen zweisemestrigen Turnus.

[454] Vgl. Kap. 3.6, S. 122.

Die erste Sitzung wurde ohne E-Learning Unterstützung als traditionelle Präsenzveranstaltung abgehalten. Neben den Vorlesungsinhalten wurden die Ziele des Pilotversuchs sowie das System E-LEARN vorgestellt. Nach Vorstellung des Systems wurde die Anfangsbefragung (Untersuchung ⑥ aus Tabelle 12) durchgeführt, in der die technische Ausstattung, das Vorwissen und die Erfahrungen der Studierenden mit E-Learning und Video-Konferenzen erhoben wurden (vgl. Tabelle 13).[455]

Die nächsten vier Termine fanden jeweils an Montagabenden als normale Präsenzveranstaltungen in den Räumen der RFH statt und wurden gleichzeitig mit Hilfe von E-LEARN aufgezeichnet und live ins Internet übertragen. Dabei wurden keine empirischen Untersuchungen durchgeführt.

Nr.	Datum der Veranstaltung	Umfang	Art	Untersuchung	Anzahl der Items	Anzahl der Befragten
1	Sa, 09.10.04	5 Dstd.	Nur Präsenzveranstaltung	Anfangsbefragung	16	N=36
2	Mo, 08.11.04	2 Dstd.	Präsenzveranstaltung plus E-Learning	–	–	–
3	Mo, 15.11.04	2 Dstd.	Präsenzveranstaltung plus E-Learning	–	–	–
4	Mo, 22.11.04	2 Dstd.	Präsenzveranstaltung plus E-Learning	–	–	–
5	Mo, 29.11.04	2 Dstd.	Präsenzveranstaltung plus E-Learning	–	–	–
6	Mo, 06.12.04	2 Dstd.	Nur Präsenzveranstaltung	Zwischenbefragung	76	N=20
	Do, 19.05.05		Klausur	Abschlussbefragung	69	N=26
			Ermittlung der Klausurergebnisse			N=27

Tabelle 13: Zeitlicher Ablauf der Veranstaltung und der Befragungen

Den Studierenden der RFH standen folgende Lernkanäle zur Verfügung:

- Traditionelle Präsenzveranstaltung im Hörsaal (synchron).

---

[455] Der Fragebogen der Anfangsbefragung befindet sich in Anhang C.1.

- **Audio/Video-Live-Übertragung** der Vorlesung mit Bild und Ton des Dozenten sowie synchronisierten Einblendungen von Folien und Notizen des Dozenten ins Internet inkl. Rückkanal per Chat (synchron).[456]

- **Audio/Video-Aufzeichnungen auf interaktiven CDs** mit Bild und Ton des Dozenten sowie synchronisierten Einblendungen von Folien und Notizen des Dozenten (asynchron).[457] Die Inhalte der Veranstaltungen wurden auf zwei CDs zusammengestellt. Bei der letzten Präsenzveranstaltung wurden die CDs jedem Studierenden ausgehändigt. Zusätzlich konnten die CDs von der Veranstaltungs-Webseite zum Selberbrennen heruntergeladen werden.

- **Audio/Video-Aufzeichnungen als Video on Demand im Internet** mit Bild und Ton des Dozenten sowie synchronisierten Einblendungen von Folien und Notizen des Dozenten, die über Internet als Video on Demand genutzt werden kann (asynchron).[458] Die Audio/Video-Aufzeichnungen wurden jeweils zwei Tage nach der Veranstaltung im Internet bereitgestellt und konnten dort genutzt werden.

- **Download** von digitalen Unterrichtsmaterialien (Folien, Aufgaben etc.) zum Ausdrucken über eine Webseite, die zur Veranstaltung eingerichtet wurde.[459]

Die sechste Sitzung fand wieder ohne E-LEARN-Unterstützung als normale Präsenzveranstaltung statt. An diesem Termin wurden die Studierenden über den Pilotversuch erneut befragt (Zwischenbefragung, Untersuchung ⑦ aus Tabelle 12) und ihnen wurden CDs mit den Audio/Video-Aufzeichnungen der Präsenzveranstaltungen ausgehändigt. In der Zwischenbefragung wurde das Lernverhalten der Studierenden bei der Präsenzveranstaltung und bei der Nutzung der Audio/Video-Live-Übertragung erhoben.

Die Klausur fand aufgrund entsprechender Regelungen in der Prüfungsordnung erst fünf Monate nach Ende der Veranstaltung im Mai 2005 statt. Dabei wurden auch Inhalte aus dem SS 2005 geprüft, für die keine E-LEARN-Unterstützung angeboten wurde. Nach der Klausur wurde die Abschlussbefragung (Untersuchung ⑩ aus Tabelle 12) durchgeführt. Alle Daten wurden mit Fragebögen erhoben. Die Anzahl der Befragten bei den einzelnen Untersuchungen ergibt sich aus Tabelle 13.

---

[456] Vgl. Kap. 3.4.5, S. 90ff.
[457] Vgl. Kap. 3.4.6, S. 97ff.
[458] Vgl. Kap. 3.4.6, S. 97ff.
[459] Vgl. Kap. 3.4.2, S. 85ff.

Alle Daten der Erhebung wurden anonymisiert erhoben. Um dennoch die Antworten der Anfangs-, Zwischen- und Abschlussbefragung zusammenfügen zu können, wurden die Studierenden aufgefordert, einen individuellen Code auf die Antwortbögen zu schreiben, mit dessen Hilfe die Bögen zugeordnet werden konnten. Der Code wurde von den Studierenden gemäß den Empfehlungen des Berliner Datenschutzbeauftragten generiert.[460] Fragebögen mit gleichen Codes konnten demselben Studierenden zugeordnet werden.

Die Studierenden wurden gebeten, auf den Bogen der Abschlussbefragung ihre Matrikelnummer zu schreiben, um so die Klausurergebnisse den individuellen Codes zuordnen zu können.

Aufgrund der geringen Fallzahl (zwischen 20 und 36) sind die Ergebnisse der explorativen Untersuchungen an der RFH nicht repräsentativ und können nicht verallgemeinert werden. Sie sind aber zur Wiedergabe des Meinungsbilds von Studierenden der RFH über das System E-LEARN dennoch gut geeignet.

Die Fragebögen waren entsprechend den Empfehlungen zur Gestaltung von Fragebögen jeweils in thematische Blöcke geordnet.[461] Es wurden hauptsächlich geschlossene Fragen gestellt, die bei schriftlichen Befragungen zu empfehlen sind.[462] Dabei wurde meist die 5-Punkte-Likert-Skala benutzt,[463] bei der dem Befragten Aussagen vorgelegt werden, die er auf einer Ratingskala bewerten soll. Die Skala enthält fünf Punkte, die etwa wie folgt lauten: „trifft überhaupt nicht zu", „trifft eher nicht zu", „unentschieden", „trifft zu" und „trifft voll zu".

Vor der Befragung wurden die Fragebögen einigen Studierenden vorgelegt und einem Pretest unterzogen, um die durchschnittliche Befragungszeit und die Verständlichkeit der Fragen zu überprüfen.[464] Nach dem Pretest wurden die Fragebögen jeweils modifiziert, und die beim Pretest gewonnen Erkenntnisse umgesetzt.

Die verwendeten Fragebögen sind in Anhang B abgedruckt.

---

[460] Die Studierenden schrieben auf jeden Fragebogen einen Code, der sich aus den ersten beiden Buchstaben des Vornamens der Mutter (z.B. Heike) + den ersten beiden Ziffern ihres Geburtsdatums (z.B. 04.06.1976) + den beiden ersten Buchstaben des Vornamens ihres Vaters (z.B. Peter) zusammensetzt. In diesem Fall wäre der Code „HE04PE". Vgl. Metschke; Wellbrock /Datenschutz 2002/.

[461] Vgl. Diekmann /Empirische Sozialforschung 2003/ 414.

[462] Vgl. Friedrichs /Sozialforschung 1990/ 238.

[463] Vgl. Diekmann /Empirische Sozialforschung 2003/ 404 und Friedrichs /Sozialforschung 1990/ 175.

[464] Vgl. Friedrichs /Sozialforschung 1990/ 153.

Empirischen Untersuchungen von Blended Learning Veranstaltungen der Steuer-Fachschule Dr. Endriss im WS 04/05

Im April 2005 wurden die Teilnehmer von Bilanzbuchhalter-Lehrgängen an der Steuer-Fachschule Dr. Endriss befragt. Der Lehrgang wird als reiner Fernlehrgang und als Präsenzlehrgang an zahlreichen Standorten in Deutschland angeboten. Beide Varianten werden mit dem von der Steuer-Fachschule entwickelten System „e^2 E-Learning" unterstützt. Die Teilnehmer können asynchrone Diskussionsforen, die von Dozenten moderiert werden, und zahlreiche WBTs nutzen.[465]

Der Präsenzlehrgang findet innerhalb von elf Monaten an 29 Samstags-Terminen bzw. zwei Mal wöchentlich abends statt. Das Zeitraster für den Fernlehrgang ist beliebig.

Zur Befragung wurden die Teilnehmer des Präsenzlehrgangs (Untersuchung ⑧ aus Tabelle 12) und des Fernlehrgangs (Untersuchung ⑨ aus Tabelle 12) angeschrieben. Tabelle 14 zeigt die Anzahl der Befragten und die realisierten Befragungen. Insgesamt konnte eine Ausschöpfungsquote von 14,8% erreicht werden, was ein gewöhnlicher Wert für schriftliche Befragungen ist.[466]

	Präsenzlehrgang	Fernlehrgang	Gesamt
Kontaktierte Lehrgangsteilnehmer (Bruttostichprobe):	788	116	904
Fehladressen:	0	8	8
Nettostichprobe:	788	108	896
Realisierte Befragungen:	118	15	133
Ausschöpfungsquote:[467]	15,0%	13,9%	14,8%

Tabelle 14: Anzahl der Befragten bei der Steuer-Fachschule

Die bei der Befragung verwendeten Fragebögen befinden sich in Anhang C.

---

[465] Zur Beschreibung von e^2 E-Learning vgl. Kap. 3.6, S. 119.

[466] Vgl. Diekmann /Empirische Sozialforschung 2003/ 441.

[467] Die Ausschöpfungsquote berechnet sich wie folgt: (Realisierte Befragungen) / (Nettostichprobe) x 100.

7 Überprüfung der Thesen anhand der Ergebnisse aus den explorativen Untersuchungen

Die in Kapitel 5 aufgestellten Thesen wurden anhand der in Kapitel 1 beschriebenen empirischen Untersuchungen überprüft. In diesem Kapitel werden die Ergebnisse der Überprüfung der Thesen dargestellt.

Zur Überprüfung wurden mehrere empirische Untersuchungen herangezogen.[468] Bei einigen Thesen wurden Untersuchungen, die an unterschiedlichen Bildungseinrichtungen durchgeführt wurden, genutzt. Dabei ist es nur eingeschränkt möglich, Ergebnisse einer Untersuchung bei einer Bildungseinrichtung den Ergebnissen einer Untersuchung bei einer anderen Bildungseinrichtung direkt gegenüberzustellen, da die Lernumgebung, die Lerner, das Lernthema und das Lernergebnis unterschiedlich sind.

Sofern es jedoch um die Beurteilung von Lernkanälen geht, die in vergleichbarer Weise bei unterschiedlichen Bildungseinrichtungen genutzt wurden, ist es möglich, solche Aussagen zu Verifizierung oder Falsifizierung von Thesen heranzuziehen. Bei den folgenden Abbildungen und Tabellen ist jeweils angegeben, bei welcher Bildungseinrichtung die Daten erhoben wurden. Daneben ist jeweils die Anzahl der Befragten (N) angegeben. Teilweise wurden die quantitativen Daten, die per Fragebogen erhoben wurden, mit qualitativen Ergebnissen aus Interviews und objektiven Daten aus Logfile-Analysen ergänzt.

Die in Kapitel 5 erarbeiteten Thesen wurden anhand der empirischen Untersuchungen überprüft. Falls eine These nicht bestätigt werden konnte, wurde eine modifizierte These aufgestellt, die in zukünftigen Untersuchungen überprüft werden kann.

Über die aufgestellten bzw. modifizierten Thesen hinaus wurden Vermutungen aufgestellt, die auf Erkenntnissen basieren, die bei der Überprüfung der Thesen gewonnen wurden. Bei diesen Vermutungen kann nur die grobe Richtung vorgegeben werden. In Kapitel 10.1 werden Anregungen für die Konkretisierung dieser Vermutungen gegeben. Anschließend müssten diese Vermutungen aufgrund der Literatur begründet werden und ggf. in Form von neuen Thesen formuliert werden. Dies ist jedoch nicht Gegenstand dieser Arbeit.

Die Überprüfung jeder These wird mit der Bewertung der These abgeschlossen. Dabei wird das Symbol „✓" benutzt, wenn die These nicht falsifiziert werden konnte. Das Symbol „✗" kennzeichnet eine These, die nicht bestätigt werden konnte. Wenn die Ergebnisse widersprüchlich oder nicht eindeutig sind, wird das Symbol „?" benutzt.

---

[468] Vgl. Kap. 6.2, S. 167ff.

7.1 Thesenbündel A: Nutzen von Blended Learning und Einfluss auf die Effektivität von Lernprozessen

7.1.1 Effektivitäts- und Nutzenaspekte von Audio/Video-Aufzeichnungen

Überprüfung der Voraussetzungen zur Nutzung von Audio/Video-Aufzeichnungen

Um die Effektivität und den Nutzen von Audio/Video-Aufzeichnungen beurteilen zu können, muss zunächst sichergestellt werden, dass die befragte Grundgesamtheit über die Möglichkeit verfügt, Audio/Video-Aufzeichnungen zu nutzen. Sollten Befragte aufgrund äußerer Rahmenbedingungen (beispielsweise durch Mangel an geeigneter Hardware und Software) nicht in der Lage sein, Audio/Video-Aufzeichnungen zu nutzen, dürfen sie bei der Befragung nach dem Nutzen nicht berücksichtigt werden.

Fast alle bei der RFH Befragten verfügten zu Hause über einen PC bzw. ein Notebook (vgl. Tabelle 15) und erfüllten die technischen Anforderungen, um zumindest mit den Audio/Videoaufzeichnungen auf CD arbeiten zu können. Dafür wird kein Internetzugang benötigt.

Art des Computers	Anzahl der Befragten	Anteil[469]
PC	29	80,6%
Notebook	13	36,1%
kein Computer	2	5,6%

Tabelle 15: Computerausstattung der Studierenden zu Hause (RFH, N=36)

Acht Prozent der Befragten konnten die CDs auch am Arbeitsplatz nutzen.[470] Über die Hälfte konnte mit den CDs ortsunabhängig (zum Beispiel im Zug, bei den Eltern, auf Dienstreise) lernen.[471]

---

[469] Mehrfachantworten möglich.

[470] Vgl. Anhang B.3: RFH Abschlussbefragung, Frage 6 (N=22).

[471] Vgl. Anhang B.3: RFH Abschlussbefragung, Frage 9 (N=22).

7.1.1.1 Nutzen von Audio/Video-Aufzeichnungen im Vergleich zu ausgedruckten Folien im Lernprozess Klausurvorbereitung

Die befragten Studierenden der RFH arbeiteten durchschnittlich 42 Stunden pro Woche.[472] Zusätzlich hatten sie während des Semesters durchschnittlich 21 Stunden wöchentlich für die RFH eingeplant (inklusive Lehrveranstaltungen, Nacharbeiten, Lernzeiten, Fahrzeiten).[473] Es trat eine Doppelbelastung durch Studium und Arbeit auf. Keiner der Befragten hatte Kinder, so dass Kinder das Studium kaum beeinflusst haben dürften.[474] Bei berufsbegleitenden Studiengängen, in denen ältere Teilnehmer eingeschrieben sind, würde dies neben der Arbeit als zusätzliche Belastung hinzukommen.

Die größten Probleme der Befragten sind Zeitmangel für das Lernen und Müdigkeit nach der Arbeit (vgl. Abbildung 33).

Wo entstehen bei Ihnen die größten Schwierigkeiten bei der gleichzeitigen Bewältigung von Arbeit und Studium?

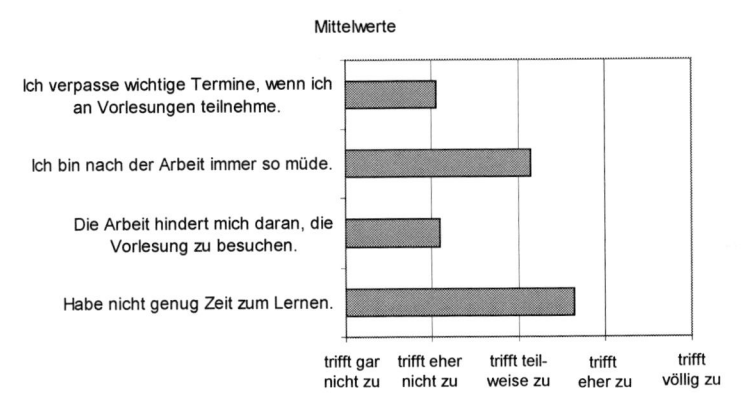

Mittelwerte

- Ich verpasse wichtige Termine, wenn ich an Vorlesungen teilnehme.
- Ich bin nach der Arbeit immer so müde.
- Die Arbeit hindert mich daran, die Vorlesung zu besuchen.
- Habe nicht genug Zeit zum Lernen.

trifft gar nicht zu — trifft eher nicht zu — trifft teilweise zu — trifft eher zu — trifft völlig zu

Abbildung 33: Schwierigkeiten bei der gleichzeitigen Bewältigung von Arbeit und Studium (RFH, N=20)

Durch die Nutzung der Audio/Video-Aufzeichnungen können die Studierenden das Müdigkeits-Problem mildern, indem sie ihre Lernzeiten flexibel auf Wochentage und Tageszeiten

---

[472] Vgl. Anhang B.1: RFH Anfangsbefragung, Frage 8 (N=35).
[473] Vgl. Anhang B.1: RFH Anfangsbefragung, Frage 9 (N=35).
[474] Vgl. Anhang B.1: RFH Anfangsbefragung, Frage 4 (N=35).

legen können, an denen sie am leistungsfähigsten sind. Parallel zur Präsenzveranstaltung stattfindende private oder berufliche Termine wurden nicht als kritisch bewertet.[475]

Besonders geschätzt wurde bei den aufgezeichneten Videos, dass sämtliche Notizen des Dozenten (d.h. was auf Tafel bzw. Overhead-Projektor geschrieben wird)[476] ebenfalls auf der CD synchron zum Ton erscheinen (vgl. Abbildung 34).

Wie hilfreich waren folgende Lernkanäle und Lernangebote bei Ihren Klausurvorbereitungen?

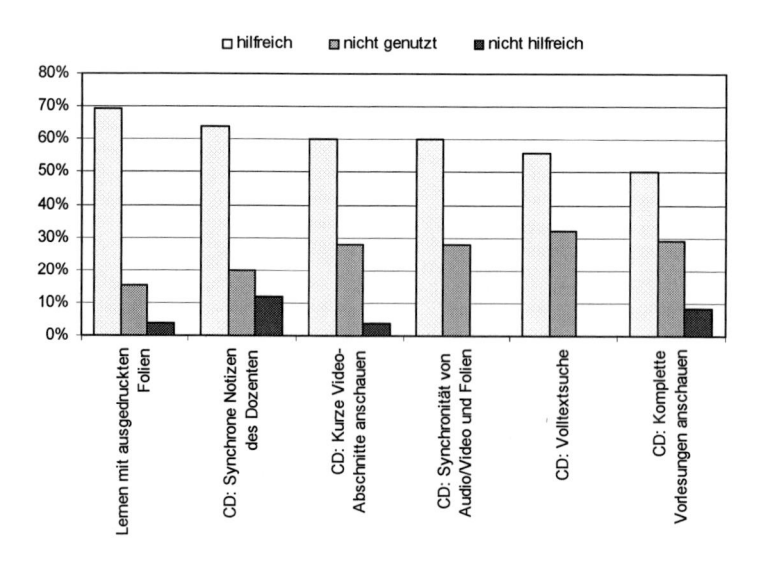

Abbildung 34: Nutzen von Audio/Video-Aufzeichnungen im Vergleich zu ausgedruckten Folien (RFH, N=20)

60 Prozent der Befragten fanden das Anschauen von kurzen Video-Abschnitten nützlich und nahezu genauso viele bewerteten die Synchronität von Audio/Video und Folien sowie die Volltextsuche als hilfreich. Immerhin die Hälfte der Befragten konnte sich gut durch das Anschauen von kompletten Vorlesungs-Sitzungen auf die Klausur vorbereiten.

Rund 70 Prozent der Befragten fänden es hilfreich (39% „sehr hilfreich", 30% „eher hilfreich"), wenn für weitere Veranstaltungen der RFH Audio/Video-Aufzeichnungen

---

[475] Vgl. Anhang B.2: RFH Zwischenbefragung, Frage 6 (N=26).
[476] Vgl. Kap. 3.4.5 und 3.4.6.

angeboten würden.[477] 22 Prozent sind unentschieden und nur 9 Prozent fänden dies nicht hilfreich.

Das Lernen mit ausgedruckten Folien wurde von den Studierenden subjektiv als hilfreichste Form der Klausurvorbereitung knapp vor der Nutzung der CDs beurteilt (vgl. Abbildung 34). Vergleicht man das Lernen mit aufgezeichneten Videos mit dem Lernen mit ausgedruckten Folien direkt, ergeben sich jedoch in fast allen Bereichen Vorteile für die Audio/Video-Aufzeichnungen (vgl. Abbildung 35).

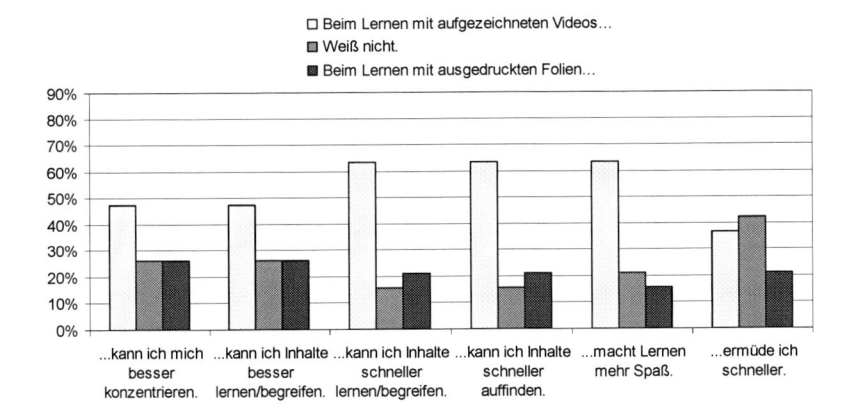

Abbildung 35: Vergleich Lernen mit Audio/Video-Aufzeichnungen und Lernen mit ausgedruckten Folien (RFH, N=20)

Überprüfung der These A1: Zeitersparnis beim Lernen mit Audio/Video-Aufzeichnungen

Über 60 Prozent der Befragten der RFH sahen in Bezug auf die Lernzeit Vorteile auf Seiten der Audio/Video-Aufzeichnungen (vgl. Abbildung 35). Nur 20 Prozent können mit ausgedruckten Folien schneller lernen. Die folgende These kann also bestätigt werden:

These A1: Im Lernprozess Klausurvorbereitung kann beim Lernen mit Audio/Video-Aufzeichnungen im Vergleich zum Lernen mit ausgedruckten Folien Lernzeit eingespart werden.	✓

---

[477] Vgl. Anhang B.3: RFH Abschlussbefragung, Frage 38 (N=23).

Ein Studierender der Uni Köln zeigte Kreativität bei der Nutzung von Audio/Video-Aufzeichnungen: *„Was ich mal gemacht habe, ist nur die Audiospur von den Vorlesungen zu kopieren und dann unterwegs zu hören. Ich hab das gemacht, weil ich eine Zeitlang Bahn gefahren bin mit Walkman bzw. Discman."* Auf die Frage, ob er sich auch ohne die Folien auf die Inhalte konzentrieren könne, antwortete er: *„Ja, also natürlich... Klar wenn man so in der Bahn fährt, dann lässt die Konzentration irgendwie nach, oder wird man abgelenkt und so, aber hier und da schnappt man schon noch was auf und ich konnte mich später gut daran erinnern. [...] Also ich kann mir auch gut Sachen merken, wenn ich die höre."*[478]

Überprüfung der These A2: Auffinden von Lerninhalten beim Lernen mit Audio/Video-Aufzeichnungen

Bei der Suche nach einer Videostelle wurden alle drei in Kapitel 5.1.1 (S. 139) vorgestellten Möglichkeiten, eine gesuchte Stelle einer Veranstaltung zu finden, genutzt (vgl. Tabelle 16). Offenbar führt der Komfort, den die unterschiedlichen Möglichkeiten zum Auffinden von gesuchten Videostellen bieten, zu einer effektiven Navigation und einem schnellen Auffinden der gesuchten Inhalte.

Wie sind Sie vorgegangen, um eine gesuchte Videostelle in der Veranstaltung zu finden?

Suchmethode	Anteil
Mit dem Fortschritts-Balken hin- und hergespult	29,4%
Folien über die Folienstruktur direkt angesprungen	52,9%
Volltextsuche genutzt	17,6%

Tabelle 16: Vorgehen, um mit Audio/Video-Aufzeichnungen eine gesuchte Videostelle in der Veranstaltung zu finden (RFH, N=19)

Fast 70 Prozent der Befragten hatten keine Probleme, eine gesuchte Stelle auf den CDs zu finden.[479]

Fast zwei Drittel der befragten Studierenden der RFH konnten Inhalte mit Hilfe von Audio/Video-Aufzeichnungen schneller auffinden als mit ausgedruckten Folien (vgl. Abbildung 35 auf Seite 179).

---

[478] Vgl. Starck /Evaluation studentischen Lernverhaltens 2004/ Interview 11.

[479] Vgl. Anhang B.3: RFH Abschlussbefragung, Frage 63 (N=19).

These A2: Im Lernprozess Klausurvorbereitung können Lerner gesuchte Inhalte schneller mit Audio/Video-Aufzeichnungen auffinden als mit ausgedruckten Folien.	✓

Überprüfung der These A3: Konzentration beim Lernen mit Audio/Video-Aufzeichnungen

48 Prozent der Lerner der RFH konnten sich beim Durcharbeiten von Audio/Video-Aufzeichnungen besser konzentrieren als beim Lernen mit Folien, etwa ein Viertel dabei schlechter (vgl. Abbildung 35).

Für den größeren Teil der Lerner kann die These demnach bestätigt werden.

These A3: Im Lernprozess Klausurvorbereitung können sich Lerner bei der Nutzung von Audio/Video-Aufzeichnungen besser konzentrieren als bei der Nutzung von ausgedruckten Folien.	✓

Ein Teil der Studierenden kann sich jedoch schlechter mit Audio/Video-Aufzeichnungen konzentrieren. Sie lernen grundsätzlich mit Folien und schauen unklare Inhalte gezielt per Audio/Video-Aufzeichnung nach. Eine Äußerung eines Studenten der Uni Köln verdeutlicht dies: *„Ich habe mir zwei, drei Vorlesungen [auf CD] angeguckt. Problem dabei ist, ich bin da nicht diszipliniert genug. Die Ablenkung zu Hause ist zu groß, wenn man da sitzt. Ich gucke mir die dann wirklich an, denke, ach – machste mal ICQ[480] an, machst du mal dies, machst du mal was zu essen. [...] Da habe ich festgestellt: das bringt mir nix, ich ziehe da zu wenig raus. Folglich habe ich überlegt: die Folien kommen [bei den Audio/Video-Aufzeichnungen] eh nebenher, der Stoff steht schon auf den Folien drauf, also nimmst du die Folien. Und guckst, wenn du irgendwas nicht verstanden hast, eben [auf den CDs] nach. Einfach noch als zusätzliche Erläuterung."*[481]

---

[480] Anm. d. Verf.: ICQ ist eine Instant Messaging Software.

[481] Vgl. Starck /Evaluation studentischen Lernverhaltens 2004/ Interview 9.

Überprüfung der These A4: Verständnis von Inhalten beim Lernen mit Audio/Video-Aufzeichnungen

Knapp die Hälfte der Befragten der RFH konnte Inhalte bei der Nutzung von Audio/Video-Aufzeichnungen besser verstehen als beim Lernen mit ausgedruckten Folien (vgl. Abbildung 35 auf Seite 179).

Unterstützt wird diese Erkenntnis durch folgende Aussage eines Studierenden, der Audio/Video-Aufzeichnungen an der Uni Köln nutzte: *„Ich habe mir das Vorlesungs-Video nur einmal angeguckt. Es ist aber auch manchmal so, dass ich nicht aufgepasst habe, dann habe ich manche Passagen nicht mitgekriegt und merkte ich habe was verpasst und bin hingegangen und habe zurückgespult und [mich] noch mal konzentriert dran gesetzt und gesagt, das muss ich mir jetzt noch mal angucken. Dann habe ich auch oft das Gefühl gehabt, dass ich die Sachen, die ich verpasst habe, dann besser verstanden habe."*[482] Ein anderer Lerner kombinierte die Nutzung von Audio/Video-Aufzeichnungen und ausgedruckten Folien: *„Noch mal um auf die CD zu sprechen zu kommen – ich hab mir quasi die Folien genommen – immer gehört, was der Dozent gesagt hat, und habe es dann auf die Folien selbst drauf geschrieben."*[483]

Sowohl die quantitativ erhobenen Daten an der RFH als auch die qualitativ bei Studierenden der Uni Köln erhobenen Daten unterstützen die These.

These A4: Im Lernprozess Klausurvorbereitung können Lerner die Inhalte mit Audio/Video-Aufzeichnungen besser lernen/begreifen als beim Lernen mit ausgedruckten Folien.	✓

Überprüfung der These A5: Spaß beim Lernen mit Audio/Video-Aufzeichnungen

Etwa zwei Dritteln der Lerner machte das Lernen mit Audio/Video-Aufzeichnungen mehr Spaß als das Lernen mit ausgedruckten Folien, weitere 20 Prozent konnten die Frage nicht beantworten und der Rest (15 Prozent) hatte mehr Spaß beim Durcharbeiten der ausgedruckten Folien (vgl. Abbildung 35 auf Seite 179).

---

[482] Vgl. Starck /Evaluation studentischen Lernverhaltens 2004/ Interview 21.

[483] Vgl. Starck /Evaluation studentischen Lernverhaltens 2004/ Interview 2.

Insofern kann die entsprechende These bestätigt werden.

These A5: Im Lernprozess Klausurvorbereitung macht Lernern das Lernen mit Audio/Video-Aufzeichnungen mehr Spaß als das Lernen mit ausgedruckten Folien.	✓

Die bessere Konzentration und das schnellere Verständnis bei der Nutzung von Audio/Video-Aufzeichnungen bewirken, dass die Lerner bei der Verwendung von Videos etwas schneller ermüden als beim Lernen mit ausgedruckten Folien (vgl. Abbildung 35 auf Seite 179).

Im Durchschnitt haben die Studierenden der RFH 12,4 Stunden für die Inhalte der untersuchten Veranstaltung gelernt,[484] davon durchschnittlich 4,7 Stunden (= 38 Prozent) mit der CD.[485] Insgesamt wurden den Studierenden fast zehn Stunden Audio/Video-Aufzeichnungen zur Verfügung gestellt, die knapp ein Drittel der Befragten komplett angesehen hat.[486] Die Audio/Video-Aufzeichnungen haben also einen beachtlichen Anteil an der Gesamt-Lernzeit.

In der Klausur zur Veranstaltung wurden die Studierenden neben dem Stoff, für den es Audio/Video-Aufzeichnungen gab, über eine weitere Veranstaltung, die nicht mit dem System E-LEARN unterstützt wurde, geprüft.[487] Die Studierenden wurden gefragt, wie sich der Mangel an Audio/Video-Aufzeichnungen bei der zweiten Veranstaltung auf ihre Lernprozesse auswirkte.[488] Antworten wie *„Zusatzbemerkungen mussten alle selbst gemacht werden"*, *„Da ich [bei der prüfungsrelevanten Veranstaltung] nicht da war, und nichts mit den CDs nachholen konnte, haben mir viele Lerninhalte gefehlt"* und *„Das Aufarbeiten des Stoffes war ohne CD wesentlich schwieriger"* bestätigen die oben dargestellten Ergebnisse.

Es gibt starke Hinweise, dass die Nutzung von Audio/Video-Aufzeichnungen für Lerner einen größeren Nutzen hat als das Lernen mit ausgedruckten Folien. Daher wird folgende Vermutung aufgestellt, die in weiteren Untersuchungen überprüft werden kann.

Vermutung V1: Im Lernprozess Klausurvorbereitung ist das Lernen mit Audio/Video-Aufzeichnungen besser geeignet als das Lernen mit ausgedruckten Folien.

---

[484] Vgl. Anhang B.3: RFH Abschlussbefragung, Frage 7 (N=25).
[485] Vgl. Anhang B.3: RFH Abschlussbefragung, Frage 8 (N=24).
[486] Vgl. Anhang B.3: RFH Abschlussbefragung, Frage 45 (N=19).
[487] Vgl. Kap. 6.2, S. 169ff.
[488] Vgl. Anhang B.3: RFH Abschlussbefragung, Frage 67 (N=12).

7.1.1.2 Nutzen von Audio/Video-Aufzeichnungen im Vergleich zum Lernen im Hörsaal im Lernprozess Wissensvermittlung

Zum Vergleich des Lernens mit aufgezeichneten Videos mit dem Lernen im Hörsaal wurden die Studierenden der RFH mittels Fragebogen gefragt, wie hilfreich einzelne Lernangebote bei der Klausurvorbereitung waren. Dabei wird deutlich, dass das Lernen mit Audio/Video-Aufzeichnungen auf CD in etwa genauso hilfreich bewertet wird wie der Besuch der Präsenzveranstaltung (vgl. Abbildung 36). Demnach ergibt sich keine generelle Präferenz der Studierenden in Richtung Audio/Video-Aufzeichnung oder Präsenzveranstaltung.

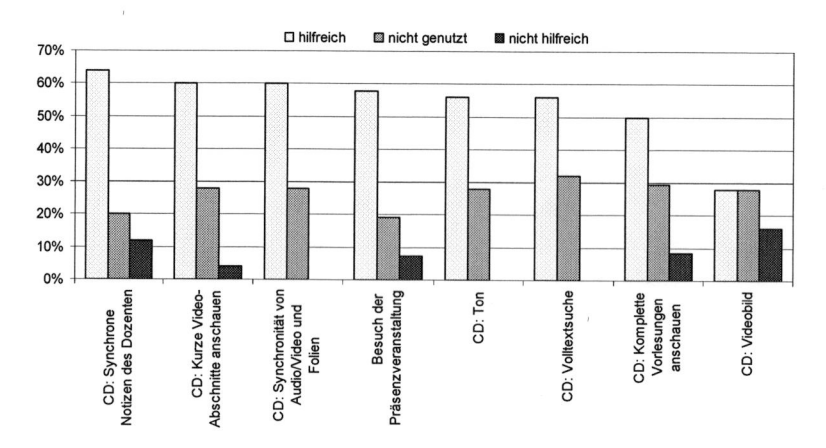

Abbildung 36: Nutzen von Audio/Video-Aufzeichnungen im Vergleich zum Besuch der Präsenzveranstaltung (RFH, N=20)

Fragt man die Lerner jedoch direkt, ob sie bezüglich verschiedener Kriterien das Lernen mit Audio/Video-Aufzeichnungen oder das Lernen im Hörsaal bevorzugen, ergibt sich ein anderes Bild (vgl. Abbildung 37). Hier schneidet in allen analysierten Dimensionen das Lernen im Hörsaal besser ab als das Lernen mit aufgezeichneten Videos. Mit der Überprüfung der Thesen wird näher auf diesen Umstand eingegangen.

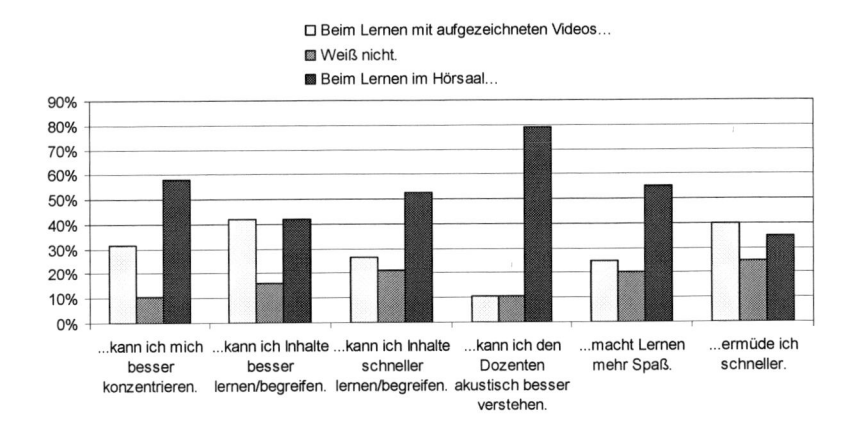

Überprüfung der Thesen anhand der Ergebnisse aus den explorativen Untersuchungen   185

Abbildung 37: Vergleich Lernen mit Audio/Video-Aufzeichnungen und Lernen im Hörsaal (RFH, N=20)

Überprüfung der These A6: Einsparung von Lernzeit beim Lernen mit Audio/Video-Aufzeichnungen und beim Lernen im Hörsaal

Zwei Drittel der Nutzer an der RFH haben Bereiche der Audio/Video-Aufzeichnung mit schwer verständlichen Inhalten so oft angeschaut, bis sie alles verstanden haben. Die Hälfte der Lerner hat beim Anschauen der Aufzeichnungen immer wieder Pausen eingelegt (vgl. Abbildung 38). Dies ermöglicht jedem Lerner die Wahl des für ihn passenden Lerntempos. In einer Präsenzveranstaltung ist das nicht durchführbar.

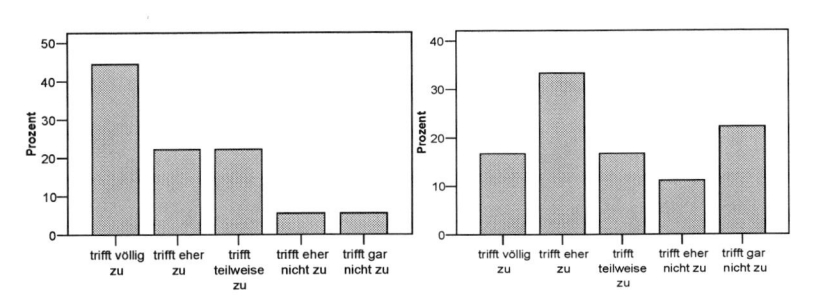

Abbildung 38: Nutzungsverhalten bei Audio/Video-Aufzeichnungen (RFH, N=19)

70 Prozent der an der RFH befragten Studierenden spulten bei Inhalten oder Folien, die sie schon kannten, das Video vor.[489]

Dies wird durch das Nutzungsverhalten von Studierenden der Uni Köln bestätigt: *„Also ich habe [...] die Folien genommen und kapitelweise das zusammengefasst, was ich für wichtig halte. [...] Und hab dann, wenn ich irgendwas nicht verstanden habe, mit den CDs, die es da gibt, vorgespult an die Stelle. Da springe ich dann hin und höre mir [den Dozenten] dazu noch mal an. Weil ich denke, wenn man wirklich alles hört, was er dazu erzählt, das ist einfach viel zu viel. Da geht einfach zuviel Zeit drauf für Sachen, die man schon mal gehört hat und verstanden hat."*[490] Ein anderer Student sagte: *„Also wenn ich die Übung geguckt habe, hab ich immer dann weiter gespult – weil ich's ja nicht live geguckt habe konnte ich das ja – wenn diese Diskussionen waren, weil dabei kam nie irgendwas handfestes heraus. Das fand ich irgendwie Zeitverschwendung, mir das anzugucken und auch die Ergebnisse davon. Also hab ich immer auf den nächsten Punkt weiter gespult, wenn dann wieder die richtigen Folien aufgelegt wurden. Also ich habs im Prinzip komplett geguckt, nur immer was übersprungen."*[491] Ein dritter Student argumentierte ähnlich: *„ Von der Vorlesung hab ich jetzt noch mal Auszüge, kleine Auszüge, also insgesamt vielleicht ne halbe Stunde oder so, angeguckt. So'n paar Stellen, jetzt gerade Informationsmanagement, was der Prof dazu gesagt hat und so, wollte ich mir noch mal ansehen."*[492]

Es gibt auch Studierende, die nicht nur Auszüge von Veranstaltungen anschauen, sondern alle Veranstaltungen komplett anschauen: *„Ich gucke mir alle Vorlesungen und alle Übungen ein- bis zweimal an. Wenn ich Fragen habe, gucke ich noch mal rein."*[493]

Anhand der Aussagen von 35 Studierenden der Uni Köln kann der Anteil der Lerner ermittelt werden, die Audio/Video-Aufzeichnungen intensiv, selektiv oder überhaupt nicht nutzen. Intensive Nutzer sind Lerner, die alle Veranstaltungen mindestens ein Mal komplett anschauen. Dies kann auch über mehrere Tage oder Wochen verteilt sein und von Pausen unterbrochen sein. Selektive Nutzung bedeutet das Anschauen einzelner Abschnitte von Veranstaltungen. Knapp die Hälfte der Lerner gehörte dabei zu den intensiven Nutzern (vgl. Tabelle 17).

---

[489] Vgl. Anhang B.3: RFH Abschlussbefragung, Frage 43 (N=19).

[490] Vgl. Starck /Evaluation studentischen Lernverhaltens 2004/ Interview 9.

[491] Vgl. Starck /Evaluation studentischen Lernverhaltens 2004/ Interview 39.

[492] Vgl. Starck /Evaluation studentischen Lernverhaltens 2004/ Interview 25.

[493] Vgl. Starck /Evaluation studentischen Lernverhaltens 2004/ Interview 1.

Nutzung von Audio/Video-Aufzeichnungen	Anzahl	Anteil
Intensive Nutzung	17	48,5%
Selektive Nutzung	14	40,0%
Keine Nutzung	4	11,5%

Tabelle 17: Nutzungsintensität der Audio/Video-Aufzeichnungen (Uni Köln SS 03, N=35)

Um das Nutzungsverhalten der Audio/Video-Aufzeichnung objektiv zu analysieren, wurden zusätzlich Logfiles analysiert. Dazu wurden Logfiles angefertigt, die alle Abrufe der Video on Demand Version der Audio/Video-Aufzeichungen, die von Studierenden der Uni Köln getätigt wurden, über ein Jahr protokollierten. Die Logfiles werden automatisch vom Video-Streaming Dienst erstellt.[494] Sie enthalten unter anderem die Länge des an einem Stück abgerufenen Videoabschnitts. Es kann davon ausgegangen werden, dass die Länge des abgerufenen Videoabschnitts auch der Zeit entspricht, die ein Studierender am Stück das Video mit Ton und den dazugehörenden Folien angeschaut hat.

Alle Anfragen, die unter einer Minute lang sind, wurden bei der Logfile-Analyse nicht berücksichtigt. Sie entstehen vor allem bei der Navigation durch die Audio/Video-Aufzeichnung, wenn sich der Lerner durch Vor- oder Zurückspulen einer gesuchten Videostelle nähert. Sie dienen nicht der Wissensvermittlung. Nahezu 60 Prozent aller gesendeten Videoabschnitte waren kürzer als eine Minute. Dies zeigt, dass das Vor- und Zurückspulen zur Navigation durch Vorlesungsinhalte stark genutzt wurde.[495]

Alle gesendeten Videoabschnitte von mehr als einer Minute Dauer sind in Abbildung 39 dargestellt. In Abhängigkeit von der Länge der von den Studierenden abgerufenen Videoabschnitte ist die Anzahl der Anfragen (Abrufe) abgetragen (gestrichelte Linie).

---

[494] Vgl. Kap. 3.5, S. 109.
[495] Vgl. auch These A2 auf Seite 180.

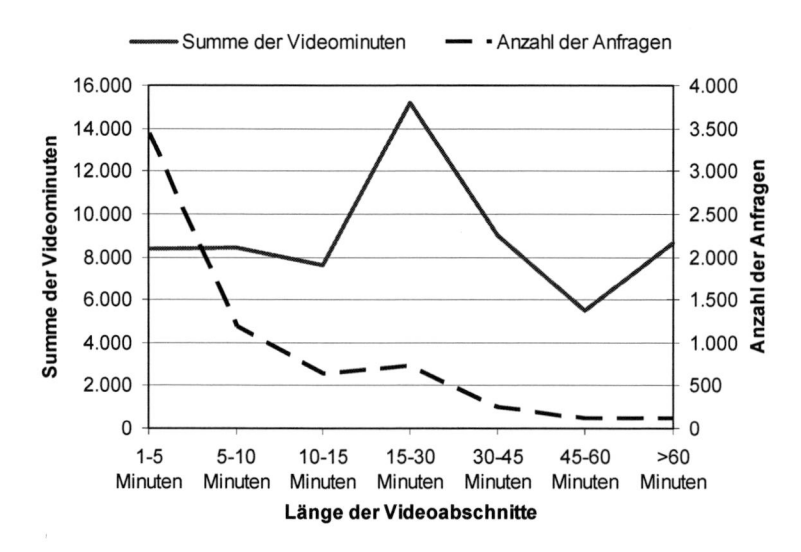

Abbildung 39: Nutzung von unterschiedlich langen Abschnitten von Audio/Video-Aufzeichnungen (Logfile-Analyse, Uni Köln WS 02/03 & SS 03)[496]

Dabei fällt auf, dass kurze Videoabschnitte besonders häufig von den Studierenden angeschaut wurden, während Abschnitte von mehr als 10 Minuten Länge erheblich seltener abgerufen wurden.

Dies ist durch das Nutzungsverhalten der Studierenden zu erklären, die die Audio/Video-Aufzeichnungen hauptsächlich zum gezielten Lernen bestimmter Vorlesungsabschnitte anschauten. Nur wenige Studierende haben sich längere Vorlesungsteile oder komplette Vorlesungssitzungen am Stück angeschaut. Diese durch Logfile-Analyse an der Uni Köln gewonnen Daten decken sich mit den an der RFH mit Fragebogen erhobenen Daten, die in Abbildung 38 auf Seite 185 dargestellt sind.

Die durchgezogene Linie in Abbildung 39 stellt die Summe der Lernminuten dar, die sich durch die Anzahl der Abrufe multipliziert mit der Anzahl der Minuten pro Videoabschnitt ergeben. Den größten Anteil nach Lernminuten haben Videoabschnitte von 15 bis 30 Minuten Dauer.

Aufbauend auf obigen Erkenntnissen kann folgende Vermutung aufgestellt werden, die in weiteren Untersuchungen überprüft werden sollte:

---

[496] Vgl. dazu auch Klenner; Psaralidis /E-W-E-Learn Abschlussbericht 2003/ 41.

> **Vermutung V2:** Einzelne kurze Abschnitte von Audio/Video-Aufzeichnungen werden von Studierenden, die an Präsenzveranstaltungen teilnehmen können, gezielt angeschaut. Audio/Video-Aufzeichnungen werden vor allem zum gezielten Lernen einzelner Inhalte bzw. Folien und zum Nachschlagen von Lerninhalten genutzt.

Bei der direkten Frage, ob Inhalte beim Lernen im Hörsaal oder beim Lernen mit Audio/Video-Aufzeichnungen schneller verstanden werden, antworteten über die Hälfte der an der RFH Befragten, sie können Inhalte im Hörsaal schneller verstehen (vgl. Abbildung 37 auf Seite 185). Etwa ein Viertel ist bei Nutzung von Audio/Video-Aufzeichnungen schneller. Somit konnte keine Zeitersparnis durch die Nutzung von Audio/Video-Aufzeichnungen festgestellt werden.

These A6: Im Lernprozess Wissensvermittlung kann bei der Nutzung von Audio/Video-Aufzeichnungen im Vergleich zum Lernen im Hörsaal Lernzeit eingespart werden.	✗

Überprüfung der These A7: Konzentration beim Lernen mit Audio/Video-Aufzeichnungen und beim Lernen im Hörsaal

Die Konzentration der Lerner beim Lernen mit Audio/Video-Aufzeichnungen und beim Lernen im Hörsaal wurde durch die Befragung an der RFH miteinander verglichen.

Fast 60 Prozent der Lerner können sich im Hörsaal besser konzentrieren als beim Lernen mit Audio/Video-Aufzeichnungen (vgl. Abbildung 37 auf S. 185). Etwa 30 Prozent können sich besser bei der Nutzung von Audio/Video-Aufzeichnungen konzentrieren.

Die These A7 konnte demnach nicht bestätigt werden.

These A7: Im Lernprozess Wissensvermittlung ist bei der Nutzung von Audio/Video-Aufzeichnungen die Konzentration der Lerner nicht schlechter als beim Lernen im Hörsaal.	✗

Überprüfung der These A8: Begreifen von Lerninhalten beim Lernen mit Audio/Video-Aufzeichnungen und beim Lernen im Hörsaal

Bezüglich des Begreifens von Inhalten zeichnet sich weder für das Lernen im Hörsaal noch für das Lernen mit Audio/Video-Aufzeichnungen ein Vorteil ab. Hier sind die Meinungen der Studierenden geteilt (vgl. Abbildung 37 auf S. 185).

Es scheint zwei Typen von Lernern zu geben. Der eine Typ kann Inhalte beim Lernen mit Audio/Video-Aufzeichnungen besser begreifen und der andere Typ beim Lernen im Hörsaal. Die Anzahl der Lerner ist bei beiden Typen etwa gleich groß. Nur ein geringer Teil der Lerner ist unentschieden.

Demnach kann die folgende These weder bestätigt, noch falsifiziert werden.

These A8: Im Lernprozess Wissensvermittlung werden bei der Nutzung von Audio/Video-Aufzeichnungen Inhalte mindestens genauso gut begriffen/verstanden wie beim Lernen im Hörsaal.	**?**

Aufbauend auf den Untersuchungsergebnissen wird folgende Vermutung gebildet:

Vermutung V3: Im Lernprozess Wissensvermittlung kann ein Teil der Lerner Inhalte mit Hilfe von Audio/Video-Aufzeichnungen besser begreifen/verstehen. Ein anderer Teil der Lerner kann Inhalte besser im Hörsaal begreifen/verstehen.

Überprüfung der These A9: Spaß beim Lernen mit Audio/Video-Aufzeichnungen und beim Lernen im Hörsaal

Der Spaß am Lernen wurde von der Mehrzahl der Befragten (55%) im Hörsaal höher eingeschätzt als beim Lernen mit Audio/Video-Aufzeichnungen (vgl. Abbildung 37 auf Seite 185). Ein Viertel der RFH-Studierenden hat mehr Spaß bei der Nutzung von Audio/Video-Aufzeichnungen als im Hörsaal.

An der RFH bevorzugen 80 Prozent der Befragten den persönlichen Kontakt zu Mitstudenten und Dozenten. Nur jeder zehnte Lerner legt keinen Wert auf persönliche Kontakte (vgl. Tabelle 18).

Ich bevorzuge persönlichen Kontakt zu Mitstudenten und Dozenten.

	Anzahl	Anteil
trifft völlig zu	6	30%
trifft eher zu	10	50%
teils teils	2	10%
trifft eher nicht zu	1	5%
trifft gar nicht zu	1	5%

Tabelle 18: Persönlicher Kontakt zu Mitstudenten und Dozenten (RFH, N=20)

Es ist zu vermuten, dass der bei der Nutzung von Audio/Video-Aufzeichnungen fehlende persönliche Kontakt ein Grund ist, dass das Lernen dabei weniger Spaß macht als im Hörsaal. In den durchgeführten Untersuchungen konnte diese Vermutung nicht genauer analysiert werden. Daher wird folgende Vermutung aufgestellt:

Vermutung V4: Der fehlende persönliche Kontakt ist ein Grund, warum Studierende lieber im Hörsaal lernen als mit Audio/Video-Aufzeichnungen.

Insgesamt kann man nicht sagen, dass das Lernen mit Audio/Video-Aufzeichnungen den Lernern mehr Spaß macht als das Lernen im Hörsaal.

These A9: Im Lernprozess Wissensvermittlung macht die Nutzung von Audio/Video-Aufzeichnungen Lernern mehr Spaß als das Lernen im Hörsaal.	✗

Insgesamt konnten die Thesen A6 bis A9 nur teilweise verifiziert werden. In weiterführenden Untersuchungen sollte daher auf folgende Vermutung aufgebaut werden:

Vermutung V5: Das Lernen mit Audio/Video-Aufzeichnungen unterstützt die Klausurvorbereitung, kann jedoch nicht die Veranstaltung im Hörsaal ersetzen.

Abgrenzung von zwei Lernertypen, die Audio/Video-Aufzeichnungen nutzen oder nicht nutzen

Abbildung 37 auf Seite 185 zeigt, dass die Mehrzahl der Lerner entweder Audio/Video-Aufzeichnungen oder Präsenzveranstaltungen bevorzugt. Der kleinste Teil der Lerner kommt mit beiden Lernformen gleich gut zurecht und antwortet „weiß nicht". Sollte es sich bezüglich jeder untersuchten Dimension um dieselben Lerner handeln, die in die eine oder die andere Richtung tendieren, wäre dies ein Indiz dafür, dass zwei Lernertypen existieren, von denen der eine Audio/Video-Aufzeichnungen und der andere Präsenzveranstaltungen bevorzugt.

Um zu überprüfen, ob es sich bei den Lernern, die in den einzelnen Dimensionen jeweils Audio/Video-Aufzeichnungen oder Präsenzveranstaltungen bevorzugen, immer um dieselben Lerner handelt, wurden Korrelationen zwischen den Dimensionen gebildet (vgl. Tabelle 19).

Vergleich Nutzung von Audio/Video-Aufzeichnungen und Lernen im Hörsaal: Korrelationen nach Pearson

Wo können Sie... / Wo können Sie...	... die Inhalte besser lernen/ begreifen?	... die Inhalte schneller lernen/ begreifen?	... gesuchte Inhalte schneller auffinden?	Wo macht Ihnen das Lernen mehr Spaß?
... sich beim Lernen besser konzentrieren?	0,620**	0,878**	0,723**	0,766**
... die Inhalte besser lernen/begreifen?		0,800**	0,800**	0,598**
... die Inhalte schneller lernen/ begreifen?			0,921**	0,791**
... gesuchte Inhalte schneller auffinden?				0,705**

Je näher der Korrelationswert bei 1 liegt, umso größer ist der statistische Zusammenhang.
** Die Korrelation ist auf dem Niveau von 0,01 (2-seitig) signifikant.
* Die Korrelation ist auf dem Niveau von 0,05 (2-seitig) signifikant.

Tabelle 19: Korrelationen zwischen Dimensionen (RFH, N=19)

Die Analyse der Korrelationen zwischen den in Abbildung 37 auf Seite 185 überprüften Dimensionen ergibt, dass sie zwischen allen Variablen auf dem Niveau von 0,01 zweiseitig positiv signifikant ist und hoch oder sehr hoch ausfällt.

Die Analyse deutet darauf hin, dass zwei Lernertypen existieren, von denen der eine die Präsenzvorlesung und der andere Audio/Video-Aufzeichnungen zum Lernen bevorzugt. Offenbar hängt es von den individuellen Lernereigenschaften ab, ob jemand mit Audio/Video-Aufzeichnungen besser zurechtkommt oder die Vorlesung im Hörsaal lieber verfolgt.

Es kann folgende Vermutung gebildet werden, die in nachfolgenden empirischen Untersuchungen überprüft werden sollte.

> **Vermutung V6:** Es existieren zwei Lernertypen. Ein Lernertyp präferiert die Nutzung von Audio/Video-Aufzeichnungen vor dem Besuch einer Präsenzveranstaltung. Der andere Lernertyp macht durch seine Äußerung in den Befragungen den Eindruck, dass für ihn der Besuch einer Präsenzveranstaltung besser geeignet ist als die Nutzung von Audio/Video-Aufzeichnungen.

Überprüfung der These A10: Substitution von Präsenzveranstaltungen durch Audio/Video-Aufzeichnungen

Zur Überprüfung, ob sich durch die Nutzung von Audio/Video-Aufzeichnungen Präsenzveranstaltungen ersetzen lassen, wurden Studierende der VWA Köln und VWA Trier befragt. Wie aus Tabelle 20 deutlich wird, ist dies nur für einen sehr kleinen Teil der Befragten (ca. 5 Prozent) vorstellbar. Die meisten Studierenden wollen sowohl Audio/Video-Aufzeichnungen als auch Präsenzveranstaltungen nutzen.

Können Sie sich vorstellen, die Teilnahme an Präsenzveranstaltungen durch Audio/Video-Aufzeichnungen zu ersetzen?

	VWA Trier		VWA Köln	
	Anzahl	Anteil	Anzahl	Anteil
Ja	1	5,0%	1	3,8%
Ich würde beides nutzen	15	75,0%	21	80,8%
Nein	4	20,0%	4	15,4%
Summe	20	100,0%	26	100,0%

Tabelle 20: Substituieren von Präsenzveranstaltungen durch Audio/Video-Aufzeichnungen[497]

Das Substituieren von Präsenzveranstaltungen durch Audio/Video-Aufzeichnungen wird von Studierenden, die an Präsenzveranstaltungen gewöhnt sind, kritisch gesehen.

---

[497] Vgl. Dahm /E-Learning in der berufsbegleitenden Weiterbildung 2003/ 148.

Nachholen von verpassten Veranstaltungen durch Audio/Video-Aufzeichnungen

Grundsätzlich ist es aber möglich, mit Audio/Video-Aufzeichnungen verpasste Veranstaltungen nachzuholen. Dies zeigte sich, als während des Pilotversuchs an der RFH zwei mal jeweils zwei Abende nach einer Präsenzveranstaltung Klausuren in anderen Fächern geschrieben wurden, für die sich die Teilnehmer des Pilotversuchs vorbereiten mussten. Aus diesem Grund hat an den entsprechenden Terminen (Sitzungen Nr. 3 und 4) nur etwa die Hälfte der sonst üblichen Studierenden an der Präsenzveranstaltung teilgenommen (vgl. Tabelle 21). Hier war den Studierenden die Vorbereitung auf die Klausuren in den anderen Fächern wichtiger als die Teilnahme an der Präsenzveranstaltung. Offenbar wurde der Vorteil genutzt, diese verpassten Präsenzveranstaltungen mit Hilfe der Audio/Video-Aufzeichnungen nacharbeiten zu können.

Sitzung Nr.	Teilnehmer Präsenzveranstaltung	Teilnehmer Live-Übertragung	Teilnehmer insgesamt	Bemerkung
1	36	nicht angeboten	36	
2	13	7	20	
3	6	7	13	2 Abende später andere Klausur
4	6	2	8	2 Abende später andere Klausur
5	14	5	19	
6	20	nicht angeboten	20	

Tabelle 21: Einfluss externer Faktoren auf die Teilnehmerzahl bei Präsenzveranstaltung und Audio/Video-Live-Übertragung (RFH)

Die Studierenden der RFH wurden daher befragt, wie gut sie die verpassten Veranstaltungen mit Hilfe der aufgezeichneten Videos aufarbeiten konnten. Dabei kam heraus, dass der überwiegende Teil (80 Prozent) die Aufzeichnungen sehr gut oder gut zur Aufarbeitung verpasster Veranstaltung nutzen konnte (vgl. Abbildung 40). Nur einer von 20 Befragten antwortete, dass dies schlecht möglich sei.

Wie gut konnten Sie eine verpasste Veranstaltung mit Hilfe der aufgezeichneten Videos aufarbeiten?

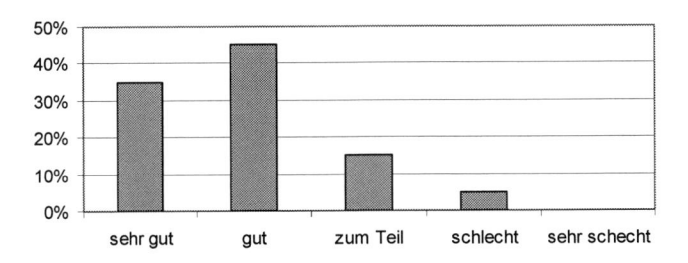

Abbildung 40: Aufarbeiten von verpassten Veranstaltungen mit Audio/Video-Aufzeichnungen (RFH, N=20)

Auch in qualitativen Erhebungen bei Studierenden der Uni Köln konnte die Aussage bestätigt werden, dass verpasste Veranstaltungen mit Hilfe von Audio/Video-Aufzeichnungen nachgearbeitet werden. So sagte ein Student, der keine der angebotenen Präsenzveranstaltungen besuchen konnte: *„Ich habe mir jetzt als erstes die ganzen Vorlesungen noch mal angeschaut. Ich war ja nicht in den Vorlesungen original gewesen.[...] Habe mir dann die Übungen einmal komplett angeguckt, um zu verstehen, was darin vorkam. Und nachdem ich die Übungen gesehen hatte, bin ich hingegangen und habe die Vorlesungen, also die Folien, komplett ausgedruckt und habe die jetzt separat noch mal zusammengefasst."*[498]

Ein anderer Student, der an den Veranstaltungen nicht im Hörsaal, sondern über die Audio/Video-Live-Übertragung nutzte, sagte: *„Als es die Vorlesung auch online live zu gucken gab, habe ich von zu Hause online die Vorlesung und auch den Online-Chat mitverfolgt. Ich glaube ich habe bis auf eine Vorlesung jede Vorlesung mitgenommen. Und, jetzt im Nachhinein, gucke ich mir die Wiederholungen auf den zwei CDs noch mal an. [...] Jetzt arbeite ich das noch mal nach. Bei mir ist das so: wenn ich das einmal gehört habe, kriege ich das beim zweiten Mal, auch wenn es nach einer langen Zeit ist, viel einfacher rein."*[499]

---

[498] Vgl. Starck /Evaluation studentischen Lernverhaltens 2004/ Interview 21.

[499] Vgl. Starck /Evaluation studentischen Lernverhaltens 2004/ Interview 5.

Nutzung von Audio/Video-Aufzeichnungen ohne Teilnahme an Präsenzveranstaltungen und Audio/Video-Live-Übertragungen

Studierende des Bildungsnetzwerks Winfoline haben sich schon bei ihrer Immatrikulation dazu entschieden, ihr Studium ausschließlich mittels E-Learning zu bestreiten.[500] Studierende, die eine Abneigung gegen elektronische Medien und selbstgesteuertes Lernen haben, dürften sich erst gar nicht für diesen Studiengang entschieden haben, sondern statt dessen Alternativen mit eher traditionell veranlagten Veranstaltungen gewählt haben. Daher sind die Winfoline-Studierenden nicht mit den Studierenden traditioneller Präsenzstudiengänge zu vergleichen. Winfoline-Studierende müssten demnach in erster Linie zu dem Lernertyp gehören, der Audio/Video-Aufzeichnungen gegenüber Präsenzveranstaltungen vorzieht oder aus praktischen Gründen keine andere Wahl hat.[501]

Winfoline-Studierende können keine Präsenzveranstaltungen und auch keine Audio/Video-Live-Übertragungen von Veranstaltungen nutzen, da beide im relevanten Zeitraum nicht angeboten werden. Daher sind sie hauptsächlich auf die Nutzung von Audio/Video-Aufzeichnungen von Präsenzveranstaltungen angewiesen, um die zur Veranstaltung gehörende Prüfung erfolgreich absolvieren zu können. Die Durchfallquoten und Abbrecherquoten von Winfoline-Studierenden bei der Veranstaltung „Einführung in die Wirtschaftsinformatik" unterscheiden sich nicht von denen von Präsenzstudierenden der Uni Köln. Daher kann davon ausgegangen werden, dass es möglich ist, mit Audio/Video-Aufzeichnungen die Teilnahme an Präsenzveranstaltungen zu ersetzen.

Insgesamt kann die These A10 nicht bestätigt werden. Es gibt Hinweise, dass der Inhalt verpasster Präsenzveranstaltungen mit Hilfe von Audio/Video-Aufzeichnungen nachgeholt werden kann, jedoch können Audio/Video-Aufzeichnungen die Teilnahme an Präsenzveranstaltungen nicht ersetzen.

These A10: Im Lernprozess Wissensvermittlung kann die Nutzung von Audio/Video-Aufzeichnungen die Teilnahme an Präsenzveranstaltungen ersetzen.	✗

---

[500] Vgl. Kap. 3.6, S. 123f.

[501] Vgl. die entsprechende Vermutung V6 auf S. 193.

Die These wird wie folgt überarbeitet:

> **Modifizierte These A10:** Im Lernprozess Wissensvermittlung kann die Nutzung von Audio/Video-Aufzeichnungen die Teilnahme an Präsenzveranstaltungen ersetzen, wenn eine Teilnahme an der Präsenzveranstaltung nicht möglich ist. Studierende, die die Möglichkeit haben, an Präsenzveranstaltungen teilzunehmen, wollen beides nutzen.

7.1.1.3 Effektivität der Benutzeroberfläche der Audio/Video-Aufzeichnungen in den Lernprozessen Klausurvorbereitung und Wissensvermittlung

Überprüfung der These A11: Qualität und Bedienungskomfort von Audio/Video-Aufzeichnungen

Die Bewertung der wichtigsten Qualitätsmerkmale der Audio/Video-Aufzeichnungen auf CD ergibt sich aus Abbildung 41. Insgesamt wurden die Aufnahmen von den Studierenden der RFH gut bewertet. Hervorstechend sind die große Benutzerfreundlichkeit der Audio/Video-Aufzeichnungen,[502] die Navigationsmöglichkeiten und die Synchronität von Folien, Video und Ton. Besonders geschätzt wurde bei den aufgezeichneten Videos, dass sämtliche Notizen des Dozenten synchron zum Ton erscheinen.

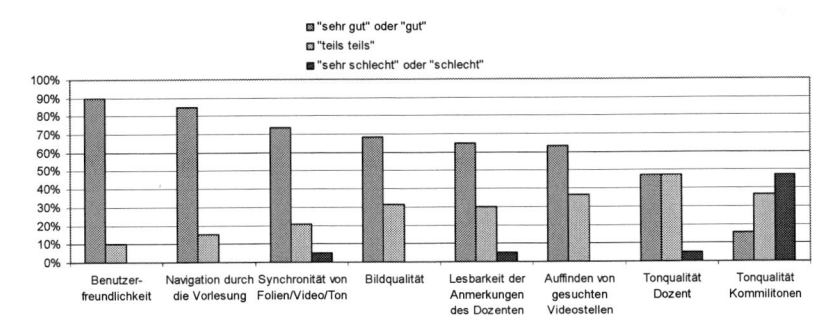

Abbildung 41: Qualitätsmerkmale der Audio/Video-Aufzeichnungen (RFH, N=26)

---

[502] Sie wurde von 25% als „sehr gut" und von 65% als „gut" bezeichnet.

Die Tonqualität des Dozenten wird von der Mehrzahl der Befragten als gut angesehen. Problematisch ist jedoch die Tonqualität der Diskussionsbeiträge von Studierenden, die von etwa der Hälfte schlecht bewertet wurde. Grund ist der unterschiedlich laute Signalpegel, der bei der derzeit praktizierten primitiven Technik, ein Mikrofon herumzureichen, entsteht, wenn Studierende das Mikrofon unterschiedlich nah an den Mund halten. Diese Methode hat zusätzlich den Nachteil, dass es zum Teil einige Sekunden dauert, bis das Mikrofon beim Sprecher ankommt und dieser im Extremfall länger auf das Mikrofon warten muss, als sein Redebeitrag lang ist. Diese Wartezeit ließe sich eliminieren und zusätzlich die Tonqualität verbessern, wenn mehrere Mikrofone im Hörsaal verfügbar wären, mit denen die Beiträge aus dem Publikum gut eingefangen werden könnten.

Weiterhin konnte festgestellt werden, dass es bei immerhin 27 Prozent der Befragten Widerstände gegen die Benutzung eines Mikrofons gab.[503] Sie wollten nicht, dass ihre Fragen bzw. Kommentare aufgezeichnet werden. Durch eine feste Installation von Mikrofonen im Hörsaal könnte dieses Argument in den Hintergrund treten und gleichzeitig die Tonqualität zunehmen.

Hochsignifikant ist die Korrelation derjenigen, die nicht gerne in ein Mikrofon sprechen wollen, mit den Teilnehmern, die sich nicht gerne filmen lassen. Zu begründen ist dies mit der für viele ungewohnten Situation, aufgenommen zu werden. Da die Kamera die Studierenden jedoch nur von hinten oder bestenfalls von der Seite aufnimmt, sind Aufnahmen für den größten Teil der Teilnehmer (60%) kein Problem.[504]

Bisher ist kein Fall bekannt, bei dem sich Studierende die Mühe gemacht haben, spezielle Zusammenschnitte von Videoaufnahmen mit ungewöhnlichen oder (für Dozenten oder Studierende) peinlichen Szenen herzustellen. Bedenken gegen die Aufnahme von Fragen und Beiträgen von Studierenden kommen offensichtlich aus der gleichen Richtung, weshalb viele Studierende sich scheuen, vor einem größeren Publikum (zum Beispiel in einem Hörsaal) zu sprechen.

Schulung im Umgang mit Audio/Video-Aufzeichnungen auf CD

Um zu analysieren, ob eine Schulung der Teilnehmer in der Benutzung der CD notwendig ist, wurden die Studierenden der RFH nach ihren Computerkenntnissen gefragt und ob sie eine Schulung, in der der Umgang mit den Software-Funktionen der CD gezeigt wird, für sinnvoll erachten.

---

[503] Vgl. Anhang B.2: RFH Zwischenbefragung, Frage 47 (N=19).

[504] Vgl. Anhang B.2: RFH Zwischenbefragung, Frage 46 (N=20).

Die eigenen Computerkenntnisse wurden von den Befragten überwiegend als durchschnittlich oder besser eingeschätzt. Acht Prozent der Teilnehmer waren im IT-Bereich beschäftigt.[505] Obwohl die CD sehr gute Noten in der Benutzerfreundlichkeit erreichte,[506] halten die Hälfte der Beteiligten eine Schulung für sinnvoll (vgl. Tabelle 22). Dabei ist zu beachten, dass nicht nur Anfänger, sondern auch viele Anwender mit durchschnittlichen oder fortgeschrittenen Computerkenntnissen eine Schulung bevorzugen. Bei Beginn des Pilotversuchs wurde zwar der Umgang mit der CD kurz demonstriert, offenbar reichte dies aber nicht aus.

		Halten Sie eine Schulung, in der der Umgang mit der den Software-Funktionen der CD gezeigt wird, für sinnvoll?		
		Ja	Nein	Gesamt
Wie schätzen Sie selber Ihre Computerkenntnisse ein?	Anfänger	4	2	6
	Durchschnitt	4	5	9
	Fortgeschritten	5	4	9
	Experte	0	1	1
	Gesamt	13	12	25

Tabelle 22: Computerkenntnisse und Schulungsbedarf der Befragten (RFH, N=25)

Es ist zu empfehlen, den Studierenden vor der Nutzung der CD eine Schulung anzubieten. Sehr effektiv ist es, wenn die Studierenden unter Anleitung in einem PC-Pool alle Funktionen der CD ausprobieren können.

Insgesamt können die Qualität und der Bedienungskomfort jedoch als gut gewertet werden und die entsprechende These bestätigt werden.

These A11: In den Lernprozessen Klausurvorbereitung und Wissensvermittlung wird die Qualität und der Bedienungskomfort der Audio/Video-Aufzeichnungen von den Lernern positiv beurteilt.	✓

---

[505] Vgl. Anhang B.1: RFH Anfangsbefragung, Frage 7 (N=35).
[506] Vgl. Abbildung 41, S. 197.

Überprüfung der These A12: Rolle des Videobilds des Dozenten bei Audio/Video-Aufzeichnungen

Die Studierenden der RFH antworteten auf die Frage, wie hilfreich einzelne Angebote bei der Klausurvorbereitung waren, dass das Videobild auf der CD weniger hilfreich ist als der Ton (vgl. Abbildung 36 auf Seite 184). Demnach ist das Videobild des Dozenten für weniger als 30 Prozent der Befragten nützlich.

Bei der direkten Frage, ob das Videobild dargestellt werden soll oder nicht, antworten jedoch drei Viertel der Befragten, dass sie die Kombination von Video, Audio und Folien der Verwendung von Audio und Folien ohne Video vorziehen (vgl. Tabelle 23).

Wenn Sie die Wahl zwischen einer CD mit Video + Audio + Folien und einer CD nur mit Audio + Folien hätten, was würden Sie bevorzugen?

Video, Audio + Folien	76,3%
Nur Audio + Folien	23,7%

Tabelle 23: Bevorzugung von Video, Audio und Folien gegenüber Audio und Folien (RFH, N=19)

Weiterhin zeigt sich, dass das Lernen ohne das Videobild ermüdender ist, als wenn das Auge neben den Folien auch die Gestik des Dozenten verfolgen kann (vgl. Abbildung 42).

Die Gesten und Bewegungen des Dozenten machen das Lernen abwechslungsreicher.

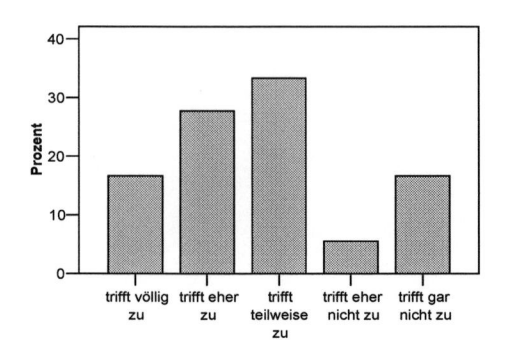

Abbildung 42: Unterstützung von Lernprozessen durch das Videobild (RFH, N=18)

44 Prozent der Befragten gaben an, dass die Gesten und Bewegungen des Dozenten im Videobild das Lernen abwechslungsreicher machen, für 22 Prozent traf dies nicht zu. Etwa die Hälfte der Befragten konnte sich durch Gesten und Bewegungen des Dozenten besser konzentrieren.[507]

Insgesamt kann festgehalten werden, dass das Videobild die Effektivität der Audio/Video-Aufzeichnung verbessert.

These A12: In den Lernprozessen Klausurvorbereitung und Wissensvermittlung verbessert das Videobild des Dozenten die Effektivität von Audio/Video-Aufzeichnungen und -Live-Übertragungen. Der Verzicht auf das Videobild und die alleinige Nutzung von Ton sind für die Lerner nachteilig.	✓

7.1.2 Effektivitäts- und Nutzenaspekte von Audio/Video-Live-Übertragungen

Überprüfung der Voraussetzungen zur Nutzung von Audio/Video-Live-Übertragungen

Um Aussagen über die Effektivität und den Nutzen von Audio/Video-Live-Übertragungen treffen zu können, wurde zunächst untersucht, ob die technischen Voraussetzungen für die Teilnahme an Audio/Video-Live-Übertragungen bei den Studierenden gegeben waren.

Zwei Drittel der Studierenden der RFH hatten zu Hause einen Internetzugang, der für die uneingeschränkte Teilnahme an der Live-Übertragung geeignet war (vgl. Tabelle 24).[508] Knapp 17 Prozent verfügten nicht über die technischen Möglichkeiten, an der Live-Übertragung teilzunehmen.

---

[507] Vgl. Anhang B.3: RFH Abschlussbefragung, Frage 41 (N=19).

[508] Dazu wird mindestens eine ISDN-, besser eine DSL-Verbindung benötigt (vgl. Kapitel 3.4.5., S. 95f.).

Art des Internet-zugangs	Anzahl	Anteil	Teilnahme an Audio/Video-Live-Übertragung
DSL	15	41,7%	uneingeschränkt möglich
ISDN	9	25,0%	uneingeschränkt möglich
Modem	6	16,7%	eingeschränkt möglich[509]
kein Internet	6	16,8%	nicht möglich

Tabelle 24: Internetzugang der Studierenden (RFH, N=36)

Die Entfernung vom Wohnort zum Veranstaltungsort variierte stark (Durchschnitt: 22 km).[510] Vom Arbeitsort zum Veranstaltungsort variierte sie ebenfalls (durchschnittlich 26 km).[511] Bei Studierenden der RFH war also Potenzial für die Einsparung von Fahrtzeiten durch die Nutzung der Live-Übertragung vorhanden.

Nutzung der Audio/Video-Live-Übertragung inkl. Online-Chats bei der RFH

Die Teilnahme der Studierenden sowohl an der Präsenzveranstaltung als auch an der Live-Übertragung war beim Pilotprojekt an der RFH relativ gering. An der ersten Vorlesungssitzung haben 36 Studierende teilgenommen. 26 Studierende haben die Klausur mitgeschrieben. Bei den vier Terminen, an denen E-Learning Unterstützung angeboten wurde, nahmen deutlich weniger Studierende an der Präsenzveranstaltung teil als bei den Terminen ohne E-LEARN-Unterstützung. Der Anteil der externen, d.h. über Internet beteiligten Studierenden, betrug zwischen 25% und 54% (vgl. Tabelle 25).

---

[509] Es können nur Ton und Folien empfangen werden, aber kein Videobild.
[510] Vgl. Anhang B.1: RFH Anfangsbefragung, Frage 10 (N=35).
[511] Vgl. Anhang B.2: RFH Zwischenbefragung, Frage 1 (N=26).

Sitzung Nr.	Datum	Teilnehmer Präsenzveranstaltung	Teilnehmer Live-Übertragung	Teilnehmer insgesamt	Bemerkung
1	09.10.04	36	nicht angeboten	36	Präsenzvorlesung ohne E-LEARN
2	08.11.04	13	7 (35%)	20	Präsenzvorlesung mit E-LEARN
3	15.11.04	6	7 (54%)	13	Präsenzvorlesung mit E-LEARN, 2 Abende später andere Klausur
4	22.11.04	6	2 (25%)	8	Präsenzvorlesung mit E-LEARN, 2 Abende später andere Klausur
5	29.11.04	14	5 (26%)	19	Präsenzvorlesung mit E-LEARN
6	06.12.04	20	nicht angeboten	20	Präsenzvorlesung ohne E-LEARN
	19.05.05	Klausur: 26	–	26	Klausur

Tabelle 25: Teilnehmerzahlen während des Pilotversuchs an der RFH

Aufgrund von Klausuren in anderen Fächern konnten einige Studierende nicht an der dritten und vierten Sitzung teilnehmen.[512] Klausuren in den anderen Fächern waren daher der Hauptgrund, die Präsenzveranstaltung nicht zu besuchen (vgl. Abbildung 43). Die zweitgrößte Rolle spielte das Wissen, den verpassten Stoff mit der CD nacharbeiten zu können, gefolgt von Zeitproblemen im Beruf. Knapp ein Viertel der Befragten kam nicht zur Präsenzveranstaltung, da sie die Live-Übertragung nutzten.

---

[512] Vgl. Kap. 7.1.1.2, S. 194f.

Was waren Gründe, warum Sie nicht an der Präsenzveranstaltung teilgenommen haben?

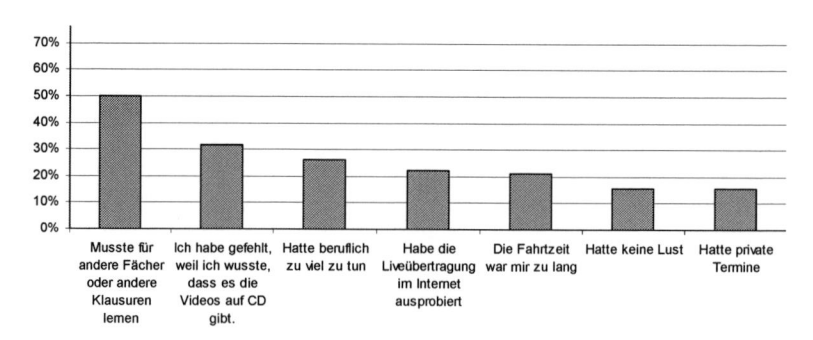

Grund	Prozent
Musste für andere Fächer oder andere Klausuren lernen	50%
Ich habe gefehlt, weil ich wusste, dass es die Videos auf CD gibt.	31%
Hatte beruflich zu viel zu tun	26%
Habe die Liveübertragung im Internet ausprobiert	21%
Die Fahrtzeit war mir zu lang	20%
Hatte keine Lust	15%
Hatte private Termine	14%

Abbildung 43: Gründe, nicht an der Präsenzveranstaltung teilzunehmen (RFH, N=20)[513]

Während der Live-Übertragung wurde die Kommunikation zwischen den externen Teilnehmern und dem Dozenten via Online-Chat durchgeführt. Die Auswertung von vier Chat-Protokollen ergab eine sehr geringe Beteiligung am Chat. Dies lässt sich auf die geringe Nutzung der Live-Übertragung (maximal sieben Studierende) zurückführen. Aufgrund dieser kleinen Grundgesamtheit konnten mit empirischen Untersuchungen keine Gründe für die geringe Beteiligung gefunden werden.

Bei der Präsenzveranstaltung gaben 10 von 20 Befragten an, dass sie nie Fragen an den Dozenten gestellt haben.[514]

Nutzung der Audio/Video-Live-Übertragung inkl. Online-Chats bei der Uni Köln

Die Veranstaltung „Grundzüge der Wirtschaftsinformatik I" an der Uni Köln im WS 02/03 wurde live ins Internet übertragen. Die Vorlesung fand immer mittwochs von 8.30 bis 10.00 Uhr statt. Durch Logfile-Analysen und durch Zählung der Teilnehmerzahlen im Hörsaal wurde Anzahl der Teilnehmer ermittelt, die die Präsenzveranstaltung nutzten und die die Audio/Video-Live-Übertragung nutzten. Dabei konnte festgestellt werden, dass ein relativ konstanter Teil der Studierenden die Audio/Video-Live-Übertragung bevorzugte (vgl. Abbildung 44).

---

[513] Prozent der Befragten, die „trifft völlig zu" oder „trifft eher zu" geantwortet haben.

[514] Vgl. Anhang B.3: RFH Abschlussbefragung, Frage 10 (N=20).

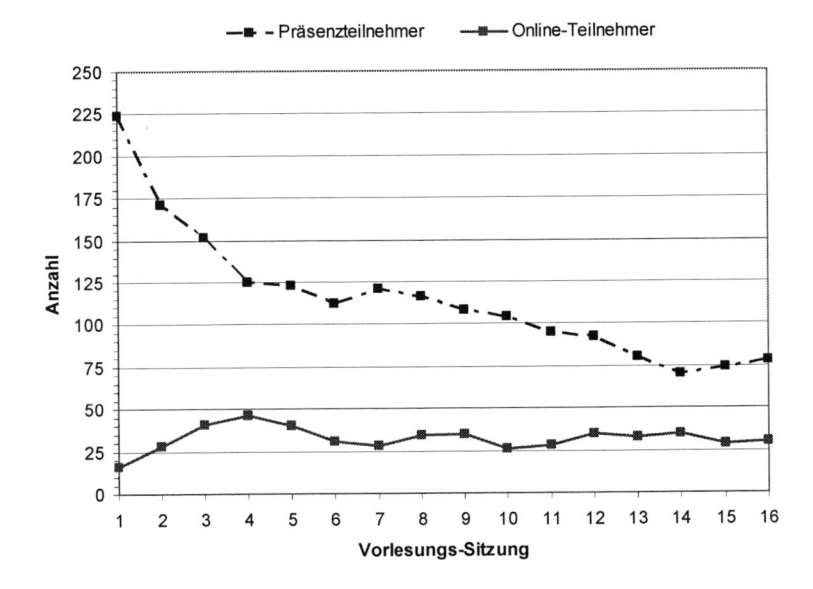

Abbildung 44: Anzahl der Präsenzteilnehmer und Teilnehmer der Audio/Video-Live-Übertragung im WS 02/03 an der Uni Köln

Zu Beginn der Veranstaltung nutzten die Audio/Video-Live-Übertragung vergleichsweise wenige Teilnehmer und die Präsenzveranstaltung sehr viele Teilnehmer. Die hohe Teilnehmerzahl der Präsenzveranstaltung ist durch das übliche Verhalten der Studierenden zu Semesterbeginn zu erklären, die zunächst viele Veranstaltungen parallel besuchen, um sich dann in der zweiten oder dritten Woche für die Veranstaltungen zu entscheiden, bei denen sie eine Prüfung ablegen möchten. Zudem werden am Anfang des Semesters häufig wichtige Hinweise gegeben. Bei einigen Studierenden kommt eine „Anfangsmotivation" hinzu.

Während des Semesters entscheiden sich einige Studierende, die Veranstaltung nicht weiter zu verfolgen. Dadurch sinkt die Zahl der Präsenzteilnehmer zu Beginn des Semesters stark und anschließend leicht.

Die Audio/Video-Live-Übertragung wurde zu Beginn des Semesters von wenigen Teilnehmern genutzt, da dieses Angebot für die Studierenden neu war und erst bekannt gemacht werden musste. Dann steigt die Online-Teilnehmerzahl kontinuierlich und erreicht ihr Maximum mit 46 Online-Teilnehmern bei der vierten Sitzung. Anschließend bleibt die Zahl der Online-Teilnehmer mit 30 bis 35 Teilnehmern relativ konstant.

Die Audio/Video-Live-Übertragung ist nicht von der während des Semesters fallenden Teilnehmerzahl an der Veranstaltung betroffen. Geht man davon aus, dass ein Studierender jeden Mittwoch Morgen zwischen den Alternativen auswählen muss, zur Präsenzveranstaltung zu gehen, die Live-Übertragung zu nutzen oder nichts von beiden zu nutzen, stellt die Nutzung der Live-Übertragung offenbar ein geringeres Hemmnis dar als der Besuch der Präsenzveranstaltung.

Dies gilt unabhängig davon, ob die Zahl der Live-Übertragungs-Nutzer deshalb konstant bleibt, weil von den Online-Teilnehmern kaum jemand aufgibt oder ob von den Nicht-Nutzern der Präsenzveranstaltung einige zur Live-Übertragung wechseln.

In der zweiten Hälfte der Veranstaltung, als sich die Studierenden für die Teilnahme an der Prüfung entschieden hatten und ihre Lerngewohnheiten auf die Möglichkeiten des Systems E-LEARN eingestellt hatten, betrug der Anteil der Teilnehmer der Audio/Video-Live-Übertragung an der Gesamt-Teilnehmerzahl zwischen 20 und 30 Prozent. Die Gruppe der Online-Teilnehmer war dabei stabil. Dieser Anteil deckt sich in etwa mit dem Anteil der Online-Teilnehmer an der RFH.[515]

Beispielhaft werden hier zwei gegensätzliche Meinungen von Studierenden, die die entsprechende Veranstaltung an der Uni Köln hörten, zur Teilnahme an Audio/Video-Live-Übertragungen wiedergegeben:

„Das ist ziemlich praktisch. Sich von zu Hause Videos angucken zu können, das macht es sehr erträglich, auch zu Hause die Vorlesungen anzugucken. Morgens einfach eine Tasse Tee genommen und vor den Computer gesetzt, das war auf jeden Fall immer ziemlich gemütlich. So macht das Lernen auch Spaß – hat auch ein Kollege von mir gesagt, der nicht Student ist."[516]

„Letztes Semester bin ich immer hingegangen zu der Vorlesung – also hab mir die nicht live im Internet angeguckt, weil ich irgendwie fand, [...] da ist man nicht so motiviert. Und der Chat hat mir auch nicht so ganz gefallen, und man wird auch immer abgelenkt zu Hause. Und die [Vorlesung] war auch immer ziemlich früh morgens. Da ist man gezwungen, morgens mal aufzustehen und dann auch los zu gehen. Und ich weiß, da war man irgendwie konzentrierter. Deshalb hab ich sie mir immer live [im Hörsaal] angehört."[517]

---

[515] Vgl. Tabelle 25 auf Seite 203.

[516] Vgl. Starck /Evaluation studentischen Lernverhaltens 2004/ Interview 39.

[517] Vgl. Starck /Evaluation studentischen Lernverhaltens 2004/ Interview 38.

Es können also sehr verschiedene Faktoren bei der Entscheidung für oder gegen eine Nutzung der Live-Übertragung sprechen. Zur genauen Untersuchung dieser Faktoren sind weiterführende Untersuchungen notwendig.

Nutzung der Audio/Video-Live-Übertragung inkl. Online-Chats bei der Handelshochschule Warschau

Um zu überprüfen, ob die Teilnahme an Präsenzveranstaltungen durch Audio/Video-Aufzeichnungen substituiert werden kann, wurde das folgende Szenario herangezogen, das im WS 01/02 und WS 02/03 durchgeführt wurde. Studierende der Universität Köln, die einen Leistungsnachweis im Fach Wirtschaftsinformatik[518] erwerben wollten, hatten die Möglichkeit, Präsenzveranstaltungen im Hörsaal zu besuchen. Derselbe Schein konnte von Studierenden der Handelhochschule Warschau erworben werden, die an der Audio/Video-Live-Übertragung teilnahmen.[519] Beide Lernergruppen schrieben jeweils am Ende des Semesters dieselbe Klausur, die von derselben Person nach demselben Korrekturschema bewertet wurde.

Durch den Vergleich der Klausurergebnisse kann nicht gefolgert werden, dass die eine oder die andere Lernergruppe einen größeren Lernerfolg erreicht hat. Neben dem grundsätzlichen Problem, den Lernerfolgs zu messen,[520] verfügen beide Lernergruppen über nicht vergleichbare Voraussetzungen. Während die Lerner in Warschau Wirtschaftsdeutsch studierten und Deutsch als Fremdsprache lernten, handelte es sich bei den Kölner Klausurteilnehmern um Studierende wirtschaftswissenschaftlicher Studiengänge, die Deutsch als Muttersprache haben.

Weiterhin kann davon ausgegangen werden, dass sich nur diejenigen Studierenden aus Warschau für die Nutzung der Audio/Video-Live-Übertragung entschieden haben, die sich das Lernen mit elektronischen Lernkanälen zutrauten.

Mit den genannten Einschränkungen zeigt der Blick auf die Klausurergebnisse, dass unter Verzicht auf Präsenzveranstaltungen und mit Nutzung von Audio/Video-Live-Übertragungen ein erfolgreicher Abschluss eines Kurses möglich ist (vgl. Tabelle 26).

---

[518] Es handelte sich um einen CEMS-Schein (CEMS = Community of European Management Schools).
[519] Vgl. Kap. 3.6, S. 124f.
[520] Vgl. Kap. 5.2, S. 155ff.

Note / Live-Übertragung	Köln WS 02/03 (N=25) zusätzlich genutzt	Warschau WS 02/03 (N=10) ausschließlich genutzt	Köln WS 01/02 (N=17) zusätzlich genutzt	Warschau WS 01/02 (N=8) ausschließlich genutzt
sehr gut	8%	0%	0%	0%
gut	20%	10%	6%	25%
befriedigend	36%	50%	47%	62%
ausreichend	16%	30%	29%	13%
nicht ausreichend	20%	10%	18%	0%

Tabelle 26: Klausurerfolg von Lernergruppen, die Audio/Video-Live-Übertragungen nutzten

Insgesamt kann die folgende These somit bestätigt werden.

These A13: Der Lernprozess Wissensvermittlung kann auch von Studierenden, die keine Präsenzveranstaltungen gehört haben, und stattdessen Audio/Video-Live-Übertragungen genutzt haben, erfolgreich absolviert werden.	✓

Bei der Substitution von Präsenzveranstaltungen durch Audio/Video-Live-Übertragungen gibt es offenbar zwei unterschiedliche Lernertypen. Der eine Lernertyp entscheidet sich für die Nutzung von Audio/Video-Live-Übertragungen, während der andere Typ die Präsenzveranstaltung im Hörsaal nutzt. Das Verhalten ist somit ähnlich wie bei der Nutzung von Audio/Video-Aufzeichnungen zur Substitution von Präsenzveranstaltungen. Auch dort bildeten sich zwei Lernertypen heraus, die entweder die Präsenzveranstaltung oder die Audio/Video-Aufzeichnungen bevorzugten.[521]

---

[521] Vgl. Kap. 7.1.1.2, S. 191f.

Aus den Ergebnissen kann folgende Vermutung abgeleitet werden:

> **Vermutung V7:** Es existieren zwei Lernertypen. Ein Lernertyp bevorzugt die Nutzung von Audio/Video-Live-Übertragungen vor dem Besuch einer Präsenzveranstaltung. Der andere Lernertyp macht durch seine Äußerung in den Befragungen den Eindruck, dass für ihn der Besuch einer Präsenzveranstaltung besser geeignet ist als die Nutzung von Audio/Video-Live-Übertragungen.

7.1.3 Effektivitäts- und Nutzenaspekte von synchronen Online-Tutorien

Da beim Pilotversuch an der RFH keine Online-Tutorien eingesetzt wurden, wurden Effektivität und Nutzen von Online-Tutorien bei Veranstaltungen der Universität zu Köln, der VWA Köln und der VWA Trier untersucht.

Überprüfung der These A14: Wissensvermittlung in einem Online-Tutorium

Zur Überprüfung der These, ob der Erfolg eines Online-Tutoriums davon abhängt, ob die Teilnehmer zum Zeitpunkt des Tutoriums die behandelten Inhalte bereits beherrschen, wurden die Logfiles von fünf Online-Tutorien an der VWA Trier und VWA Köln überprüft, die von zwei verschiedenen Dozenten geleitet wurden.

Dabei wurde festgestellt, dass bei einem Online-Tutorium, das drei Wochen vor der Klausur angesetzt wurde, ein Großteil der Befragten die fachlichen und inhaltlichen Fragen nicht beantworten konnte, weil die Studierenden noch nicht den Inhalt gelernt hatten.[522] Die Studierenden begannen durchschnittlich erst zehn Tage vor der Klausur mit den Klausurvorbereitungen,[523] das Tutorium fand jedoch drei Wochen vor der Klausur statt.

Die qualitativen Untersuchungen an der Uni Köln bestätigen dies. Kritisiert wurde dort, dass das Online-Tutorium nicht effektiv genutzt werden konnte, da sich nicht alle Lerner auf demselben Lernstand befanden. Daher wurden von einigen Lernern Fragen gestellt, die andere Lerner bereits konnten. So sagte ein Student: *„Weil auch die Leute zu den Zeitpunkten [des Tutoriums] einfach nicht so vorbereitet waren, [...] wussten sie noch nichts. An irgendeiner Kleinigkeit wurde sich aufgehalten, weil da die Leute was kannten. [...] War also ineffektiv für mich. [...] Ich würde mir ein Online-Tutorium eher so wünschen, dass man wirklich*

---

[522] Logfile-Auswertung des Online-Tutoriums der VWA Köln am 21.12.2002.
[523] Vgl. Dahm /E-Learning in der berufsbegleitenden Weiterbildung 2003/ 83.

vorbereitet reingeht. [Am besten] am Ende [vor der Klausur], wo auch schon viele Leute [...] gelernt haben. Dann kennt man seine Probleme, und kann die dann auch behandeln."[524]

Wenn Lerner unvorbereitet in ein Online-Tutorium gehen, ist es ineffektiv. Sie können nicht an der Diskussion teilnehmen und verstehen nicht, welche Probleme andere Lerner haben. Da das Online-Tutorium zur Wissensvermittlung wenig geeignet ist,[525] können unvorbereitete Studierende nur schwierig vom Moderator in die Diskussion einbezogen werden. Dies wird in folgender Aussage deutlich: *„Ich hatte das Gefühl, das [Online-Tutorium] hilft nicht soviel. Wenn, dann hätte man schon gut vorbereitet sein müssen, um dabei zu sein, sonst schaut man nur, wie die anderen diskutieren, und versteht das nur zum Teil. Und, da wird quasi nichts erklärt – so wie in der Übung, – sondern nur konkrete Fragen von Studenten beantwortet. Und wenn du selbst keine konkreten Fragen hast, bringt das wenig. Und ich hatte keine Zeit [mich vorzubereiten], war mit was anderem beschäftigt.*"[526]

These A14: Der Erfolg der Nutzung eines Online-Tutoriums für den Lernprozess Klausurvorbereitung hängt davon ab, ob die Teilnehmer zum Zeitpunkt des Tutoriums die behandelten Inhalte bereits beherrschen.	✓

Überprüfung der These A15: Einfluss der Nutzung des Online-Tutoriums auf das Klausurergebnis

50 Prozent aller befragten Studierenden der VWA Trier empfanden das Online-Tutorium als hilfreich bei der Klausurvorbereitung. Bei der VWA Köln hingegen bewerteten nur 23 Prozent der Befragten das Online-Tutorium als hilfreich (vgl. Tabelle 27).

---

[524] Vgl. Starck /Evaluation studentischen Lernverhaltens 2004/ Interview 2.
[525] Vgl. Kap. 5.1.3, S. 151ff.
[526] Vgl. Starck /Evaluation studentischen Lernverhaltens 2004/ Interview 24.

Welche Lernkanäle fanden Sie bei der Klausurvorbereitung hilfreich?

	VWA Trier (N=20)		VWA Köln (N=26)	
Lernkanal	Anzahl	Anteil	Anzahl	Anteil
Präsenzveranstaltung	18	90%	23	89%
Online-Tutorium	10	50%	6	23%

Tabelle 27: Effektivität von Präsenzveranstaltung und Online-Tutorium bei der Klausurvorbereitung (VWA Köln, VWA Trier)[527]

Die Präsenzveranstaltungen an der VWA Trier und VWA Köln schnitten im Vergleich zum Online-Tutorium fast gleich gut ab, was den Nutzen bei der Klausurvorbereitung betrifft. In beiden Fällen bewerteten sie etwa 90 Prozent der Teilnehmer als hilfreich.

Durch eine Inhaltsanalyse der Online-Tutorien lässt sich die unterschiedlich gute Bewertung der Tutorien bei der VWA Trier und der VWA Köln erklären.

Zur Inhaltsanalyse wurden die Logfiles von insgesamt fünf Online-Tutorien der VWA Trier und der VWA Köln ausgewertet, die während der Tutorien automatisch erstellt wurden. Die Tutorien an der VWA Köln und VWA Trier wurden von unterschiedlichen Dozenten moderiert. Dabei griffen die beiden Dozenten verschieden stark in den Verlauf des Tutoriums ein.

Dozent A an der VWA Trier ließ den Teilnehmern des Online-Tutoriums nach einem kurzen Begrüßungsritual keinen Raum mehr zum Austausch untereinander, indem er die Teilnehmer zum Antworten motivierte. Wurden Fragen nicht beantwortet, hakte er nach und steuerte die Bearbeitung der Fragen, indem er weiterführende und erklärende Fragen innerhalb der Bearbeitung stellte. Die Mitarbeit der Studierenden bei der Erarbeitung von Lösungen für klausurrelevante Aufgaben war konstruktiv und diszipliniert.

Dozent B an der VWA Köln ließ den Studierenden erheblich mehr Freiheit. Er wartete auf Fragen seitens der Studierenden und forderte keine Antworten. Dadurch verlief das Online-Tutorium sehr undiszipliniert. Die Studierenden nutzten es zur Pflege sozialer Kontakte und zum „ungehemmten Austausch" von nicht inhaltlichen Informationen untereinander. Von sich aus stellten die Studierenden kaum Fragen an den Dozenten.

---

[527] Mehrfachantworten möglich. Basierend auf Daten von Dahm /E-Learning in der berufsbegleitenden Weiterbildung 2003/ 80.

Es hängt offenbar stark von der Art der Moderation des Dozenten ab, wie diszipliniert das Online-Tutorium abläuft. Davon abhängig ist der Anteil der fachlich-inhaltlichen Beiträge im Vergleich zu informellen „off-topic-Beiträgen".

In Tabelle 28 ist der Anteil der fachlich-inhaltlichen, der organisatorischen und der informellen „off-topic-Beiträge" der einzelnen Tutorien angegeben. Fachlich-inhaltliche Beiträge sind Fragen und Antworten der Studierenden, die sich auf die Inhalte der Veranstaltung beziehen. Organisatorische Beiträge sind beispielsweise Fragen nach Uhrzeit und Raum der Klausur oder der Anzahl der Klausuraufgaben, die zu bearbeiten sind. Informelle Beiträge sind Kommentare, die nichts mit den Lerninhalten der Veranstaltung zu tun haben. Einige informelle Beiträge, wie zum Beispiel eine Begrüßung und Verabschiedung sind erwünscht, während andere, unerwünschte „off-topic-Beiträge" alltägliche Dinge wie beispielsweise Wetter, Fußballergebnisse oder Urlaubserlebnisse zum Inhalt haben.

		Teilnehmer	Informelle Beiträge	Organisatorische Beiträge	Fachlich-inhaltliche Beiträge	Summe
VWA Trier, Dozent A	Online-Tutorium 1	20	260 (39%)	39 (6%)	373 (56%)	672 (100%)
	Online-Tutorium 2	12	18 (6%)	19 (6%)	286 (89%)	323 (100%)
VWA Köln, Dozent B	Online-Tutorium 1	15	349 (91%)	11 (3%)	22 (6%)	382 (100%)
	Online-Tutorium 2	16	265 (89%)	26 (9%)	7 (2%)	298 (100%)
	Online-Tutorium 3	8	93 (40%)	22 (10%)	116 (50%)	231 (100%)

Tabelle 28: Anteil der informellen, organisatorischen und fachlichen Beiträge bei Online-Tutorien (VWA Köln, VWA Trier)[528]

Deutlich ist der Unterschied zwischen dem Anteil der fachlich-inhaltlichen Beiträge bei Dozent A und Dozent B zu erkennen. Bei Dozent A, der stark in den Verlauf des Tutoriums eingriff, betrug er 56 Prozent bzw. 89 Prozent. Bei Dozent B, der kaum den Verlauf des Tutoriums beeinflusste, betrug dieser Anteil bei den ersten beiden Tutorien lediglich 6 bzw. 2

---

[528] Basierend auf Daten von Dahm /E-Learning in der berufsbegleitenden Weiterbildung 2003/ 151, 160f.

Prozent. Am dritten Tutorium von Dozent B nahm nur noch die Hälfte der ursprünglichen Teilnehmer teil. Dabei stieg der Anteil von fachlich-inhaltlichen Beiträgen auf 50 Prozent.

Aufgrund der verschiedenen Lernergruppen, bei denen die Tutorien durchgeführt wurden, ist es denkbar, dass die unterschiedliche Beteiligung der Studierenden nicht am Moderationsstil des Dozenten lag. Diese Möglichkeit wird jedoch als sehr unwahrscheinlich erachtet und daher verworfen. In zukünftigen Untersuchungen sollte näher darauf eingegangen werden, und Online-Tutorien mit unterschiedlichen Moderationsstilen anhand derselben Lernergruppe untersucht werden.

Online-Tutorium 1 bei der VWA Trier war doppelt so lang wie die übrigen Online-Tutorien. Berücksichtigt man dies, ist die Summe der Beiträge in den einzelnen Online-Tutorien in derselben Größenordnung. Die Art der Moderation hat demnach offenbar keinen Einfluss auf die Zahl der Beiträge, jedoch auf die Qualität der Beiträge.

In einem weiteren Schritt wurde das Klausurergebnis von den Teilnehmern der VWA Köln, die viele fachlich-inhaltliche Beiträge einbrachten, mit dem Ergebnis von Lernern verglichen, die keine fachlich-inhaltlichen Beiträge schrieben. Die Teilnehmer, die sich fachlich-inhaltlich beteiligten, erreichten dabei die besseren Durchschnittsnoten (vgl. Tabelle 29).

Fachlich-inhaltliche Beteiligung	Durchschnittsnote		
	Online-Tutorium 1	Online-Tutorium 2	Online-Tutorium 3
Ja	3,0	3,3	2,5
Nein	4,0	3,9	2,9
Anzahl der Teilnehmer	15	16	8

Tabelle 29: Durchschnittliches Klausurergebnis in Abhängigkeit von der Beteiligung an Online-Tutorien (VWA Köln)[529]

Bei den Tutorien, die an der VWA Trier durchgeführt wurden, konnte eine solche Aufstellung nicht gemacht werden, da sich alle Teilnehmer auch fachlich-inhaltlich beteiligten.

Einschränkend muss berücksichtigt werden, dass die Klausurergebnisse nicht alleine auf die Art der Beteiligung am Tutorium zurückzuführen ist, sondern auch an zahlreichen anderen Gründen liegen kann (z.B. Lernzeit, Motivation, ...).[530] Gerade die engagierten Studierenden

---

[529] Basierend auf Daten von Dahm /E-Learning in der berufsbegleitenden Weiterbildung 2003/ 82.
[530] Vgl. Kap. 5.2, S. 155ff.

erstellen viele Beiträge. Dennoch wurde gezeigt, dass eine zielführende Moderation in Online-Tutorien wichtig ist.

These A15: Lerner, die das Online-Tutorium für den Lernprozess Klausurvorbereitung nutzen und dort viele fachliche bzw. inhaltliche Beiträge beisteuern, erreichen in der Klausur ein besseres Ergebnis als Lerner, die wenig fachliche bzw. inhaltliche Beiträge beisteuern.	✓

Offenbar hängen die Disziplin und der Anteil der fachlich-inhaltlichen Beiträge stark von der Art der Moderation des Dozenten ab. Daher wird folgende Vermutung aufgestellt:

Vermutung V8: Die Effektivität eines Online-Tutoriums hängt stark von der Moderation des Dozenten ab. Eine starke Lenkung der Inhalte des Tutoriums führt zu größerer Effektivität und hilft den Studierenden bei der Klausurvorbereitung.

Nutzung und Bewertung des Online-Tutoriums an der Uni Köln

Durch die qualitative Analyse von Interviews zu Online-Tutorien, die an der Uni Köln durchgeführt wurden, kann das Verhalten der Studierenden bei der Nutzung von Online-Tutorien genauer erklärt werden.

Positiv kann sich ein Online-Tutorium im Vergleich zu einer Präsenzveranstaltung bei der Beteiligung der Lerner auswirken: *„[Man beteiligt sich] eher, wenn man im Chat ist, als bei mehr als hundert Leuten [in der Präsenzvorlesung], also es war schon einfacher."*[531]

In einem Online-Tutorium ist der Frager anonymer als in einer Präsenzveranstaltung. Zwar wird sein Name zusammen mit seinem Beitrag angezeigt, jedoch steht er nicht vor der Situation, vor einem großen Publikum im Hörsaal, das sich vielleicht zu ihm umdreht und ihn anschaut, eine Frage formulieren zu müssen.

Auf die Frage, ob es im Vergleich zur Präsenzveranstaltung leichter oder schwieriger war, der Diskussion im Online-Tutorium zu folgen antwortete ein anderer Student: *„Ja, es war halt schwieriger. Allein schon Chat-bedingt, dass so ein Zeitintervall ist zwischen Frage stellen*

---

[531] Vgl. Starck /Evaluation studentischen Lernverhaltens 2004/ Interview 12.

und Antwort bekommen, und mehrere Fragen gleichzeitig [beantwortet werden]. Das war schon schwieriger."[532]

Diese Aussage kann durch die Art der Kommunikation bei Online-Tutorien erklärt werden. Sie ist sehr schnell und nicht immer ganz chronologisch. Fragen können sich mit Antworten zu anderen Fragen überschneiden, und gerade, wenn viele Personen an einem Online-Tutorium teilnehmen, kann die Übersichtlichkeit leiden.[533] Studierende, die diesen Besonderheiten nicht gewachsen sind, können sich unter Umständen nicht sinnvoll am Online-Tutorium beteiligen. Selbst bei der passiven Teilnahme (ohne selbst Beiträge zu schreiben) sind manche Lerner überfordert.

Tabelle 30 fasst einige typische Aussagen von Studierenden, die für bzw. gegen die Teilnahme an Online-Tutorien sprechen, zusammen.

---

[532] Vgl. Starck /Evaluation studentischen Lernverhaltens 2004/ Interview 14.
[533] Vgl. Kap. 2.6, S. 51f.

Qualitative Aussagen pro Online-Tutorien	Qualitative Aussagen contra Online-Tutorien
„Finde ich besser, als ich dachte. Weil ich dachte zu Anfang, dass die Leute einfach drauf los labern, was auch passiert. Aber es ist immer noch irgendwie strukturiert. Es ist nicht schlecht. Es gibt die Möglichkeit, dass man noch mal Fragen stellt, wenn man was nicht so verstanden hat. Oder man sieht auch, wie andere etwas verstanden haben. Und kann dann für sich sagen: Ne, sehe ich anders, oder sehe ich genauso." (Interview 30) „Also, zur Überprüfung, ob man den Stoff kennt, ist es gut. Ich denke mal, all den Stoff kann es nicht abdecken, von der Vorlesung. [...] Es hilft mir, dass ich noch mal sehe: Oh, da sind aber sehr starke Lücken vorhanden, guck da noch mal detailliert drüber. Also in der Hinsicht hilft das. Ansonsten: Weitergehend lernen kann man daraus nicht, sondern nur sehen, was fehlt mir noch." (Interview 22) „Für das konkrete Lernen benutze ich das Online-Tutorium nicht, sondern um zu sehen, in welcher Phase des Lernens ich gerade selber bin; um es abzugleichen; zu sehen, wie weit ist das Online-Tutorium, wie weit bin ich in meinem Lernstoff." (Interview 1)	„Es hat mir nicht so gut gefallen, weil es ist noch nicht so gut organisiert. Alle haben sich über etwas anderes unterhalten, oder die haben die Fragen hinausgezögert." (Interview 16) „Die Idee war eigentlich super, ich fand es super. Aber wie's lief hat mir nicht gefallen. Zu unorganisiert, chaotisch. Er [der Tutor] hat die Fragen zu schnell, auch zu kurz behandelt." (Interview 16) „Ich glaube, dass ein Chat zu wenig ist. Ich fände zwei Online-Tutorien und zwei normale Tutorien klasse. Mir fehlt dieses ‚Gesagte'. [...] Also, dass da jemand steht, dass da jemand präsent ist, der einem dann was vermittelt, der einem was erzählt. Weil einfach lesen muss man auch soviel. Und es ist so anstrengend. Da ist das viel entspannter, jemandem zuzugucken, im Hörsaal zu sitzen und zuzuhören." (Interview 18) „Es fiel mir schwerer, der Diskussion im Tutorium zu folgen [als in der Präsenzveranstaltung]. Weil Präsenz: da sieht man die anderen Leute und es ist erst mal einfach... Oder ich muss anders sagen: Wenn's am Rechner ist, dann kann man einfach abschalten. Wenn man gerade liest und denkt ‚oh Gott nein, die Frage interessiert mich überhaupt nicht', dann hat man letztlich auch die Möglichkeit, aus dem Fenster zu schauen, oder sich woanders hin zu bewegen in seiner eigenen Wohnung." (Interview 2)

Tabelle 30: Qualitative Aussagen pro und contra Online-Tutorien (Uni Köln SS 03)[534]

Das Online-Tutorium wird von den Lernern weniger zur Wissensvermittlung und zum Lernen von neuen Inhalten genutzt, sondern mehr zur Überprüfung des eigenen Wissens und zum Vergleich des eigenen Wissens mit dem Wissensstand von anderen Lernern. Lerner können durch Online-Tutorien gut erkennen, welche Wissenslücken sie noch haben und mit welchen Inhalten sie im Hinblick auf die Klausur noch stärker befassen müssen.

Somit lässt sich folgende Vermutung aufstellen:

Vermutung V9: Ein Online-Tutorium kann Lerner unterstützen, ihren eigenen Wissensstand zu erkennen und ihnen helfen, vorhandene Wissenslücken zu identifizieren.

---

[534] Vgl. Starck /Evaluation studentischen Lernverhaltens 2004/

Nutzung der Protokolle der Online-Tutorien

Während der Online-Tutorien wurden Protokolle angefertigt, die von den Studierenden herunter geladen werden und nach Ende des Tutoriums genutzt werden konnten.[535]

Die Evaluation der Nutzung der Protokolle ergab, dass diese für den Leser nur schwer nachvollziehbar sind. Dies liegt an der Besonderheit des Chats, dass sich unterschiedliche Fragen und Antworten darauf kreuzen können und somit die Reihenfolge der Beiträge nicht mit der logischen Reihenfolge übereinstimmt. Dies ist besonders für den Leser von Online-Tutorien verwirrend, der den zeitlichen Abstand der Beiträge nicht kennt.

Im Protokoll des Online-Tutoriums sind alle Beiträge hintereinander aufgeführt – unabhängig von der Zeit, die zwischen einzelnen Beiträgen vergangen ist. Das Abdrucken der genauen Uhrzeit eines Beitrags ist zwar möglich, würde das Vorstellungsvermögen des Lesers jedoch stark fordern, da er neben der Zuordnung von Antworten zu den richtigen Fragen auch noch die Zeitleiste beachten müsste.

Die qualitativen Untersuchungen an der Uni Köln bestätigen diesen Eindruck: *„Allerdings fand ich das [die Chat-Protokolle des Online-Tutoriums] nicht wirklich sinnvoll, weil dabei nicht so richtig raus kommt: ‚Hier ist jetzt eine Frage, das ist eine Antwort dazu'. Wenn da 40 Leute durcheinander quatschen, der eine redet über das, der andere redet über das, ist das natürlich schwer zuzuordnen. [...] Am Anfang sagen erst mal 30 Mann ‚Guten Morgen' und dann kommt halt mal wieder eine Frage. Dann schmeißt einer mal wieder eine technische Frage ein. Das ist nicht strukturiert genug. Da ist einfach das Problem, dass zuviel parallel verläuft. Das Problem mit den Protokollen ist ja, dass man sich das hinterher durchlesen muss. Wenn man an der Entwicklung des Chat teilnimmt, ist es ja egal, ob das durcheinander kommt. Dann weiß man wo man ist."*[536]

Im Vergleich zu Protokollen von Online-Tutorien wurde ein Diskussionsforum von einigen als übersichtlicher bewertet: *„Wenn man eine konkrete Frage hat, dann ist das [Online-Tutorium] natürlich nicht schlecht. Obwohl man die wahrscheinlich genauso gut per Forum stellen könnte, oder per E-Mail, oder wie auch immer. [...] Diskussionsforen wären eben übersichtlicher [als Online-Tutorien]. [...] Im Forum ist eine schöne Struktur dabei: Frage, Antwort."*[537]

---

[535] Vgl. Kap. 3.4.3, S. 88.

[536] Vgl. Starck /Evaluation studentischen Lernverhaltens 2004/ Interview 9.

[537] Vgl. Starck /Evaluation studentischen Lernverhaltens 2004/ Interview 12.

Online-Tutorien können übersichtlicher gestaltet werden, wenn sie zusammengefasst und strukturiert würden. Dadurch könnte von den Lernern eine Frage und die Antwort darauf einfacher erkannt werden. Dies wurde auch von einem Studenten vorgeschlagen: „*Ich würde – ist aber klar mehr Aufwand für den Lehrstuhl – das irgendwie zusammenfassen und gliedern.*"[538]

Vermutung V10: Eine effektivere Nutzung der Protokolle der Online-Tutorien ist möglich, wenn diese vor der Veröffentlichung zusammengefasst und strukturiert werden.

7.1.4 Effektivitäts- und Nutzenaspekte von asynchronen Diskussionsforen

Überprüfung der These A16: Einfluss der Diskussionsforen bei der Kommunikation mit dem Dozenten

Der Nutzen und die Effektivität von Diskussionsforen wurden an der VWA Köln, der VWA Trier und der Uni Köln untersucht. Da im Pilotversuch an der RFH kein Diskussionsforum genutzt wurde, konnten dort keine Untersuchungen durchgeführt werden.

Nutzung und Bewertung von Diskussionsforen an der VWA Köln und VWA Trier

Die Studierenden der VWA Köln und VWA Trier wurden befragt, welche Kommunikationskanäle sie vor allem zur Klärung von inhaltlichen und formalen Fragen nutzen. Das Diskussionsforum liegt dabei auf einem der hinteren Plätze (vgl. Abbildung 45).

---

[538] Vgl. Starck /Evaluation studentischen Lernverhaltens 2004/ Interview 9.

Welche der folgenden Kommunikationskanäle nutzen Sie, um inhaltliche und formale Fragen zu klären?

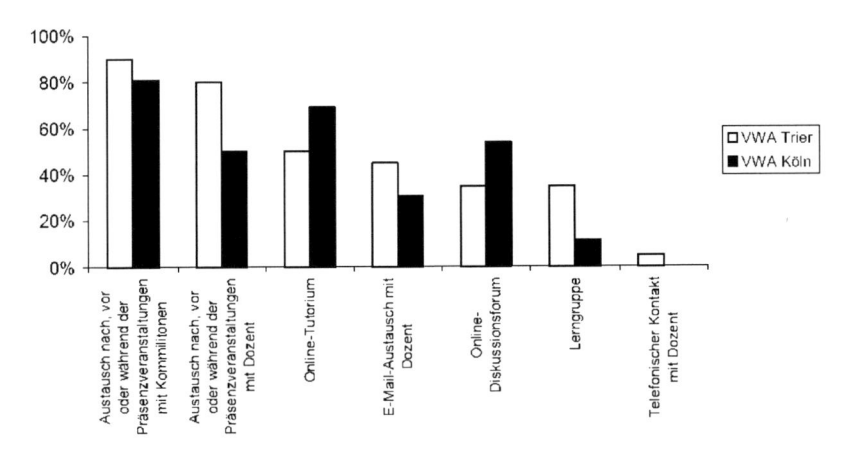

Abbildung 45: Kommunikationskanäle für fachlich-inhaltliche und formale Fragen (VWA Köln: N=26; VWA Trier: N=20)[539]

Am häufigsten wurde die Kommunikation mit anderen Studierenden vor oder während der Präsenzveranstaltungen und die Kommunikation mit dem Dozenten bei Präsenzveranstaltungen genannt. Danach folgen Online-Tutorium, E-Mail-Austausch mit dem Dozenten und dann das Diskussionsforum. Das Diskussionsforum wird nach Angabe der Studierenden an der VWA Köln von 50 Prozent der Befragten für die Kommunikation genutzt und an der VWA Trier von 35 Prozent.

Bei Logfile-Analysen konnte dies jedoch nicht bestätigt werden. Demnach wurden die Diskussionsforen der VWA Trier und der VWA Köln von den Studierenden nahezu überhaupt nicht genutzt. Jeweils am Anfang einer Veranstaltung wurde vom Dozenten auf die Existenz eines Diskussionsforums hingewiesen und Studierende motiviert, dieses zum gegenseitigen Austausch zu nutzen. Die einzigen Beiträge, die in das Forum eingestellt wurden, waren entsprechende Willkommens- und Motivationbeiträge des Dozenten.

Ein Grund für die schlechte Akzeptanz des Diskussionsforums mag sein, dass sich die Teilnehmer der Veranstaltungen regelmäßig mindestens ein Mal pro Woche in Präsenzveranstaltungen sehen. Dort findet der größte Teil der Kommunikation statt (vgl. Abbildung 45).

---

[539] Vgl. Dahm /E-Learning in der berufsbegleitenden Weiterbildung 2003/ 77.

Hinzu kommt, dass für die erfolgreiche Nutzung eines Diskussionsforums eine gewisse Menge von Teilnehmern (eine kritische Masse) existieren muss, die dieses nutzen. Wenn ein Studierender einen Beitrag in das Diskussionsforum schreibt, den aufgrund einer zu geringen Teilnehmerzahl niemand liest, wird er auch keine Antwort darauf erhalten. Vermutlich wird er das Forum danach nicht mehr für Fragen nutzen.

Genauso wird ein Lerner, der ein Diskussionsforum besucht und dort Beiträge liest und nach einer Woche dem Forum erneut einen Besuch abstattet, enttäuscht sein, wenn keine neuen Beiträge hinzugekommen sind.

Nutzung und Bewertung von Diskussionsforen an der Uni Köln

Die Logfile-Analyse an der Uni Köln ergab, dass dort die Diskussionsforen im Vergleich zur VWA Trier und VWA Köln stark genutzt wurden. Dies lässt sich mit der erheblich größeren Zahl der Lerner erklären, die die Veranstaltungen der Uni Köln hören. An der VWA Trier und VWA Köln nehmen jeweils 20 bis 30 Studierende an einer Veranstaltung teil, während es an der Uni Köln weit über 100 sind.

Die quantitative Befragung der Studierenden der Uni Köln bescheinigte den Diskussionsforen jedoch eine schlechte Effektivität. Nur für 15 Prozent der Lerner konnten sie die Prüfungsvorbereitung unterstützten und nur 10 Prozent der Lerner halfen sie, Wissenslücken zu schließen (vgl. Abbildung 46).

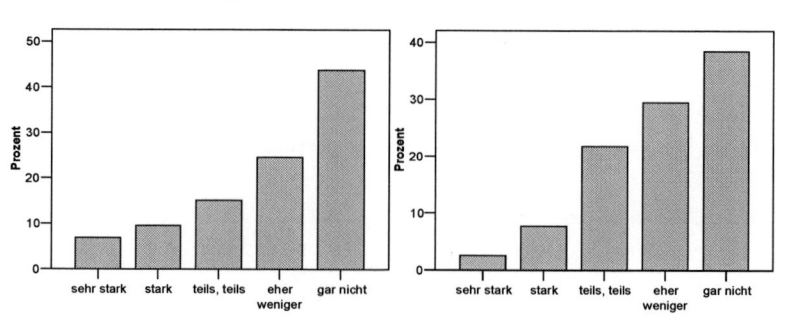

Abbildung 46: Rolle des Diskussionsforum bei der Prüfungsvorbereitung und Wissensvermittlung (Uni Köln WS 02/03, N=54)

Im Vergleich zu den anderen angebotenen Lernkanälen schnitt das Diskussionsforum mit Abstand am schlechtesten ab (vgl. Abbildung 47).

Inwieweit haben die folgenden Angebote...

☐ ...Sie bei der Prüfungsvorbereitung unterstützt?
■ ...Sie unterstützt, gezielt Verständnis- und Wissenslücken zu schließen?

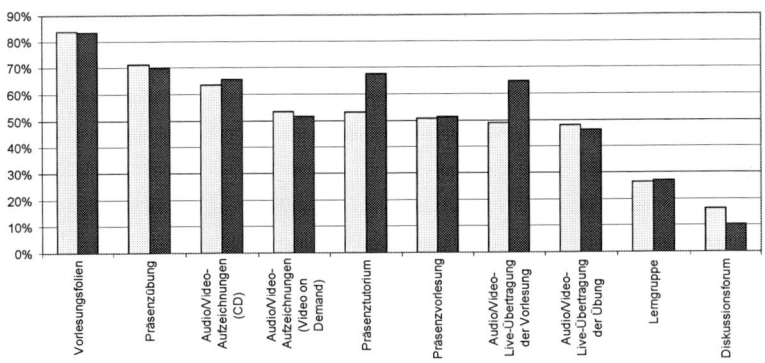

Abbildung 47: Unterstützung verschiedener Lernangebote bei Lernprozessen (Uni Köln WS 02/03, N=54)[540]

Auf die Frage, warum das Diskussionsforum nicht genutzt wurde, antwortete einer der an der Uni Köln befragten Studierenden: *„Wenn ich halt eine Frage hab, mit anderen diskutieren möchte, dann mach ich das hier an der Uni, wenn ich fünf Minuten Zeit hab, und mach das mit denen, wo ich auch weiß, was ich von denen halte."*[541]

Da sich die Studierenden regelmäßig bei Präsenzveranstaltungen treffen, wird der persönliche Kontakt offenbar von einigen zur Kommunikation bevorzugt.

Andere haben Sorge, falsche Informationen weiterzugeben: *„Ich glaube, Fragen von Anderen beantworten würde ich nicht, weil ich nicht wüsste, ob's richtig ist. Um keine Fehlinformationen zu geben. Fragen selber stellen: Da rufe ich lieber gerade jemanden an, und frage, was er dazu denkt."*[542] und: *„Wenn man eine Frage hat, die auch sonst irgendwie keiner aus dem*

---

[540] Die Balken entsprechen dem Anteil der Antworten, die auf „stark" oder „sehr stark" entfielen. Die an 100 fehlenden Prozente entfallen auf „teils, teils", „eher weniger" und „gar nicht".
[541] Vgl. Starck /Evaluation studentischen Lernverhaltens 2004/ Interview 16.
[542] Vgl. Starck /Evaluation studentischen Lernverhaltens 2004/ Interview 13.

Freundeskreis beantworten kann, dann kann man halt eine Frage [im Diskussionsforum] gut stellen. [...] Ich nehme aber eigentlich nicht aktiv an der Diskussion teil. Weil ich jedes Mal befürchte, dass meine Frage komplett falsch ist, und auch meine Antwort auf fremde Fragen. [...] Und dass vielleicht irgendjemand antwortet, der ein bisschen qualifiziertere Antworten gibt."[543]

Nutzung und Bewertung von Diskussionsforen an der Steuer-Fachschule

Die Diskussionsforen bei der Steuer-Fachschule[544] wurden im Gegensatz zu den Foren der VWA Trier und der VWA Köln regelmäßig genutzt. Eine Logfile-Analyse ergab, dass pro Forum durchschnittlich ein Beitrag pro Tag geschrieben wurde. Da die Lerner mehrere Fächer gleichzeitig hörten, griffen sie auf mehrere Foren parallel zu, so dass insgesamt durchschnittlich 150 Beiträge pro Monat in den Diskussionsforen geschrieben wurden.

Abbildung 48 zeigt den zeitlichen Verlauf der Nutzung von den fünf am häufigsten frequentierten Diskussionsforen bei der Steuer-Fachschule. Die markierten Flächen sind dabei aufeinandergestapelt.

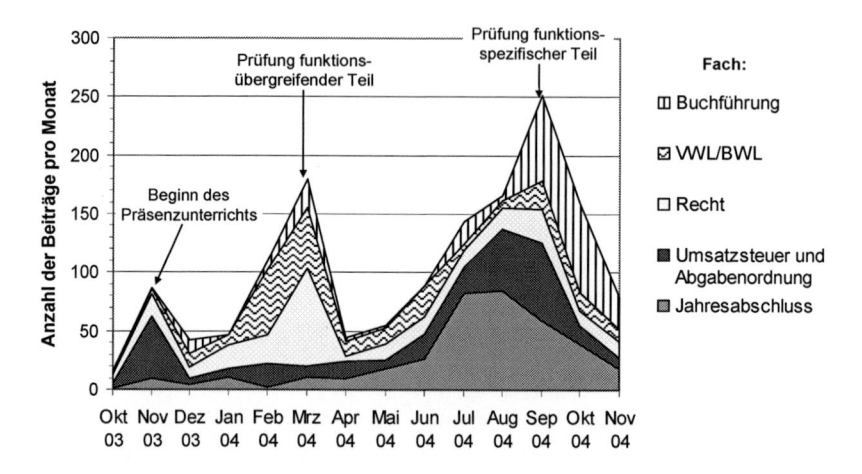

Abbildung 48: Anzahl der Beiträge pro Monat in den Diskussionsforen zu einzelnen Fächern (Logfile-Analyse, Steuer-Fachschule)

---

[543] Vgl. Starck /Evaluation studentischen Lernverhaltens 2004/ Interview 12.
[544] Vgl. S. 118.

Deutlich ist die erhöhte Nutzung der Diskussionsforen zu Beginn des Präsenzunterrichts und vor den Prüfungen zu erkennen. Bei Unterrichtsbeginn wurden die Foren vor allem für organisatorische Fragen genutzt. Kurz vor den Prüfungen wurden die Diskussionsforen dann für fachliche und inhaltliche Fragen und zur Kommunikation mit dem Dozenten verwendet. Die Anzahl der Beiträge pro Tag verdreifachte sich im Monat vor der Prüfung.

Das Schreiben von Beiträgen in Diskussionsforen wurde von den Lernern der Steuer-Fachschule als nicht so hilfreich empfunden wie das Lesen von Beiträgen in Foren (vgl. Abbildung 49). Etwa ein Drittel der Lerner schrieb nie etwas in Diskussionsforen. 22 Prozent fanden das Verfassen von Beiträgen nützlich.[545] Das Lesen von Beiträgen in den Foren wurde von 37 Prozent der Befragten als sehr hilfreich empfunden.[546]

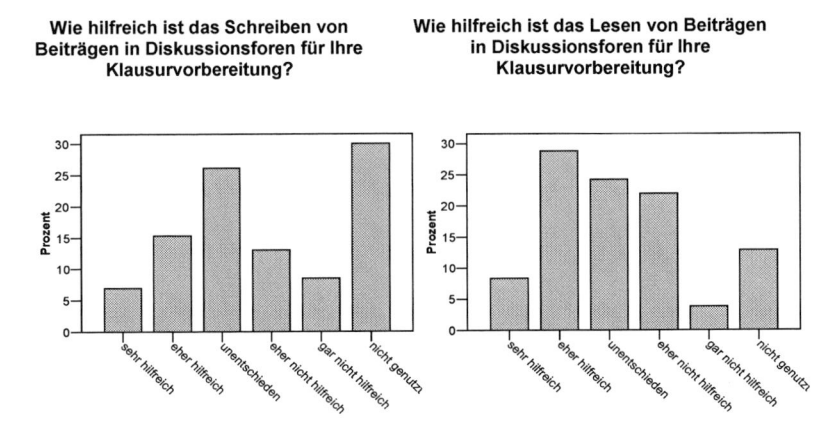

Abbildung 49: Nutzen des Lesens und Schreibens von Beiträgen in Diskussionsforen (Steuer-Fachschule, N=130)

Die Diskussionsforen der Steuer-Fachschule wurden von Fachdozenten betreut, so dass die Studierenden zeitnah kompetente Antworten auf ihre Fragen erhielten. Dies kann als Grund für die im Vergleich zum Verfassen von Beiträgen gute Bewertung des Lesens von Beiträgen in Diskussionsforen gesehen werden.

---

[545] Sie antworteten mit „sehr hilfreich" oder „hilfreich".
[546] Sie antworteten mit „sehr hilfreich" oder „hilfreich".

Abschließende Beurteilung der These

Die Untersuchungen haben gezeigt, dass Diskussionsforen, sofern zu wenige Teilnehmer sie nutzen, bei der Kommunikation mit dem Dozenten keine große Rolle spielen.

Bei der Steuer-Fachschule, wo die Diskussionsforen stark eingesetzt wurden, wurde das Lesen und Verfassen von Beiträgen nur von einem Teil der Lerner als nützlich empfunden. Daher kann die folgende These so nicht bestätigt werden.

These A16: Das Diskussionsforum spielt im Lernprozess Klausurvorbereitung bei der Kommunikation mit dem Dozenten eine wichtige Rolle.	✘

Aufgrund der Ergebnisse der explorativen Untersuchungen kann folgende Vermutung aufgestellt werden:

Vermutung V11: Wenn eine kritische Masse an Studierenden an einem Diskussionsforum teilnimmt, wird es regelmäßig frequentiert und hilft bei der Klausurvorbereitung.

7.2 Thesenbündel B: Einfluss von Blended Learning auf den Lernerfolg

Überprüfung der These B1: Lernerfolg von überdurchschnittlich motivierten Lernern in Abhängigkeit von ihrer E-Learning Nutzung an der Steuer-Fachschule

Die Messung des Lernerfolgs von Studierenden ist schwierig.[547] Üblich ist es, die erfolgreich bestandene Klausur als Maßstab für den Lernerfolg zu nehmen. Jedoch wird das Klausurergebnis von einer unbekannten Anzahl von Parametern (zum Beispiel Ablenkungen, Stress im Beruf während der Vorbereitungsphase, Gesundheits-Status, Schreibgeschwindigkeit des Prüflings, Schwierigkeitsgrad der Klausur, ...) beeinflusst, so dass das Bestehen der Klausur oder sogar die erreichte Punktzahl in der Klausur den Lernerfolg bestenfalls tendenziell angeben. Dennoch sollen hier einige Auswirkungen der Nutzung von Blended Learning auf den Lernerfolg vorgestellt werden. Diese Ergebnisse können aber nicht verallgemeinert werden.

Mit der Frage nach dem Nutzen, sich subjektiv interessante Teile der Audio/Video-Aufzeichnungen anzuschauen, kann der Zusammenhang zwischen der erreichten Punktzahl in der Klausur und der Leistungsmotivation verdeutlicht werden. Die Motivation wurde dabei mit dem in Kapitel 5.2 (S. 156f.) beschriebenen Verfahren von *Schuler* und *Prochaska* gemessen.

In der folgenden Analyse wurden die Klausurergebnisse von Lehrgangsteilnehmern der Steuer-Fachschule in Abhängigkeit von der Nutzungsintensität von E-Learning Angeboten und ihrer Leistungsmotivation untersucht. Dies war aufgrund der vergleichsweise hohen Fallzahl von über 100 möglich.

Das Ergebnis der abschließenden Prüfung des Lehrgangs wurde per Fragebogen erhoben. Es konnte lediglich die Note der Prüfung ermittelt werden und keine Punktzahl. Dies würde in der Analyse zu einem genaueren Ergebnis führen, konnte jedoch nicht realisiert werden.

Die Nutzungsintensität der E-Learning Angebote wurde ebenfalls per Fragebogen erhoben. Dazu wurde aus den Antworten von sechs verschiedenen Fragen eine Skala entwickelt, welche die Nutzungsintensität angibt. Sie reicht von 0 (gar keine Nutzung) bis 20 (sehr starke Nutzung).

---

[547] Vgl. Kap. 5.2, S. 155ff.

Die Leistungsmotivation wurde nach dem Verfahren von *Schuler* und *Prochaska* ermittelt[548] und auf einer Skala von 0 (kleine Motivation) bis 25 (große Motivation) abgetragen.

In Abbildung 50 ist die Note der Klausurteilnehmer in Abhängigkeit von der Leistungsmotivation und der Nutzungsintensität von e² E-Learning dargestellt. Dabei handelt es sich um ein Streudiagramm, in dem jede Kombination von Note, E-Learning Nutzung und Motivation jedes einzelnen Befragten als umrandeter Punkt dargestellt ist. Die Punkte überlappen sich, wenn es mehr als eine Kombination aus Note, E-Learning Nutzung und Motivation gibt. Die Form der Umrandung stellt die erreichte Note dar. Die ausgefüllten Punkte stellen die durchschnittlichen Ergebnisse für jede Notenstufe dar.

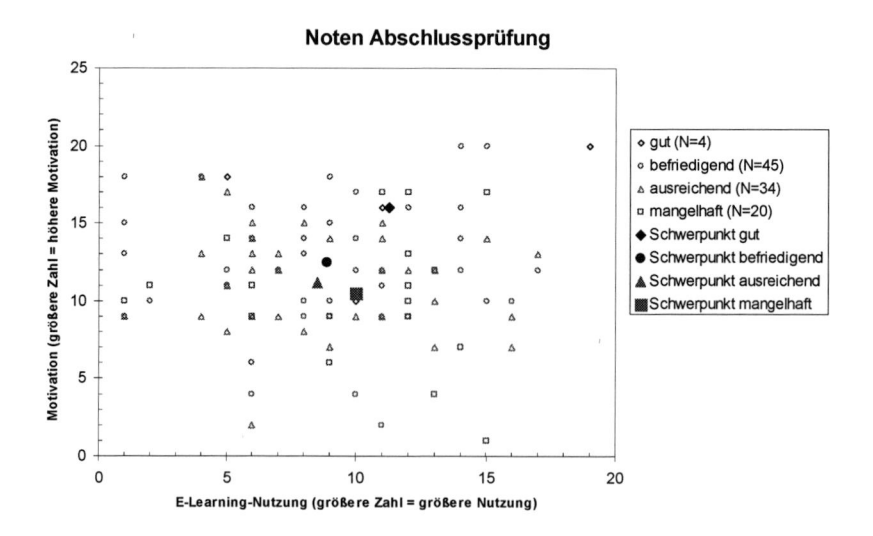

Noten Abschlussprüfung

Abbildung 50: Streudiagramm der Noten in Abhängigkeit von E-Learning Nutzung und Motivation (Steuer-Fachschule, N=103)

Wie man sieht, sind die einzelnen Werte stark gestreut. Es bilden sich keine Cluster. Es konnte keine signifikante Korrelation zwischen der E-Learning Nutzung und Motivation gefunden werden.

Die Betrachtung der durchschnittlichen Werte zeigt, dass Lerner, die mit „gut" abgeschnitten haben, die größte Leistungsmotivation hatten, gefolgt von Lernern, die die Noten „befriedi-

---

[548] Vgl. Kap. 5.2, S. 156f.

gend" und „ausreichend" hatten. Lerner, welche mit „mangelhaft" abschnitten, hatten die geringste Leistungsmotivation.

Bei der Nutzung von E-Learning zeigt sich, dass die Lerner, die mit „gut" abschnitten, die Angebote am häufigsten in Anspruch nahmen. Lerner, die die Note „befriedigend" oder „ausreichend" erreichten, nutzten E-Learning am wenigsten. Dazwischen liegen die Lerner, die „mangelhaft" abschnitten.

Offenbar kann eine häufige Nutzung von E-Learning in Verbindung mit einer hohen Motivation zu einer guten Note führen. Studierende, die in der Prüfung ein „mangelhaft" erreichten, nutzten E-Learning häufiger als Studierende, die mit „ausreichend" oder „befriedigend" abschnitten.

In Tabelle 31 sind die durchschnittlichen Prüfungsnoten der Teilnehmer dargestellt. Dazu wurden alle Befragten gemäß den Ausführungen in Kapitel 5.2 (S. 156ff.) bezüglich den Dimensionen E-Learning Nutzung und Motivation jeweils in zwei unterschiedliche Kategorien eingeteilt: Überdurchschnittliche E-Learning Nutzung bzw. Motivation und unterdurchschnittliche E-Learning Nutzung bzw. Motivation. Für jede Kategorie wurden die Durchschnittsnoten gebildet.

		Motivation				Gesamt	
		Unterdurchschnittlich		Überdurchschnittlich		Durchschnittsnote	Anzahl
		Durchschnittsnote	Anzahl	Durchschnittsnote	Anzahl		
E-Learning Nutzung	Unterdurchschnittlich	3,89	27	3,43	28	3,65	55
	Überdurchschnittlich	3,81	21	3,63	27	3,71	48
	Gesamt	3,85	48	3,53	55	3,75	103

Tabelle 31: Durchschnittsnoten in Abhängigkeit von E-Learning Nutzung und Motivation (Steuer-Fachschule, N=103)

Es wird deutlich, dass von den 103 befragten Prüflingen 48 unterdurchschnittlich motiviert waren und die Durchschnittsnote 3,85 erreichten, während die 55 motivierteren Befragten mit der Durchschnittsnote 3,53 besser abschnitten. Dies ist ein erwartetes Ergebnis.

Die mittleren Noten bei den Lernern, die E-Learning unterdurchschnittlich nutzten, fallen mit 3,65 geringfügig schlechter aus als bei den Lernern, die E-Learning überdurchschnittlich oft nutzten (3,71). Die Differenz liegt jedoch im Bereich der Messungenauigkeit. Die Nutzung von E-Learning wirkt sich demnach nicht positiv oder negativ auf das Prüfungsergebnis aus.

Die stärker motivierten Lerner schneiden im Durchschnitt besser ab, wenn sie E-Learning wenig nutzten (3,43 bei Wenig-Nutzern gegenüber 3,63 bei Viel-Nutzern). Hier scheint E-Learning einen negativen Effekt auf die Studierenden zu haben. Eine Erklärung dafür kann nicht angegeben werden.

These B1 kann nicht bestätigt werden. Die Ergebnisse deuten eher auf eine gegenteilige Wirkung hin.

These B1: Lerner, die überdurchschnittlich motiviert sind und e² E-Learning nutzen, erreichen in der Klausur ein besseres Ergebnis als Lerner, die überdurchschnittlich motiviert sind und e² E-Learning nicht nutzen.	✘

Überprüfung der These B2: Lernerfolg von unterdurchschnittlich motivierten Lernern in Abhängigkeit von ihrer E-Learning Nutzung an der Steuer-Fachschule

Schaut man sich nun in Tabelle 31 die Ergebnisse der Teilnehmer an, die wenig motiviert sind, sieht man, dass ihr Ergebnis unabhängig von der Nutzungsintensität von E-Learning fast gleich ist (3,89 bei Wenig-Nutzern gegenüber 3,81 bei Viel-Nutzern).

Die entsprechende These kann ebenfalls nicht bestätigt werden. Die Unterschiede im Prüfungsergebnis sind nicht stark genug, um eine Aussage treffen zu können.

These B2: Lerner, die unterdurchschnittlich motiviert sind und e² E-Learning nutzen, erreichen in der Klausur ein besseres Ergebnis als Lerner, die unterdurchschnittlich motiviert sind und e² E-Learning nicht nutzen.	✘

Offenbar ist die Leistung der Studierenden zumindest bei der untersuchten Blended Learning Veranstaltung an der Steuer-Fachschule nicht von der Nutzung von e² E-Learning abhängig. E-Learning kann offensichtlich nicht herangezogen werden, gezielt bestimmte Gruppen, z.B. relativ unmotivierte Lerner, zu unterstützen oder zu fördern.

Obwohl die Fallzahl mit 103 in dieser Untersuchung vergleichsweise groß war, müssen noch weitere Untersuchungen folgen, um die oben dargestellten Zusammenhänge näher zu beleuchten. Insbesondere das Ergebnis, dass stärker motivierte Lerner bei intensiver Nutzung von E-Learning schlechter abschneiden als bei geringer E-Learning Nutzung, sollte dabei genauer analysiert werden.

Überprüfung der These B3: Einfluss der Nutzung von Audio/Video-Aufzeichnungen auf das Klausurergebnis bei der Nutzung von E-LEARN

Diese These wurde anhand der Klausurergebnisse von Studierenden an der RFH Köln und an der Universität zu Köln überprüft.

Untersuchung des Klausurergebnisses bei Studierenden an der RFH Köln

In Abbildung 51 ist dargestellt, wie hilfreich die einzelnen Angebote bzw. Lernkanäle, die beim Einsatz von E-LEARN an der RFH Köln zur Verfügung gestellt wurden, von den Studierenden subjektiv empfunden wurden.[549]

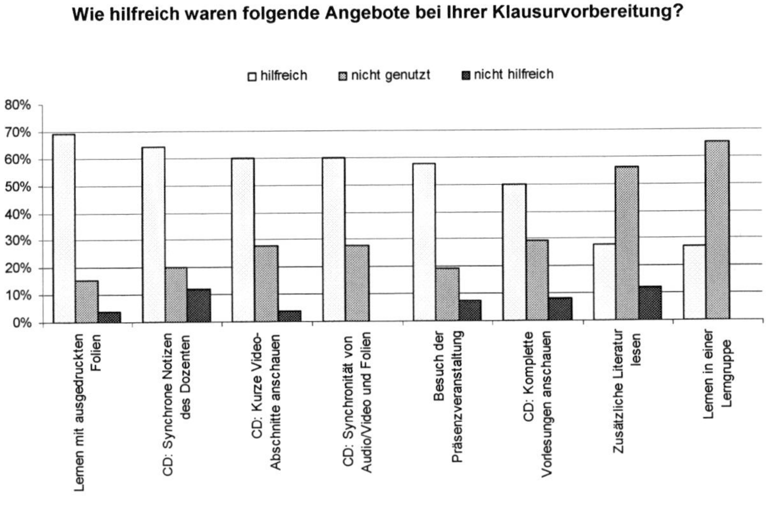

Abbildung 51: Nutzen unterschiedlicher Lernkanäle bzw. Lernangebote (RFH, N=20)

In Abbildung 52 werden diese Angebote/Lernkanäle mit der objektiv gemessenen Punktzahl in der Klausur zusammengeführt. Dort ist dargestellt, wie die durchschnittliche Punktzahl in

---

[549] Vgl. dazu auch die Überprüfung von Thesenbündel A.

der Klausur von der Nutzung unterschiedlicher Lernkanäle bzw. Lernangebote des Pilotversuchs abhängt.

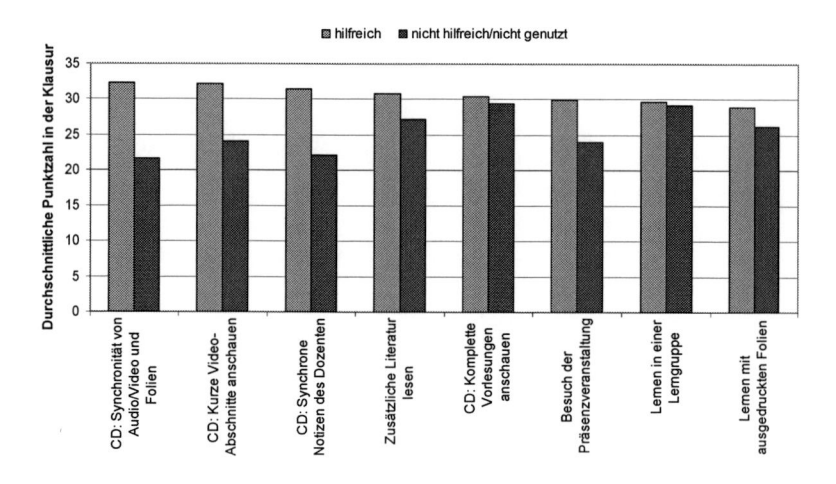

Abbildung 52: Durchschnittliche Punktzahl in der Klausur in Abhängigkeit von der Nutzung unterschiedlicher Angebote (RFH, N=20)

Studierende, die E-Learning Lernkanäle genutzt haben, erreichten im Mittel ein besseres Ergebnis, als Studierende, die traditionelle Lernkanäle genutzt haben.

Nicht verwunderlich ist, dass bei allen Lernkanälen (traditionell und E-Learning) Studierende, welche Lernangebote genutzt haben, ein besseres Klausurergebnis erzielten, als Studierende, die die Angebote nicht genutzt haben. Interessant dabei ist, wie unterschiedlich die mittlere Klausurpunktzahl mit Nutzung und ohne Nutzung der Lernangebote ausfällt.

Den größten Unterschied im Klausurergebnis gab es zwischen denjenigen Befragten, welche die Synchronität von Audio/Video und Folien auf der CD hilfreich fanden und denen, welche diese Funktion nicht genutzt haben bzw. nicht nützlich fanden.[550] Lerner, die die Synchronität von Audio/Video und den Folien auf der CD als hilfreich bewerteten, erreichten in der Klausur rund 11 Punkte mehr als Lerner, welche diese Funktion nicht nutzten oder nicht hilfreich empfanden (vgl. Abbildung 52). Daraus lässt sich ableiten, dass besonders die

---

[550] Die Kategorien „nicht genutzt" und „nicht hilfreich" sind hier zusammengefasst, da sie sich gegenseitig bedingen. Wenn ein Studierender einen Lernkanal nicht hilfreich findet, nutzt er ihn auch nicht.

wirksame Nutzung der synchronen Folieneinblendungen zum Video und Ton des Dozenten bei den Studierenden zu einem besseren Lernerfolg beitragen kann.

Ebenfalls große Vorteile ergeben sich für die Lerner, die kurze Videoausschnitte (zum Beispiel über Folien und Inhalte, die sie noch nicht verstanden haben) anschauen (+8 Klausurpunkte im Vergleich zu Lernern, welche dies nicht nutzten). Die Nutzung der mit dem Video synchronisierten Anmerkungen des Dozenten (zum Beispiel bei der Herleitung eines Diagramms) brachte ein um durchschnittlich 9 Punkte besseres Klausurergebnis.

Die Unterschiede zwischen der Nutzung und Nicht-Nutzung von traditionellen Lernkanälen fallen geringer aus als bei der Nutzung oder Nicht-Nutzung von E-Learning Angeboten. Beispielsweise erreichten Studierende, welche das Lernen mit ausgedruckten Folien hilfreich empfanden, nur rund drei Punkte mehr als ihre Kommilitonen, die nicht mit Folien lernten.

Weiterhin haben die Nutzer traditioneller Lernangebote (Lesen von Literatur, Teilnahme an der Präsenzveranstaltung und Lernen in Lerngruppe) durchschnittlich geringfügig schlechtere Klausurergebnisse als die Nutzer von E-Learning Angeboten. Die entsprechenden Balken sind in Abbildung 52 niedriger als die Balken bei den E-Learning Angeboten.

Untersuchung des Klausurergebnisses bei Studierenden an der Universität zu Köln

Die Analyse von Klausurergebnissen bei Studierenden der Uni Köln deutete ebenfalls darauf hin, dass Lerner, die Audio/Video-Aufzeichnungen intensiver nutzen, ein besseres Klausurergebnis erreichen.

In Tabelle 32 sind die durchschnittlichen Noten von Teilnehmern der Wirtschaftsinformatik-Klausur an der Uni Köln in Abhängigkeit von der Intensität der Nutzung von Audio/Video-Aufzeichnungen dargestellt.

Nutzung von Audio/Video-Aufzeichnungen	Anzahl	Durchschnittsnote
Intensive Nutzung	17	2,65
Selektive Nutzung	14	2,85
Keine Nutzung	4	4,75
Gesamt	35	2,97

Tabelle 32: Durchschnittsnote in Abhängigkeit von der Nutzung von Audio/Video-Aufzeichnungen (Uni Köln SS 03, N=35)[551]

Studierende, die Audio/Video-Aufzeichnungen intensiv nutzten, d.h. alle Veranstaltungen mit Hilfe der Aufzeichnungen durcharbeiteten, schnitten am besten ab. Studierende, die einzelne Abschnitte der Aufzeichnungen nutzten (selektive Nutzung), erreichten geringfügig schlechtere Ergebnisse. Mit Abstand die schlechtesten Ergebnisse erreichten Lerner, welche die Audio/Video-Aufeichnungen überhaupt nicht zur Vorbereitung auf die Klausur heranzogen.

Insgesamt kann die These, dass die Nutzung von Audio/Video-Aufzeichnungen zu besseren Klausurergebnissen führt, in allen Untersuchungen bestätigt werden. Allerdings muss die Signifikanz dieser Aussage in weiteren Untersuchungen mit größeren Fallzahlen überprüft werden.

These B3: Lerner, die Audio/Video-Aufzeichnungen nutzen, erreichen in der Klausur ein besseres Ergebnis als Lerner, die Audio/Video-Aufzeichnungen nicht nutzen.	✓

---

[551] Intensive Nutzung: Alle Veranstaltungen mit Audio/Video-Aufzeichnungen durchgearbeitet; Selektive Nutzung: Einzelne Abschnitte von Audio/Video-Aufzeichnungen durchgearbeitet.

7.3 Thesenbündel C: Änderung der Nutzung von Blended Learning im Zeitverlauf

Überprüfung der These C1: Anpassung der Lerngewohnheiten bei der Nutzung von Audio/Video-Aufzeichnungen

Um die Veränderung des Nutzens von Audio/Video-Aufzeichnungen in Abhängigkeit von der Nutzungsdauer zu untersuchen, muss berücksichtigt werden, dass sich Lerner erst an den Umgang mit elektronischen Lernkanälen gewöhnen müssen. Daher wurden die Studierenden der RFH nach ihren Erfahrungen mit neuen Medien wie Videokonferenzen und E-Learning befragt. Diese waren bei Beginn des Pilotversuchs an der RFH äußerst begrenzt.

Nur vier von 36 Befragten arbeiteten mindestens einmal jährlich mit E-Learning Systemen.[552] Nur zwei Studierende von 36 nahmen mindestens jährlich an einer Videokonferenz teil.[553] Knapp 90% hatten noch nie an einer Videokonferenz teilgenommen und knapp 80% noch nie mit E-Learning gearbeitet. Daher mussten sich die Teilnehmer des Pilotversuchs zunächst an die neuen Möglichkeiten von Audio/Video-Aufzeichnungen und -Live-Übertragungen gewöhnen und lernen, Vorteile daraus zu ziehen.

Bei der Abschlussbefragung wurden die Studierenden der RFH befragt, wie gut sie ihre Lerngewohnheiten auf die Nutzung von Audio/Video-Aufzeichnungen umstellen konnten. 55 Prozent der Studierenden konnten sich sehr gut oder gut auf die neuen Lernkanäle und Lernangebote umstellen, knapp ein Viertel hatte Probleme damit und ein knappes weiteres Viertel antwortete neutral (vgl. Tabelle 33).

---

[552] Vgl. Anhang B.1: RFH Anfangsbefragung, Frage 16 (N=35).
[553] Vgl. Anhang B.1: RFH Anfangsbefragung, Frage 15 (N=35).

Wie gut konnten Sie Ihre Lerngewohnheiten auf das Lernen mit Audio/Video-Aufzeichnungen umstellen?

	Anzahl	Anteil
sehr gut	5	22,7%
gut	7	31,8%
zum Teil	5	22,7%
schlecht	5	22,7%
sehr schlecht	0	0,0%

Tabelle 33: Umstellung der Lerngewohnheiten (RFH, N=22)

Offenbar konnten die meisten Studierenden der RFH ihre Lerngewohnheiten auf die Nutzung von Audio/Video-Aufzeichnungen umstellen. Aufgrund des kurzen Zeitraums, in dem der Pilotversuch durchgeführt wurde, und aufgrund der Tatsache, dass nur vier Veranstaltungen à zwei Doppelstunden mit Audio/Video-Aufzeichnungen unterstützt wurden, ist damit zu rechnen, dass diejenigen Lerner, die ihre Lerngewohnheiten noch nicht umstellen konnten, dies bei einer längerfristigen Nutzung noch schaffen würden.

These C1: Lerner können ihre Lerngewohnheiten an die Nutzung von Audio/Video-Aufzeichnungen anpassen.	✓

Überprüfung der These C2: Zahlungsbereitschaft für Audio/Video-Aufzeichnungen in Abhängigkeit von der Nutzungsdauer

Die Nutzung von E-LEARN war für die Studierenden der RFH während des Pilotversuchs kostenlos. Sie wurden einmal direkt nach dem Ende der Präsenzveranstaltungen und einmal direkt nach der Klausur gefragt, wie viel sie zur Nutzung von Audio/Video-Live-Übertragungen und von Audio/Video-Aufzeichnungen zu zahlen bereit wären.

Obwohl die Studierenden den Zusatznutzen von Blended Learning Veranstaltungen erkennen,[554] besteht bei ihnen eine relativ geringe Zahlungsbereitschaft für die Nutzung von Blended Learning. Häufig verweisen sie darauf, dass schon Studiengebühren gezahlt werden müssen und dass zusätzliche Gebühren nicht aufgebracht werden können.[555]

---

[554] Vgl. Thesenbündel A und B.

[555] An der RFH müssen monatliche Gebühren in Höhe von ca. 270 € bezahlt werden.

Eine Reihe von Studierenden wollte sich nicht festlegen, weil sie das Kosten-Leistungs-Verhältnis nach dem relativ kurzen Pilotversuch noch nicht abschätzen konnten. Es hat sich herausgestellt, dass 42 Prozent der Befragten sich nicht an den Kosten für die Audio/Video-Live-Übertragung inklusive Chat beteiligen wollen. Zwei von 27 Befragten ist die Live-Übertragung jedoch so wichtig, dass sie 150 € bzw. 200 € pro Veranstaltung und Semester bezahlen würden.

Bei den Audio/Video-Aufzeichnungen auf CD ist die Zahlungsbereitschaft höher, nur ein Studierender von 27 würde überhaupt nichts bezahlen wollen. Im Durchschnitt wären die Befragten bereit, 23,50 € für die interaktive CD einer kompletten Veranstaltung von 15 Doppelstunden Dauer zu bezahlen (vgl. Tabelle 34). Da die Zahlungsbereitschaft aber sehr stark gestreut ist, ist der Median robuster und zur Angabe der Zahlungsbereitschaft besser geeignet als der Mittelwert.

Der durchschnittliche Gegenwert (Median) der Audio/Video-Aufzeichnungen beträgt 5,00 € direkt nach Ende der Präsenzveranstaltungen, also an einem Zeitpunkt, an dem die Aufzeichnungen nur sehr vereinzelt genutzt wurden. Er steigt nach der intensiven Nutzung am Ende der Lernphase, wenn die Klausur geschrieben wird, um 50 Prozent auf 7,50 €.

		Zahlungsbereitschaft für		
	Live-Übertragung	CD vor Lernphase	CD nach Lernphase	CD Durchschnitt
Median	2,00 €	5,00 €	7,50 €	5,50 €
Mittelwert	20,92 €	14,74 €	23,50 €	18,84 €
Maximum	200,00 €	150,00 €	100,00 €	150,00 €

Tabelle 34: An verschiedenen Zeitpunkten ermittelte Zahlungsbereitschaft der Studierenden für eine Veranstaltung (N=17)

Dadurch wird deutlich, dass den Lernern der Nutzen von Audio/Video-Aufzeichnungen erst klar wird, nachdem sie die Vorteile selbst erfahren haben. Inwieweit die im Pilotversuch angegebene Zahlungsbereitschaft der Studierenden die tatsächliche Zahlungsbereitschaft bei in einem dauerhaften Einsatz des Systems widerspiegelt, konnte nicht geklärt werden.

These C2: Mit zunehmender Nutzungsdauer von Audio/Video-Aufzeichnungen sind Lerner bereit, mehr Geld dafür auszugeben.	✓

Überprüfung der These C3: Veränderung der Nutzung von WBTs im Zeitverlauf

Bei der Steuer-Fachschule wurde die Nutzung von e^2 E-Learning im Verlauf der Veranstaltung gemessen. Die Lehrgangsteilnehmer mussten insgesamt drei Prüfungen absolvieren, die relativ gleichmäßig über den Verlauf des Lehrgangs verteilt waren.

Dadurch kann in dieser Untersuchung der Effekt herausgerechnet werden, der dadurch entsteht, dass die Lernintensität meist unmittelbar vor der Prüfung am größten ist. Dadurch ist auch die Nutzung von E-Learning Angeboten kurz vor der Prüfung am größten. Aufgrund der Tatsache, dass bei der Steuer-Fachschule drei Prüfungen abgelegt wurden, kann die Nutzungsintensität von e^2 E-Learning bei den drei Prüfungen verglichen werden.

Etwa ein Viertel aller Teilnehmer nutzte e^2 E-Learning im ersten Teil der Veranstaltung, der mit der Prüfung zum „funktionsübergreifenden Teil" abgeschlossen wurde, regelmäßig oder häufig (vgl. Abbildung 53).

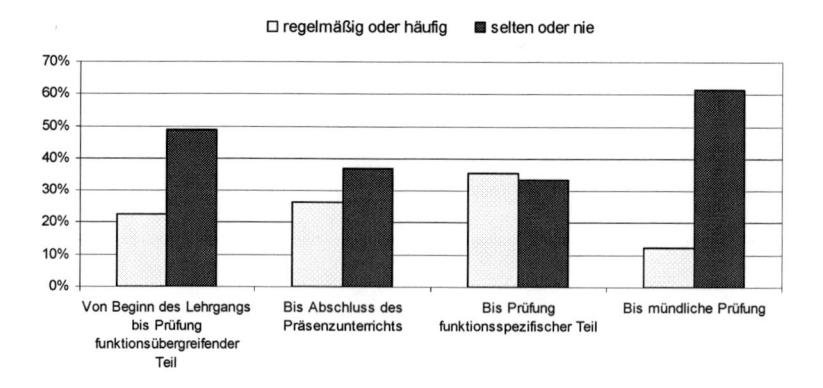

Abbildung 53: Nutzung von e^2 E-Learning im Verlauf der Veranstaltung (Steuer-Fachschule, N=115)

Im nächsten Veranstaltungsabschnitt, der mit dem Ende der Präsenzveranstaltungen abgeschlossen wurde, stieg die Zahl derer, die regelmäßig oder häufig E-Learning einsetzten, leicht an.

Über ein Drittel der Befragten nutzten die elektronischen Lernangebote bis zur „funktionsspezifischen" Prüfung. Anschließend ging die Nutzung stark zurück.

Diese Entwicklung stützt die These, dass die Nutzung von E-Learning im Laufe der Zeit steigt. Der starke Abfall am Ende des Kurses lässt sich dadurch erklären, dass die Teilnehmer bereits zur „funktionsspezifischen" Prüfung die WBTs durchgearbeitet hatten, und dies nicht kurz darauf während der Vorbereitung auf die mündliche Prüfung erneut taten.

Insgesamt kann die These damit bestätigt werden.

These C3: Die Nutzung von WBTs ist zu Beginn eines Kurses gering und steigt dann an.	✓

7.4 Zusammenfassung der Ergebnisse der empirischen Untersuchungen

Im Verlauf der explorativen Untersuchungen wurden insgesamt 22 Thesen überprüft und elf Vermutungen generiert.

In Tabelle 35 sind die Ergebnisse der Überprüfung von Thesenbündel A verdichtet dargestellt. Insgesamt konnte bei Audio/Video-Aufzeichnungen im Lernprozess Klausurvorbereitung ein größerer Nutzen festgestellt werden als dies beim Lernen mit ausgedruckten Folien der Fall ist.

Beim Lernprozess Wissensvermittlung mussten die entsprechenden Thesen jedoch verworfen werden. Audio/Video-Aufzeichnungen sind demnach besonders zur Unterstützung der Klausurvorbereitung geeignet.

Die Benutzeroberfläche des Systems E-LEARN wurde von den Befragten insgesamt als effektiv bewertet.

Thesenbündel A: Nutzen von Blended Learning und Einfluss auf die Effektivität von Lernprozessen

Nutzen von Audio/Video-Aufzeichnungen im Lernprozess Klausurvorbereitung	
These A1: ✓	
These A2: ✓	
These A3: ✓	Insgesamt: ✓
These A4: ✓	
These A5: ✓	

Nutzen von Audio/Video-Aufzeichnungen im Lernprozess Wissensvermittlung	
These A6: ✗	
These A7: ✗	
These A8: ?	Insgesamt: ✗
These A9: ✗	
These A10: ✗	

Effektivität der Benutzeroberfläche der Audio/Video-Aufzeichnungen in den Lernprozessen Klausurvorbereitung und Wissensvermittlung	
These A11: ✓	
These A12: ✓	
These A13: ✓	Insgesamt: (✓)
These A14: ✓	
These A15: ✓	
These A16: ✗	

Tabelle 35: Verdichtete Ergebnisse der Überprüfung von Thesenbündel A

Bei der Überprüfung der Thesen in Thesenbündel B ergaben sich unterschiedliche Ergebnisse (vgl. Tabelle 36). Ein Einfluss der Nutzung von e² E-Learning auf das Lernergebnis bei der Steuer-Fachschule konnte nicht nachgewiesen werden (Thesen B1 und B2). Die Nutzung von Audio/Video-Aufzeichnungen beim System E-LEARN dagegen führte zu besseren Klausurergebnissen der Lerner (These B3). In diesem Bereich besteht noch weiterer Forschungsbedarf.

Thesenbündel B: Einfluss von Blended Learning auf den Lernerfolg

These B1:	✘	
These B2:	✘	Insgesamt: **?**
These B3:	✓	

Tabelle 36: Verdichtete Ergebnisse der Überprüfung von Thesenbündel B

Thesenbündel C untersuchte die Änderung der Nutzung von Blended Learning im Zeitverlauf (vgl. Tabelle 37). Mit zunehmender Nutzung erkannten die Lerner die Vorteile, die sich durch Blended Learning ergeben.

Thesenbündel C: Änderung der Nutzung von Blended Learning im Zeitverlauf

These C1:	✓	
These C2:	✓	Insgesamt: ✓
These C3:	✓	

Tabelle 37: Verdichtete Ergebnisse der Überprüfung von Thesenbündel C

Beurteilung des Nutzens von Blended Learning an der RFH Köln

Für die Nutzung von Blended Learning sprach bei den Studierenden der RFH vor allem das räumlich und zeitlich flexiblere Lernen. Ein besseres Verständnis des Stoffes sowie die Einsparung von Fahrtzeiten und -kosten wurden ebenfalls von mehr als der Hälfte der Befragten genannt. Weitere Gründe, die für Blended Learning sprechen, sind in Abbildung 54 dargestellt.

Welche persönlichen Gründe sprechen aus Ihrer Sicht für die Nutzung des Systems E-LEARN?

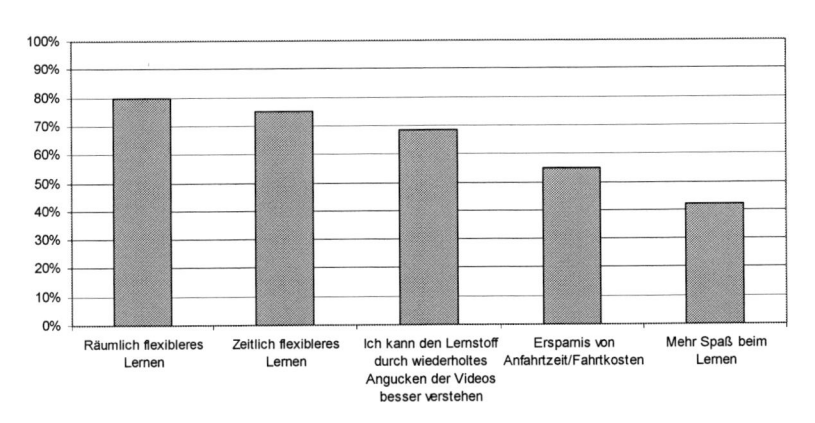

[Balkendiagramm mit folgenden Werten:
- Räumlich flexibleres Lernen: ca. 80%
- Zeitlich flexibleres Lernen: ca. 76%
- Ich kann den Lernstoff durch wiederholtes Angucken der Videos besser verstehen: ca. 70%
- Ersparnis von Anfahrtzeit/Fahrtkosten: ca. 56%
- Mehr Spaß beim Lernen: ca. 44%]

Abbildung 54: Gründe für die Nutzung von E-LEARN (RFH, N=20)[556]

Die Steigerung der Internet-/Computerkenntnisse spielte bei wenigen Lernern eine Rolle, da diese Kenntnisse schon vor dem Pilotversuch überdurchschnittlich waren (nur ein Viertel bezeichnete sich als Computer-Anfänger). Etwa 20 Prozent können dem Dozenten über Internet besser folgen oder sich über Internet mit dem Stoff tiefer auseinandersetzen (vgl. Abbildung 55).

Welche persönlichen Gründe sprechen aus Ihrer Sicht für die Nutzung des Systems E-LEARN?

[Balkendiagramm mit folgenden Werten:
- Ich kann so das Studium besser mit Freizeit/Familie verbinden: ca. 40%
- Ich kann so das Studium besser mit meinem Beruf verbinden: ca. 36%
- Steigerung der Internet-/Computerkenntnisse: ca. 30%
- Ich kann dem Dozenten über Internet besser folgen: ca. 22%
- Tieferes Auseinandersetzen mit dem Stoff: ca. 16%]

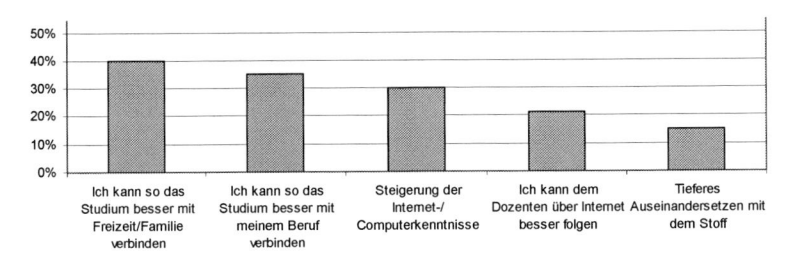

Abbildung 55: Weitere Gründe für die Nutzung von E-LEARN (RFH, N=20)[557]

---

[556] Prozent der Befragten, die „trifft völlig zu" oder „trifft eher zu" geantwortet haben.

Beurteilung des Nutzens von Blended Learning an der Uni Köln

Bei der Uni Köln ergibt sich ein ähnliches Bild (vgl. Abbildung 56). Zu den wichtigsten Gründen, Blended Learning zu nutzen, gehörte ebenfalls die räumliche und zeitliche Flexibilität, die Blended Learning bietet. Noch besser wurde die Möglichkeit bewertet, dass Lerninhalte jederzeit wiederholt werden können. Mit „Lernen im Bademandel" ist gemeint, dass Studierende die Veranstaltung, die immer mittwochs morgens stattfand, auch zu Hause per Audio/Video-Live-Übertragung „im Bademantel" verfolgen konnten. Von etwa drei Vierteln der Lerner wurde positiv vermerkt, dass mit E-LEARN das Lerntempo frei bestimmbar ist und dass Fahrkosten und -Zeiten eingespart werden können. Immerhin die Häfte der Befragten hatte mit E-LEARN mehr Spaß beim Lernen und konnte sich tiefer mit dem Stoff auseinandersetzen. Das schnellere Verstehen des Stoffes und eine Steigerung von Internet-Kenntnissen rangiert auf den hinteren Plätzen.

Welche persönlichen Gründe sprechen aus Ihrer Sicht für die Nutzung des Systems E-LEARN?

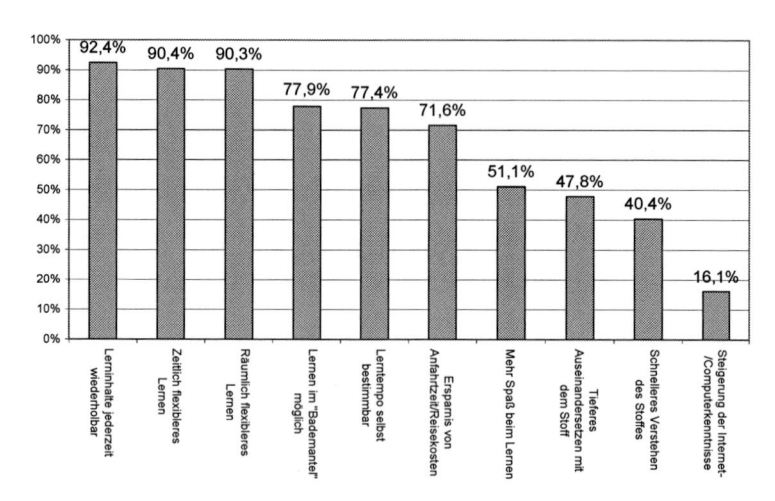

Grund	Prozent
Lerninhalte jederzeit wiederholbar	92,4%
Zeitlich flexibleres Lernen	90,4%
Räumlich flexibleres Lernen	90,3%
Lernen im 'Bademantel' möglich	77,9%
Lerntempo selbst bestimmbar	77,4%
Ersparnis von Anfahrtzeit/Reisekosten	71,6%
Mehr Spaß beim Lernen	51,1%
Tieferes Auseinandersetzen mit dem Stoff	47,8%
Schnelleres Verstehen des Stoffes	40,4%
Steigerung der Internet-/Computerkenntnisse	16,1%

Abbildung 56: Gründe für die Nutzung von E-LEARN (Uni Köln, N=94)[558]

---

[557] Prozent der Befragten, die „trifft völlig zu" oder „trifft eher zu" geantwortet haben.

[558] Vgl. Klenner; Psaralidis /E-W-E-Learn Abschlussbericht 2003/ 72. Die Balken entsprechen dem Anteil der Antworten, die auf „stimme vollständig zu" oder „stimme zu" entfielen.

Beurteilung des Nutzens von Blended Learning an der Steuer-Fachschule

Bei der Steuer-Fachschule wurden ähnliche Gründe für die Nutzung des Systems e^2 E-Learning angegeben wie bei der RFH und der Uni Köln. Die wichtigsten beiden Gründe waren auch hier die Möglichkeit, zeitlich und räumlich flexibler zu lernen. Sie werden von über 70 Prozent der Befragten als vorteilhaft bewertet. Ebenfalls 70 Prozent glauben, dass die Nutzung mehrerer unterschiedlicher Lernkanäle ihren Lernerfolg erhöht (vgl. Abbildung 57).

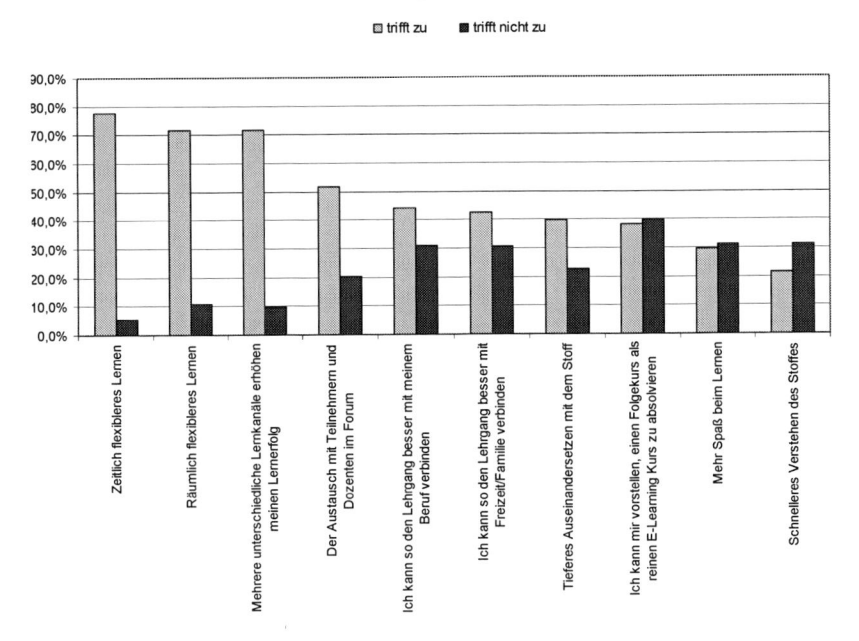

Abbildung 57: Gründe für die Nutzung von e^2 E-Learning (Steuer-Fachschule, N=133)

Etwa die Hälfte der Lerner schätzte den Austausch mit Teilnehmern und Dozenten im Diskussionsforum. Weitere Gründe, wie ein besseres Verbinden von Lernen mit Beruf bzw. Freizeit und ein tieferes Auseinandersetzen mit dem Stoff wurde von einem größeren Teil der Lerner eher positiv bewertet als negativ. Spaß und schnelleres Verstehen des Stoffes waren offenbar keine Gründe, e^2 E-Learning zu nutzen.

8 Kosten der Unterstützung von Bildungsmaßnahmen durch Blended Learning

In diesem Kapitel werden die Kosten, die bei der Unterstützung von Bildungsmaßnahmen[559] durch Blended Learning entstehen, kalkuliert. Zunächst wird allgemein beschrieben, wie bei der Kostenanalyse von Blended Learning Systemen vorzugehen ist und ein Kostenmodell entwickelt, das die entstehenden Kosten abbildet. Dazu müssen die Kostenarten und die Aktivitäten, bei denen Kosten entstehen, definiert werden. Lernprozesse werden dabei als Basis genommen.

Anschließend werden die Kosten einer konkreten Fallsituation am Beispiel des Systems E-LEARN empirisch erhoben. Zu den Kosten wurden keine Thesen erstellt.[560]

Basis für die Analyse der Kosten sind Kostenanalysen, die *Seibt* in Zusammenarbeit mit dem Autor der Arbeit durchgeführt hat. Dabei wurden die Ist-Kosten des Systems E-LEARN im Zeitraum 1999 bis 2003 analysiert.[561]

8.1 Allgemeines Kostenmodell zur Analyse der Kosten, die bei der Unterstützung von Bildungsmaßnahmen mit Blended Learning anfallen

Grundbegriffe der Betriebswirtschaftlichen Kostenrechnung

Für die Einbettung der technischen Komponenten und Lerninhalte in die jeweils spezifische organisatorische und personelle Umgebung einer Bildungseinrichtung sowie zur Schaffung einer neuen Lernumgebung und deren Erprobung können hohe Kosten entstehen.[562]

Unter **Kosten** wird der monetär bewertete Verzehr von Gütern und Arbeitsleistungen verstanden.[563] Bezogen auf Blended Learning entstehen Kosten vor allem durch die Entwicklung, Durchführung und kontinuierliche Verbesserung von Blended Learning Systemen und

---

[559] Zum Begriff Bildungsmaßnahme vgl. Kap. 2.4, S. 34.

[560] Vgl. Kap. 4, S. 343.

[561] Vgl. Seibt /Kosten des Blended Learning Systems E-LEARN 2004/.

[562] Vgl. Coenen; Seibt /Marktentwicklung 2001/ 94.

[563] Vgl. z.B. Haberstock /Kostenrechnung 1987/ 72.

von Aus-/Weiterbildungsmaßnahmen, die durch Blended Learning Systeme unterstützt werden.[564]

Man unterscheidet bei der Kostenrechnung eine pagatorische und eine wertmäßige konzeptionelle (kalkulatorische) Variante.[565] Dabei werden ausgabewirksame Kosten und kalkulatorische Gesamtkosten während der Lebensdauer einer Bildungsmaßnahme unterschieden, die jeweils während der Entwicklung eines Systems als Entwicklungskosten und während der Lebensdauer als Betriebskosten auftreten.[566]

Ausgabewirksame Kosten entstehen beispielsweise für Entwurf und Entwicklung der Inhalte und Multimedia-Komponenten der Blended Learning Lerneinheiten, für Entwurf, Miete, Lizenz, Anpassung und Implementierung der Techniksysteme und LMS oder für Honorare und Reisekosten von Trainern und Dozenten, Raumkosten, Koordination, Administration, Buchhaltung usw.[567]

Durch die Nutzung von Blended Learning fallen im Vergleich zu einer traditionellen Präsenzveranstaltung zusätzliche Kosten an. Diese Kosten lassen sich in einmalig auftretende Investitionskosten (Einmalkosten) und laufende Betriebskosten (Wartungs-/Pflege-/Weiterentwicklungskosten) unterteilen.

Die **Einmalkosten** beinhalten Investitionskosten für die zu beschaffenden Geräte und Software sowie Personalkosten für Installation, Konfiguration und Test von Servern und Geräten.

Unter die **Betriebskosten** fallen Wartungs-, Pflege- und Weiterentwicklungskosten für Hardware und Software sowie Personalkosten. Sie entstehen beispielsweise bei der Komponente Audio/Video-Aufzeichnungen des Systems E-LEARN für die Durchführung von Videoaufnahmen, die Erstellung von Audio/Video-Aufzeichnungen der aufgenommenen Präsenzveranstaltung und deren Bereitstellung als interaktive CDs.

Aktivitäten bei Aufbau, Betrieb und Weiterentwicklung von Blended Learning Lösungen, die Kosten verursachen

Um die Kosten einer Blended Learning Maßnahme fassen zu können, müssen zunächst die Aktivitäten, die bei Aufbau, Betrieb und Weiterentwicklung von Blended Learning Lösungen

---

[564] Vgl. Seibt /Kosten und Nutzen von E-Learning 2002/ 2.
[565] Vgl. Heinen; Dietel /Kostenrechnung 1993/ 1234 ff. und Weber /Kosten und Erlöse 1993/ 1264ff.
[566] Vgl. Seibt /Controlling von Kosten und Nutzen 2005/ 41.
[567] Vgl. Seibt /Controlling von Kosten und Nutzen 2005/ 43.

anfallen, abgegrenzt werden. Dazu ist das Vorgehen von *Seibt* geeignet, der Aufbau, Betrieb und Weiterentwicklung von Blended Learning Lösungen in neun Aktivitätenblöcke unterteilt (vgl. Abbildung 58).[568]

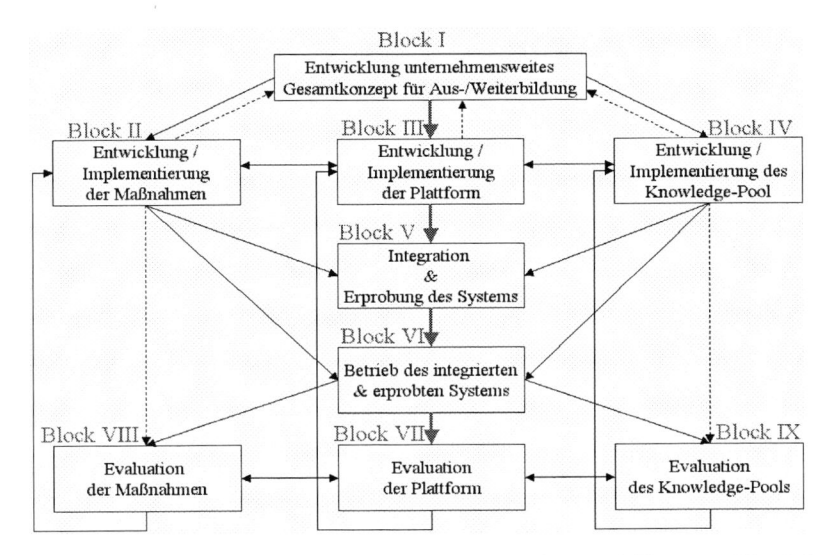

Abbildung 58: Aktivitäten bei Aufbau, Betrieb und Weiterentwicklung von Blended Learning Maßnahmen, die Kosten verursachen[569]

Die Unterstützung von Bildungsmaßnahmen mit Blended Learning beginnt mit der Entwicklung eines unternehmensweiten Gesamtkonzepts für die Aus- und Weiterbildung (**Block I**). Dabei werden alle auf mittlere Sicht (12-24 Monate) geplanten Bildungsmaßnahmen berücksichtigt und die Lehr- und Lerninhalte, Didaktik-Konzepte, Anzahl und Eigenschaften der Lerner, benötigtes Personal (z.B. Dozenten, Tutoren, Administratoren usw.), Technik-Ressourcen wie Hard- und Software, der Ablauf und die Termine der Maßnahme sowie das Budget festgelegt.

Block II umfasst die Aktivitäten des Entwurfs, der Realisierung und Implementierung der Lernobjekte, Tutorensystem und Lernkanäle, die für die in Block I identifizierten Bildungsmaßnahmen benötigt werden.

---

[568] Vgl. hier und im Folgenden Seibt /Kosten und Nutzen von E-Learning 2002/ 14ff.
[569] Vgl. Seibt /Kosten und Nutzen von E-Learning 2002/ 14.

In **Block III** wird eine Blended Learning Lösung entwickelt bzw. angepasst und in die jeweiligen bei der Bildungseinrichtung existierenden Rahmenbedingungen eingepasst. Dies kann in Abhängigkeit vom Komplexitätsgrad der Anpassung bzw. Entwicklungstätigkeiten zu hohen Implementierungskosten führen.

Block IV fasst die Aktivitäten zusammen, die durchgeführt werden müssen, um ein Knowledge-Management-System aufzubauen. Über einen zentralen Knowledge-Pool kann in einer Bildungseinrichtung beispielsweise Wissen (inkl. Lerninhalten, Didaktik-Konzepten, Lernzielen etc.) systematisch gespeichert werden und allen beteiligten Dozenten und Tutoren mitgeteilt werden.

Die Aktivitäten zur Integration und Erprobung der Blended Learning Lösung fallen in **Block V**. Zur vollen Entfaltung der Wirksamkeit muss das Zusammenspiel der in den Blöcken II bis IV genannten Aktivitäten gewährleistet werden.

Aktivitäten zum Betrieb der integrierten und erprobten Blended Learning Lösung sind in **Block VI** zusammengefasst. Um einen erfolgreichen Betrieb des Systems während seiner Lebensdauer gewährleisten zu können, ist eine kontinuierliche Pflege/Wartung und Weiterentwicklung des Systems nötig.

Die **Blöcke VII bis IX** enthalten die Aktivitäten, die zur Evaluation der durchgeführten Bildungsmaßnahme notwendig sind. Dazu müssen Ziele definiert werden, die auf den Grad der Zielerreichung überprüft werden können.

Diese allgemeinen Aktivitätenblöcke müssen angepasst und maßgeschneidert werden, um die in einer konkreten Fallsituation tatsächlich durchgeführten Aktivitäten identifizieren zu können.

Kostenarten, die bei der Unterstützung von Bildungsmaßnahmen durch Blended Learning von Bedeutung sind

Bevor eine Kalkulation der Kosten, die bei der Unterstützung von Bildungsmaßnahmen mit Blended Learning entstehen, angefertigt werden kann, müssen die Kostenarten definiert werden.

Seibt grenzt insgesamt vier verschiedene prozessorientierte Kostenbereiche ab, die bei Entwicklung, Betrieb und Weiterentwicklung von Blended Learning Lösungen entstehen.[570]

---

[570] Vgl. Seibt /Kosten und Nutzen von E-Learning 2002/ 25.

Sie können den neun Aktivitätenblöcken[571] zugeordnet werden. Tabelle 38 zeigt die Zuordnung der Kostenbereiche zu den Aktivitätenblöcken.

Kostenbereich	Aktivitätenblöcke, in denen die Kosten entstehen
a) Kosten der Entwurfs-, Entwicklungs- und Implementierungsprozesse	Blöcke I bis IV
b) Kosten der Integration- und Erprobungsprozesse	Block V
c) Kosten der verbindlichen Betriebs-, Pflege- und Weiterentwicklungsprozesse	Block VI
d) Kosten der Evaluationsprozesse	Blöcke VII bis IX

Tabelle 38: Kostenbereiche und Aktivitätenblöcke, in denen Kosten bei Entwicklung, Betrieb und Weiterentwicklung von Blended Learning Lösungen entstehen

Darüber hinaus unterteilt *Seibt* die Kostenbereiche in insgesamt 43 unterschiedliche Kostenarten, die zusammen die Gesamtkosten des Einsatzes einer Blended Learning Lösung während der Lebensdauer ausmachen.[572]

---

[571] Vgl. Abbildung 58 auf S. 247.

[572] Alle Kostenarten sind in Seibt /Kosten und Nutzen von E-Learning 2002/ 25f aufgezählt.

8.2 Analyse der Kosten am Beispiel einer konkreten Fallsituation

8.2.1 Kostenmodell zur Ermittlung der Kosten für Entwicklung, Betrieb, Wartung/Pflege und Weiterentwicklung von E-LEARN

Nach der in Kapitel 8.1 dargestellten allgemeinen Vorgehensweise zur Ermittlung der Kosten für Entwicklung, Wartung/Pflege und Weiterentwicklung von Blended Learning Lösungen werden nun die Kosten anhand einer konkreten Fallsituation analysiert. Dazu werden die Kosten, die bei Entwicklung, Wartung/Pflege und Weiterentwicklung des Systems E-LEARN entstehen, kalkuliert.

Die Aktivitäten, die bei der Kalkulation der Kosten zu berücksichtigen sind, lassen sich in Entwicklungskosten, Betriebskosten und Kosten für Wartung, Pflege und Weiterentwicklung unterteilen. Eine detaillierte Aufstellung der entsprechenden Aktivitäten befindet sich in den Anhängen D.1 bis D.3 (S. 343ff). Diese Aktivitäten bilden die Grundlage für die Kostenanalyse.

Abbildung 59 zeigt ein pragmatisches Kostenmodell, das zur Erfassung der bei Entwicklung und Betrieb von E-LEARN anfallenden Kosten erstellt wurde.[573] Es ist nicht an den Kriterien der wissenschaftlichen Stringenz und Genauigkeit, sondern am Kriterium der praktischen Anwendbarkeit im hier analysierten Typ von realen Situationen in Hochschulen ausgerichtet.[574]

---

[573] Eine systematische Kostenrechnung konnte aufgrund der zu erwartenden methodischen Schwierigkeiten und aufgrund der zu ihrer Lösung fehlenden Ressourcen nicht durchgeführt werden. Stattdessen wurde mit einem groben Kostenmodell gearbeitet.

[574] Vgl. Seibt /Kosten des Blended Learning Systems E-LEARN 2004/ 3.

Kosten der Unterstützung von Bildungsmaßnahmen durch Blended Learning 251

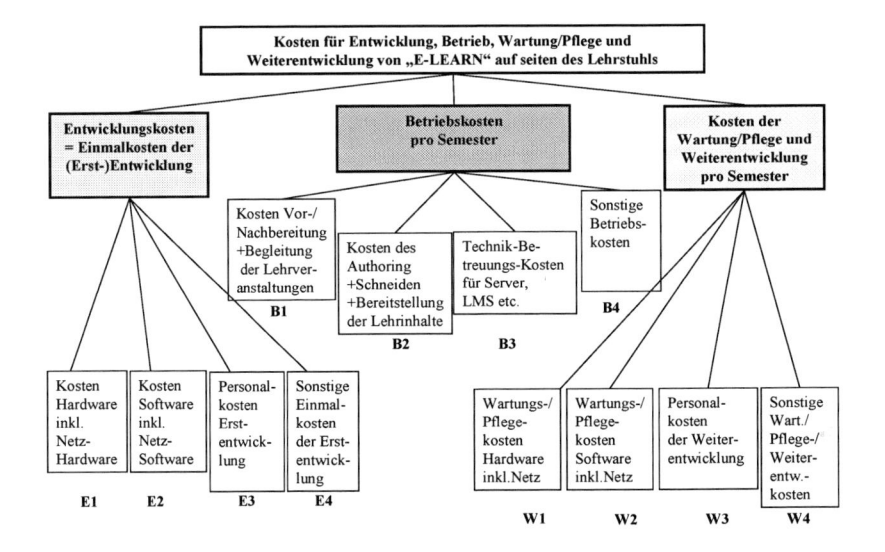

Abbildung 59: Pragmatisches Kostenmodell zur Ermittlung der Kosten für Entwicklung, Betrieb, Wartung/Pflege und Weiterentwicklung von E-LEARN[575]

In diesem Kostenmodell werden einmalige Entwicklungskosten, Betriebskosten pro Semester und Kosten der Wartung/Pflege und Weiterentwicklung pro Semester unterschieden. Diese Kosten untergliedern sich jeweils in verschiedene Komponenten, die während der Lebensdauer des Systems anfallen. Die Komponenten E1, E2, W1, W2 sowie B1 und B2 enthalten die Investitionskosten für Technik und Infrastruktur. In den Komponenten E3, B3 und W3 sind die anfallenden Personalkosten enthalten und die Komponenten E4, B4 und W4 enthalten sonstige Kosten.

---

[575] Vgl. Seibt /Kosten des Blended Learning Systems E-LEARN 2004/ 6ff.

8.2.2 Mengengerüst für die Kostenrechnungen

Um die Gesamtkosten berechnen zu können, die für den Einsatz von Blended Learning bei einer Bildungsmaßnahme entstehen, müssen folgende Daten bekannt sein:

- Welche Art von Blended Learning eingesetzt werden soll,[576]
- die Art der Veranstaltungen, die mit Blended Learning unterstützt werden sollen (z.B. Vorlesungen, Übungen, Tutorien oder Seminare),[577]
- die Anzahl der Veranstaltungen pro Semester, die mit Blended Learning unterstützt werden sollen,
- die Dauer einer Veranstaltung in Unterrichtsstunden, und
- die Anzahl der Lerner, die an diesen Veranstaltungen teilnehmen.

Die in den nächsten Abschnitten beschriebenen Kostenbetrachtungen basieren auf folgendem Mengengerüst.

Als Blended Learning System wird E-LEARN eingesetzt, das nach *Schulmeisters* Szenarien von Blended Learning Veranstaltungen in Szenario III fällt.[578] Die Kosten werden anhand einer konkreten Fallsituation am Beispiel der Unterstützung von Wirtschaftsinformatik-Vorlesungen an der RFH Köln mit dem System E-LEARN analysiert.

Bezüglich der Anzahl der Veranstaltungen pro Semester, die mit Blended Learning unterstützt werden, werden drei Szenarien berücksichtigt.

In **Szenario 1** wird davon ausgegangen, dass in einem Semester drei Veranstaltungen[579] pro Woche mit E-LEARN unterstützt werden. Pro Veranstaltung wird von 15 Veranstaltungssitzungen pro Semester ausgegangen, die jeweils 90 Minuten dauern.[580] Dieses Szenario kann in einem Pilotversuch auftreten, wenn innerhalb eines Semesters beispielsweise drei Veranstaltungen eines Dozenten mit E-LEARN unterstützt werden.

---

[576] Die verschiedenen Arten von Blended Learning sind in den möglichen Szenarien von Blended Learning Veranstaltungen nach *Schulmeister* dargelegt. Vgl. dazu Kap. 2.7, S. 55ff.

[577] Es ist möglich, dass sich bestimmte Arten von Veranstaltungen nicht oder nur sehr schwierig mit Blended Learning unterstützen lassen. Dies gilt z.B. für naturwissenschaftliche Workshops oder Praktika, in denen Studierende im Labor Experimente durchführen.

[578] Vgl. Kap. 3.6, S. 118ff.

[579] Mit einer Veranstaltung ist hier eine Vorlesung oder Übung gemeint, die während des Semesters jede Woche an einem festen Termin stattfindet. Jeder dieser Sitzungen dauert 90 Minuten und findet einmal pro Woche statt.

[580] Insgesamt werden in Szenario 1 also $3 \cdot 15 = 45$ Doppelstunden pro Semester mit E LEARN unterstützt.

Szenario 2 geht von sechs Veranstaltungen pro Woche aus, bei denen E-LEARN eingesetzt wird. Wenn in Bildungseinrichtungen von Montag bis Samstag unterrichtet wird, bedeutet dies, dass pro Tag durchschnittlich eine 90-minütige Veranstaltung aufgezeichnet bzw. live übertragen wird.

In **Szenario 3** werden zwölf Veranstaltungen pro Woche mit E-LEARN unterstützt. Das sind durchschnittlich zwei Veranstaltungen pro Tag und ließe sich bei einer entsprechenden Koordination der Beteiligten mit derselben Hard- und Software wie in Szenario 1 und 2 realisieren. Sollten mehr als zwölf Veranstaltungen pro Woche mit E-LEARN unterstützt werden, müsste zusätzliche Hardware und Software angeschafft werden.

Pro Semester wird mit 15 Doppelstunden (Sitzungen à 90 Minuten) für eine Veranstaltung gerechnet. Das ist der normale Umfang einer Veranstaltung, die an Universitäten innerhalb eines Semesters gelesen wird.

Bei den einzelnen Modellrechnungen wird von durchschnittlich 50 Teilnehmern pro Veranstaltung ausgegangen. Bei einzelnen Veranstaltungen können mehr Lerner teilnehmen und bei spezialisierten Veranstaltungen im Hauptstudium können es weniger sein.

In Tabelle 39 ist das verwendete Mengengerüst zusammengefasst.

Art des Blended Learning:	Szenario III nach *Schulmeister*
Art der mit Blended Learning unterstützten Veranstaltung:	Wirtschaftsinformatik-Vorlesungen an der RFH Köln
Anzahl der Veranstaltungen pro Semester, die mit Blended Learning unterstützt werden:	3, 6 und 12 Veranstaltungen pro Semester
Anzahl Doppelstunden (à 90 Minuten) pro Veranstaltung:	15 Dstd.
Anzahl Doppelstunden (à 90 Minuten) pro Semester:	Szenario 1: $3 \cdot 15$ Dstd. = 45 Dstd. Szenario 2: $6 \cdot 15$ Dstd. = 90 Dstd. Szenario 3: $12 \cdot 15$ Dstd. = 180 Dstd.
Anzahl der Teilnehmer pro Veranstaltung:	50

Tabelle 39: Für die Kostenanalyse verwendetes Mengengerüst

8.2.3 Bei der Analyse der Kosten nicht berücksichtigte Kostenarten

Kosten auf der Seite des Betreibers

Eine Reihe von Kosten wird bei der Analyse der Kosten nicht berücksichtigt, da sie in keinem direkten Zusammenhang mit den Blended Learning Aktivitäten stehen oder bereits anderweitig gedeckt sind.

- Die Kosten des Dozenten für die Vorbereitung und Durchführung der Veranstaltungen (Vorlesung und Online-Tutorien) werden nicht berücksichtigt, da dieser die Veranstaltung auch ohne die Unterstützung durch E-LEARN halten müsste.

- Die Kosten für die Erstentwicklung des Systems E-LEARN sind nicht berücksichtigt. Diese Kosten sind bereits durch den Lehrstuhl für Wirtschaftinformatik, insb. Informationsmanagement an der Uni Köln übernommen worden.

- Es wird davon ausgegangen, dass bereits ein Beamer und für den Fall der Live-Übertragung ein Internet-Anschluss in den Hörsälen vorhanden ist.

- Die Miete für Hörsäle, Unterstellung von Geräten und einem Raum, in dem die Erstellung der Audio/Video-Aufzeichnungen stattfindet, sind nicht berücksichtigt.

Kosten auf der Seite der Studierenden

Auf Seite der Studierenden können für die Nutzung des LMS, Live-Übertragungen usw. Kommunikationskosten für die Internetnutzung anfallen. Bereits knapp die Hälfte der Studierenden ist mit entsprechenden DSL-Anschlüssen ausgestattet, bei denen keine zusätzlichen Kosten anfallen.[581] Bei Studierenden, die eine Wählverbindung (Modem oder ISDN) für den Internet-Zugang nutzen, kostet die Teilnahme an einer 90-minütigen Veranstaltung per Audio/Video-Live-Übertragung ca. 1,50 €. Die Kosten für die Anschaffung eines PCs sind ebenfalls nicht berücksichtigt worden.

---

[581] Vgl. Tabelle 24 auf Seite 202.

8.2.4 Ermittlung der Kosten, die für verschiedene Komponenten von E-LEARN entstehen

In den folgenden Abschnitten werden die Kosten ermittelt, die für verschiedene Komponenten des Systems E-LEARN entstehen.[582] Die Aktivitäten, die diese Kosten verursachen, sind in den Anhängen D.1 bis D.3 zu finden. Auf diese Weise wird nochmals der Prozess- und Aktivitätenbezug des Kostenmodells verdeutlicht.

8.2.4.1 Kosten eines Learning Management Systems

Einmalige Investitionskosten eines LMS

Die Kosten, die für die Einrichtung und Inbetriebnahme eines LMS entstehen, können von Bildungseinrichtung zu Bildungseinrichtung sehr unterschiedlich sein. Dabei spielen beispielsweise der gewünschte Funktionsumfang und der Grad der Integration in bereits bestehende Systeme eine Rolle.

Lizenzkosten spielen im Hochschulbereich meist eine untergeordnete Rolle, da Hochschulen von Herstellern von Lernsoftware in der Regel hohe Rabatte erhalten.[583]

Anhand von drei konkreten Fallsituationen bei drei Bildungseinrichtungen wurden die Kosten eines LMS detailliert erhoben.[584] Die Bildungseinrichtungen sind von ihrer Größe vergleichbar und betreuen eine ähnliche Anzahl von Studierenden. Zunächst wurden die einmaligen Investitionskosten für die Anschaffung und Anpassung des LMS ermittelt. Dabei wurden die Kosten für die Lizenz des LMS und Kosten für die Installation und Anpassung des LMS kalkuliert. Die Kosten der Aktivitäten der Anpassung des LMS an Systeme der Bildungseinrichtung, Anpassung von Layout und andere Individual-Entwicklungen wurden dabei analysiert.

Hardwarekosten sind in den einmaligen Investitionskosten nicht enthalten, da davon ausgegangen wird, dass die Hardware bei einem Outsourcer gemietet wird. Daher fallen sie unter die Betriebskosten.

---

[582] Zu den Komponenten von E-LEARN vgl. Kap. 3.4, S. 81ff.

[583] Vgl. Seibt /Erfahrungen mit Blended Learning 2004/ 77.

[584] Die Namen der Bildungseinrichtungen können von berechtigten Personen beim Autor der Arbeit erfragt werden.

Die Einmalkosten des LMS von drei konkreten Fallsituationen sind in Tabelle 40 dargestellt. Die Kosten bewegen sich in einem unteren fünfstelligen Bereich.

	Kostenart	Kosten	Summe
Bildungseinrichtung 1	**Lizenzgebühren:**	0 €	
	Installations- und Anpassungskosten auf Seite des LMS: • Anpassung des LMS an die Systeme der Bildungseinrichtung (Entwicklung einer Schnittstelle) • Anpassung des Usertracking • Anpassung von Layout • Installation	15.000 €	15.000 €
Bildungseinrichtung 2	**Lizenzgebühren:**	0 €	
	Installations- und Anpassungskosten auf Seite des LMS: • Anpassung des LMS an die Systeme der Bildungseinrichtung (Entwicklung einer Schnittstelle) • Übernahme von Inhalten (Diskussionsforen, Lerneinheiten) aus altem LMS • Anpassung des Usertracking (regelmäßige Nutzung der E-Learning Einheiten muss nachgewiesen werden) • Anpassung von Layout • Installation	17.000 €	
	Anpassungskosten auf Seite der Systeme der Bildungseinrichtung: • Anpassung der Systeme der Bildungseinrichtung an das LMS (Entwicklung einer Schnittstelle) • Änderung der Teilnehmer- und Dozentenverwaltung, Kursverwaltung, Debitorenbuchführung etc.	9.000 €	26.000 €
Bildungseinrichtung 3	**Lizenzgebühren:**	9.500 €	
	Installations- und Anpassungskosten auf Seite des LMS: • Anpassung des LMS an die Systeme der Bildungseinrichtung (Entwicklung einer Schnittstelle) • Protokollierung des Usertracking in Logfiles • Content-orientierte Auswertung von Logfiles • Anpassung von Layout • Installation	7.500 €	17.000 €

Tabelle 40: Einmalige Kosten eines LMS bei drei verschiedenen Bildungseinrichtungen

Laufende Betriebskosten für Hardware, Software und Administration

Die laufenden Kosten für die Administration und technische Betreuung eines LMS hängen stark von der technischen Infrastruktur wie dem eingesetzten Betriebssystem, der Anzahl der zu betreuenden Lerner und Dozenten und den organisatorischen Verantwortlichkeiten ab.

Die Aktivitäten, die Betriebskosten während der Lebensdauer eines LMS verursachen, sind in Anhang D.1 aufgezählt.

Bei der Universität Freiburg wird für die technische Administration des LMS CLIX für 650 Studierende und 60 Autoren/Tutoren zwischen 10 und 20 Prozent einer wissenschaftlichen Mitarbeiterstelle kalkuliert.[585] Hinzu kommt die organisatorische Administration. Dazu gehört beispielsweise die Vergabe von Berichtigungen an Tutoren und Dozenten, die Einrichtung von Benutzeraccounts und Hilfestellung bei Problemen mit Login, die aus falschen oder vergessenen Passwörtern resultieren.

Insgesamt kann für die Administration, Betreuung und Koordination eines LMS etwa mit einer viertel Mitarbeiterstelle gerechnet werden.[586] Dies entspricht inklusive Lohnnebenkosten und sonstiger Kosten für Arbeitsplatz etc. etwa 15.000 € pro Jahr.[587] Mit diesem Wert wird bei allen drei Bildungseinrichtungen gerechnet.

Für die Miete und das Hosting der für das LMS notwendigen Hardware werden inklusive Strom und Internetkosten weitere 3.000 € jährlich kalkuliert.

Gesamtkosten (Betriebskosten inkl. Abschreibungen) eines Learning Management Systems

Für das System E-LEARN wird von einer Laufzeit von 4 Jahren (= 8 Semester) ausgegangen. Die entstehenden einmaligen Investitionskosten für Hardware, Software und Personal werden gleichmäßig auf diese Laufzeit verteilt und abgeschrieben.[588] Schreibt man die einmaligen Investitionskosten des LMS über vier Jahre ab, ergeben sich die in Tabelle 41 dargestellten Gesamtkosten pro Jahr.

---

[585] Vgl. Böbel; Trahasch /Auswahl und Einsatz eines Learning Management System 2003/ 40ff.
[586] Vgl. Seibt /Erfahrungen mit Blended Learning 2004/ 77.
[587] Es wird davon ausgegangen, dass der entsprechende Mitarbeiter inklusive aller Lohnnebenkosten und Arbeitsplatzkosten 60.000 € pro Jahr kostet.
[588] Vgl. Seibt /Entwicklungskosten und Betriebskosten einer Embedded Learning Solution 2004/ 48.

	Bildungs-einrichtung 1	Bildungs-einrichtung 2	Bildungs-einrichtung 3
Jährliche Abschreibung der Einmalkosten	$\frac{15.000\,€}{4} = 3.750\,€$	$\frac{26.000\,€}{4} = 6.500\,€$	$\frac{17.000\,€}{4} = 4.250\,€$
Jährliche Personalkosten (0,25 Wiss. Mitarbeiter)	15.000 €	15.000 €	15.000 €
Jährliche Miete für Hardware und Hosting	3.000 €	3.000 €	3.000 €
Summe pro Jahr	**21.750 €**	**24.500 €**	**22.250 €**
Summe pro Semester	**10.875 €**	**12.250 €**	**11.125 €**

Tabelle 41: Gesamtkosten (Betriebskosten inkl. Abschreibungen) eines Learning Management Systems

Die Personalkosten umfassen den größten Teil der Gesamtkosten. In den drei untersuchten Fällen sind die Kosten für den Betrieb eines LMS ähnlich hoch und betragen im Mittel etwa 11.000 € pro Semester. Die Kosten für die Lizenzierung machen bei den Gesamtkosten nur einen kleinen Teil aus.

Die jährlichen Gesamtkosten des LMS sind nahezu unabhängig von der Anzahl der Veranstaltungen, die mit ihr unterstützt werden.

Laufende Betriebskosten für die Betreuung, Organisation und Koordination von Blended Learning Aktivitäten

Neben den Kosten für die technische Administration des LMS fallen zur Betreuung, Organisation und Koordination der Blended Learning Aktivitäten weitere Kosten an. Ein Koordinator muss das Zusammenspiel der einzelnen Komponenten wie LMS, Diskussionsforen, Audio/Video-Aufzeichnungen und -Live-Übertragungen usw. sicherstellen und die an den Blended Learning Aktivitäten beteiligten Personen (Dozenten und Hilfskräfte) koordinieren.

Im Gegensatz zu den laufenden Kosten des LMS sind diese Betreuungskosten von der Anzahl der Veranstaltungen, die mit Blended Learning unterstützt werden sollen, abhängig.

Zur Durchführung dieser Aufgaben wird gemäß *Seibt* bei neun mit Blended Learning unterstützten Veranstaltungen pro Semester (also 18 Veranstaltungen pro Jahr) eine viertel wissenschaftliche Mitarbeiterstelle benötigt.[589] Anhand dieses Wertes lassen sich die Betreuungskosten pro Veranstaltung ausrechnen. Dabei wird von einer reinen Arbeitszeit eines Mitarbeiters von 45 Wochen pro Jahr ausgegangen (der Rest des Jahres sind Urlaub und Feiertage). Basierend darauf lässt sich der durchschnittliche Betreuungsaufwand für eine Veranstaltung berechnen (vgl. Tabelle 42). Er beträgt 24 Stunden pro Veranstaltung.

Geht man für Betreuung, Organisation und Koordination von Personalkosten in Höhe von 50 € pro Stunde aus, fallen 1.200 € pro Veranstaltung dafür an. Die Kosten für die Erstellung von Inhalten sind in diesen Kosten nicht enthalten.[590]

Jährliche Arbeitszeit eines wissenschaftlichen Mitarbeiters mit einer viertel Stelle	$\frac{45 \text{ Wochen / Jahr} \cdot 38,5 \text{ h / Woche}}{4} = 433 \text{ h / Jahr}$
Koordinationssaufwand in Stunden pro Veranstaltung	$\frac{433 \text{ h /Jahr}}{18 \text{ Veranstaltungen / Jahr}} = 24 \text{ h / Veranstaltung}$
Koordinationskosten pro Veranstaltung[591]	24 h / Veranstaltung · 50 € = **1.200 € / Veranstaltung**

Tabelle 42: Kosten für Betreuung, Organisation und Koordination pro Veranstaltung

Beim Einsatz von Audio/Video-Aufzeichnungen und -Live-Übertragungen ohne LMS, Diskussionsforum und Online-Tutorium fallen die Kosten für Betreuung, Organisation und Koordination nicht an, da dann aufgrund des Wegfalls von LMS, Diskussionsforum und Online-Tutorium keine Koordination notwendig ist.

8.2.4.2 Kosten von Audio/Video-Live-Übertragungen und Audio/Video-Aufzeichnungen

In diesem Abschnitt werden zwei Modellrechnungen durchgeführt, in denen die bei der Unterstützung von Veranstaltungen mit Audio/Video-Live-Übertragungen und Audio/Video-Aufzeichnungen entstehenden Kosten kalkuliert werden.

Bei der ersten Modellrechnung werden die Kosten für die Audio/Video-Live-Übertragung von Veranstaltungen ins Internet und die Erstellung von Audio/Video-Aufzeichnungen auf

---

[589] Vgl. Seibt /Erfahrungen mit Blended Learning 2004/ 72, 86.

[590] Vgl. Kap. 8.2.3, S. 254f.

[591] Es wird davon ausgegangen, dass der Koordinator hat einen Stundenlohn von 50 € hat.

CD und als Video on Demand im Internet berücksichtigt. Diese Modellrechnung wird im Folgenden als „Live-Übertragung und Aufzeichnungen" bezeichnet.

Bei der zweiten Modellrechnung wird davon ausgegangen, dass Audio/Video-Aufzeichnungen von Veranstaltungen gemacht werden, aber keine Live-Übertragung parallel zur Live-Veranstaltung realisiert wird. Diese Modellrechnung wird mit „Nur Aufzeichnungen" bezeichnet. Die Audio/Video-Aufzeichnungen werden bei der zweiten Modellrechnung auf CD und nicht parallel im Internet als Video on Demand zur Verfügung gestellt.

Die Aktivitäten, die bei der Durchführung von Audio/Video-Aufzeichnungen und -Live-Übertragungen durchgeführt werden, sind in Anhang D.2 aufgeführt.

Benötigtes Personal

Um Audio/Video-Aufzeichnungen und Live-Übertragungen durchführen zu können, werden neben Dozent und Lernern drei verschiedenen Typen von Mitarbeitern benötigt:[592] Hilfskräfte, Chatmaster und ein Koordinator.

Um die Blended Learning Lösung und die benötigten Systeme einzurichten, die Hilfskräfte und Chatmaster anzulernen und das technische und organisatorische Gelingen sicherzustellen, wird ein **Koordinator** benötigt. Er muss über ein breites technisches und organisatorisches Verständnis der eingesetzten Systeme und Verfahren verfügen, und ist für die Durchführung der Blended Learning Aktivitäten verantwortlich. In allen auftretenden Problemfällen muss er Lösungen erarbeiten, und die Hilfskräfte und Chatmaster schulen, kontrollieren und unterstützen. Für den Koordinator wird mit Kosten in Höhe von 50 € pro Stunde (60 Minuten) inklusive Lohnnebenkosten gerechnet.

Für jede Veranstaltung wird eine **Hilfskraft** benötigt, die nach einer Schulung durch den Koordinator die für die Live-Übertragung und Erstellung von Audio/Video-Aufzeichnungen notwendigen Vorgänge beherrscht. Vor einer Präsenzveranstaltung baut sie selbständig die Kamera und alle weiteren Gerätschaften im Hörsaal auf, filmt dann die Veranstaltung mit der Kamera und mischt gleichzeitig das Tonsignal ab. Nach Ende der Veranstaltung baut sie alles wieder ab. Anschließend verarbeitet sie die aufgenommenen Videos und erzeugt die Audio/Video-Aufzeichnungen. An der Uni Köln wurden für diese Aufgaben studentische Hilfskräfte eingesetzt, mit denen sehr gute Erfahrungen gemacht wurden. Es wird mit Kosten von 10 € pro Stunde inklusive Lohnnebenkosten gerechnet.

---

[592] Vgl. dazu auch Kap. 3.4.5, S. 91.

Bei der Live-Übertragung übernimmt ein **Chatmaster** die Kommunikation zwischen externen Teilnehmern und Dozent via Chat. Für diese Tätigkeit kommt ein Tutor oder ein Studierender in einem höheren Semester in Frage, der genügend Wissen über die Veranstaltungsinhalte haben muss, um die Fragen der externen Teilnehmer zu verstehen und weiterzugeben. Dabei wird mit Kosten in Höhe von 20 € pro Stunde inklusive Lohnnebenkosten gerechnet. Bei der Modellrechnung „Nur Aufzeichnungen" entfällt dieser Posten.

Die Aufgaben der einzelnen Mitarbeiter und die entstehenden Kosten sind in Tabelle 43 zusammengefasst.

Mitarbeitertyp	Kosten	Aufgaben
Koordinator	50 € / h	Verantwortlicher; Koordination von Hilfskräften und Chatmaster; Einrichtung, Wartung und Pflege der Systeme; Durchführung von Schulungen; Lösung von auftretenden Problemen
Studentische Hilfskraft	10 € / h	Operative Ausführung von Video-Aufnahmen; Auf- und Abbau der technischen Einrichtungen; Kameraführung; Sicherstellung einer funktionierenden Live-Übertragung; Erstellung der Audio/Video-Aufzeichnungen im Internet und auf CD
Chatmaster	20 € / h	Betreuung des Online-Chats während der Live-Übertragung und Sicherstellung der Kommunikation zwischen externen Teilnehmern und Dozent

Tabelle 43: Für die Durchführung von Audio/Video-Live-Übertragungen und -Aufzeichnungen benötigtes Personal

Einmalige Investitionskosten für Audio/Video-Live-Übertragungen und -Aufzeichnungen

Die Kosten, die bei Anschaffung, Inbetriebnahme und Betrieb eines Systems anfallen, können in einmalige Investitionskosten und laufende Betriebskosten unterteilt werden. Die einmaligen Investitionskosten lassen sich über die Laufzeit des LMS abschreiben. Hier wird von einer vierjährigen Nutzungsdauer ausgegangen (8 Semester).

Aus Tabelle 44 ergeben sich die einmaligen Investitionskosten für die Einrichtung von Audio/Video-Live-Übertragungen und -Aufzeichnungen aufgeschlüsselt nach Hardwarekosten, Softwarekosten und Personalkosten jeweils für die Modellrechnung „Live-Übertragung und Aufzeichnungen" bzw. „Nur Aufzeichnungen".

Die Kosten eines LMS sind nicht berücksichtigt. Sie sind in Kapitel 8.2.4.1 (S. 255 ff.) aufgeführt.

Hardwarekosten	Live-Übertragung und Aufzeichnungen	Nur Aufzeichnungen
1 Streaming-/Webserver für die Live-Übertragung	1.500 €	- entfällt -
1 Tablet-PC für die Präsentation durch den Dozenten (inkl. Betriebssystem Windows XP)	1.750 €	1.750 €
1 Chat- und Video-Notebook für den Online-Chat und zur Digitalisierung von Bild und Ton (inkl. Betriebssystem Windows XP)	1.000 €	- entfällt -
1 Videokamera inkl. Stativ und Zubehör	3.000 €	3.000 €
2 Funk-Mikrofone inkl. Empfänger	800 €	800 €
1 Mischpult	200 €	200 €
Kabel und Zubehör etc.	200 €	200 €
Zwischensumme Hardwarekosten:	**8.450 €**	**5.950 €**
Softwarekosten		
1 Windows 2003 Server (Streaming-/Webserver)	200 €	- entfällt -
1 Virenscanner (Streaming-/Webserver)	50 €	- entfällt -
1 Virenscanner (Tablet-PC)	50 €	50 €
1 RealVNC (Tablet-PC)	25 €	- entfällt -
1 Lecturnity (Tablet-PC)	1.500 €	1.500 €
1 Microsoft Office 2003 (Tablet-PC)	150 €	150 €
1 Virenscanner (Chat-Notebook)	50 €	- entfällt -
Zwischensumme Softwarekosten:	**2.025 €**	**1.700 €**
Personalkosten		
Installation, Einrichtung und Test (Koordinator)	40 Std. 2.000 €	16 Std. 800 €
Installation, Einrichtung und Test (Hilfskraft)	40 Std. 400 €	16 Std. 160 €
Zwischensumme Personalkosten:	**2.400 €**	**960 €**
Summen		
Gesamtsumme	12.875 €	8.610 €
Abschreibung pro Semester bei Verteilung auf 8 Semester Laufzeit	1.609 €	1.076 €

Tabelle 44: Einmalige Investitionskosten für Audio/Video-Live-Übertragungen und -Aufzeichnungen

Das im Pilotversuch genutzte Cintiq 15X Interactive Pen Display[593] wurde für die Modellrechnungen durch einen Tablet-PC ersetzt, da dieser zusätzlich zur Funktionalität als Interactive Pen Display auch ein Notebook beinhaltet. Ein Tablet-PC ist kostengünstiger als die Anschaffung eines Interactive Pen Displays zuzüglich Notebook und darüber hinaus einfacher und schneller auf- und abzubauen.

Die Personalkosten für Installation, Einrichtung und Test der Alternative „Live-Übertragung und Aufzeichnungen" sind erheblich höher als die bei der Alternative „Nur Aufzeichnungen" (2.400 € zu 960 €). Installation, Einrichtung und Test sind bei der Live-Übertragung aufwändiger als bei der Aufzeichnung, da die Netzwerkinfrastruktur (insb. Firewalls) eingerichtet werden müssen. Hinzu kommt die Einrichtung des Streaming-/Webservers und Installation und Test der für die Live-Übertragung zusätzlich benötigten technischen Einrichtungen (Firewalls, Netzwerkinfrastruktur, Installation und Einrichtung von Streaming/Webserver etc.). Dafür wird insgesamt eine Arbeitswoche (40 Stunden) veranschlagt. Ohne die Live-Übertragung sind zwei Arbeitstage (16 Stunden) ausreichend. Der Koordinator wird bei diesen Arbeiten von einer Hilfskraft unterstützt.

Die jeweils angegebenen Softwarepreise sind Listenpreise abzüglich eines ggf. gewährten Hochschulrabattes. Auf Seite der Studierenden fallen keine Lizenzgebühren an. Die Anfangsinvestitionen werden linear über eine Laufzeit von acht Semestern abgeschrieben. Der entsprechende halbjährliche Abschreibungsbetrag ist in der letzten Zeile in Tabelle 44 angegeben.

Laufende Betriebskosten für Audio/Video-Live-Übertragungen und -Aufzeichnungen

Bei den Betriebskosten fallen fast ausschließlich Personalkosten für Koordinator, Hilfskräfte und (nur bei der Live-Übertragung) den Chatmaster an.

Die Schulung der Hilfskräfte wird vom Koordinator durchgeführt. Sie findet einmal pro Semester statt, da davon ausgegangen werden kann, dass die Hilfskräfte häufig wechseln. Eine gesonderte Schulung des Chatmasters ist aufgrund der Einfachheit des Chatsystems im Regelfall nicht notwendig. In Tabelle 45 sind die Betriebskosten dargestellt, die die einmal pro Semester anfallen.

---

[593] Vgl. Kap. 3.4.5, S. 93.

Tätigkeit	Mitarbeiter	Live-Übertragung und Aufzeichnungen		Nur Aufzeichnungen	
		Dauer	Kosten	Dauer	Kosten
Schulung Hilfskraft	Koordinator	16 Std.	800 €	8 Std.	400 €
Schulung Hilfskraft	Hilfskraft	16 Std.	160 €	8 Std.	80 €
Wartung, Einrichtung, Test des Systems zu Semesterbeginn	Koordinator	16 Std.	800 €	8 Std.	400 €
Summe:			**1.760 €**		**880 €**

Tabelle 45: Einmalig pro Semester anfallende Betriebskosten

Die Dauer der Schulung für die Unterstützung der Live-Übertragung beträgt 16 Stunden (zwei Tage). Für die Durchführung von Audio/Video-Aufzeichnungen ist ein Schulungstag ausreichend. Bei der Live-Übertragung ist die Schulung länger, da der im Vergleich zur reinen Aufzeichnung komplexere technische Aufbau mit Internetanschluss etc. berücksichtigt werden muss. Für Anpassungen an eine geänderte technische Infrastruktur (z.B. Installation einer neuen Firewall) und Aktualisierungen des Systems werden bei der Live-Übertragung zwei Arbeitstage pro Semester und bei den Aufzeichnungen ein Tag pro Semester kalkuliert.

Der Aufwand für den Koordinator ist bei der Live-Übertragung im Vergleich zur reinen Aufzeichnung doppelt so hoch, weil er zusätzlich den reibungslosen Betrieb von Internetverbindung, Online-Chat und Streaming-/Webserver sicherstellen muss.

Tabelle 46 enthält die Betriebskosten, die für eine Veranstaltung anfallen.

Tätigkeit	Mitarbeiter	Live-Übertragung und Aufzeichnungen		Nur Aufzeichnungen	
		Dauer	Kosten	Dauer	Kosten
Aufbau, Video- aufnahmen, Abbau	Hilfskraft	30 Std.	300 €	30 Std.	300 €
Videos schneiden, synchronisieren, CD-Erstellung	Hilfskraft	15 Std.	150 €	15 Std.	150 €
Problemlösungen, Koordination	Koordinator	16 Std.	800 €	8 Std.	400 €
Online-Chat	Chatmaster	22,5 Std.	450 €	- entfällt -	
Materialkosten			50 €		50 €
Summe:			1.750 €		900 €

Tabelle 46: In einem Semester pro Veranstaltung anfallende Betriebskosten

Für Auf- und Abbau der technischen Geräte werden jeweils 15 Minuten eingerechnet, so dass sich für jede 90-minütige Vorlesungssitzung insgesamt zwei Arbeitsstunden ergeben (bei 15 Veranstaltungen pro Semester sind das 30 Std.).

Die Bereitstellung einer Videoaufzeichnung für eine 90-minütige Vorlesung im Internet und auf CD dauert etwa 20 Minuten. Hinzu kommen die Versorgung der beteiligten Rechner mit Updates und Patches sowie Brennen, Beschriften und Verteilen der CDs. Daher wird mit einer Stunde pro Vorlesungssitzung gerechnet (= 15 Std. pro Semester).

Für die Unterstützung der Hilfskräfte und Problemlösungen wird mit zwei Tagen pro Semester für Live-Übertragung inklusive Aufzeichnung gerechnet und mit einem Tag pro Semester, wenn nur die Aufzeichnung durchgeführt wird.

Bei der Audio/Video-Live-Übertragung muss der Chatmaster lediglich während der 90-minütigen Veranstaltung vor Ort sein. Bei der Alternative „Nur Aufzeichnungen" entfällt der Chatmaster.

Materialkosten fallen beispielsweise für CD-Rohlinge an, die gebrannt werden und an die Nutzer verteilt werden.

Gesamtkosten bei einer Laufzeit von acht Semestern

Tabelle 47 enthält die aus Tabelle 45 auf Seite 264 übernommenen einmalig pro Semester anfallenden Betriebskosten und die aus Tabelle 44 auf Seite 262 übernommenen halbjährlichen Abschreibungen für die Alternativen „Live-Übertragung und Aufzeichnungen" bzw.

„Nur Aufzeichnungen". Die Summe dieser beiden Zahlen ergibt die einmalig pro Semester anfallenden Betriebskosten inklusive Abschreibungen.

	Live-Übertragung und Aufzeichnungen	Nur Aufzeichnungen
Einmalig pro Semester anfallende Betriebskosten	1.760 €	880 €
Abschreibungen	1.609 €	1.076 €
Summe:	**3.369 €**	**1.956 €**

Tabelle 47: Einmalig pro Semester anfallende Betriebskosten inkl. Abschreibungen für Investitionskosten

In Tabelle 48 sind die in einem Semester für eine Veranstaltung anfallenden Betriebskosten (aus Tabelle 46 auf Seite 265) hochgerechnet auf drei, sechs und zwölf mit Blended Learning unterstützte Veranstaltungen pro Semester angegeben.

	Live-Übertragung und Aufzeichnungen			Nur Aufzeichnungen		
Betriebskosten pro Veranstaltung	1750 €			900 €		
Veranstaltungen pro Semester	3	6	12	3	6	12
Summe	5.250 €	10.500 €	21.000 €	2.700 €	5.400 €	10.800 €

Tabelle 48: Summe der laufenden Betriebskosten pro Semester

Tabelle 49 enthält die Gesamtkosten pro Semester. Sie ergeben sich aus der Summe der einmalig pro Semester anfallenden Betriebskosten inkl. Abschreibungen (vgl. Tabelle 47) und den laufenden Betriebskosten pro Semester (vgl. Tabelle 48).

	Live-Übertragung und Aufzeichnungen			Nur Aufzeichnungen		
Veranstaltungen pro Semester	3	6	12	3	6	12
Einmalig pro Semester anfallende Betriebskosten inkl. Abschreibungen	3.369 €			1.956 €		
Summe der laufenden Betriebskosten pro Semester	5.250 €	10.500 €	21.000 €	2.700 €	5.400 €	10.800 €
Gesamtkosten pro Semester	8.619 €	13.869 €	24.369 €	4.656 €	7.356 €	12.756 €

Tabelle 49: Gesamtkosten für Audio/Video-Live-Übertragungen und -Aufzeichnungen bei drei, sechs und zwölf Veranstaltungen pro Semester

Im letzten Schritt werden die Gesamtkosten pro Semester aus Tabelle 49 auf die anteiligen Kosten für eine Veranstaltung, die anteiligen Kosten pro Teilnehmer für eine Veranstaltung und schließlich auf die anteiligen Kosten pro Teilnehmer für eine Doppelstunde herunter gebrochen (vgl. Tabelle 50).

	Live-Übertragung und Aufzeichnungen			Nur Aufzeichnungen		
Veranstaltungen pro Semester	3	6	12	3	6	12
Gesamtkosten pro Semester	8.619 €	13.869 €	24.369 €	4.656 €	7.356 €	12.756 €
Kosten für eine Veranstaltung	2.873 €	2.312 €	2.031 €	1.552 €	1.226 €	1.063 €
Kosten pro Teilnehmer für eine Veranstaltung[594]	57 €	46 €	41 €	31 €	26 €	21 €
Kosten pro Teilnehmer für eine Doppelstunde[595]	3,83 €	3,08 €	2,71 €	2,07 €	1,63 €	1,42 €

Tabelle 50: Verteilung der Gesamtkosten auf eine Veranstaltung, einen Teilnehmer und eine Doppelstunde

Legt man die Gesamtkosten auf jeden Teilnehmer um, kostet eine Veranstaltung mit 15 Doppelstunden für ein ganzes Semester pro Teilnehmer insgesamt zwischen 21 € und 31 € für Audio/Video-Aufzeichnungen und zwischen 41 € und 57 € für Live-Übertragungen inklusive

---

[594] Bei durchschnittlich 50 Teilnehmern pro Veranstaltung.
[595] Bei 15 Doppelstunden (à 90 Minuten) pro Veranstaltung.

Audio/Video-Aufzeichnungen (vgl. Tabelle 50). Der niedrigere Betrag ergibt sich nach der Umlage bei insgesamt zwölf mit Blended Learning unterstützten Veranstaltungen pro Semester, der höhere Wert durch Umlage auf drei Veranstaltungen. Die Differenz erklärt sich aus der Verteilung der einmaligen Investitionskosten auf verschieden viele Veranstaltungen. Die Kosten fangen also in einem Bereich an, der bei einigen Veranstaltungen auch für Lehrbücher ausgegeben werden muss. Es wird von 50 Lernern pro Veranstaltungen ausgegangen. Bei einer größeren Zahl von Lernern würden die Kosten pro Lerner entsprechend sinken.

Sollten mehr als zwölf Veranstaltungen unterstützt werden, müsste eine neue Modellrechnung angefertigt werden. Da dann im Mittel mehr als zwei Veranstaltungen pro Tag mit E-LEARN unterstützt werden müssen, müsste mit parallel durchgeführten Veranstaltungen gerechnet werden. Daher müssten zusätzliche Kameras und zusätzliche Hardware beschafft werden.

8.2.4.3 Kosten der Betreuung von Diskussionsforen

Für die fachlich-inhaltliche Betreuung eines Diskussionsforums für ein Fach durch einen erfahrenen Dozenten liegen die Kosten bei durchschnittlich 60 € pro Woche.[596] Zu den Aufgaben des Betreuers gehört, täglich in das Diskussionsforum zu schauen, Fragen sofort zu beantworten und auf fachliche und inhaltliche Probleme der Studierenden einzugehen. Da die Forums-Betreuung nur während des Semesters (= 15 Wochen) notwendig ist, kann man mit 900 € pro Veranstaltung rechnen (vgl. Tabelle 51).

Betreuungskosten pro Woche pro Forum:	60 € / Woche
Betreuungszeitraum bei einer Veranstaltung, die aus 15 Sitzungen besteht:	15 Wochen
Summe:	900 €

Tabelle 51: Kosten pro Semester, die bei der inhaltlichen Betreuung eines Diskussionsforums für ein Fach entstehen

Bei den Kosten für ein Diskussionsforum sollte berücksichtigt werden, dass zur effektiven Nutzung eines Diskussionsforums eine ausreichende Anzahl Lerner notwendig ist. Das Angebot eines Diskussionsforums bei Kursen unter etwa 30 Teilnehmern wird gemäß den in

---

[596] Dieser Betrag wurde durch die Befragung von Bildungseinrichtungen ermittelt. Die Namen der Bildungseinrichtungen können von berechtigten Personen beim Autor der Arbeit erfragt werden.

dieser Arbeit durchgeführten Untersuchungen von den Studierenden weniger angenommen als bei Kursen mit größeren Teilnehmerzahlen.[597]

8.2.5 Zusammenfassung der bei E-LEARN anfallenden Kosten

Kosten der Komponenten des Systems E-LEARN

In Tabelle 52 sind die Kosten, die in den vorhergehenden Abschnitten ermittelt wurden, zusammengestellt. Dabei wurden die Kosten berücksichtigt, die beim Einsatz von Audio/Video-Aufzeichnungen, Audio/Video-Live-Übertragungen, Diskussionsforen und LMS entstehen. Die Kosten für Organisation und Koordination der Einzelkomponenten sind ebenfalls berücksichtigt.

Die Kosten werden jeweils für die Durchführung von drei, sechs und zwölf Veranstaltungen pro Semester angegeben. Dabei wird angenommen, dass eine Veranstaltung aus 15 Doppelstunden (à 90 Minuten) besteht.

---

[597] Vgl. Kap. 7.1.4, S. 219f.

Kostenart	Anzahl der unterstützten Veranstaltungen pro Semester		
	3	6	12
Erstellung von Audio/Video-Aufzeichnungen[598]	4.656 €	7.356 €	12.756 €
Erstellung von Audio/Video-Live-Übertragung und Audio/Video-Aufzeichnungen[599]	8.619 €	13.869 €	24.369 €
Betreuung des Diskussionsforums[600]	2.700 €	5.400 €	10.800 €
Kosten des LMS pro Semester[601]	11.000 €	11.000 €	11.000 €
Kosten für Betreuung, Organisation und Koordination[602]	3.600 €	7.200 €	14.400 €

Tabelle 52: Vergleich der Gesamtkosten für unterschiedliche Blended Learning Angebote

Bei der Betreuung des Diskussionsforums sind lediglich die Personalkosten, die zur Betreuung der Studierenden anfallen, kalkuliert worden. Um ein Diskussionsforum betreiben zu können, wird eine entsprechende Software-Plattform, wie zum Beispiel ein LMS benötigt. Die Kosten für den Einsatz eines solchen Systems sind in der Zeile „Kosten des LMS pro Semester" enthalten.

Für Online-Tutorien werden keine zusätzlichen Kosten kalkuliert, da ein LMS alle für ein Online-Tutorium notwendigen technischen Voraussetzungen bietet. Die Kosten für den Dozenten, der das Online-Tutorium betreut, werden nicht kalkuliert, da davon ausgegangen wird, dass das Online-Tutorium ein traditionelles Tutorium ersetzt, das ansonsten stattfinden würde.[603]

---

[598] Vgl. Tabelle 50 auf Seite 267.

[599] Vgl. Tabelle 50 auf Seite 267.

[600] Vgl. Tabelle 51 auf Seite 268.

[601] Die Kosten des LMS sind unabhängig von der Anzahl der Veranstaltungen, die mit ihr unterstützt werden. Als Mittelwert der in Tabelle 41 auf Seite 258 ermittelten Kosten wird mit 11.000 € jährlich gerechnet.

[602] Vgl. Tabelle 42 auf Seite 259.

[603] Vgl. auch Kap. 8.2.3, S. 254.

9 Mögliche Alternativen zur Einführung von Blended Learning aufbauend auf den Ergebnissen der empirischen Untersuchungen und Kostenanalysen

9.1 Herleitung möglicher Alternativen zur Einführung von Blended Learning

Aufbauend auf den Ergebnissen der empirischen Untersuchungen und der Analyse der Kosten von Blended Learning werden im Folgenden verschiedene Alternativen zur Einführung von Blended Learning generiert und bewertet.

Zur Unterstützung von Bildungsmaßnahmen mit Blended Learning gibt es eine Reihe von denkbaren Alternativen. Bei allen nun vorgestellten Alternativen finden traditionelle Präsenzveranstaltungen in den Räumen der Bildungseinrichtung statt, die von den Dozenten gehalten werden. Die Unterstützung durch Blended Learning kann in unterschiedlicher Stärke erfolgen. Dadurch ergeben sich ein unterschiedlich hoher Nutzen auf Seiten der Studierenden und verschieden hohe Kosten auf Seiten der Bildungseinrichtung. Zunächst werden verschiedene Alternativen abgegrenzt und in Kapitel 9.2 bezüglich Kosten und Nutzen miteinander verglichen.

Insgesamt werden sieben Alternativen unterschieden. Bei den mit „A" bezeichneten Alternativen werden Präsenzveranstaltungen mit Video, Ton und Folien aufgezeichnet und den Studierenden die dabei erzeugten Audio/Video-Aufzeichnungen auf interaktiven CDs zur Verfügung gestellt.[604] Auf eine Audio/Video-Live-Übertragung wird bei den „A"-Alternativen verzichtet.

Bei den „B"-Alternativen werden Präsenzveranstaltungen live ins Internet übertragen. Dazu werden Audio/Video-Live-Übertragungen inklusive Chat genutzt.[605] Daneben werden den Studierenden Audio/Video-Aufzeichnungen aller Veranstaltungen auf interaktiven CDs und als Video on Demand im Internet zur Verfügung gestellt.

Die Alternativen A und B können weiter differenziert werden. Die Unterstützung durch ein LMS ermöglicht die Nutzung von asynchronen Kommunikationsmitteln wie Diskussionsforen. Über das LMS können zusätzliche Informationen und Downloads zu Veranstaltungen heruntergeladen werden. Dazu gehören insbesondere Folien, Skripte und Vorlesungsunterla-

---

[604] Vgl. Kap. 3.4.6, S. 97ff.

[605] Vgl. Kap. 3.4.5, S. 90ff.

gen sowie Literaturhinweise, Übungsaufgaben, Übungsklausuren usw. Das LMS bietet als zentrales Portal eine einheitliche Darstellung aller Informationen.

Die Alternativen A1 und B1 kommen ohne LMS aus. Bei den Alternativen A2 und B2 wird ein LMS mit den Komponenten „Informationen und Downloads"[606] sowie asynchronen Diskussionsforen[607] zur Verfügung gestellt.

Eine darüber hinaus gehende Blended Learning Unterstützung kann durch synchrone Online-Tutorien[608] erfolgen, die über Online-Chat ablaufen (Alternative A3 bzw. B3). Die asynchronen Diskussionsforen werden bei den Alternativen A3 und B3 ebenfalls genutzt.

Die Alternative Null („0") zeigt das traditionelle Vorgehen, nämlich keine Unterstützung durch Blended Learning.

Eine Übersicht der einzelnen Alternativen findet sich in ✓ = Lernkanal ist vorhanden, ✗ = Lernkanal ist nicht vorhanden
Tabelle 53.

Lernkanäle bzw. Dienste	Alternative						
	A1	A2	A3	B1	B2	B3	0
Präsenzveranstaltung	✓	✓	✓	✓	✓	✓	✓
Audio/Video-Aufzeichnungen	✓	✓	✓	✓	✓	✓	✗
Audio/Video-Live-Übertragung inkl. Chat	✗	✗	✗	✓	✓	✓	✗
Learning Management System	✗	✓	✓	✗	✓	✓	✗
Informationen und Downloads	✗	✓	✓	✗	✓	✓	✗
Asynchrone Kommunikation (Diskussionsforen)	✗	✓	✓	✗	✓	✓	✗
Synchrone Kommunikation (Online-Tutorien)	✗	✗	✓	✗	✗	✓	✗

✓ = Lernkanal ist vorhanden, ✗ = Lernkanal ist nicht vorhanden

Tabelle 53: Alternativen zur Realisierung von Blended Learning

Die Alternative, eine Aufzeichnung nur von Ton und Folien, aber ohne Videobilder durchzuführen, wurde verworfen. Die Befragung der Studierenden hat deutlich gezeigt, dass eine Nutzung der Audio/Video-Aufzeichnungen ohne das Videobild zu ermüdend ist.[609] Das menschliche Auge ist es nicht gewöhnt, dauerhaft auf statische Folieninhalte zu blicken. Ein daneben laufendes Videobild des Dozenten mit seinen Gesten und Lippenbewegungen lenkt

---

[606] Vgl. Kap. 3.4.2, S. 85ff.
[607] Vgl. Kap. 3.4.3, S. 87f.
[608] Vgl. Kap. 3.4.4, S. 89f.
[609] Vgl. Kap. 7.1.1.3, S. 200f.

das Auge auf den Vortrag. Wichtige Passagen des Vortrags können durch die Körpersprache des Dozenten einfacher identifiziert werden und die Konzentration bleibt länger erhalten als ohne das Videobild. Bei Wegfall des Videos könnten die Kosten nur geringfügig gesenkt werden, der Nutzen für die Studierenden wäre aber erheblich eingeschränkt.

Beschreibung von Alternative A1: Präsenzveranstaltung plus Audio/Video-Aufzeichnungen

Hier werden Audio/Video-Aufzeichnungen von Veranstaltungen angefertigt und auf die Live-Übertragung von Präsenzveranstaltungen verzichtet. Die Aufzeichnungen werden den Studierenden auf interaktiven CDs zur Verfügung gestellt. Die Studierenden können sich mit den Audio/Video-Aufzeichnungen erheblich besser auf die Prüfungen vorbereiten als mit traditionellen Lernmaterialien.[610] Durch die Audio/Video-Aufzeichnungen ergab sich der größte Nutzen für die Studierenden. Sie konnten im Vergleich zum Lernen mit Folien die Lerninhalte besser und schneller verstehen, sie hatten mehr Spaß beim Lernen und konnten sich besser konzentrieren. Die Unterstützung mit Blended Learning konzentriert sich dabei auf die Lernphase und das Nacharbeiten von verpassten Veranstaltungen.

Die Präsenzveranstaltung wird bei Alternative A1 nicht per Audio/Video-Live-Übertragung räumlich getrennten Lernern zur Verfügung gestellt. Daher gibt es für die Studierenden keine Flexibilisierung bezüglich des Ortes, d.h. sie müssen für die Präsenzveranstaltung im Hörsaal sitzen und können nicht von zu Hause oder der Firma aus an den Veranstaltungen teilnehmen. Bei den Studierenden von Bildungseinrichtungen, die hauptsächlich traditionelle Präsenzveranstaltungen anbieten, ist die räumliche Flexibilität kein notwendiges Kriterium, da die Studierenden schon bei der Einschreibung wussten, dass sie regelmäßig zu Präsenzveranstaltungen erscheinen müssen. Daher wohnen bzw. arbeiten die meisten in der Nähe der Hochschule und können an Präsenzveranstaltungen teilnehmen.

Eine andere Situation ergäbe sich, wenn eine Hochschule weiterführende Studiengänge anbieten würde, in die sich deutschlandweit Lerner einschreiben können. Eine Reihe von Fachhochschulen und Universitäten bieten inzwischen solche reinen E-Learning Studiengänge an und können so ihre Lerninhalte einem größeren Personenkreis (z.B. räumlich entfernten Lernern) anbieten.

Kosteneffekte ergeben sich beim Verzicht auf die Live-Übertragung durch den Wegfall des Chatmasters und die im Vergleich zur Live-Übertragung technisch einfachere Durchführbar-

---

[610] Vgl. hier und im Folgenden Kap. 7.1.1, S. 176ff.

keit.[611] Da vom Raum der Präsenzveranstaltung keine Internetverbindung zu den Streaming Video Servern und externen Lernen bestehen muss, müssen keine speziellen Internet-Anschlüsse eingerichtet werden. Auch der technische Aufbau im Hörsaal ist durch den Wegfall der Live-Übertragung einfacher.

Zusätzliche Kosten für Betreuung, Organisation und Koordination unterschiedlicher Lernkanäle fallen nicht an, wenn lediglich Audio/Video-Aufzeichnungen und/oder Audio/Video-Live-Übertragungen ohne zusätzliche weitere Lernkanäle genutzt werden.[612]

Die Kosten von Alternative A1 sind in folgender Tabelle dargestellt. Dabei wurden die Kosten für die Durchführung von drei, sechs und zwölf Veranstaltungen pro Semester ermittelt.[613]

Komponente	Kostenart	Unterstützte Veranstaltungen pro Semester		
		3	6	12
Audio/Video-Aufzeichnungen	Gesamtkosten pro Semester inkl. Abschreibungen:[614]	4.656 €	7.356 €	12.756 €
Kosten pro Veranstaltung pro Semester:		1.552 €	1.226 €	1.063 €
Kosten pro Teilnehmer für eine Veranstaltung:[615]		31 €	25 €	21 €
Kosten pro Teilnehmer für eine Doppelstunde:[616]		2,07 €	1,63 €	1,42 €

Tabelle 54: Kosten von Alternative A1

Beschreibung von Alternative B1: Präsenzveranstaltung plus Audio/Video-Aufzeichnungen plus Audio-Video-Live-Übertragung

Bei Alternative B1 werden Präsenzveranstaltungen per Audio/Video-Live-Übertragung ins Internet übertragen. Als Rückkanal wird ein Online-Chat genutzt. Zusätzlich werden den Lernern Audio/Video-Aufzeichnungen auf CDs und als Video on Demand zur Verfügung gestellt.

---

[611] Vgl. Kap. 8.2.4.2, S. 259ff.
[612] Vgl. Kap. 8.2.4.1, S. 258f.
[613] Mit diesem Mengengerüst wurde bei der Ermittlung der Kosten gearbeitet (vgl. Kap. 8.2.2, S. 252ff.).
[614] Vgl. Tabelle 52 auf Seite 270.
[615] Bei durchschnittlich 50 Teilnehmern pro Veranstaltung.
[616] Bei 15 Doppelstunden (à 90 Minuten) pro Veranstaltung.

Vorteil für die Studierenden ist die große räumliche Flexibilität, die sich durch die Nutzung der Live-Übertragung ergibt. Die Lerner können sich weltweit überall aufhalten und benötigen lediglich einen geeigneten Internetanschluss, über den nahezu alle Firmen und auch die meisten Studierenden zu Hause verfügen. Die Kommunikation mit dem Dozenten ist dennoch möglich, da im Hörsaal der Präsenzveranstaltung der Chatmaster alle Fragen und Kommentare an den Dozenten weiterleiten kann.

Die dadurch gewonnene räumliche Flexibilität ist für bestimmte beruflich bedingte Situationen (beispielsweise der zeitlich begrenzte Einsatz eines Studierenden durch seine Firma in einem Projekt an einem entfernten Standort) notwendig, um ein Studium erfolgreich zu beenden. Auch andere Lerner profitieren durch den Wegfall von Fahrtzeiten und -kosten durch eine Live-Übertragung der Veranstaltung.

Die zusätzlich angebotenen Audio/Video-Aufzeichnungen bieten die Vorteile, die bei Alternative A1 beschrieben wurden.

Aufgrund der Live-Übertragung ergibt sich ein im Vergleich zu Alternative A1 größerer Aufwand, der sich in höheren Kosten niederschlägt. Die Kosten für Alternative B1 sind in Tabelle 55 dargestellt. Sie sind knapp doppelt so hoch wie bei Alternative A1.

Komponente	Kostenart	Unterstützte Veranstaltungen pro Semester		
		3	6	12
Audio/Video-Aufzeichnungen und -Live-Übertragungen	Gesamtkosten pro Semester inkl. Abschreibungen:[617]	8.619 €	13.869 €	24.369 €
Kosten pro Veranstaltung pro Semester:		2.873 €	2.312 €	2.030 €
Kosten pro Teilnehmer für eine Veranstaltung:[618]		57 €	46 €	41 €
Kosten pro Teilnehmer für eine Doppelstunde:[619]		3,83 €	3,08 €	2,71 €

Tabelle 55: Kosten von Alternative B1

---

[617] Vgl. Tabelle 52 auf Seite 270.

[618] Bei durchschnittlich 50 Teilnehmern pro Veranstaltung.

[619] Bei 15 Doppelstunden (à 90 Minuten) pro Veranstaltung.

Alternative A2: Präsenzveranstaltung plus Audio/Video-Aufzeichnungen plus Learning Management System plus asynchrone Diskussionsforen

Alternative A2 beinhaltet alle Lernkanäle von Alternative A1 und bietet den Studierenden darüber hinaus ein LMS und als zusätzlichen Lernkanal asynchrone Diskussionsforen. Für die Einrichtung eines Diskussionsforums wird ein LMS benötigt. Alle gängigen LMS bieten diese Funktionalität.

Alle Lerner sollten eine Benutzerkennung für das LMS haben und diese als zentrale Anlaufstelle für Lernprozesse nutzen. Dazu zählen auch das Herunterladen von Vorlesungsmaterialien wie Foliensätzen, Skripten, das Einsehen von aktuellen Termin- oder Raumänderungen, Vorlesungskatalogen und Stundenplänen sowie die Kommunikation über Diskussionsforen etc.

Werden einzelne Veranstaltungen nicht mit Audio/Video-Aufzeichnungen bzw. Audio/Video-Live-Übertragungen unterstützt, sollten sie mittels eines LMS mit synchroner oder asynchroner Kommunikation und dem Download von Lernmaterialien begleitet werden. So können alle Studierenden von Blended Learning profitieren.

Die Kosten für Alternative A2 sind in Tabelle 56 angegeben. Sie berechnen sich aus der Summe der Gesamtkosten pro Semester für die Audio/Video-Aufzeichnungen, den Kosten des LMS, den Betreuungskosten der Diskussionsforen sowie die bei der Vielzahl an Lernkanälen notwendigen Koordination aller Aktivitäten.

Komponente	Kostenart	Unterstützte Veranstaltungen pro Semester		
		3	6	12
Audio/Video-Aufzeichnungen	Gesamtkosten pro Semester inkl. Abschreibungen:[620]	4.656 €	7.356 €	12.756 €
Learning Management System	Gesamtkosten pro Semester inkl. Abschreibungen:[620]	11.000 €	11.000 €	11.000 €
Diskussionsforen	Betreuungskosten der Diskussionsforen pro Semester:[620]	2.700 €	5.400 €	10.800 €
Koordination	Betreuung, Organisation und Koordination aller Aktivitäten:[620]	3.600 €	7.200 €	14.400 €
	Summe:	21.959 €	30.962 €	48.968 €
	Kosten pro Veranstaltung pro Semester:	7.320 €	5.160 €	4.081 €
	Kosten pro Teilnehmer für eine Veranstaltung:[621]	146 €	103 €	82 €
	Kosten pro Teilnehmer für eine Doppelstunde:[622]	9,76 €	6,88 €	5,44 €

Tabelle 56: Kosten von Alternative A2

Es muss berücksichtigt muss, dass ein Diskussionsforum erst ab einer kritischen Masse von Lernern seine Wirkung entfaltet.

Um Kosten zu sparen ist es auch denkbar, die Betreuung des Diskussionsforums wegzulassen. Die technische Basis des Diskussionsforums ist bereits im LMS enthalten, so dass dafür keine weiteren Kosten anfallen würden. Jedoch ist der Nutzen eines unmoderierten Diskussionsforums für die Lerner vermutlich geringer.

Beschreibung von Alternative B2: Präsenzveranstaltung plus Audio/Video-Aufzeichnungen plus Audio/Video-Live-Übertragung plus Learning Management System plus asynchrone Diskussionsforen

Alternative B2 entspricht der Alternative A2 und beinhaltet zusätzlich die Audio/Video-Live-Übertragung inklusive Chat. Daher gelten die bei A2 dargestellten Punkte auch für Alternative B2.

Die Kosten für Alternative B2 sind in folgender Tabelle aufgeführt:

---

[620] Vgl. Tabelle 52 auf Seite 270.

[621] Bei durchschnittlich 50 Teilnehmern pro Veranstaltung.

[622] Bei 15 Doppelstunden (à 90 Minuten) pro Veranstaltung.

Komponente	Kostenart	Unterstützte Veranstaltungen pro Semester		
		3	6	12
Audio/Video-Aufzeichnungen und -Live-Übertragungen	Gesamtkosten pro Semester inkl. Abschreibungen:[623]	8.619 €	13.869 €	24.369 €
Learning Management System	Gesamtkosten pro Semester inkl. Abschreibungen:[623]	11.000 €	11.000 €	11.000 €
Diskussionsforen	Betreuungskosten der Diskussionsforen pro Semester:[623]	2.700 €	5.400 €	10.800 €
Koordination	Betreuung, Organisation und Koordination aller Aktivitäten:[623]	3.600 €	7.200 €	14.400 €
	Summe:	25.922 €	37.475 €	60.581 €
	Kosten pro Veranstaltung pro Semester:	8.641 €	6.245 €	5.048 €
	Kosten pro Teilnehmer für eine Veranstaltung:[624]	173 €	125 €	101 €
	Kosten pro Teilnehmer für eine Doppelstunde:[625]	11,52 €	8,33 €	6,73 €

Tabelle 57: Kosten von Alternative B2

Beschreibung von Alternative A3: Präsenzveranstaltung plus Audio/Video-Aufzeichnungen plus Learning Management System plus asynchrone Diskussionsforen plus synchrone Online-Tutorien

Alternative A3 nutzt zusätzlich zu den in Alternative A2 angebotenen Audio/Video-Aufzeichnungen, dem LMS und asynchronen Diskussionsforen Online-Tutorien zur synchronen Kommunikation der Lerner untereinander und mit dem Dozenten. Die Online-Tutorien werden über das LMS durchgeführt.

Im Vergleich zu Alternative A2 werden hier keine zusätzlichen Kosten kalkuliert. Die technischen Voraussetzungen zur Durchführung von Online-Tutorien sind bereits durch den Einsatz eines LMS, das Gegenstand von Alternative A2 ist, gegeben. Zwar muss der Dozent, der das Online-Tutorium betreut, bezahlt werden, jedoch wird hier davon ausgegangen, dass das Online-Tutorium ein Präsenztutorium ersetzt. Dadurch wird die Durchführung des

---

[623] Vgl. Tabelle 52 auf Seite 270.

[624] Bei durchschnittlich 50 Teilnehmern pro Veranstaltung.

[625] Bei 15 Doppelstunden (à 90 Minuten) pro Veranstaltung.

Online-Tutoriums im Rahmen der normalen Lehrtätigkeit des Dozenten vergütet.[626] Die Kosten von Alternative A3 entsprechen also den Kosten, wie sie in Tabelle 56 auf Seite 277 für Alternative A2 angegeben sind.

Beschreibung von Alternative B3: Präsenzveranstaltung plus Audio/Video-Aufzeichnungen plus Audio/Video-Live-Übertragung plus Learning Management System plus asynchrone Diskussionsforen plus synchrone Online-Tutorien

Diese Alternative entspricht der Alternative A3 und beinhaltet zusätzlich die Audio/Video-Live-Übertragung. Daher gelten die bei A3 dargestellten Punkte auch für Alternative B3.

Analog zu Alternative A3 wird für Alternative B3 mit den Kosten von Alternative B2 gerechnet. Sie finden sich in Tabelle 57 auf Seite 278.

---

[626] Die Kosten des Dozenten werden bei allen Kostenberechnungen nicht berücksichtigt (vgl. Kap. 8.2.3, S. 254f.).

9.2 Bewertung der unterschiedlicher Alternativen

9.2.1 Zusammenfassung des bei unterschiedlichen Alternativen entstehenden Nutzens

Tabelle 58 enthält die zusammenfassende Bewertung der im vorigen Kapitel vorgestellten Alternativen. Im oberen Teil der Tabelle ist dargestellt, welche Lernkanäle den Studierenden bei welcher Alternative zur Verfügung stehen. Darunter wird die Unterstützung beim Lernprozess Wissensvermittlung in verschiedenen Dimensionen bewertet. Es folgt die Bewertung der Unterstützung beim Lernprozess Klausurvorbereitung und die Bewertung des Aufwands, der durch die einzelnen Alternativen entsteht.

Die Bewertung der verschiedenen Dimensionen wurde mit den Symbolen + (= gut), o (= mittel) und – (= schlecht) gekennzeichnet. Die Bewertung wurde nach dem Grad der Unterstützung, den die einzelnen Alternativen in der jeweiligen Dimension bieten, durchgeführt. Am Beispiel der Dimension „Kommunikation mit Dozenten und anderen Lernern jederzeit (auch außerhalb der Präsenzveranstaltungen)" im Lernprozess Klausurvorbereitung soll dies verdeutlicht werden.

Alternative A1 wird hier schlecht (–) bewertet, da bei dieser Alternative keine elektronischen Kommunikationsmöglichkeiten vorgesehen sind. Die Alternativen A2 und A3 werden positiv beurteilt (+), weil dort eine Lernplattform mit Diskussionsforen zur Verfügung gestellt wird, die zur Kommunikation genutzt werden kann. Für die Alternativen B1 bis B3 werden die entsprechenden Bewertungen der Alternativen A1 bis A3 übernommen, da auch hier nur die B1 ohne Diskussionsforum auskommen muss. Alternative 0 enthält ebenfalls keine elektronischen Kommunikationsmöglichkeiten und bekommt daher eine schlechte Bewertung.

Die anderen Dimensionen wurden analog bewertet.

In den letzten beiden Zeilen ist zur besseren Übersicht die Summe der positiven und negativen Bewertungen pro Alternative angegeben. Die Unterstützung der Studierenden ist bei der Alternative B3 am größten und bei der Alternative 0 am geringsten.

Mögliche Alternativen zur Einführung von Blended Learning 281

Lernkanäle bzw. Dienste	Alternative						
	A1	A2	A3	B1	B2	B3	0
Präsenzveranstaltung	✓	✓	✓	✓	✓	✓	✓
Audio/Video-Aufzeichnungen	✓	✓	✓	✓	✓	✓	✗
Audio/Video-Live-Übertragung inkl. Chat	✗	✗	✗	✓	✓	✓	✗
Learning Management System	✗	✓	✓	✗	✓	✓	✗
Informationen und Downloads	✗	✓	✓	✗	✓	✓	✗
Asynchrone Kommunikation (Diskussionsforen)	✗	✓	✓	✗	✓	✓	✗
Synchrone Kommunikation (Online-Tutorien)	✗	✗	✓	✗	✗	✓	✗
Bewertung der Unterstützung beim Lernprozess Wissensvermittlung							
Kommunikation mit dem Dozenten	$+^1$	$+^1$	$+^1$	$+^2$	$+^2$	$+^2$	$+^1$
Nachholen von verpassten Veranstaltungen	+	+	+	+	+	+	−
Teilnahme an der Präsenzveranstaltung von zu Hause oder der Firma (räumliche Flexibilität)	−	−	−	+	+	+	−
Ersparnis von Fahrtzeiten und –kosten	−	−	−	+	+	+	−
Download von vorlesungsbegleitendem Lernmaterial (zum Beispiel Skripte, Folien) über LMS	−	+	+	−	+	+	−
Vorlesungskataloge, Stundenpläne, Termin- oder Raumänderungen über LMS	−	+	+	−	+	+	−
Möglichkeit, Studierende entfernter Hochschulen an Präsenzveranstaltungen teilnehmen zu lassen	−	−	−	+	+	+	−
Nutzungsmöglichkeit ohne Online-Verbindung	+	o	o	−	−	−	+
Technischer Aufwand	o	o	o	−	−	−	+
Bewertung der Unterstützung beim Lernprozess Klausurvorbereitung							
Räumliche Flexibilität	+	+	+	+	+	+	−
Zeitliche Flexibilität	+	+	+	+	+	+	−
Einfache Navigation durch Folien und Videos	+	+	+	+	+	+	−
Vor und zurückspulen in den Videos möglich	+	+	+	+	+	+	−
Download von ergänzender Literatur, Übungsaufgaben über LMS	−	+	+	−	+	+	−
Kommunikation mit Dozenten und anderen Lernern jederzeit (auch außerhalb der Präsenzveranstaltungen)	−	+	+	−	+	+	−
Klausurvorbereitung mit Online-Tutorien	−	−	+	−	−	+	−
Möglichkeit, entfernten Hochschulen Veranstaltungen oder einzelne Module auf CD anzubieten	+	+	+	+	+	+	−
Zusammenfassung der Bewertungen							
Summe der guten (+) Bewertungen	8	11	12	10	14	15	3
Summe der schlechten (−) Bewertungen	8	4	3	7	3	2	14

+: gut, o: mittel, −: schlecht   [1] im Hörsaal   [2] im Hörsaal oder über Online-Chat

Tabelle 58: Zusammenfassung und Bewertung der Alternativen zum Einsatz von Blended Learning

9.2.2 Zusammenfassung der bei unterschiedlichen Alternativen entstehenden Kosten

Die anfallenden Gesamtkosten pro Semester inklusive Abschreibungen sind für die vorgestellten Alternativen in Abbildung 60 dargestellt. Dabei wurden wieder die Kosten für drei, sechs und zwölf Veranstaltungen berechnet, die pro Semester mit E-LEARN unterstützt werden.[627]

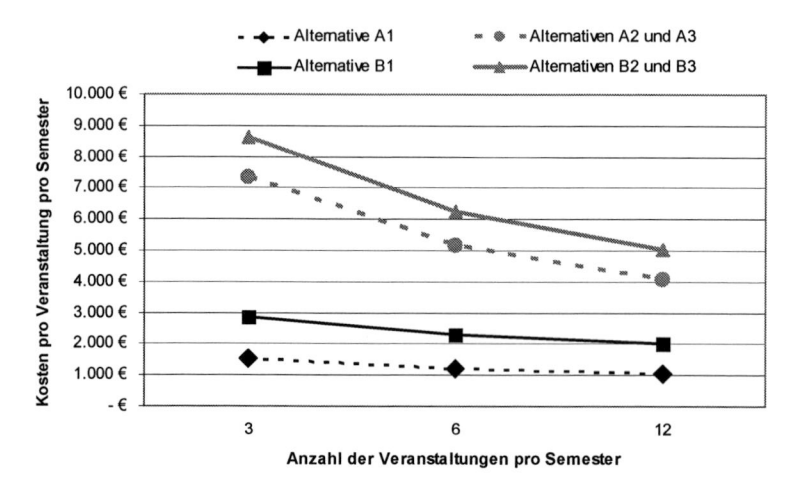

Abbildung 60: Gesamtkosten der Alternativen pro Veranstaltung pro Semester in Abhängigkeit von der Anzahl der Veranstaltungen pro Semester

Die geringsten Kosten fallen bei den Alternativen A1 und B1 an, da hier kein LMS eingesetzt wird und keine Koordination einer Vielzahl von Lernkanälen notwendig ist. Daher entfallen die Kosten für Betreuung, Organisation und Koordination der Blended Learning Aktivitäten.[628] Bei Alternative A2 und A3 sowie B2 und B3 sind die Kosten eines LMS und eines Koordinators berücksichtigt.

Die Kosten sinken, je mehr Veranstaltungen pro Semester mit Blended Learning unterstützt werden. Besonders stark sinken die Kosten bei steigender Anzahl von Veranstaltungen bei den Alternativen A2 und B2 bzw. A3 und B3. Dies liegt an den hohen Kosten pro Semester,

---

[627] Vgl. Kap. 8.2.2, S. 252f.
[628] Vgl. Kap. 8.2.4.1, S. 258f.

die ein LMS unabhängig von der Zahl der Veranstaltungen verursacht.[629] Der Betrieb eines LMS ist nicht wirtschaftlich, wenn mit ihm nur eine geringe Zahl von Veranstaltungen unterstützt wird.

Bei den Alternativen mit LMS können die Kosten pro Veranstaltung gesenkt, wenn man das LMS nicht nur für die Veranstaltungen einsetzt, die mit Audio/Video-Aufzeichnungen oder -Live-Übertragungen unterstützt werden, sondern für alle Veranstaltungen einer Bildungseinrichtung. Für die Studierenden hätte das den Vorteil, dass sie die Komponente „Informationen und Downloads" für alle Veranstaltungen nutzen können.

In Tabelle 59 sind die Gesamtkosten, die in Abbildung 60 dargestellt sind, auf die Kosten umgerechnet worden, die pro Teilnehmer für eine Veranstaltung und pro Teilnehmer für eine Doppelstunde entstehen.

	Veranstaltungen pro Semester	Alternative			
		A1	A2 und A3	B1	B2 und B3
Kosten pro Teilnehmer für eine Veranstaltung	3	31 €	146 €	57 €	173 €
	6	26 €	103 €	46 €	125 €
	12	21 €	82 €	41 €	101 €
Kosten pro Teilnehmer für eine Doppelstunde	3	2,07 €	9,76 €	3,83 €	11,25 €
	6	1,63 €	6,88 €	3,08 €	8,33 €
	12	1,42 €	5,44 €	2,71 €	6,73 €

Tabelle 59: Kosten pro Teilnehmer pro Veranstaltung und pro Doppelstunde der Alternativen in Abhängigkeit von der Anzahl der Veranstaltungen pro Semester

Pro Veranstaltung entstehen pro Teilnehmer Kosten zwischen 31 € und 173 €. Dieser sehr große Unterschied resultiert aus der unterschiedlichen Anzahl der unterstützten Lernkanäle bei verschiedenen Alternativen und der unwirtschaftlichen Nutzung eines LMS für nur drei Veranstaltungen. Wird das System für zwölf Veranstaltungen pro Semester eingesetzt, reduzieren sich die Kosten der teuersten Alternative B3 bereits von 173 € auf 101 € pro Teilnehmer für eine Veranstaltung mit einem Umfang von 15 Doppelstunden und bei 50 Teilnehmern pro Veranstaltung. Bei einer größeren Teilnehmerzahl würden die Kosten pro Teilnehmer sinken.

Die Kosten pro Teilnehmer für eine Doppelstunde ergeben sich aus den Kosten, die für eine Veranstaltung pro Teilnehmer entstehen. Sie variieren ebenfalls stark und liegen pro Teilnehmer und Doppelstunde zwischen 1,42 € und 11,25 €.

---

[629] Vgl. Kap. 8.2.4.1, S. 255ff.

Kosten einer Blended Learning Lösung bei einer großen Zahl von Veranstaltungen

Die oben durchgeführten Kostenanalysen gehen von einer vergleichsweise kleinen Blended Learning Lösung aus, in der maximal zwölf Veranstaltungen pro Semester mit jeweils 50 Teilnehmern unterstützt werden. Demzufolge können die Kosten nur auf wenige Lerner umgelegt werden.

Seibt hat in einer Modellrechnung die Kosten für die Unterstützung eines ganzen Fachbereiches einer Universität mit E-LEARN analysiert. Dabei geht er von zehn bis zwölf Professuren (i.d.R. mit je einem Professor besetzt), 85 Lehrveranstaltungen pro Semester und insgesamt 1.700 Studierenden aus.[630]

Die Gesamtkosten pro Semester liegen dann bei 119.000 €. Umgelegt auf eine Veranstaltung sind das 2.400 € pro Semester. Pro Teilnehmer und pro Doppelstunde kostet die Blended Learning Unterstützung dann etwa einen Euro.[631]

Aufgrund der bei der großen Zahl von Veranstaltungen möglichen Skaleneffekte sind die Kosten damit günstiger als bei den oben durchgeführten Modellrechnungen.

9.2.3 Hochverdichtete Zusammenfassung des Nutzens und der Kosten der Alternativen

Der in den beiden vorherigen Abschnitten ermittelte Nutzen und die Kosten der Alternativen werden in Tabelle 60 zusammengeführt. Die Bewertung des Nutzens ist aus Tabelle 58 auf Seite 281 übernommen. Die Kosten der Alternativen sind aus Abbildung 60 auf Seite 282 übernommen.

---

[630] Vgl. Seibt /Kosten universitären Blended Learning Lösungen 2005/ 27.

[631] Vgl. Seibt /Kosten universitären Blended Learning Lösungen 2005/ 34.

Mögliche Alternativen zur Einführung von Blended Learning

Lernkanäle bzw. Dienste	Alternative					
	A1	A2	A3	B1	B2	B3
Präsenzveranstaltung	✓	✓	✓	✓	✓	✓
Audio/Video-Aufzeichnungen	✓	✓	✓	✓	✓	✓
Audio/Video-Live-Übertragung inkl. Chat	✗	✗	✗	✓	✓	✓
Learning Management System	✗	✓	✓	✗	✓	✓
Informationen und Downloads	✗	✓	✓	✗	✓	✓
Asynchrone Kommunikation (Diskussionsforen)	✗	✓	✓	✗	✓	✓
Synchrone Kommunikation (Online-Tutorien)	✗	✗	✓	✗	✗	✓
Bewertung des Nutzens[632]						
Summe der guten Bewertungen	8	11	12	10	14	15
Summe der schlechten Bewertungen	8	4	3	7	3	2
Kosten pro Veranstaltung[633]						
Bei Durchführung von 12 Veranstaltungen pro Semester	1.063 €	4.081 €	4.081 €	2.030 €	5.048 €	5.048 €

Tabelle 60: Hochverdichtete Zusammenfassung des Nutzens und der Kosten der Alternativen

Aussagen darüber, welche Alternative für eine Bildungseinrichtung am besten geeignet ist, können nur nach einer eingehenden Einzelfallprüfung getroffen werden. Obige Tabelle kann aber als Anhaltspunkt dienen, welche Kosten und welche Nutzeneffekte bei den unterschiedlichen Alternativen entstehen.

Die meisten Lernkanäle bieten die Alternativen B2 und B3, die dadurch aber auch die teuersten Alternativen sind. Sie verursachen fast fünf Mal so viele Kosten wie die günstigste Alternative (A1), die allerdings auch als einzigen elektronischen Lernkanal Audio/Video-Aufzeichnungen bietet.

Es ist denkbar, eine Alternative mit einer geringen Anzahl von Lernkanälen in einer Pilotphase eines Blended Learning Projektes zu wählen, und nach Abschluss der Pilotphase zu einer Alternative mit einer größeren Zahl an Kanälen zu wechseln.

---

[632] Vgl. Tabelle 58 auf S. 281.
[633] Vgl. Abbildung 60 auf S. 282.

10 Mögliche weitergehende Forschungsarbeiten

10.1 Auseinandersetzung mit den im Verlauf der explorativen Untersuchungen neu aufgestellten Vermutungen

In den explorativen Untersuchungen dieser Arbeit wurde eine Reihe von Vermutungen aufgestellt, die aufgrund der vorliegenden Daten formuliert wurden. Diese Vermutungen konnten mit den zur Verfügung stehenden Untersuchungsergebnissen nicht konkretisiert werden. Sie können aber Vorstufen neuer Thesen sein, die in zukünftigen Forschungsarbeiten untersucht werden können.[634]

Dafür müssen anhand wissenschaftlicher Literatur aufbauend auf den Vermutungen Thesen begründet werden. Sollten sich eine oder mehrere der in dieser Arbeit erstellten Vermutungen nicht durch Literatur begründen lassen, sollten sie modifiziert oder verworfen werden.

Die neu begründeten Thesen können in weiteren empirischen Untersuchungen näher beleuchtet werden.

Zu den beiden stärksten Vermutungen, die sich bei den Untersuchungen ergeben haben, wird nun ein mögliches Vorgehen bei weiteren Forschungsarbeiten dargestellt.

Vermutung, dass unterschiedliche Lernertypen unterschiedliche Lernkanäle bevorzugen

Aufgrund der in dieser Arbeit durchgeführten empirischen Untersuchungen wurde die Vermutung aufgestellt, dass es verschiedene Typen von Lernern gibt, die entweder elektronische oder traditionelle Lernkanäle bevorzugen.

Beim Lernprozess Wissensvermittlung gilt dies beim Vergleich des Nutzens von Audio/Video-Aufzeichnungen und des Nutzens beim Lernen im Hörsaal.[635] Es kristallisierte sich ein Typ von Lernern heraus, der Audio/Video-Aufzeichnungen gegenüber dem Lernen im Hörsaal präferiert. Gründe, die zur Präferenz des einen oder des anderen Lernkanals führen, konnten in dieser Arbeit nicht gefunden werden.

Auch für die Nutzung der Audio/Video-Live-Übertragungen konnte ein Typ von Lernern identifiziert werden, die diesen Lernkanal gegenüber dem Besuch einer Präsenzveranstaltung

---

[634] Vgl. dazu auch Popper /Forschungslogik 1969/.
[635] Vgl. Vermutung V3 auf S. 190 und Vermutung V6 auf S. 193.

bevorzugt.[636] Dabei konnten ebenfalls keine Gründe gefunden werden, warum bestimmte Lerner bestimmte Lernkanäle bevorzugen.

Es besteht weiterer Untersuchungsbedarf, wie Lerner durch die Kombination von Audio/Video-Aufzeichnungen und Präsenzveranstaltungen bzw. Audio/Video-Live-Übertragungen und Präsenzveranstaltungen ihren individuell besten Blended Learning Mix finden können. Dazu sollten die Eigenschaften der Lerner, die elektronische Lernkanäle bevorzugen verglichen werden mit denen von Lernern, die traditionelle Kanäle nutzen.

Die Gründe, die dazu führen, ob Audio/Video-Aufzeichnungen bzw. -Live-Übertragungen oder Präsenzveranstaltungen von Lernern genutzt werden, sollten analysiert werden. Wenn diese Gründe bekannt sind, kann das Angebot von Audio/Video-Aufzeichnungen und -Live-Übertragungen eventuell so angepasst werden, dass es den Bedürfnissen der Lerner besser entspricht.

Vermutung, dass die Nutzung von kurzen Abschnitten der Audio/Video-Aufzeichnungen den Lernprozess Klausurvorbereitung verbessert

Die Ergebnisse der empirischen Untersuchungen haben zu der weiteren Vermutung geführt, dass einzelne kurze Abschnitte von Audio/Video-Aufzeichnungen von Studierenden, die an Präsenzveranstaltungen teilnehmen können, gezielt angeschaut werden.[637] Audio/Video-Aufzeichnungen werden demnach im Lernprozess Klausurvorbereitung vor allem zum gezielten Lernen einzelner Inhalte bzw. Folien und zum Nachschlagen von Lerninhalten genutzt. Sollte diese Vermutung in weiteren Untersuchungen nicht falsifiziert werden können, könnten Audio/Video-Aufzeichnungen stärker in Form eines Nachschlagewerkes angeboten werden.

Die Darbietung der Aufzeichnungen in der jetzigen Form orientiert sich am Verlauf der Präsenzveranstaltungen. Durch eine neue Anordnung der Audio/Video-Aufzeichnungen in kleine Themenblöcke, die in Zusammenhang stehen, könnte ein mit Hyperlink verknüpftes Nachschlagewerk entstehen, in dem einzelne Themen und Begriffe nicht als Text, sondern als Audio/Video-Aufzeichnung bereitgestellt werden. Denkbar ist auch, ein übergreifendes Nachschlagewerk über mehrere Veranstaltungen unterschiedlicher Dozenten zu realisieren. Im Extremfall könnte der Inhalt von ganzen Studiengängen verknüpft und als auf Audio/Video-Aufzeichnungen basierendes Nachschlagewerk bereitgestellt werden.

---

[636] Vgl. Vermutung V7 auf S. 209.
[637] Vgl. Vermutung V2 auf S. 189.

Zu untersuchen wäre zunächst, ob und wie eine solche Anordnung der Inhalte technisch zu lösen ist. Eine Möglichkeit wäre, ausgehend von Präsenzveranstaltungen, die mit Bild, Ton und Folien aufgezeichnet werden, relevante Videoabschnitte zu identifizieren, diese aus der Veranstaltung zu isolieren und über ein entsprechendes Informationssystem den Lernern anzubieten.

Dazu müsste das System E-LEARN weiterentwickelt und eine Möglichkeit geschaffen werden, zahlreiche kurze Videoabschnitte zu bestimmten Inhalten bzw. Stichwörtern strukturiert abzuspeichern. Es müssten Möglichkeiten geschaffen werden, um komfortabel und schnell durch die Videoabschnitte navigieren zu können und alle relevanten Abschnitte zu einem Stichwort schnell aufzufinden.

Wenn dies zuverlässig funktioniert, kann gemessen werden, ob und inwiefern sich die Effektivität von Lernprozessen bei der Klausurvorbereitung durch die Nutzung des Systems verbessert.

Um eine solche Weiterentwicklung nutzen zu können, müssten auch die Dozenten eingebunden werden. Ihre Inhalte müssten so aufbereitet werden, dass eine Unterteilung von Audio/Video-Aufzeichnungen von Präsenzveranstaltungen in kurze Abschnitte sinnvoll ist.

Folgende Punkte könnten bei einem solchen Vorgehen evaluiert werden:

- Möglichkeiten zur Unterteilung von Audio/Video-Aufzeichnungen in viele kleine Videoabschnitte
    - aus technischer Sicht
    - aus didaktischer Sicht
- Technische Realisierbarkeit
- Grad der Nutzung durch die Lerner
- Akzeptanz durch die Lerner
- Steigerung der Effektivität von Lernprozessen, die sich durch das Anschauen von kurzen Videoabschnitten auf Seiten der Lerner ergeben
- Effektivität des Durchsuchens von Audio/Video-Aufzeichnungen und des Auffindens des gesuchten Videoabschnitts
- Akzeptanz durch die Dozenten

10.2 Quantitative Erfassung des Nutzens, der sich aus dem Einsatz von Blended Learning Lösungen ergibt

Der Nutzen, der sich aus dem Einsatz von Blended Learning ergibt, konnte im Rahmen der vorliegenden Arbeit nur qualitativ und nicht quantitativ ermittelt werden. In zukünftigen Forschungsarbeiten sollte versucht werden, den Nutzen auch quantitativ zu erfassen. An zwei Beispielen soll verdeutlicht werden, wie dabei vorzugehen ist.

Beispiel 1: Quantitative Erfassung der Dauer von Lernprozessen

Ein Effektivitätsaspekt bei der Nutzung einer Blended Learning Lösung ist, dass bei gleich bleibendem Lernerfolg (ceteris paribus) Lernprozesse beschleunigt werden bzw. weniger Zeit in Anspruch nehmen können.

Ziel zukünftiger Forschungen sollte sein, die Einsparung an Zeit quantitativ zu erfassen. Dazu ist ein systematisches Vorgehen notwendig, das im Folgenden skizziert wird:

- Präzise inhaltliche und organisatorische Abgrenzung von Lernprozessen (inklusive der Anzahl und der Arten von Lernprozessen)
- Entwicklung eines Maßstabs zur Messung der Lernzeiten des Lernprozesses beim einzelnen Lernen und Aufstellung von Regeln zur Addition von Lernzeiten von verschiedenen Lernern und zur Durchschnittsbildung[638]
- Durchführung von Lernprozessen ohne Blended Learning Unterstützung
- Präzise Messung der Lernzeiten, die zur Durchführung verschiedener Lernprozesse beim gleichen Lerner benötigt werden[639]
- Präzise Messung der Lernzeiten, die zur Durchführung gleicher Lernprozesse bei verschiedenen Lernern benötigt werden[640]
- Durchführung von Lernprozessen mit Blended Learning Unterstützung
- Präzise Messung der Lernzeiten, die zur Durchführung verschiedener Lernprozesse beim gleichen Lerner benötigt werden

---

[638] Es muss definiert werden, wie Lernzeiten gemessen werden. Beispielsweise müssen Regeln aufgestellt werden, ob und ggf. wie ein Gespräch zwischen Studierenden beim Mittagessen in der Mensa, in dem Probleme einer Vorlesung diskutiert werden, als Lernzeit gezählt wird.

[639] So kann die durchschnittliche Lernzeit pro Lerner errechnet werden.

[640] Dadurch kann die durchschnittliche Lernzeit pro Lernprozess ermittelt werden.

- Präzise Messung der Lernzeiten, die zur Durchführung gleicher Lernprozesse bei verschiedenen Lernern benötigt werden
- Vergleich der ermittelten Lernzeiten mit und ohne Blended Learning Unterstützung und quantitative Berechnung der Effektivitätsverbesserung

Protokollierung der Nutzung von Audio/Video-Aufzeichnungen auf CD

Ein möglicher Ansatz zur präzisen Erfassung von Lernzeiten bei der Nutzung von Audio/Video-Aufzeichnungen auf CD ist die verstärkte Analyse von Logfiles. Sie ermöglichen eine exaktere und objektivere Analyse des Nutzungsverhaltens der Lerner, als sie durch subjektive Äußerungen der Lerner möglich ist. Im Rahmen dieser Arbeit wurden Logfiles zur Analyse des Nutzungsverhaltens von Audio/Video-Aufzeichnungen als Video on Demand, von Audio/Video-Live-Übertragungen, von Diskussionsforen und von Online-Tutorien genutzt.

Einen interessanten Untersuchungsansatz stellt die Untersuchung des Nutzungsverhaltens der Audio/Video-Aufzeichnungen auf CD mit Logfiles dar. Da die CDs mit Video-Aufzeichnungen einen großen Anteil an den Lernprozessen von Studierenden haben,[641] sollte ihre Nutzung ebenfalls objektiv durch Logfiles analysiert werden. Dazu müsste bei jedem Nutzer der CD eine spezielle Software lokal installiert werden, welche die Nutzungszeiten und -dauer der CD protokolliert.[642] Die Protokolle mit den Nutzungsaufzeichnungen müssen anschließend beispielsweise über Netzwerk zur Auswertung an die Institution, welche die Analyse durchführt, übertragen werden.

Zur Durchführung dieses Ansatzes ist die Einwilligung der Lerner erforderlich. Problematisch dabei ist, dass einige Lerner ihr Nutzungsverhalten wahrscheinlich nur ungern preisgeben wollen. Vor allem, wenn sie eine Prüfung über den Stoff, der auf den CDs mit Audio/Video-Aufzeichnungen enthalten ist, schreiben müssen, sollte die Analyse des Nutzungsverhaltens nicht von derselben Einrichtung durchgeführt werden, welche die Veranstaltung und die Prüfung durchführt. Die Lerner brauchen dann keine Sorge haben, dass ihr Nutzungsverhalten einen Einfluss auf die Bewertung von Prüfungen hat.

---

[641] Vgl. Kap. 7.1.1.2, S. 184.

[642] Diese Software kann Teil der interaktiven CD sein und die Zeitpunkte protokollieren, an denen eine Interaktion des Lerners mit der CD stattfindet. Daraus kann geschlossen werden, wann und wie lange ein Lerner die CD genutzt hat.

Beispiel 2: Quantitative Erfassung des Lernerfolgs

Ein anderes Ziel, durch das die Effektivität von Lernprozessen, die mit Blended Learning unterstützt werden, gesteigert werden kann, besteht darin, bei gleich bleibender Lernzeit (ceteris paribus) den Lernerfolg zu verbessern.

Um die Verbesserung des Lernerfolgs quantitativ zu erfassen, ist eine Reihe von Schritten notwendig, die im Folgenden skizziert sind:

- Präzise inhaltliche und organisatorische Abgrenzung von Lernprozessen (inklusive der Anzahl und der Arten von Lernprozessen)
- Entwicklung eines Maßstabes zur Messung des Lernerfolgs bzw. zur Messung von Lernerfolgsverbesserungen und Aufstellung von Regeln zur Durchschnittsbildung
- Durchführung von Lernprozessen ohne Blended Learning Unterstützung
- Präzise Messung des Lernerfolgs, der sich bei der Durchführung verschiedener Lernprozesse beim gleichen Lerner ergibt
- Präzise Messung des Lernerfolgs, der sich bei der Durchführung gleicher Lernprozesse bei verschiedenen Lernern ergibt
- Durchführung von Lernprozessen mit Blended Learning Unterstützung
- Präzise Messung des Lernerfolgs, der sich bei der Durchführung verschiedener Lernprozesse beim gleichen Lerner ergibt
- Präzise Messung des Lernerfolgs, der sich bei der Durchführung gleicher Lernprozesse bei verschiedenen Lernern ergibt
- Vergleich des ermittelten Lernerfolgs mit und ohne Blended Learning Unterstützung und quantitative Berechnung der Effektivitätsverbesserung

Zur Messung des Lernerfolgs wurde im Rahmen dieser Arbeit die von den Lernern erreichte Punktzahl in Prüfungen herangezogen. Dabei handelt es sich jedoch lediglich um eine Momentaufnahme des Lernerfolgs zum Zeitpunkt der Prüfung. Faktoren wie Termin der Prüfung, individueller Fitness-Level, Krankheit während der Klausurvorbereitungsphase usw. können dabei kaum kontrolliert und gemessen werden. Daher sollten bei der Analyse des Lernerfolgs regelmäßige Messungen durchgeführt werden.

Eine sehr große Anzahl von untersuchten Lernern kann dazu beitragen, dass sich Störvariablen, die den Lernerfolg beeinflussen, im Durchschnitt aufheben. Die in dieser Arbeit zur Verfügung stehenden Fallzahlen waren dazu nicht ausreichend. Wünschenswert ist die breite

Nutzung von Blended Learning über einen mehrsemestrigen Zeitraum an einer Hochschule. Dadurch kann eine große Anzahl von Daten erhoben werden.

Anhand oben skizzierter Vorgehensweisen könnten Effektivitätssteigerung bei Lernzeiten und Lernerfolg quantitativ angegeben werden. Die in dieser Arbeit durchgeführten explorativen Forschungsarbeiten würden dadurch konkretisiert. Gelingt dies, kann beispielsweise vermutet werden, dass der Einsatz von Blended Learning dazu beiträgt, bei Beibehaltung eines gegebenen Lernerfolgs die Studiendauer zu verkürzen.

Literaturverzeichnis

Althoff /Auswahlverfahren in der empirischen Sozialforschung 1993/
Althoff, Stefan: Auswahlverfahren in der Markt-, Meinungs- und empirischen Sozialforschung. Pfaffenweiler, 1993.

Angiolillo et al. /Technology Constraints 1997/
Angiolillo, Joel S.; Blanchard, Harry E.; Israelski, Edmond W.; Mané, Amir: Technology Constraints of Video-Mediated Communication. In: Finn, Kathleen E.; Sellen, Abigail J.; Wilbur, Sylvia B. (Hrsg.): Video-Mediated Communication. Mahwah, 1997.

Astleitner /Emotionen und web-basierte Erziehung 2000/
Astleitner, Hermann: Emotionen und web-basierte Erziehung. Strategien für eine emotionalisierte web-basierte Aus- und Weiterbildung. In: „Virtuelle Konferenz Internet und politische Bildung". Hattingen, 2000.

Astleitner /Lernen im Internet 2002/
Astleitner, Hermann: Qualität des Lernens im Internet. Virtuelle Schulen und Universitäten auf dem Prüfstand. Frankfurt u.a., 2002.

Astleitner; Schinagl /High-Level-Telelernen 2000/
Astleitner, Hermann; Schinagl, Wolfgang: High-level-Telelernen und Wissensmanagement: Grundpfeiler virtueller Ausbildung. Frankfurt u.a., 2000.

Atteslander /Methoden der empirischen Sozialforschung 2000/
Atteslander, Peter: Methoden der empirischen Sozialforschung. Berlin, 2000.

Back; Bendel; Stoller-Schai /E-Learning 2002/
Back, A.; Bendel, O.; Stoller-Schai, D.: E-Learning – Ein Wörterbuch. Karlsruhe, 2002.

Back; Seufert /Computer Supported Cooperative Work 2000/
Back, Andrea; Seufert, Andreas: Computer Supported Cooperative Work (CSCW) – State of the Art und zukünftige Herausforderungen. In: HMD 213 (2000) H. 6, S. 5-22.

Balzert /Evaluation von E-Learning-Kursen 2005/
Balzert, Helmut: Evaluation von E-Learning-Kursen aus Benutzersicht – Bezugsrahmen und beispielhafte Anwendung. In: Wirtschaftsinformatik 47 (2005) H. 1, S. 69-80.

Balzert; Balzert; Zwintzscher /Die E-Learning-Plattform W3L 2004/
Balzert, Helmut; Balzert, Heide; Zwintzscher, Olaf: Die E-Learning-Plattform W3L – Anforderungen, Didaktik, Ergonomie, Architektur, Entwicklung, Einsatz. In: Wirtschaftsinformatik 46 (2004) H. 2, S. 129-138.

Bandura /Sozial-kognitive Lerntheorie 1979/
Bandura, Albert: Sozial-kognitive Lerntheorie. Stuttgart, 1979.

Baumgartner /Evaluation mediengestützten Lernens 1999/
Baumgartner, Peter: Evaluation mediengestützten Lernens. Theorie – Logik – Modelle. In: Kindt, M. (Hrsg.): Projektevaluation in der Lehre – Multimedia an Hochschulen zeigt Profil(e). Münster, 1999, S. 61-97.

Baumgartner /Webbasierte Lernumgebungen 2001/
Baumgartner, Peter: Webbasierte Lernumgebungen – neue Ansätze zum Politiklernen. In: Bundeszentrale für politische Bildung (Hrsg.): Traditionelle und Neue Medien im Politikunterricht. Bonn, 2001.

Baumgartner; Häfele; Maier-Häfele /Auswahl von Lernplattformen 2002/
Baumgartner, Peter; Häfele, Hartmut; Maier-Häfele, Kornelia: E-Learning Praxishandbuch – Auswahl von Lernplattformen. Innsbruck, 2002.

Baumgartner; Payr /Lernen mit Software 1994/
Baumgartner, P.; Payr, S.: Lernen mit Software. Digitales Lernen, Band 1. Innsbruck, 1994.

Baumgartner; Welte /Lernen lehren – Lehren lernen 2001/
Baumgartner, P.; Welte, H.: Lernen lehren – Lehren lernen: Beispiel Studienrichtung Wirtschaftspädagogik. In: Johanna, M.; Müller, K.: Konstruktivistische Schulpraxis – Beispiele für den Unterricht. Neuwied-Krieftel, 2001, S. 273-291.

Beißner; Kursawe /Multimedia 2000/
Beißner, Karl-Heinz; Kursawe, Peter: Multimedia in der betriebswirtschaftlichen Weiterbildung. Heidelberg, 2000.

Benteler /Übertragung von Modellversuchsergebnissen 1991/
    Benteler, P.: Möglichkeiten und Grenzen der Übertragung von Modellversuchsergebnissen. In: Berufsbildung in Wissenschaft und Praxis 20 (1991) H. 6, S. 7-12.

Beutner; Twardy /e-Learning Konzepte 2003/
    Beutner, Marc; Twardy, Martin: Neue e-Learning-Konzepte in der betrieblichen und universitären Aus- und Weiterbildung – Grundstrukturen eines e-Learning-Modells. In: Kemper, Hans-Georg; Mülder, Wilhelm (Hrsg.): Informationsmanagement – Neue Herausforderungen in Zeiten des E-Business. Lohmar, 2003, S. 569-604.

Blumstengel /Hypermediale Lernsysteme 1998/
    Blumstengel, Astrid: Entwicklung hypermedialer Lernsysteme. Berlin, 1998.

BMBF /eLearning-Dienste für die Wissenschaft 2004/
    Bundesministerium für Bildung und Forschung (Hrsg.): eLearning-Dienste für die Wissenschaft. Richtlinien über die Förderung der Entwicklung und Erprobung von Maßnahmen der Strukturentwicklung zur Etablierung von eLearning in der Hochschullehre im Rahmen des Förderschwerpunkts "Neue Medien in der Bildung". Online: http://www.forschung.bmbf.de/en/furtherance/2576.php, Zugriff: 15.05.2005.

BMBF /Kursbuch eLearning 2004/
    Bundesministerium für Bildung und Forschung, DLR-Projektträger – Neue Medien in der Bildung + Fachinformation (Hrsg.): Kursbuch eLearning 2004 – Produkte aus dem Förderprogramm. Sankt Augustin, 2004.

Böbel; Trahasch /Auswahl und Einsatz eines Learning Management System 2003/
    Böbel, Karl-Heinz; Trahasch, Stephan: Auswahl und Einsatz eines Learning Management System an der Universität Freiburg. In: Kandzia, Paul-Thomas; Ottmann, Thomas (Hrsg.): E-Learning für die Hochschule. erfolgreiche Ansätze für ein flexibleres Studium. Münster, 2003, S. 33-46.

Bodendorf /Computer in der fachlichen und universitären Ausbildung 1990/
    Bodendorf, Freimut: Computer in der fachlichen und universitären Ausbildung. München. Wien, 1990.

Bodendorf /Daten- und Wissensmanagement 2003/
    Bodendorf, Freimut: Daten- und Wissensmanagement. Berlin, 2003.

Bodendorf et al. /E-Teaching in der Hochschule 2002/
Bodendorf, F.; Euler, D.; Schertler, M.; Soy, M.; Uelpenich, S.; Lasch, S.: E-Teaching in der Hochschule – Technische Infrastrukturen und didaktische Gestaltung. Lohmar, 2002.

Bolz /Multimedia-Fallstudien 2002/
Bolz, André: Multimedia-Fallstudien in der betriebswirtschaftlichen Aus- und Weiterbildung. Lohmar, 2002.

Bortz /Empirische Forschung 1984/
Bortz, Jürgen: Lehrbuch der empirischen Forschung. Berlin, 1984.

Bruhn; Gräsel; Mandl; Fischer /Lernen mit Computernetzen 1998/
Bruhn, J.; Gräsel, C.; Mandl, H.; Fischer, F.: Befunde und Perspektiven des Lernens mit Computernetzen. In Scheuermann, F.; Schwab, F.; Augenstein, H. (Hrsg.): Studieren und Weiterbilden mit Multimedia – Perspektiven der Fernlehre in der wissenschaftlichen Aus- und Weiterbildung. Nürnberg, 1998, S. 385-400.

Bruns; Gajewski /Multimediales Lernen im Netz 1999/
Bruns, Beate; Gajewski, Petra: Multimediales Lernen im Netz: Leitfaden für Entscheider und Planer. Heidelberg, 1999.

Bruns; Klenner; Psaralidis /E-Learning 2002/
Bruns, Alexander; Klenner, Carsten; Psaralidis, Elena: E-Learning. In: Das Wirtschaftsstudium 31 (2002) H. 6, S. 784-787.

Bucher; Colomb; Hostettler /E-Learning für Wissens-Management 2001/
Bucher, Hans-Ulrich; Colomb, Marc; Hostettler, Rolf: E-Learning für Ihr Wissens-Management. Tipps für die Evaluation. In: Der Organisator (2001) H. 5, S. 44-47.

Budäus /Gestaltung einer digitalen Hochschullandschaft 2004/
Budäus, Dietrich: Vom konzeptionellen Ansatz E-Learning zur Gestaltung einer digitalen Hamburger Hochschullandschaft. Hamburg, 2004.

Bunge; Ardila /Philosophie der Psychologie 1990/
Bunge, Mario; Ardila, Ruben: Philosophie der Psychologie. Tübingen, 1990.

Chapman; Hall /E-Learning Products 2003/
  Chapman, Bryan; Hall, Brandon: Comparison of Enterprise Learning Management Systems. Sunnyvale, 2003.

Coenen /E-Learning Architektur für universitäre Lehr und Lernprozesse 2001/
  Coenen, Olaf: E-Learning Architektur für universitäre Lehr und Lernprozesse. Lohmar, 2001.

Coenen; Seibt /Marktentwicklung 2001/
  Coenen, Olaf; Seibt, Dietrich: E-Learning: Marktentwicklung und Ziele der Anwender – Aufwands- und Erfolgsfaktoren. In: Information Management & Consulting 16 (2001) H. 3, S. 90-97.

Comer /Computernetzwerke und Internets 2002/
  Comer, Douglas E.: Computernetzwerke und Internets mit Internetanwendungen. 3. Aufl., München, 2002.

Cooper /From Behaviorism to Cognitivism to Constructivism 1993/
  Cooper, Peter A.: Paradigm Shifts in Designed Instruction: From Behaviorism to Cognitivism to Constructivism. In: Educational Technology 33 (1993), H. 5, S. 12-19.

Cotoaga; Müller; Müller /Distribution dynamischer Inhalte 2002/
  Cotoaga, Kurt; Müller, Achim; Müller, Ralf: Effiziente Distribution dynamischer Inhalte im Web. In: Wirtschaftsinformatik 44 (2002) H. 3, S. 249-259.

Dahm /E-Learning in der berufsbegleitenden Weiterbildung 2003/
  Dahm, Simone: E-Learning zur Unterstützung von Lernprozessen in der berufsbegleitenden Weiterbildung – Empirische Untersuchungen und Handlungsempfehlungen. Diplomarbeit am Lehrstuhl für Wirtschaftsinformatik, insbesondere Informationsmanagement, Prof. Dr. D. Seibt, Universität zu Köln, 2003.

Dichanz; Ernst /Electronic Learning 2002/
  Dichanz, Horst; Ernst, Annette: E-Learning – begriffliche, psychologische und didaktische Überlegungen. In: Scheffer, Ute; Hesse, Friedrich (Hrsg.): E-Learning. Die Revolution des Lernens gewinnbringend einsetzen. Stuttgart, 2003, S. 43-66.

Diekmann /Empirische Sozialforschung 2003/
  Diekmann, Andreas: Empirische Sozialforschung – Grundlagen, Methoden, Anwendungen. 10. Aufl., Hamburg, 2003.

Dohmen /Lebenslanges Lernen 1997/
   Dohmen, G.: Lebenslanges Lernen. Erfahrungen und Anstrengungen aus Wissenschaft und Praxis. In: Günther, W.; Mandl H. (Hrsg.): Telelearning, Aufgabe und Chance für Bildung und Gesellschaft. Bonn, 1997.

Dörr; Strittmatter /Multimedia aus pädagogischer Sicht 2002/
   Dörr, Günter; Strittmatter, Peter: Multimedia aus pädagogischer Sicht. In: Issing, Ludwig J.; Klimsa, Paul (Hrsg.): Information und Lernen mit Multimedia und Internet. 3., vollständig überarbeitete Aufl., Weinheim, 2002, S. 29-42.

Dreier /Datenanalyse 1994/
   Dreier, Volker: Datenanalyse für Sozialwissenschaftler. München, Wien, 1994.

Edelmann /Lernpsychologie 2000/
   Edelmann, Walter: Lernpsychologie. 6 Aufl., Weinheim, 2000.

Effelsberg /Das Projekt Teleteaching der Universitäten Mannheim und Heidelberg 1997/
   Effelsberg, Wolfgang: Das Projekt Teleteaching der Universitäten Mannheim und Heidelberg. In: Learntec '97. Karlsruhe, 1997, S. 419-435.

Effelsberg /Netztechnik und AV-Geräte für Televorlesungen 2003/
   Effelsberg, Wolfgang: Netztechnik und AV-Geräte für Televorlesungen und Teleseminare. In: Kandzia, Paul-Thomas; Ottmann, Thomas (Hrsg.): E-Learning für die Hochschule. Erfolgreiche Ansätze für ein flexibleres Studium. Münster, 2003, S. 57-78.

Ehlers /Qualität beim E-Learning 2002/
   Ehlers, U.: Qualität beim E-Learning: Der Lernende als Grundkategorie bei der Qualitätssicherung. In: Neuß, Norbert (Hrsg.): Deutsche Gesellschaft für Erziehungswissenschaft: Medienpaed.com – Onlinezeitschrift für Theorie und Praxis der Medienbildung. Themenschwerpunkt: Lernsoftware – Qualitätsmaßstäbe, Angebot, Nutzung und Evaluation, 2002.

Ehlers /Qualität beim E-Learning aus Lernersicht 2004/
   Ehlers, Ulf-Daniel: Qualität beim E-Learning aus Lernersicht. Grundlagen, Empirie und Modellkonzeption subjektiver Qualität. Wiesbaden, 2004.

Ehrenberg /Internetbasierte Lehrangebote 2001/
Ehrenberg, Dieter: Internetbasierte Lehrangebote – ein Potential für die IT-Aus- und Weiterbildung der Hochschulen. In: HMD – Praxis der Wirtschaftsinformatik (2001) H. 218, S. 37-49.

Ehrenberg; Scheer; Schumann; Winand /Interuniversitäre Lehr- und Lernkooperationen 2001/
Ehrenberg, Dieter; Scheer, August-Wilhelm; Schumann, Matthias; Winand, Udo: Implementierung von interuniversitären Lehr- und Lernkooperationen: Das Beispiel WINFOLine. In: Wirtschaftsinformatik 43 (2001) H. 1, S. 5-11.

Ehrenberg; Winand /Virtuelle Aus- und Weiterbildung 2001/
Ehrenberg, Dieter; Winand, Udo: Virtuelle Aus- und Weiterbildung. In: Wirtschaftsinformatik 43 (2001) H. 1, S. 3-4.

Elgass; Krcmar /Computergestützte Geschäftsprozeßplanung 1993/
Elgass, P; Krcmar, H.: Computergestützte Geschäftsprozeßplaung. In: Information Management (1993) H. 1, S. 42-49.

Euler /Didaktik einer sozio-informationstechnischen Bildung 1994/
Euler, Dieter: Didaktik einer sozio-informationstechnischen Bildung. Köln, 1994.

Euler /High Teach durch High Tech 2001/
Euler, Dieter: High Teach durch High Tech? Von der Programmatik zur Umsetzung – Neue Medien in der Berufsbildung aus deutscher Perspektive. In: Zeitschrift für Berufs- und Wirtschaftspädagogik 97 (2001), H. 1, S. 25-43.

Euler /(Multi)mediales Lernen 1994/
Euler, Dieter: (Multi)mediales Lernen – Theoretische Fundierungen und Forschungsstand. In: Unterrichtswissenschaft. Zeitschrift für Lernforschung 22 (1994), H. 4, S. 291-311.

Euler /Multimediale und telekommunikative Lernumgebungen 1999/
Euler, Dieter: Multimediale und telekommunikative Lernumgebungen zwischen Potentialität und Aktualität: Eine Analyse aus wirtschaftspädagogischer Sicht. In: Gogolin, I.; Lenzen, D. (Hrsg.): Medien-Generation, Beiträge zum 16. Kongreß der Deutschen Gesellschaft für Erziehungswissenschaft. Opladen, 1999, S. 77-97.

Euler; Dehnbostel /Berufliches Lernen als Forschungsgegenstand 1998/
 Euler, Dieter; Dehnbostel, P.: Berufliches Lernen als Forschungsgegenstand. In: Euler, Dieter (Hrsg.): Berufliches Lernen im Wandel – Konsequenzen für die Lernorte. Beiträge zur Arbeitsmarkt- und Berufsforschung. BeitrAB 124. Nürnberg, 1998, S. 489-499.

Euler; Seufert /Pädagogische Innovation 2005/
 Euler, Dieter; Seufert, Sabine: Von der Pionierphase zur nachhaltigen Implementierung – Facetten und Zusammenhänge einer pädagogischen Innovation. In: Euler, Dieter; Seufert, Sabine (Hrsg.): E-Learning in Hochschulen und Bildungszentren. München, 2005, S. 1-24.

Euler; Seufert; Wilbers /eLearning in der Berufsbildung 2004/
 Euler, Dieter; Seufert, Sabine; Wilbers, Karl: eLearning in der Berufsbildung. In: Arnold, Rolf; Lipsmeier, Antonius (Hrsg.): Handbuch der Berufsbildung. Opladen, 2004.

Faßler; Hentschläger; Wiener /Webfictions 2003/
 Faßler, Manfred; Hentschläger, Ursula; Wiener, Zelko: Webfictions. Wien, 2003.

Finger /Video Quality 1998/
 Finger, Roger: Measuring Quality in Videoconferencing Systems. In: Business Communications Review (1998) H. 6, S. 51-55.

Fricke /Effektivität computer- und videounterstützter Lernprogramme 1991/
 Fricke, R.: Zur Effektivität computer- und videounterstützter Lernprogramme. In: Jäger, R.S. u.a. (Hrsg.): Computerunterstütztes Lernen (Beiheft 2 zur Zeitschrift Empirische Pädagogik). Landau, 1991, S. 167-204.

Fricke /Evaluation von Multimedia 2002/
 Fricke, R.: Evaluation von Multimedia. In: Issing, L.J.; Klimsa, P. (Hrsg.): Information und Lernen mit Multimedia. Weinheim, 2002, S. 445-466.

Friedrichs /Sozialforschung 1990/
 Friedrichs, Jürgen: Methoden empirischer Sozialforschung. 14. Aufl., Opladen, 1990.

Gabele; Zürn /Entwicklung Interaktiver Lernprogramme 1993/
 Gabele, E.; Zürn, B.: Entwicklung Interaktiver Lernprogramme. Band 1: Grundlagen und Leitfaden. Stuttgart, 1993.

Gallery /Anonymität im Chat 2000/
> Gallery, Heike: „bin ich-klick ich" – Variable Anonymität im Chat. In: Thimm, Caja (Hrsg.): Soziales im Netz. Sprache, Beziehungen und Kommunikationskulturen im Internet. Opladen, 2000, S. 71-88.

Geukes; Apostolopoulos /Didaktik, Produktion und Einsatz multimedialer Lernsysteme 2000/
> Geukes, Albert; Apostolopoulos, Nicolas: Keine Angst vor Problemen! Aspekte zu Didaktik, Produktion und Einsatz multimedialer Lernsysteme. In: PIK – Praxis der Informationsverarbeitung und Kommunikation 23 (2000) H. 3.

Gierke; Schlieszeit; Windschiegel /Vom Trainer zum E-Trainer 2003/
> Gierke, Christiane; Schlieszeit, Jürgen; Windschiegel, Helmut: Vom Trainer zum E-Trainer. Offenbach, 2003.

Gipper; Wolff /Hypermedia 1997/
> Gipper, Hans; Wolff, Christian: Hypermedia. In: Schneider, Hans-Jochen (Hrsg.): Lexikon Informatik und Datenverarbeitung. 4. Aufl., München, 1997, S. 393.

Grebner; Langenbach; Bodendorf /Multimedia-unterstützte Dezentralisierung 1997/
> Grebner, Robert; Langenbach, Christian; Bodendorf, Freimut: Multimedia-unterstützte Dezentralisierung interdisziplinärer Lehre – Abschlußbericht zum RTB-Teilprojekt 3.12. Nürnberg, 1997.

Grochla /Einführung in die Organisationstheorie 1978/
> Grochla, Erwin: Einführung in die Organisationstheorie. Stuttgart, 1978.

Haberstock /Kostenrechnung 1987/
> Haberstock, Lothar: Kostenrechnung 1. 8. Aufl., Hamburg, 1987.

Hagenhoff; Röder /Virtuelle Aus- und Weiterbildung 2001/
> Hagenhoff, S.; Röder, S.: Virtuelle Aus- und Weiterbildung. In: Wirtschaftsinformatik, 43 (2001), H. 1, S. 87-97.

Halsall /Multimedia communications 2001/
> Halsall, Fred: Multimedia communications. Applications, networks, protocols and standards. Harlow, 2001.

Halverson; Erickson; Sussman /Persistent chat environment 2003/
: Halverson, Christine A.; Erickson, Thomas; Sussman, Jeremy: What counts as success? Punctuated patterns of use in a persistent chat environment. In: Proceedings of the 2003 international ACM SIGGROUP conference on supporting group work. Session: Chat II, Sanibel Island, Florida, USA, S. 180-189.

Hansen /E-Learning, Distance Learning 2002/
: Hansen, Svenja: E-Learning / Distance Learning – Ein Überblick. Kaiserslautern, 2002.

Haase et al. /Internetkommunikation und Sprachwandel 1997/
: Haase, Martin; Huber, Michael; Krumeich, Alexander; Rehm, Georg: Internetkommunikation und Sprachwandel. In: Weingarten, Rüdiger (Hrsg.): Sprachwandel durch Computer? Opladen, 1997, S. 51-85.

Heinen; Dietel /Kostenrechnung 1993/
: Heinen, E.; Dietel, B.: Kostenrechnung. In: HWR, 3. Aufl., Stuttgart, 1993, S 1234ff.

Heinrich; Heinzl; Roithmayr /Wirtschaftsinformatik-Lexikon 2004/
: Heinrich, Lutz J.; Heinzl, Armin; Roithmayr, Friedrich: Wirtschaftsinformatik-Lexikon. 7. Aufl., München, 2004.

Hermann /Multimedia-Didaktik 1999/
: Hermann, K.: Multimedia-Didaktik. In: Die berufsbildende Schule 49 (1999) H. 51, S. 10-13

Hoffman; Ritchie /Using Multimedia 1997/
: Hoffman, B.; Ritchie, D.: Using Multimedia to Overcome the Problems with Problem Based Learning. In: Instructional Science, 25 (1997) H. 2, S. 97-115.

Holst /Fernstudium und virtuelle Universität 2002/
: Holst, Ulrich: Online studieren. Fernstudium und virtuelle Universität. Würzburg, 2002.

Hornung /Multimedia-Systeme 1994/
: Hornung, C.: PC-basierte Multimedia-Systeme. In: Glowalla, U; Engelmann, E; Rossbach, G. (Hrsg.): Multimedia '94. Grundlagen und Praxis. Berlin, 1994.

Hückelheim /Anforderungsanalyse und Implementierung einer Lehr- und Lernplattform 1999/
Hückelheim, Daniel: Anforderungsanalyse und Implementierung einer Lotus Notes und LearningSpace basierten Lehr- und Lernplattform dargestellt am VIRTUS-WI-Pilot 1. Diplomarbeit am Lehrstuhl für Wirtschaftsinformatik, insbesondere Informationsmanagement, Prof. Dr. D. Seibt, Universität zu Köln, 1999.

Issing /Online studieren 1998/
Issing, Ludwig J.: Online studieren? In: Schwarzer, Ralf (Hrsg.): MultiMedia und TeleLearning – Lernen im Cyberspace. Frankfurt/M u.a., 1998, S. 103–119.

Issing; Klimsa /Information und Lernen 2002/
Issing, Ludwig; Klimsa, Paul: Information und Lernen mit Multimedia und Internet – Lehrbuch für Studium und Praxis. 3. vollständig überarbeitete Aufl., Weinheim, 2002.

Johannsen /Telepräsenz im eLearning 2002/
Johannsen, Andreas: Telepräsenz im eLearning. Ein Konzept für das virtuelle Seminar. Wiesbaden, 2002.

Johansen /Computer Support for Business Teams 1988/
Johansen, R.: Groupware: Computer Support for Business Teams. New York, London, 1988.

Jung /Ökonomisches Modell zur Entwicklung und Bereitstellung von E-Learning-Services 2003/
Jung, Helmut W: Ökonomisches Modell zur Entwicklung und Bereitstellung von E-Learning-Services. In: Ehlers, Ulf-Daniel; Gerteis, Wolfgang; Homer, Torsten; Jung, Helmut W. (Hrsg.): E-Learning Services im Spannungsfeld von Pädagogik, Ökonomie und Technologie. Bielefeld, 2003, S. 445-500.

Kaiser; Kaiser /Studienbuch Pädagogik 2001/
Kaiser, Armin; Kaiser, Ruth: Studienbuch Pädagogik. 10. Aufl., Berlin, 2001.

Kappel et al. /Architektur von Web-Informationssystemen 2003/
Kappel, Gerti; Retschitzegger, Werner; Pröll, Birgit; Unland, Rainer; Vojdani, Bahram: Architektur von Web-Informationssystemen. In: Rahm, Erhard; Vossen, Gottfried: Web & Datenbanken. Konzepte, Architekturen, Anwendungen. Heidelberg, 2003, S. 101-134.

Keil-Slawik /Evaluation als evolutionäre Systemgestaltung 1999/
    Keil-Slawik, R.: Evaluation als evolutionäre Systemgestaltung. Aufbau und Weiterentwicklung der Paderborner DISCO (Digitale InfraStruktur für Computergestütztes kooperatives Lernen. In: Kindt, M. (Hrsg.): Projektevaluation in der Lehre. Multimedia an Hochschulen zeigt Profil(e). Münster, 1999, S. 11-36.

Kerres /Didaktische Konzeption 1999/
    Kerres, Michael: Didaktische Konzeption multi- und telemedialer Lernumgebungen. In: HMD – Praxis der Wirtschaftsinformatik 36 (1999), H. 1, S. 9-21.

Kerres /Mediendidaktische Forschung 2000/
    Kerres, Michael: Entwicklungslinien und Perspektiven mediendidaktischer Forschung. Zu Information und Kommunikation beim mediengestützten Lernen. In: Zeitschrift für Erziehungswissenschaft 3 (2000) H. 1, S. 111-130.

Kerres /Multimediale und telemediale Lernumgebungen 2001/
    Kerres, Michael: Multimediale und telemediale Lernumgebungen. Konzeption und Entwicklung. 2. Aufl., München, 2001.

Kerres /Potenziale des Lernens im Internet 2000/
    Kerres, Michael: Potenziale des Lernens im Internet: Fiktion oder Wirklichkeit? In: Hoffmann, Hilmar (Hrsg.): Deutsch global? Neue Medien, eine Herausforderung für die deutsche Sprache. Köln, 2000, S. 170-195.

Kerres /Technische Aspekte multi- und telemedialer Lernangebote 2002/
    Kerres, Michael: Technische Aspekte multi- und telemedialer Lernangebote. In: Issing, Ludwig J.; Klimsa, Paul (Hrsg.): Information und Lernen mit Multimedia und Internet. 3. Aufl., Weinheim, 2002, S. 19-27.

Kerres; Gorham /Telemediale Lernangebote in der betrieblichen Weiterbildung 1999/
    Kerres, Michael; Gorhan, Elke: Status und Potentiale multimedialer und telemedialer Lernangebote in der betrieblichen Weiterbildung. In QUEM (Hrsg.): Kompetenzentwicklung. Band 4. Münster, 1999.

Kerres; Voß /Mediennutzung auf dem Digitalen Campus 2003/
    Kerres, Michael; Voß, Britta: Vom Medienprojekt zur nachhaltigen Mediennutzung auf dem Digitalen Campus. In: Kerres, Michael; Voß, Britta (Hrsg.): Digitaler Campus. Vom Medienprojekt zum nachhaltigen Medieneinsatz in der Hochschule. Münster, 2003, S. 9-12.

Kindt /Projektevaluation in der Lehre 1999/
   Kindt, M.: Projektevaluation in der Lehre. Multimedia an Hochschulen zeigt Profil(e). Münster, 1999.

Klarzynski /Erstellung von E-Learning-Content 2003/
   Klarzynski, Sascha: Entwicklung und Erprobung eines Anwendungssystems zur Erstellung von E-Learning-Content. Produktivitäts- und Qualitätsverbesserung. Diplomarbeit am Lehrstuhl für Wirtschaftsinformatik, insbesondere Informationsmanagement, Prof. Dr. D. Seibt, Universität zu Köln, 2003.

Klauser; Born; Dietz /Potenziale der Technik didaktisch sinnvoll nutzen 2003/
   Klauser, Fritz; Born, Volker; Dietz, Jochen: Potenziale der Technik didaktisch sinnvoll nutzen – Zur tutoriellen Gestaltung von netzbasierten Kommunikations- und Kooperationsprozessen. In: Uhr, Wolfgang; Esswein, Werner; Schoop, Eric (Hrsg.): Wirtschaftsinformatik 2003 (Band I). Heidelberg, 2003, S. 673-691.

Klauser /Anchored Instruction 1999/
   Klauser, Fritz: „Anchored Instruction" im Wirtschaftslehreunterricht. In: Schweizerische Zeitschrift für kaufmännisches Bildungswesen 93 (1999) H. 4, S. 142-168.

Klemm; Graner /Chatten vor dem Bildschirm 2000/
   Klemm, Michael; Graner, Lutz: Chatten vor dem Bildschirm: Nutzerkommunikation als Fenster zur alltäglichen Computerkultur. In: Thimm, Caja (Hrsg.): Soziales im Netz. Sprache, Beziehungen und Kommunikationskulturen im Internet. Opladen, 2000, S. 156-181.

Klenner; Psaralidis /E-W-E-Learn Abschlussbericht 2003/
   Klenner, Carsten; Psaralidis, Elena: E-W-E-Learn Abschlussbericht. Köln, 2003.

Klimsa /Multimedianutzung 2002/
   Klimsa, Paul: Multimedianutzung aus psychologischer und didaktischer Sicht. In: Issing, Ludwig; Klimsa, Paul (Hrsg.): Information und Lernen mit Multimedia. Weinheim, 2002, S. 5-27.

Koch /Handbuch E-Learning 2001/
   Koch, Maria-Charlotte: Glossar. In: Hohenstein, Andreas; Wilbers, Karl (Hrsg.): Handbuch E-Learning. Expertenwissen aus Wissenschaft und Praxis. Köln, 2002, Kapitel 2.1: S. 1-10.

Kommers; Jonassen; Mayes /Cognitive tools for Learning 1992/
Kommers, P. A. M.; Jonassen D. H.; Mayes J. D. (Hrsg.): Cognitive tools for Learning. Computer and Systems Science, Vol. 85. Berlin, 1992.

König /WKWI Profil der Wirtschaftsinformatik 1994/
König, Wolfgang: Wissenschaftliche Kommission Wirtschaftsinformatik (WKWI) Profil der Wirtschaftsinformatik. In: Wirtschaftsinformatik 36 (1994) H. 1, S. 80-81.

Kraemer; Milius; Zimmermann /Elektronische Bildungsmärkte 1998/
Kraemer,W.; Milius, F.; Zimmermann, V.: Elektronische Bildungsmärkte für ein integriertes Wissens- und Qualitätsmanagement. In: Scheer, A.-W. (Hrsg.): Neue Märkte, neue Medien, neue Methoden – Roadmap zur agilen Organisation. Heidelberg, 1998, S. 571-599.

Krause /Unterstützung von E-Teaching-Prozessen mit einem Interactive Pen Display 2003/
Krause, Robert: Unterstützung von E-Teaching-Prozessen mit einem Interactive Pen Display. Kostenermittlung bei ausgewählten Anwendungsszenarien. Diplomarbeit am Lehrstuhl für Wirtschaftsinformatik, insbesondere Informationsmanagement, Prof. Dr. D. Seibt, Universität zu Köln, 2003.

Kromrey /Modelle und Methoden der standardisierten Datenerhebung und Auswertung 2002/
Kromrey, Helmut: Empirische Sozialforschung. Modelle und Methoden der standardisierten Datenerhebung und Auswertung. 10. Aufl., Opladen, 2002.

Kroeber /Entwicklung einer multimedialen Lernoberfläche 1999/
Kroeber, Carsten: Entwicklung einer auf Internettechnologien basierenden multimedialen und multifunktionalen Lernoberfläche unter besonderer Berücksichtigung eines wirtschaftlichen Authoring-Prozesses. Diplomarbeit am Lehrstuhl für Wirtschaftsinformatik, insbesondere Informationsmanagement, Prof. Dr. D. Seibt, Universität zu Köln, 1999.

Kuhlen /Hypertext 1991/
Kuhlen, Rainer: Hypertext: Ein nicht-lineares Medium zwischen Buch und Wissensbank. Berlin, 1991.

Künkel /Streaming Media 2001/
Künkel, Tobias: Streaming Media. Technologien, Standards, Anwendungen. München, 2001.

Kurose; Ross /Computernetze 2002/
    Kurose, James F.; Ross, Keith W.: Computernetzwerke – Ein Top-Down-Ansatz mit Schwerpunkt Internet. München, 2002.

Lai /Role of the Teacher 2002/
    Looi, Kwok-Wing: Role of the Teacher. In: Adelsberger, Heinmo; Collis, Betty; Pawlowski, Jan (Hrsg.): Handbook on information technologies for education and training. Berlin, 2002, S. 45-56.

Lamnek /Methodologie 1995/
    Lamnek, Siegfried: Qualitative Sozialforschung. Band 1: Methodologie. 3. Aufl., Weinheim, 1995.

Lamnek /Methoden und Techniken 1995/
    Lamnek, Siegfried: Qualitative Sozialforschung. Band 2: Methoden und Techniken. 3. Aufl., Weinheim, 1995.

Lamnek /Qualitative Sozialforschung 1989/
    Lamnek, Siegfried: Qualitative Sozialforschung. München, 1989.

Laudon; Laudon /Management Information Systems 2005/
    Laudon, Kenneth C.; Laudon, Jane P.: Essentials of Management Information Systems. Managing the Digital Firm. 6. Aufl., Upper Saddle River, 2005.

Laur-Ernst /E-Learning – eine Bedingung für lebenslanges Lernen 2004/
    Laur-Ernst, Ute: E-Learning – eine Bedingung für lebenslanges Lernen. In: Zinke, Gert; Härtel, Michael (Hrsg.): E-Learning: Qualität und Nutzerakzeptanz sichern. Beiträge zur Planung, Umsetzung und Evaluation multimedialer und netzgestützter Anwendungen. Bielefeld 2004, S. 11-29.

Lazarus /How Much Time Does It Take 2003/
    Lazarus, Belinda D.: Teaching Courses Online: How Much Time Does It Take? In: Journal of Asynchronous Learning Networks 7 (2003) H. 3, S. 47-54.

Leavitt /Organizational Change 1974/
    Leavitt, Harold: Applied Organizational Change in Industry – Structural, Technology and Humanistic Approaches. In: James March: (Hrsg.): Handbook of Organizations, Chicago, 1974, S. 1144-1169.

Lefrancois /Psychologie des Lernens 1994/
Lefrancois, G. R.: Psychologie des Lernens. 3. Aufl., Berlin u.a., 1994.

Lehmann/E-Learning 2002/
Lehmann, Burkhard: E-Learning: Konzeption von und Erfahrungen mit netzbasiertem Lehren und Lernen. In: Lehmann, Burkhard; Bloh, Egon (Hrsg.): Online-Pädagogik. Hohengehren, 2002, S. 323-341.

Lehner /Einführung in Multimedia 2001/
Lehner, Franz: Einführung in Multimedia. Grundlagen, Technologien und Anwendungsbeispiele. Wiesbaden, 2001.

Lehner /Teleteaching in der Wirtschaftsinformatik 2000/
Lehner, Franz: Teleteaching in der Wirtschaftsinformatik – Erfahrungen an der Universität Regensburg. Bericht-Nr. 25, Schriftenreihe des Lehrstuhls für Wirtschaftsinformatik III, Universität Regensburg, 2000.

Lehner; Klosa /Ergebnisse einer Umfrage unter Teilnehmern einer Televorlesung 2000/
Lehner, Franz; Klosa, Oliver: Teleteaching – Erscheinungsformen und Ergebnisse einer Umfrage unter Teilnehmern einer Televorlesung. Bericht-Nr. 28, Schriftenreihe des Lehrstuhls für Wirtschaftsinformatik III, Universität Regensburg, 2000.

Ljungstrand; Segerstad /Awareness of presence and instant messaging 2000/
Ljungstrand, P.; Segerstad, Y.: Awareness of presence, instant messaging and Web-Who. In: ACM SIGGROUP Bulletin 21 (2000) H. 3, S. 21-27.

Lohner /System zur Digitalisierung, Komprimierung, Bereitstellung und flexiblen Verknüpfung von Video-basierten Lerninhalten 1999/
Lohner, Magnus: System zur Digitalisierung, Komprimierung, Bereitstellung und flexiblen Verknüpfung von Video-basierten Lerninhalten unter besonderer Berücksichtigung von Wirtschaftlichkeitsaspekten. Diplomarbeit am Lehrstuhl für Wirtschaftsinformatik, insbesondere Informationsmanagement, Prof. Dr. D. Seibt, Universität zu Köln, 1999.

Looi /Communication Techniques 2002/
Looi, Chee-Kit: Communication Techniques. In: Adelsberger, Heinmo; Collis, Betty; Pawlowski, Jan (Hrsg.): Handbook on information technologies for education and training. Berlin, 2002, S. 45-56.

Mader; Stöckel /Virtuelles Lernen 1999/
Mader, G.; Stöckel, W.: Virtuelles Lernen. Innsbruck, 1999.

Mandl /Gestaltung multimedialer Lernumgebungen 1993/
Mandl, H.: Gestaltung multimedialer Lernumgebungen. In: Beck, U.; Sommer, W. (Hrsg.): Learntec '93, Europäischer Kongreß für Bildungstechnologie und betriebliche Bildung. Karlsruhe, 1993, S. 27-41.

Mathes /E-Learning in der Hochschullehre 2002/
Mathes, Martin: E-Learning in der Hochschullehre: Überholt Technik Gesellschaft? In: MedienPädagogik (2002) H. 1, S. 1-18.

Mayer /I-Learning statt E-Learning 2001/
Mayer, Thomas: I-Learning statt E-Learning – Ein integratives und universelles Modell für Lernsysteme jenseits von Schulbank und Seminarraum, Multimedia und Internet. Erlangen, 2001.

Mayer /Interview und schriftliche Befragung 2002/
Mayer, Horst O.: Interview und schriftliche Befragung: Entwicklung, Durchführung und Auswertung. München, Wien, 2002.

Mayer /Streaming Media 2001/
Mayer, Jürgen (Hrsg.): Streaming Media. Internet bewegter, bunter und lauter. München, 2001.

Metschke; Wellbrock /Datenschutz 2002/
Metschke, Rainer; Wellbrock, Rita: Datenschutz in Wissenschaft und Forschung. In: Berliner Beauftragter für Datenschutz und Informationsfreiheit; Hessischer Datenschutzbeauftragter: Materialien zum Datenschutz H. 28, 2002. URL: http://www.datenschutz-berlin.de/infomat/heft28/dswi_f_c. htm, abgerufen am 12.08.2005.

Meyer /Trainingsprogramm zur Lernzielanalyse 1984/
Meyer, Hilbert: Trainingsprogramm zur Lernzielanalyse. 11. Aufl., Königstein/Ts., 1984.

Meyer /Unterrichtsmethoden 2002/
Meyer, Hilbert: Unterrichtsmethoden, Bd. 1: Theorieband. 10. Aufl., Berlin, 2002

Milius /Learning-Management-System 2002/
> Milius, Frank: CLIX – Learning-Management-System für Unternehmen, Bildungsdienstleister und Hochschulen. In: Wirtschaftsinformatik 44 (2002) H. 2, S. 163-170.

Mock /Agents for Socialization 1996/
> Mock, K.; Lawton, L.; Hoyle, M.: Online Game Show Hosts: Agents for Socialization, Not Just Entertainment. Workshop on AI and Entertainment. 13th National Conference on Artificial Intelligence, Portland, 1996.

Mock /Communication in the classroom 2001/
> Mock, Kenrick: The use of internet tools to supplement communication in the classroom. In: Journal of Computing Sciences in Colleges 17 (2001) H. 2, S. 14-21.

Müller-Böling; Klandt /Methoden empirischer Wirtschafts- und Sozialforschung 1996/
> Müller-Böling, Detlef; Klandt, Heinz: Methoden empirischer Wirtschafts- und Sozialforschung – Eine Einführung mit wirtschaftswissenschaftlichem Schwerpunkt. Band 1, Köln, 1996.

Müller-Merbach; Möhrle /Empirische Forschung 1993/
> Müller-Mehrbach, Heiner; Möhrle, Martin G.: Empirische Forschung in der Wirtschaftsinformatik. In: Wirtschaftsinformatik 35 (1993) H. 6, S. 610-614.

Murphy; Collins /Instructional Electronic Chats 1997/
> Murphy, Karen L.; Collins; Mauri P.: Development of Communication Conventions in Instructional Electronic Chats. In: Annual Convention of the American Educational Research Association. Chicago, 1997.

Parreren /Lernprozeß und Lernerfolg 1972/
> Parreren, C. F. van: Lernprozeß und Lernerfolg. 2. Aufl., Braunschweig, 1972.

Petermandl /Medien in der beruflichen Weiterbildung 1991/
> Petermandl, Monika: Optimierung des Einsatzes von Medien in der beruflichen Weiterbildung. Berlin, 1991.

Plaßmeier et. al /Selbstgesteuertes Lernen 2000/
> Plaßmeier, Nils; Spevacek, Gert; Stöckl, Markus; Straka, Gerald A.: Selbstgesteuertes Lernen in der Ausbildung von Industriekaufleuten – Beurteilungen, Chancen und Risiken aus der Sicht von Ausbildungspersonal und Auszubildenden. In: Wirtschaft und Berufserziehung (2000) H. 1.

Popper /Forschungslogik 1969/
   Popper, Karl: Die Logik der Sozialwissenschaft. In: Adorno, T. W. (Hrsg.): Der Positivismusstreit in der deutschen Soziologie. Hamburg, 1969.

Reigeluth /Instructional Design 1983/
   Reigeluth, Ch. M.: Instructional Design: What it is and why it is? In: Reigeluth, Ch. M. (Hrsg.): Instructional Theories and Models: An Overview of Their Current Status. Hillsdale, 1983, S. 3-36.

Reinhardt /Lehren als Planung, Organisation, Kontrolle von Lernen 1994/
   Reinhardt, Egon: Grundlagen aus der Allgemeinen Unterrichtslehre – Lehren als Planung, Organisation, Kontrolle von Lernen. Darmstadt, 1994.

Reinmann-Rothmeier /Didaktische Innovation durch Blended Learning 2003/
   Reinmann-Rothmeier, G.: Didaktische Innovation durch Blended Learning. Leitlinien anhand eines Beispiels aus der Hochschule. Bern, 2003.

Reimann-Rothmeier; Mandl /Lernen im Unternehmen 1993/
   Reimann-Rothmeier, G.; Mandel, H.: Lernen im Unternehmen. In: Unterrichtswissenschaft. Zeitschrift für Lernforschung 21 (1993) H. 3, S. 233-260.

Rheinberg; Fries /Förderung der Lernmotivation 1998/
   Rheinberg, F./Fries, S.: Förderung der Lernmotivation: Ansatzpunkte, Strategien und Effekte. In: Psychologie in Erziehung und Unterricht 45 (1998) H. 3, S. 168-184.

Riser et al. /Konzeption und Entwicklung interaktiver Lernprogramme 2002/
   Riser, U; Keunecke, J; Freibichler, H.; Hoffmann, B.: Konzeption und Entwicklung interaktiver Lernprogramme. Berlin u.a., 2002.

Roberts; Shaw; Grigg /Multimedia marketing experience 1999/
   Roberts, Gillian; Shaw, Deidre; Grigg, Nigel: The multimedia marketing experience: a qualitative study. In: Active Learning 1999, H. 11.

Roth /Pädagogische Psychologie des Lehrens und Lernens 1976/
   Roth, Heinrich: Pädagogische Psychologie des Lehrens und Lernens. 15. Aufl., Hannover u.a., 1976.

Staudt /Online 2002/
   Staudt, Erwin: Deutschland online. Berlin, u.a., 2002.

Sauter; Sauter; Bender /Blended Learning 2004/
Sauter, Annette; Sauter, Werner; Bender, Harald: Blended Learning. Effiziente Integration von E-Learning und Präsenztraining. 2. Aufl., Ulm, 2004.

Schäfer /Computerunterstützte Lernumgebungen 2000/
Schäfer, Roland: Computerunterstützte Lernumgebungen in der Betriebswirtschaftslehre: Analyse und Konstruktion aus Sicht des selbstgesteuerten Lernens. Wiesbaden, 2000.

Schäfer /Eine Plattform für Learning on Demand im Internet 2000/
Schäfer, K. J.: Eine Plattform für Learning on Demand im Internet – am Beispiel der Virtuellen Universität Regensburg. Bericht-Nr. 42, Schriftenreihe des Lehrstuhls für Wirtschaftsinformatik III, Universität Regensburg, 2000.

Scheuermann /Informations- und Kommunikationstechnologien in der Hochschullehre 1998/
Scheuermann, F: Informations- und Kommunikationstechnologien in der Hochschullehre – Stand und Problematik des Einsatzes computergestützter Lernumgebungen. In Scheuermann, F.; Schwab, F.; Augenstein, H. (Hrsg.): Studieren und Weiterbilden mit Multimedia – Perspektiven der Fernlehre in der wissenschaftlichen Aus- und Weiterbildung. Nürnberg, 1998, S. 18-53.

Schlaffke; Weiß /Private Bildung 1996/
Schlaffke, Winfried; Weiß, Reinhold: Private Bildung – Herausforderung für das öffentliche Bildungsmonopol. Berichte zur Bildungspolitik 1996 des Instituts der deutschen Wirtschaft Köln. Köln, 1996.

Schmidt /Chat-Kommunikation im Internet 2000/
Schmidt, Gurly: Chat-Kommunikation im Internet – eine kommunikative Gattung? In: Thimm, Caja (Hrsg.): Soziales im Netz. Sprache, Beziehungen und Kommunikationskulturen im Internet. Opladen, 2000, S. 109-130.

Schmidt; Stark /CBT in der betrieblichen Lernkultur 1996/
Schmidt, Helmut; Stark, Gerhard: Computer Based Training in der betrieblichen Lernkultur – eine Führungsaufgabe. Gütersloh, 1996.

Schmitz /Lernen mit Multimedia 1998/
Schmitz, Gerdamarie: Lernen mit Multimedia: Was kann die Medienpsychologie beitragen? In: Schwarzer, Ralf (Hrsg.): MultiMedia und TeleLearning – Lernen im Cyberspace. Frankfurt/M u.a., 1998, S. 197–214.

Schmitt-Kölzer /Einsatz Neuer Medien in der Berufsausbildungsvorbereitung 1999/
Schmitt-Kölzer, Wolfgang: Einsatz Neuer Medien in der Berufsausbildungsvorbereitung. In: Djafari, Nader; Schlegel, Wolfgang (Hrsg.): Lernen mit neuen Informations- und Kommunikationstechniken – Lernsoftware und Lernen mit dem Internet: Berichte und Materialien, Band 2. Offenbach a.M., 1999, S. 31-40.

Schnell et al. /Empirische Sozialforschung 1999/
Schnell, Rainer; Hill, Paul B.; Esser, Elke: Methoden der empirischen Sozialforschung. 6. Aufl., München u.a., 1999.

Schröder /Bericht der Arbeitsgruppe Berufs- und Wirtschaftspädagogik 1997/
Schröder, R.: Bericht der Arbeitsgruppe Berufs- und Wirtschaftspädagogik, In: Tulodziecki, G.; Blömeke, S. (Hrsg.): Neue Medien – Neue Aufgaben für die Lehrerausbildung, Tagungsdokumentation. Gütersloh, 1997.

Schröder /Multimediales und telekommunikatives Lernen und Lehren 2003/
Schröder, Rudolf: Multimediales und telekommunikatives Lernen und Lehren. In: Kaiser, F.-J.; Kaminski, H. (Hrsg.): Grundfragen der Wirtschaftsdidaktik. Bad Heilbrunn, 2003.

Schuler; Prochaska /Leistungsmotivation 2001/
Schuler, Heinz; Prochaska, Michael: Leistungsmotivationsinventar. LMI – Dimensionen berufsbezogener Leistungsorientierung – Manual. Göttingen, 2001.

Schulmeister /Grundlagen hypermedialer Lernsysteme 2002/
Schulmeister, Rolf: Grundlagen hypermedialer Lernsysteme. Theorie – Didaktik – Design. 3. Aufl., München, 2002.

Schulmeister /Lernplattformen für das virtuelle Lernen 2003/
Schulmeister, Rolf: Lernplattformen für das virtuelle Lernen. Evaluation und Didaktik. München, 2003.

Schulmeister /Virtuelle Universität 2001/
Schulmeister, Rolf: Virtuelle Universität, virtuelles Lernen. München, 2001.

Schulmeister /Virtuelles Lernen aus didaktischer Sicht 1999/
Schulmeister, Rolf: Virtuelles Lernen aus didaktischer Sicht. In: Zeitschrift für Hochschuldidaktik (1999) H. 3, S. 1-27.

Schwarzer /Telelernen mit Multimedia 1998/
Schwarzer, Ralf: Telelernen mit Multimedia in der Informationsgesellschaft. In: Schwarzer, Ralf (Hrsg.): MultiMedia und TeleLearning. Lernen im Cyberspace. Frankfurt, 1998, S. 9-16.

Seeber; Krekel; Buer /Bildungscontrolling 2000/
Seeber, Susan; Krekel, Elisabeth M.; Buer, Jürgen von: Bildungscontrolling – Ein interdisziplinärer Forschungsbereich in der Spannung von ökonomischer und pädagogischer Rationalität? In: Seeber, Susan; Krekel, Elisabeth M.; Buer, Jürgen von (Hrsg.): Bildungscontrolling. Ansätze und kritische Diskussionen zur Effizienzsteigerung von Bildungsarbeit. Frankfurt, 2000.

Seibt /Controlling von Kosten und Nutzen 2005/
Seibt, Dietrich: Controlling von Kosten und Nutzen betrieblicher Bildungsmaßnahmen. In: Ehlers, Ulf-Daniel; Schenkel, Peter (Hrsg.): Bildungscontrolling im E-Learning – Erfolgreiche Strategien und Erfahrungen jenseits des ROI. Berlin u.a., 2005, S. 35-53.

Seibt /Entwicklungskosten und Betriebskosten einer Embedded Learning Solution 2004/
Seibt, Dietrich: Entwicklungskosten und Betriebskosten einer Embedded Learning Solution – Fallbeispiel E-Learning. In: Fachtagung „E-Learning in der Öffentlichen Verwaltung. Chancen und Grenzen". Herne, 2004.

Seibt /Entwicklung und Einsatz von E-Learning-Systemen 2004/
Seibt, Dietrich: Erfahrungen aus Entwicklung und Einsatz von E-Learning-Systemen. Ergebnisse empirischer Untersuchungen eines Lerner-Verhaltens. In: Fachtagung „E-Learning in der Öffentlichen Verwaltung. Chancen und Grenzen". Herne, 2004.

Seibt /Erfahrungen mit Blended Learning 2004/
Seibt, Dietrich: Erfahrungen mit Blended Learning an der Universität zu Köln, dargestellt am Beispiel des Systems E-LEARN – Schwerpunkt: Nutzen für die Studierenden. ISLP-Arbeitsbericht 2004/1. Forschungsgruppe Informationssysteme und Lernprozesse (ISLP), Universität zu Köln, 2004.

Seibt /Forschung durch Entwicklung 1981/
Seibt, Dietrich: Erfahrungen mit der Strategie „Forschung durch Entwicklung" in Pilotprojekten des Bereits „Rechnergestützte betriebliche Informationssysteme". In: Frese, Erich; Schmitz, Paul; Szyperski, Norbert (Hrsg.): Organisation, Planung, Informationssysteme – Festschrift für Erwin Grochla zum 60. Geburtstag. Stuttgart, 1981, S. 301-335.

Seibt /Informationssystem-Architekturen 1991/
Seibt, Dietrich: Informationssystem-Architekturen – Überlegung zur Gestaltung von technik-gestützten Informationssystemen für Unternehmungen. In: Müller-Böling, Detlef; Seibt, Dietrich; Winand, Udo (Hrsg.): Innovations- und Technologiemanagement. Stuttgart, 1991, S. 251-283.

Seibt /Kosten des Blended Learning Systems E-LEARN 2004/
Seibt, Dietrich: Kosten des Blended Learning Systems E-LEARN im Zeitraum 1997-2003. ISLP-Arbeitsbericht 2004/2. Forschungsgruppe Informationssysteme und Lernprozesse (ISLP), Universität zu Köln, 2004.

Seibt /Kosten und Nutzen von E-Learning 2002/
Seibt, Dietrich: Kosten und Nutzen von E-Learning bestimmen. In: Hohenstein, Andreas; Wilbers, Karl (Hrsg.): Handbuch E-Learning. Expertenwissen aus Wissenschaft und Praxis. Köln, 2002, Kapitel 3.3: S. 1-33.

Seibt /Kosten universitärer Blended Learning Lösungen 2005/
Seibt, Dietrich: Kosten universitärer Blended Learning Lösungen; Kalkulation der Kosten für ein Fachgebiet und einen Fachbereich. ISLP-Arbeitsbericht 2005/1. Forschungsgruppe Informationssysteme und Lernprozesse (ISLP), Universität zu Köln, 2005.

Seibt /Probleme und Aufgaben der Wirtschaftsinformatik 1990/
Seibt, Dietrich: Ausgewählte Probleme und Aufgaben der Wirtschaftsinformatik. In Wirtschaftsinformatik 32 (1990), H. 1, S. 7-19.

Seibt /Wirtschaftsinformatik 2003/
Seibt, Dietrich: Grundzüge der Wirtschaftsinformatik I – Folienskriptum zur Vorlesung „Grundzüge der Wirtschaftsinformatik I" im WS 2002/2003 an der Universität zu Köln, 2003.

Seibt; Coenen /Computer- und netzgestütztes multimediales Lernen 2000/
Seibt, Dietrich; Coenen, Olaf: Computer- und netzgestütztes multimediales Lernen auf fünf Ebenen. Erfahrungen aus dem E-Learning Projekt WI-Pilot I. COLONET-Arbeitsbericht 10/2000, Lehrstuhl für Wirtschaftsinformatik, insb. Informationsmanagement, Universität zu Köln, 2000.

Seifried /Fachdidaktische Variationen 2004/
Seifried, Jürgen: Fachdidaktische Variationen in einer selbstorganisationsoffenen Lernumgebung. Wiesbaden, 2004.

Sembill /Selbstorganisiertes und lebenslanges Lernen 2000/
Sembill, Detlef: Selbstorganisiertes und lebenslanges Lernen. In: Achtenhagen, Frank; Lempert, Wolfgang (Hrsg.): Lebenslanges Lernen im Beruf. Bd.4, Formen und Inhalte von Lernprozessen. Opladen, 2000, S. 60-90.

Seufert; Back; von Krogh /Wissensnetzwerke 1999/
Seufert, A.; Back, A.; von Krogh, G.: Wissensnetzwerke: Vision – Referenzmodell – Archetypen und Fallbeispiele. In: Götz, K. (Hrsg.): Wissensmanagement: Zwischen Wissen und Nichtwissen. München, 1999, S. 133-156.

Seufert; Mayr /Fachlexikon E-Learning 2002/
Seufert, Sabine; Mayr, Peter: Fachlexikon E-Learning. Wegweiser durch das E Vokabular. Bonn, 2002

Severing /Modellversuchsforschung und Erkenntisgewinn 2001/
Severing, Eckart: Modellversuchsforschung und Erkenntnisgewinn – methodische Anmerkungen. In: Albrecht et al. (Hrsg.): Verankerung von Innovationen in der Modellversuchroutine – Zur Nachhaltigkeit von Modellversuchen. Bonn, 2001.

Simon /Wissensmedien im Bildungssektor 2001/
Simon, Bernd: Wissensmedien im Bildungssektor – Eine Akzeptanzuntersuchung an Hochschulen. Wien, 2001.

Sloane; Twardy /Berufsbildungswirklichkeit durch Modellversuchsforschung 1990/
Sloane, P. F.; Twardy, M.: Zur Gestaltung von Berufsbildungswirklichkeit durch Modellversuchsforschung. In: Festschrift: 20 Jahre Bundesinstitut für Berufsbildung. Berlin, Bonn, 1990, S. 209-225.

Stadelhofer /Selbstgesteuertes Lernen 1999/
Stadelhofer, Carmen: Selbstgesteuertes Lernen und Neue Kommunikationstechnologien. In: Dohmen (Hrsg.): Weiterbildungsinstitutionen, Medien, Lernumwelten. Bonn, 1999, S. 147-153.

Stahlknecht; Hasenkamp /Einführung in die Wirtschaftsinformatik 2005/
Stahlknecht, P; Hasenkamp, U.: Einführung in die Wirtschaftsinformatik. 11. Aufl., Berlin u. a., 2005.

Stark; Mandl /Das Theorie-Praxis-Problem 1999/
Stark, R.; Mandl, H.: Das Theorie-Praxis-Problem in der pädagogisch-psychologischen Forschung – ein unüberwindliches Transferproblem? München, 1999.

Starck /Evaluation studentischen Lernverhaltens 2004/
Starck, Carsten A.: Evaluation studentischen Lernverhaltens bei Nutzung von Blended Learning Angeboten – Analysen in einem Semester ohne Präsenzveranstaltung. Diplomarbeit am Lehrstuhl für Wirtschaftsinformatik, insbesondere Informationsmanagement, Prof. Dr. D. Seibt, Universität zu Köln, 2004.

Steinmetz /Multimedia-Technologie 2000/
Steinmetz, Ralf: Multimedia-Technologie – Grundlagen, Komponenten und Systeme. 3. Aufl. Berlin u.a., 2000.

Stockmann /Evaluation von E-Learning 2004/
Stockmann, Reinhard: Wirkungsorientierte Programmevaluation: Konzepte und Methoden für die Evaluation von E-Learning. In: Meister, Dorothee; Tergan, Sigmar-Olaf; Zentel, Peter (Hrsg.): Evaluation von E-Learning. Münster 2004, S. 23-42.

Szyperski /Orientierung 1971/
Szyperski, Norbert: Zur wissenschaftsprogrammatischen und forschungsstrategischen Orientierung der Betriebswirtschaftslehre. In Zeitschrift für Betriebswirtschaftliche Forschung (ZfBF) (23) 1971, S. 261-282.

Tanenbaum /Computernetzwerke 2003/
Tanenbaum, Andrew S.: Computernetzwerke. 4. Aufl., München, 2003.

Thissen /Multimedia-Didaktik 2003/
Thissen, Frank: Multimedia-Didaktik in Wirtschaft, Schule, Hochschule. Berlin, 2003.

Twardy; Wilbers; Esser /E-Learning in der Berufsbildung 2001/
Twardy, Martin; Wilbers, Karl; Esser, Friedrich, H.: E-Learning in der Berufsbildung: Eine Kurzbeschreibung der Projekte und Modellversuche im Rahmen der „Virtuellen Akademie des Handwerks". In: Hubert, Friedrich u.a. (Hrsg.): E-Learning in der Berufsbildung. Telekommunikationsunterstützte Aus- und Weiterbildung im Handwerk. 2. Aufl., Paderborn, 2001, S. 1-30.

Vahrenwald /Recht in Online und Multimedia 2001/
Vahrenwald, Arnold: Recht in Online und Multimedia. Neuwied, 2001, Kapitel 10.6, S. 1-50.

Volery; Lord /Critical success factors in online education 2000/
Volery, Thierry; Lord, Deborah: Critical success factors in online education. In: The International Journal of Educational Management 14 (2000), H. 5, S. 216-223.

Walter; Hänni /Evaluation of High-Performance Teleteaching 1998/
Walter, T; Hänni, H.: Evaluation of the High-Performance Synchronous and Interactive Teleteaching System TelePoly. In: Online Educa, 4th International Conference on Technology Supported Learning, Berlin, ICEF, 2.-4.12.1998, S. 62-66.

Warnecke /Multimediales Lernen und Business-TV 2001/
Warnecke, C.: Multimediales Lernen und Business-TV bei Gerling. In: Kreklau, C., Siegers, J. (Hrsg.): Handbuch der Aus- und Weiterbildung, Köln, 2001.

Weber /Informationstechnologien für die Aus- und Weiterbildung 2003/
Weber, H.: Informations-, Kommunikations- und Medientechnologien für die Aus- und Weiterbildung in der IT-Branche. In: Mattausch, W.; Caumanns, J. (Hrsg.): Innovationen der IT-Weiterbildung. Bielefeld, 2003, S. 22-29.

Weber /Kosten und Erlöse 1993/
Weber, H. K.: Kosten und Erlöse. In: HWR, 3. Aufl., Stuttgart 1993, S. 1264 ff.

Weidenmann /Multimodalität im Lernprozess 2002/
Weidenmann, Bernd: Multicodierung und Multimodalität im Lernprozess. In: Issing, Ludwig; Klimsa, Paul (Hrsg.): Information und Lernen mit Multimedia. Weinheim, 2002, S. 45-62.

Wiesner; Bodendorf /Push Konzepte – State of the Art 2005/
Wiesner, Thomas; Bodendorf, Freimut: Push Konzepte – State of the Art. Nürnberg, 2005.

Wilbers /E-Learning didaktisch gestalten 2002/
Wilbers, Karl: E-Learning didaktisch gestalten. In: Hohenstein, Andreas; Wilbers, Karl (Hrsg.): Handbuch E-Learning. Expertenwissen aus Wissenschaft und Praxis. Köln, 2002, Kapitel 4.0: S. 1-42.

Wollnik /Explorative Verwendung von Erfahrungswissen 1977/
Wollnik, Michael: Die explorative Verwendung systematischen Erfahrungswissen – Plädoyer für einen aufgeklärten Empirismus in der Betriebswirtschaftslehre. In: Köhler, Richard (Hrsg.): Empirische und handlungstheoretische Forschungskonzeptionen in der Betriebswirtschaftslehre. Stuttgart, 1977, S. 37-64.

Wottawa; Thierau /Handbuch Evaluation 1990/
Wottawa, Heinrich; Thierau, Heike: Handbuch Evaluation. Bern, 1990.

Wu /Predicting Learning from Asynchronous Online Discussions 2004/
Wu, Dezhi: Predicting Learning from Asynchronous Online Discussions. In: Journal of Asynchronous Learning Networks 8 (2004) H. 2.

Zinke; Härtel /Praxis von E-Learning 2004/
Zinke, Gert; Härtel, Michael: Anspruch und Praxis von E-Learning. In: Zinke, Gert; Härtel, Michael (Hrsg.): E-Learning: Qualität und Nutzerakzeptanz sichern. Beiträge zur Planung, Umsetzung und Evaluation multimedialer und netzgestützter Anwendungen. Bielefeld, 2004, S. 5-10.

Zimbardo /Psychologie 2004/
Zimbardo, P.G.: Psychologie, 16. Aufl.. Berlin u.a., 2004.

Zimmer /Telematische Lernformen 1997/
Zimmer, Gerhard: Konzeptualisierung der Organisation telematischer Lernformen. In: Aff, Josef; Backes-Gellner, Uschi; Jongebloed, Hans-Carl u.a. (Hrsg.): Zwischen Autonomie und Ordnung. Perspektiven beruflicher Bildung. Köln, 1997, S. 105-121.

Zimmer /Wissenschaftliche Begleitung von Modellversuchen 1997/
Zimmer, Gerhard: Wissenschaftliche Begleitung von Modellversuchen: Auf der Suche nach einer Theorie innovativer Handlungen. In: Berufsbildung in Wissenschaft und Praxis 26 (1997) H. 1, S. 27-33.

Zühlsdorff /Anwendungsarchitektur 2001/
Zühlsdorff, Ralf: Anwendungsarchitektur. In: Mertens, Peter (Hrsg.): Lexikon der Wirtschaftsinformatik. 4. Aufl., Berlin, 2001, S. 42-44.

Anhang A: Lernprozessbezogene Ziele des Systems E-LEARN

Effektivität von Lernprozessen

Ziel	Funktionalität zur Zielerreichung
Bessere Beantwortung von inhaltlichen Fragen	Die Kommunikation mit Dozenten und anderen Lernern ist jederzeit über Diskussionsforen möglich. Da eine größere Anzahl von Personen kontaktiert werden kann, ist die Aussicht auf eine umfassende Beantwortung der Frage größer.
Besseres Verstehen des Stoffes	Bei der Audio/Video-Aufzeichnung kann der Stoff durch die Erläuterungen des Dozenten besser verstanden werden als nur durch das Studium von Folien.
Besseres Nacharbeiten von verpassten Veranstaltungen	Mit den Audio/Video-Aufzeichnungen können verpasste Veranstaltungen besser nachgeholt werden als nur mit Folien und Literatur.

Tabelle A.1: Potenziale zum besseren Verständnis von Lerninhalten mittels E-LEARN

Zeitersparnis beim Lernen

Ziel	Funktionalität zur Zielerreichung
Wegfall von Fahrtzeiten von und zur Präsenzveranstaltung.	Die Fahrten können entfallen, wenn der Besuch der Präsenzveranstaltung durch die Audio/Video-Live-Übertragung der Vorlesung ersetzt wird und die Vorlesung beispielsweise von zu Hause oder dem Arbeitsplatz aus verfolgt werden kann.
Schnelleres Verstehen von Lerninhalten.	Durch die Kombination von Video, Audio und synchronen Folien bei den Audio/Video-Aufzeichnungen können Lerninhalte schneller verstanden werden als beim Lernen mit Folien und Literatur.
Schnelleres Auffinden von Lernmaterialen.	Lernmaterialien können mit Hilfe der Volltextsuche bei Audio/Video-Aufzeichnungen schneller gefunden werden.
Schnellere Beantwortung von inhaltlichen Fragen.	Durch asynchrone Diskussionsforen können inhaltliche und technische Fragen jederzeit (zum Beispiel auch nachts) gestellt und beantwortet werden.
Schnelleres Nacharbeiten von Inhalten.	Verpasste Inhalte (z.B. weil der Lerner nicht aufgepasst hat oder nicht anwesend war) können einfacher nachgearbeitet werden.

Tabelle A.2: Potenziale zur Einsparung von Zeit mittels E-LEARN

Zeitliche Flexibilität

Ziel	Funktionalität zur Zielerreichung
Kommunikation mit Dozenten und Kommilitonen außerhalb der Zeiten von Präsenzveranstaltungen.	Die Kommunikation mit Dozenten und anderen Lernern ist jederzeit (zum Beispiel am Wochenende, Nachts) über Diskussionsforen möglich.
Nachholen von verpassten Präsenzveranstaltungen.	Verpasste Veranstaltungen können mit den Audio/Video-Aufzeichnung jederzeit nachgearbeitet werden.

Tabelle A.3: Potenziale für größere zeitliche Flexibilität mittels E-LEARN

Räumliche Flexibilität

Ziel	Funktionalität zur Zielerreichung
Teilnahme an Vorlesungen an entfernten Orten.	Durch die Audio/Video-Live-Übertragung der Veranstaltung ist die Teilnahme an der Vorlesung von jedem Ort möglich, der mit einem entsprechenden Internetzugang ausgestattet ist. Das Stellen von Fragen ist per Chat möglich.
Selbstgesteuertes Lernen mit Audio/Video-Aufzeichnungen der Vorlesung an entfernten Orten.	Mit interaktiven CDs ist das selbstgesteuerte Lernen auch ohne Internet-Zugang (zum Beispiel im Zug, im Hotelzimmer) möglich. Es wird lediglich ein entsprechender Computer benötigt.
Asynchrone Kommunikation mit Dozenten und Kommilitonen, wenn der Lerner nicht vor Ort ist.	Die asynchrone Kommunikation mit Dozenten und anderen Lernern ist von jedem Internet-PC über Diskussionsforen möglich (zum Beispiel im Ausland).
Synchrone Kommunikation mit Dozenten und Kommilitonen, wenn der Lerner nicht vor Ort ist.	Die synchrone Kommunikation mit Dozenten und anderen Lernern ist von jedem Internet-PC über Online-Chat möglich (zum Beispiel im Ausland).

Tabelle A.4: Potenziale für größere räumliche Flexibilität mittels E-LEARN

Anhang B: Befragungen an der RFH Köln

Anhang B.1: Fragebogen der Anfangsbefragung

Liebe Studentin, lieber Student!

Unser System E-Learn wird laufend an die Bedürfnisse unserer Studierenden angepasst. Aus diesem Grund sind Ihre Eindrücke und Ihr Nutzungsverhalten für uns sehr wichtig. Wir bitten Sie daher, sich die Zeit zu nehmen, diesen Fragebogen auszufüllen. Damit geben Sie dem Lehrstuhl wichtige Informationen, um das bisherige virtuelle Lernangebot auf Ihre Bedürfnisse hin zu verbessern und ermöglichen mir das Schreiben meiner Dissertation. Schon jetzt möchte ich Sie bitten, einen etwas längeren Fragebogen nach Abschluss der Veranstaltung zu beantworten.

Vielen Dank für Ihre Unterstützung!

Alexander Bruns

Persönliches Kennwort:

Bitte erzeugen Sie zunächst Ihr persönliches Kennwort, damit wir Ihre Angaben mit denjenigen aus der Abschlussbefragung verknüpfen können. Aus dem Kennwort kann **nicht** auf Ihren Namen geschlossen werden!

Die ersten beiden Buchstaben des Vornamens Ihrer Mutter: ⬚ (z.B. **EL** für Elke)

Die ersten beiden Ziffern Ihres eigenen Geburtstages: ⬚ (z.B. **09** für 09.01.1972)

Die ersten beiden Buchstaben des Vornamens Ihres Vaters: ⬚ (z.B. **HE** für Helmut)

---

1. Alter: ⬚ Jahre

2. Geschlecht: ☐ männlich
☐ weiblich

3. Familienstand: ☐ ledig
☐ verheiratet

4. Anzahl der Kinder: ⬚

5. Semesterzahl: ⬚

6. Warum haben Sie sich für ein berufsbegleitendes Studium entschieden?

☐ Ich interessiere mich für die die Fächer und habe Spaß, mich mit Fragen und Problemen der Fächer auseinander zu setzen.

☐ Ich sehe das Studium als eine gute Möglichkeit, mein Wissen im Sinne von lebenslangem Lernen zu erweitern und damit meine beruflichen Möglichkeiten zu verbessern.

☐ Ich möchte ein Diplom erwerben, um meine beruflichen Aufstiegsmöglichkeiten zu verbessern.

☐ Andere Gründe, nämlich:

7. Sind Sie im IT-Bereich beschäftigt? ☐ Ja
☐ Nein

8. Wieviele Stunden pro Woche arbeiten Sie im Durchschnitt beruflich (inkl. Überstd.) ▮▮▮ Std.

9. Wieviele Stunden pro Woche planen Sie während des Semesters im Durchschnitt ▮▮▮ Std.
für die RFH ein (inkl. Lehrveranstaltungen, Nacharbeiten, Lernzeiten, Fahrzeiten)?

10. Wie weit ist Ihr Wohnort von den Präsenzveranstaltungsräumen entfernt? ▮▮▮ km

11. Was für einen Computer haben Sie zu Hause?
☐ Notebook
☐ PC
☐ Macintosh
☐ Ich habe zu Hause keinen Computer

Wir planen, die Veranstaltungs-Inhalte statt auf mehreren CD-ROMs auf einer DVD zu distribuieren.
12. Hat Ihr Computer ein DVD-Laufwerk?
☐ Ja
☐ Nein

13. Wenn Nein, planen Sie in den nächsten 6 Monaten ein ☐ Ja
DVD-Laufwerk zu kaufen (Kosten: ca. 30 €)? ☐ Nein

14. Was für einen Internetzugang haben Sie zu Hause?
☐ MODEM (analog)
☐ ISDN
☐ DSL
☐ Sonstigen Zugang
☐ Ich habe kein Internet zu Hause

15. Wie oft haben Sie schon an einer Videokonferenz teilgenommen?
☐ 1 mal pro Woche
☐ 1 mal pro Monat
☐ 1 mal pro Jahr
☐ Seltener
☐ Nie

16. Wie oft haben Sie schon mit einem E-Learning-System gearbeitet?
☐ 1 mal pro Woche
☐ 1 mal pro Monat
☐ 1 mal pro Jahr
☐ Seltener
☐ Nie

Vielen Dank für Ihre Hilfe!

Anhang B.2: Fragebogen der Zwischenbefragung

Liebe Studentin, lieber Student!

Unser System E-Learn wird laufend an die Bedürfnisse unserer Studierenden angepasst. Aus diesem Grund sind Ihre Eindrücke und Ihr Nutzungsverhalten für uns sehr wichtig. Wir bitten Sie daher, sich die Zeit zu nehmen, diesen Fragebogen auszufüllen. Damit geben Sie dem Lehrstuhl wichtige Informationen, um das bisherige virtuelle Lernangebot auf Ihre Bedürfnisse hin zu verbessern und ermöglichen mir das Schreiben meiner Dissertation.

Bitte erzeugen Sie zunächst Ihr **persönliches Kennwort**, damit wir Ihre Angaben mit denjenigen aus der ersten Befragung verknüpfen können. Aus dem Kennwort kann **nicht** auf Ihren Namen geschlossen werden!

Die ersten beiden Buchstaben des Vornamens Ihrer Mutter: ☐ (z.B. EL für Elke)

Die ersten beiden Ziffern Ihres eigenen Geburtstages: ☐ (z.B. 09 für 09.01.1972)

Die ersten beiden Buchstaben des Vornamens Ihres Vaters: ☐ (z.B. HE für Helmut)

---

1. Wie weit ist Ihre Arbeitsstelle von den Präsenzveranstaltungsräumen entfernt? ☐ km

	ca. 100%	ca. 75%	ca. 50 %	ca. 25%	keine
2. Wie viele Inhalte aus der Veranstaltung von Herrn Becker sind Ihnen schon vorher begegnet?	☐	☐	☐	☐	☐

Wo entstehen bei Ihnen die größten Schwierigkeiten bei der gleichzeitigen Bewerkstelligung von Arbeit und Studium?

	trifft völlig zu	trifft eher zu	trifft teilweise zu	trifft eher nicht zu	trifft gar nicht zu
3. Habe nicht genug Zeit zum Lernen.	☐	☐	☐	☐	☐
4. Die Arbeit hindert mich daran, die Vorlesung zu besuchen.	☐	☐	☐	☐	☐
5. Ich bin nach der Arbeit immer so müde.	☐	☐	☐	☐	☐
6. Ich verpasse wichtige Termine, wenn ich an Vorlesungen teilnehme.	☐	☐	☐	☐	☐

7. Andere Gründe, nämlich:

Welche Angebote haben Sie während des Pilotversuches genutzt?

	4 mal	3 mal	2 mal	1 mal	Nie
8. Wie oft haben Sie an den letzten vier Montagen an der **Präsenzveranstaltung** teilgenommen?	☐	☐	☐	☐	☐
9. Wie oft haben Sie an den letzten vier Montagen online an der **Liveübertragung** teilgenommen?	☐	☐	☐	☐	☐

	regelmäßig	häufig	gelegentlich	mal ausprobiert	Nie
10. Wie oft haben Sie während der **Präsenzveranstaltung** Fragen an den Dozenten gestellt?	☐	☐	☐	☐	☐
11. Wie oft haben während der **Liveübertragung** Fragen an den Dozenten über Chat gestellt?	☐	☐	☐	☐	☐
12. Wie oft haben Sie die **aufgezeichneten Videos** im Internet genutzt?	☐	☐	☐	☐	☐

Was waren Gründe, warum Sie NICHT an der Präsenzveranstaltung teilgenommen haben?

	trifft völlig zu	trifft eher zu	trifft teilweise zu	trifft eher nicht zu	trifft gar nicht zu
13. Musste für andere Fächer oder andere Klausuren lernen	☐	☐	☐	☐	☐
14. Hatte beruflich zu viel zu tun	☐	☐	☐	☐	☐
15. Habe die Liveübertragung im Internet ausprobiert	☐	☐	☐	☐	☐
16. War krank	☐	☐	☐	☐	☐
17. Hatte keine Lust	☐	☐	☐	☐	☐
18. Die Fahrtzeit war mir zu lang	☐	☐	☐	☐	☐
19. Hatte private Termine	☐	☐	☐	☐	☐
20. Ich habe gefehlt, weil ich wusste, dass es die Videos auf CD gibt.	☐	☐	☐	☐	☐

21. Andere Gründe, nämlich:

Welche persönlichen Gründe sprechen aus Ihrer Sicht FÜR DIE NUTZUNG des Systems E-Learn?

	trifft völlig zu	trifft eher zu	trifft teilweise zu	trifft eher nicht zu	trifft gar nicht zu
22. Zeitlich flexibleres Lernen	☐	☐	☐	☐	☐
23. Räumlich flexibleres Lernen	☐	☐	☐	☐	☐
24. Ich kann so das Studium besser mit meinem Beruf verbinden	☐	☐	☐	☐	☐
25. Ich kann so das Studium besser mit Freizeit/Familie verbinden	☐	☐	☐	☐	☐
26. Ersparnis von Anfahrtzeit/Fahrtkosten	☐	☐	☐	☐	☐
27. Schnelleres Verstehen des Stoffes	☐	☐	☐	☐	☐
28. Tieferes Auseinandersetzen mit dem Stoff	☐	☐	☐	☐	☐
29. Steigerung der Internet-/Computerkenntnisse	☐	☐	☐	☐	☐
30. Mehrere unterschiedliche Lernkanäle (Vorlesung, Chat, aufgezeichnete Videos) erhöhen meinen Lernerfolg	☐	☐	☐	☐	☐
31. Mehr Spaß beim Lernen	☐	☐	☐	☐	☐
32. Ich kann dem Dozenten über Internet besser folgen	☐	☐	☐	☐	☐
33. Ich kann den Lernstoff durch wiederholtes Angucken der Videos besser verstehen	☐	☐	☐	☐	☐

34. Andere Gründe, nämlich:

Anhang B: Befragungen an der RFH Köln

Welche persönlichen Gründe sprechen aus Ihrer Sicht GEGEN DIE NUTZUNG des Systems E-Learn?

	trifft völlig zu	trifft eher zu	trifft teilweise zu	trifft eher nicht zu	trifft gar nicht zu
35. Kein Interesse	☐	☐	☐	☐	☐
36. Zu hohe Internet-Verbindungskosten	☐	☐	☐	☐	☐
37. Alles viel zu kompliziert	☐	☐	☐	☐	☐
38. Ich bevorzuge persönlichen Kontakt zu Mitstudenten und Dozenten	☐	☐	☐	☐	☐
39. Ich kann dem Dozenten im Hörsaal besser folgen	☐	☐	☐	☐	☐
40. Die Verzögerung des Videos ist zu groß	☐	☐	☐	☐	☐
41. Eine Firewall hat die Nutzung erschwert	☐	☐	☐	☐	☐
42. Aufwand, sich in die Technik einzuarbeiten	☐	☐	☐	☐	☐
43. Lernerfolg unsicher	☐	☐	☐	☐	☐
44. Zweifel an der Zuverlässigkeit	☐	☐	☐	☐	☐
45. Kann nicht schnell genug tippen, um am Chat teilzunehmen	☐	☐	☐	☐	☐
46. Ich lasse mich nicht gerne Filmen, wenn ich im Hörsaal eine Frage stelle.	☐	☐	☐	☐	☐
47. Ich spreche nicht gerne in ein Mikrofon und möchte nicht, dass meine Fragen/ Kommentare aufgezeichnet werden.	☐	☐	☐	☐	☐

48. Andere Gründe, nämlich:

Inwieweit treffen die folgenden Aussagen auf Sie persönlich zu?

	trifft völlig zu	trifft eher zu	trifft teilweise zu	trifft eher nicht zu	trifft gar nicht zu
49. Ich bin motiviert, Neues zu lernen.	☐	☐	☐	☐	☐
50. Ich lerne, weil es mir Spaß macht.	☐	☐	☐	☐	☐
51. Wenn mich ein Thema nicht besonders interessiert, lerne ich weniger gründlich.	☐	☐	☐	☐	☐
52. Gute Noten sind für mich ein Anreiz, mir beim Lernen mehr Mühe zu geben.	☐	☐	☐	☐	☐
53. Für Klausuren mache ich mir einen detaillierten Plan, welche Inhalte ich wann lernen will.	☐	☐	☐	☐	☐
54. Regelmäßige persönliche Kontakte zu Kommilitonen sind für mich wichtig.	☐	☐	☐	☐	☐
55. Ich lerne in der Regel erst kurz vor der Prüfung.	☐	☐	☐	☐	☐
56. Selbstgesteckte Lernziele sind schwierig einzuhalten.	☐	☐	☐	☐	☐
57. Mir fällt es leicht, eine große Masse an Lerninhalten selbst zu strukturieren.	☐	☐	☐	☐	☐

Bitte beantworten Sie die folgenden Fragen, die sich alle auf den Pilotversuch beziehen:

	sehr gut	gut	zum Teil	schlecht	sehr schlecht	nicht genutzt
58. Wie gut konnten Sie eine verpasste Veranstaltung mit Hilfe der aufgezeichneten Videos aufarbeiten?	☐	☐	☐	☐	☐	☐
59. Wie gut haben Ihnen die aufgezeichneten Videos bisher geholfen?	☐	☐	☐	☐	☐	☐
60. Wie beurteilen Sie die Bildqualität bei der Liveübertragung der Vorlesung?	☐	☐	☐	☐	☐	☐
61. Wie beurteilen Sie die Tonqualität bei der Liveübertragung der Vorlesung?	☐	☐	☐	☐	☐	☐

	regelmäßig	häufig	gelegentlich	selten	nie	nicht genutzt
62. Hatten Sie technische Probleme während der Liveübertragung?	☐	☐	☐	☐	☐	☐
63. Hatten Sie technische Probleme mit den aufgezeichneten Videos?	☐	☐	☐	☐	☐	☐

	sehr hilfreich	eher hilfreich	unentschieden	eher nicht hilfreich	gar nicht hilfreich	nicht genutzt
64. Wie hilfreich ist das Videobild des Dozenten bei den aufgezeichneten Videos?	☐	☐	☐	☐	☐	☐
65. Wie hilfreich ist das Videobild des Dozenten bei der Liveübertragung?	☐	☐	☐	☐	☐	☐
66. Wie hilfreich ist die **Präsenzveranstaltung** für Ihren Lernerfolg?	☐	☐	☐	☐	☐	☐
67. Wie hilfreich ist die **Liveübertragung** der Vorlesung für Ihren Lernerfolg?	☐	☐	☐	☐	☐	☐
68. Wie hilfreich ist der **Chat** für Ihren Lernerfolg?	☐	☐	☐	☐	☐	☐
69. Wie hilfreich sind die **aufgezeichneten Videos** für Ihren Lernerfolg?	☐	☐	☐	☐	☐	☐
70. Wie hilfreich ist das **System E-Learn insgesamt** für Ihren Lernerfolg?	☐	☐	☐	☐	☐	☐

Wie planen Sie, sich auf die Klausur vorzubereiten?

	trifft völlig zu	trifft eher zu	trifft teilweise zu	trifft eher nicht zu	trifft gar nicht zu
71. Ich plane, in einer Lerngruppe zu lernen.	☐	☐	☐	☐	☐
72. Ich plane, zusätzliche Literatur zu lesen.	☐	☐	☐	☐	☐
73. Ich plane, mir die aufgezeichneten Videos anzuschauen.	☐	☐	☐	☐	☐
74. Ich plane, die Folien zu lernen.	☐	☐	☐	☐	☐

75. **Bitte Ordnen Sie die folgenden Angebote nach ihrer Wichtigkeit (1 am wichtigsten, 4 am unwichtigsten):**

	Wichtigkeit
Präsenzveranstaltung	
Liveübertragung ins Internet	
Chat	
Aufgezeichnete Videos auf CD-ROM	

76. **Die Erstellung von E-Learning-Inhalten ist nicht kostenlos. Wie viel Euro wären Ihnen folgende Leistungen für eine Veranstaltung von 16 Doppelstd. Dauer wert?**

Liveübertragung ins Internet inkl. Chat	Insgesamt	€
Aufgezeichnete Videos im Internet bzw. auf CD-ROM	Insgesamt	€

Vielen Dank für Ihre Hilfe!

Anhang B.3: Fragebogen der Abschlussbefragung

Liebe Studentin, lieber Student!

Zum Abschluss des Pilotversuches möchten wir Sie bitten, den folgenden Fragebogen auszufüllen. Sie ermöglichen uns damit eine umfassende Evaluierung und Bewertung des Einsatzes von E-Learning an der RHF Köln.

Bitte erzeugen Sie zunächst Ihr **persönliches Kennwort**, damit wir Ihre Angaben mit denjenigen aus den ersten beiden Befragungen verknüpfen können. Aus dem Kennwort kann **nicht** auf Ihren Namen geschlossen werden!

Die ersten beiden **Buchstaben des Vornamens Ihrer Mutter:** _____ (z.B. EL für Elke)

Die ersten beiden **Ziffern Ihres eigenen Geburtstages:** _____ (z.B. 09 für 09.01.1972)

Die ersten beiden **Buchstaben des Vornamens Ihres Vaters:** _____ (z.B. HE für Helmut)

1. Wie lange benötigen Sie von Ihrer Arbeitsstelle zu den Präsenzveranstaltungsräumen? _____ Minuten

2. Wie würden Sie selber Ihre Computerkenntnisse einschätzen?
   ☐ Anfänger   ☐ Durchschnitt   ☐ Fortgeschritten   ☐ Experte

	regelmäßig	häufig	gelegentlich	mal ausprobiert	nie
3. Wie oft haben Sie die aufgezeichneten Videos im Internet genutzt?	☐	☐	☐	☐	☐
4. Wie oft haben Sie die aufgezeichneten Videos auf CD-ROM genutzt?	☐	☐	☐	☐	☐

5. Aus welchen Gründen haben Sie die Videos genutzt bzw. nicht genutzt?
   _____
   _____

6. Haben Sie die Videos auf CD-ROM auch an Ihrem Arbeitsplatz zum Lernen genutzt?   ☐ ja   ☐ nein

7. Wie lange haben Sie insgesamt für die Inhalte aus dem WS 04/05 (also nur die Inhalte vom November 2004, ohne SS 2005) gelernt? _____ Stunden

8. Wie lange haben Sie davon mit der CD-ROM gelernt? _____ Stunden

9. Konnten Sie mit Hilfe der CD-ROM ortsunabhängiger (z.B. im Zug, bei den Eltern, auf Dienstreise, ...) lernen?   ☐ ja   ☐ nein

	sehr gut	gut	zum Teil	schlecht	sehr schlecht	nicht genutzt
10. Wie gut konnten Sie eine verpasste Veranstaltung mit Hilfe der aufgezeichneten Videos aufarbeiten?	☐	☐	☐	☐	☐	☐
11. Wie gut konnten Sie Ihre Lerngewohnheiten auf das Lernen mit CD-ROMs umstellen?	☐	☐	☐	☐	☐	☐
12. Wie gut haben Ihnen die aufgezeichneten Videos insgesamt geholfen?	☐	☐	☐	☐	☐	☐

	Regelmäßig	häufig	gelegentlich	selten	nie	nicht genutzt
13. Hatten Sie technische Probleme mit den Vorlesungen auf CD-ROM?	☐	☐	☐	☐	☐	☐

14. Wenn ja, welche?
    _____

Wie beurteilen Sie die folgenden Qualitätsmerkmale der CD-ROM?

	sehr gut	gut	teils teils	schlecht	sehr schlecht	nicht genutzt
15. Bildqualität	☐	☐	☐	☐	☐	☐
16. Tonqualität von Prof. Becker	☐	☐	☐	☐	☐	☐
17. Tonqualität der Diskussionsbeiträge von Kommilitonen	☐	☐	☐	☐	☐	☐
18. Synchronität von Folieneinblendungen, Ton und Video	☐	☐	☐	☐	☐	☐
19. Möglichkeiten zur Navigation durch die Vorlesung (z.B. Spulen)	☐	☐	☐	☐	☐	☐
20. Auffinden von gesuchten Videostellen	☐	☐	☐	☐	☐	☐
21. Lesbarkeit der Anmerkungen, die Prof. Becker auf die Folien geschrieben hat	☐	☐	☐	☐	☐	☐
22. Benutzerfreundlichkeit	☐	☐	☐	☐	☐	☐

23. Halten Sie eine Schulung, in der der Umgang mit der CD-ROM gezeigt wird, für sinnvoll? ☐ ja ☐ nein

Wie hilfreich waren folgende Angebote/Funktionen bei Ihrer Klausurvorbereitung?

	sehr hilfreich	eher hilfreich	unentschieden	eher nicht hilfreich	gar nicht hilfreich	nicht genutzt
24. Präsenzveranstaltung im November 2004	☐	☐	☐	☐	☐	☐
25. Prof. Beckers kurze Wiederholung der Inhalte aus Nov. 2004 in der letzten Veranstaltung dieses Semester	☐	☐	☐	☐	☐	☐
26. Anschauen eines kompletten Videos auf CD-ROM	☐	☐	☐	☐	☐	☐
27. Anschauen von kurzen Video-Abschnitten (z.B. zu einer einzelnen Folie)	☐	☐	☐	☐	☐	☐
28. Lernen mit ausgedruckten Folien	☐	☐	☐	☐	☐	☐
29. Lesen von zusätzlicher Literatur	☐	☐	☐	☐	☐	☐
30. Lernen in einer Lerngruppe	☐	☐	☐	☐	☐	☐
31. Videobild auf der CD-ROM	☐	☐	☐	☐	☐	☐
32. Ton auf der CD-ROM	☐	☐	☐	☐	☐	☐
33. Synchrone Folien auf der CD-ROM	☐	☐	☐	☐	☐	☐
34. Möglichkeit, nur die interessanten Teile des Videos anzuschauen	☐	☐	☐	☐	☐	☐
35. Volltextsuche über alle Folieninhalte	☐	☐	☐	☐	☐	☐
36. Notizen/Anmerkungen, die Prof. Becker auf die Folien geschrieben hat	☐	☐	☐	☐	☐	☐
37. Dass diese Notizen synchron zu Ton/Bild auf den Folien erscheinen	☐	☐	☐	☐	☐	☐
38. Wie hilfreich wäre es für Sie, wenn für weitere Veranstaltungen der RFH Videoaufnahmen angeboten würden?	☐	☐	☐	☐	☐	

Anhang B: Befragungen an der RFH Köln　　　　　　　　　　　　　　　　　　　　333

Wie haben Sie die Videoaufzeichnungen genutzt?

	trifft völlig zu	trifft eher zu	trifft teilweise zu	trifft eher nicht zu	trifft gar nicht zu
39. Während des Anschauens der Videos habe ich immer wieder Pausen eingelegt.	☐	☐	☐	☐	☐
40. Ich habe mir Bereiche des Videos mit schwer verständlichen Inhalten so oft angeschaut, bis ich alles verstanden habe.	☐	☐	☐	☐	☐
41. Die Gesten und Bewegungen des Dozenten im Videobild haben mir bei der Konzentration auf die Inhalte geholfen.	☐	☐	☐	☐	☐
42. Die Gesten und Bewegungen des Dozenten im Videobild machen das Lernen abwechslungsreicher.	☐	☐	☐	☐	☐
43. Bei Inhalten/Folien, die ich schon konnte habe ich das Video vorgespult.	☐	☐	☐	☐	☐

44. Wenn Sie die Wahl zwischen einer CD-ROM mit Video + Audio + Folien und einer CD-ROM nur mit Audio + Folien hätten, was würden Sie bevorzugen?　　☐ Video + Audio + Folien　　☐ nur Audio + Folien

45. Auf den beiden CD-ROMs befinden sind insgesamt knapp 10 Zeitstunden an Videoaufzeichnungen. Was schätzen Sie, wie lange Sie sich diese Videos angeschaut haben?　　[ ] Stunden

Bitte vergleichen Sie Ihr Lernverhalten **im Hörsaal** mit dem beim Anschauen der **aufgezeichneten Videos**.

	Im Hörsaal	Weiß nicht	Beim Anschauen der aufgezeichneten Videos
46. Wo können Sie sich besser konzentrieren?	☐	☐	☐
47. Wo können Sie die Inhalte besser lernen/begreifen?	☐	☐	☐
48. Wo können Sie die Inhalte schneller lernen/begreifen?	☐	☐	☐
49. Wo können Sie die Inhalte besser akustisch verstehen?	☐	☐	☐
50. Wo macht Ihnen das Lernen mehr Spaß?	☐	☐	☐
51. Wo ermüden Sie schneller?	☐	☐	☐

Bitte vergleichen Sie nun Ihr Lernverhalten beim **Lernen mit Videos** mit dem beim **Lernen mit Folien**.

	Beim Lernen mit Videos auf CD-ROM	Weiß nicht	Beim Lernen mit ausgedruckten Folien
52. Wo können Sie sich beim Lernen besser konzentrieren?	☐	☐	☐
53. Wo können Sie die Inhalte besser lernen/begreifen?	☐	☐	☐
54. Wo können Sie die Inhalte schneller lernen/begreifen?	☐	☐	☐
55. Wo können Sie gesuchte Inhalte schneller auffinden?	☐	☐	☐
56. Wo macht Ihnen das Lernen mehr Spaß?	☐	☐	☐
57. Wo ermüden Sie schneller?	☐	☐	☐

Wie haben Sie sich auf die Klausur vorbereitet?

	trifft völlig zu	trifft eher zu	trifft teilweise zu	trifft eher nicht zu	trifft gar nicht zu
58. Ich habe in einer Lerngruppe gelernt.	☐	☐	☐	☐	☐
59. Ich habe mir die aufgezeichneten Videos angeschaut.	☐	☐	☐	☐	☐
60. Ich habe mir eine Zusammenfassung der Inhalte angefertigt.	☐	☐	☐	☐	☐
61. Ich habe mit den ausgedruckten Folien gelernt.	☐	☐	☐	☐	☐

62. Hat Sie die Nutzung des Beamers statt Overhead-Projektor/Tafel während der Präsenzveranstaltung gestört? ☐ ja ☐ nein

63. Hatten Sie Probleme, eine gesuchte Videostelle auf der CD-ROM zu finden? ☐ ja ☐ weiß nicht ☐ nein

64. Wie sind Sie vorgegangen, um eine gesuchte Videostelle in der Veranstaltung zu finden?

☐ Mit dem Fortschritts-Balken (siehe ① in der Abbildung links) hin- und hergespult

☐ Folien über die Folienstruktur (②) direkt angesprungen

☐ Volltextsuche (③) genutzt

65. Bitte Ordnen Sie die folgenden Angebote nach ihrer Wichtigkeit (1 am wichtigsten, 4 am unwichtigsten):

	Wichtigkeit
Präsenzveranstaltung	
Liveübertragung ins Internet	
Chat während der Liveübertragung	
Aufgezeichnete Videos auf CD-ROM	

66. Die Erstellung von E-Learning-Inhalten ist nicht kostenlos. Wie viel Euro wären Ihnen folgende Leistungen für eine Veranstaltung von 16 Doppelstd. Dauer wert?

Liveübertragung ins Internet inkl. Chat	Insgesamt	€
Aufgezeichnete Videos im Internet bzw. auf CD-ROM	Insgesamt	€

67. Bei der 2. Veranstaltung von Prof. Becker wurden keine Videoaufnahmen gemacht. Was war im Vergleich zur ersten Veranstaltung im Nov. 2004 der größte Unterschied bei Ihrer Klausurvorbereitung?

_____

_____

68. Wie empfanden Sie die Teilnahme an diesem Pilotversuch? (Mehrfachnennung möglich)
☐ Eine Zumutung
☐ Hat mir nichts gebracht
☐ Habe ich nicht genutzt
☐ Würde ich gerne wieder machen
☐ Bin gespannt auf die Ergebnisse
☐ War interessant

Zum Schluss eine Bitte:
Für die Auswertung ist es wichtig, Ihr Klausurergebnis mit Ihren Antworten zu kombinieren. Bitte teilen Sie mir daher Ihre Matrikel-Nummer mit:

69. Matrikel-Nr: _____

Vielen Dank für Ihre Hilfe!

Anhang C: Befragungen an der Steuer-Fachschule Dr. Endriss

Anhang C.1: Fragebogen des Präsenzlehrgangs

Universität zu Köln, Forschungsgruppe für Informationssysteme und Lernprozesse
Befragung zu Akzeptanz und Nutzen von e^2 E-Learning

Bitte senden Sie den ausgefüllten Fragebogen und – sofern Sie an der Verlosung teilnehmen möchten – das Anschreiben an diese Adresse zurück:

- Per Fax: (0221) 93 64 42 - 841
- Per Post:
  Steuer-Fachschule Dr. Endriss GmbH & Co. KG
  Bernhard-Feilchenfeld-Straße 11
  50969 Köln

Vielen Dank für Ihre Unterstützung!

1. Alter: ☐ Jahre

2. Geschlecht: ☐ männlich ☐ weiblich

3. Familienstand: ☐ ledig ☐ verheiratet

4. Anzahl der Kinder: ☐

5. Wie viele Stunden pro Woche arbeiten Sie im Durchschnitt beruflich (inkl. Überstd.)? ☐ Std.

6. Wie viele Stunden pro Woche haben Sie im Durchschnitt für die Steuer-Fachschule eingesetzt (inkl. Lehrveranstaltungen, Nacharbeiten, Lernzeiten, Fahrzeiten)? ☐ Std.

7. Welchen Internetzugang haben Sie zu Hause?
   ☐ MODEM (analog) ☐ ISDN ☐ DSL ☐ Sonstigen Zugang ☐ kein Internetzugang

Welche persönlichen Gründe sprechen aus Ihrer Sicht <u>FÜR DIE NUTZUNG</u> von e^2 E-Learning zusätzlich zu den Lehrbriefen?

	trifft völlig zu	trifft eher zu	trifft teilweise zu	trifft eher nicht zu	trifft gar nicht zu
8. Zeitlich flexibleres Lernen	☐	☐	☐	☐	☐
9. Räumlich flexibleres Lernen	☐	☐	☐	☐	☐
10. Ich kann so den Lehrgang besser mit meinem Beruf verbinden	☐	☐	☐	☐	☐
11. Ich kann so den Lehrgang besser mit Freizeit/Familie verbinden	☐	☐	☐	☐	☐
12. Schnelleres Verstehen des Stoffes	☐	☐	☐	☐	☐
13. Tieferes Auseinandersetzen mit dem Stoff	☐	☐	☐	☐	☐
14. Mehrere unterschiedliche Lernkanäle (Skripte, Foren, E-Learningeinheiten) erhöhen meinen Lernerfolg	☐	☐	☐	☐	☐
15. Mehr Spaß beim Lernen	☐	☐	☐	☐	☐
16. Ich kann mir vorstellen, einen Folgekurs (Update des erworbenen Wissens) als reinen E-Learning Kurs (z.B. 10 Zeitstunden und Forumsbetreuung) zu absolvieren	☐	☐	☐	☐	☐
17. Der Austausch mit Teilnehmern und Dozenten im Forum	☐	☐	☐	☐	☐

Fernlehrgang

Welche persönlichen Gründe sprechen aus Ihrer Sicht **GEGEN DIE NUTZUNG** von e² E-Learning zusätzlich zu den Lehrbriefen?

	trifft völlig zu	trifft eher zu	trifft teilweise zu	trifft eher nicht zu	trifft gar nicht zu
17. Kein Interesse	☐	☐	☐	☐	☐
18. Zu hohe Internet-Verbindungskosten	☐	☐	☐	☐	☐
19. Alles viel zu kompliziert/mühsam	☐	☐	☐	☐	☐
20. Ich verspreche mir größeren Lernerfolg mit traditionellen Lernformen	☐	☐	☐	☐	☐
21. Zweifel an der Zuverlässigkeit / technische Probleme	☐	☐	☐	☐	☐

Wo entstehen bei Ihnen die größten Schwierigkeiten bei der gleichzeitigen Bewerkstelligung von Beruf und Lehrgang?

	trifft völlig zu	trifft eher zu	trifft teilweise zu	trifft eher nicht zu	trifft gar nicht zu
22. Habe nicht genug Zeit zum Lernen.	☐	☐	☐	☐	☐
23. Meine Arbeit hindert mich daran, den Lehrgang zu absolvieren	☐	☐	☐	☐	☐
24. Meine Familie hindert mich daran, den Lehrgang zu absolvieren.	☐	☐	☐	☐	☐

Wie hilfreich waren folgende Angebote für Ihren Lernerfolg insgesamt?

	sehr hilfreich	eher hilfreich	unentschieden	eher nicht hilfreich	gar nicht hilfreich	nicht genutzt
25. Skripte	☐	☐	☐	☐	☐	☐
26. e² E-Learning: Lerneinheiten und Diskussionsforum insgesamt	☐	☐	☐	☐	☐	☐
27. Privat organisierte Lerngruppe	☐	☐	☐	☐	☐	☐
28. e² E-Learning Diskussionsforum: Lesen von Beiträgen	☐	☐	☐	☐	☐	☐
29. e² E-Learning Diskussionsforum: Schreiben von Beiträgen	☐	☐	☐	☐	☐	☐
30. e² E-Learning: Lerneinheiten insgesamt	☐	☐	☐	☐	☐	☐
31. e² E-Learning Lerneinheiten: Animierte Grafiken	☐	☐	☐	☐	☐	☐
32. e² E-Learning Lerneinheiten: Sprechertexte (Audio)	☐	☐	☐	☐	☐	☐
33. e² E-Learning Lerneinheiten: Übungsfragen mit eingabebezogenen Lösungen	☐	☐	☐	☐	☐	☐

Anhang C: Befragungen an der Steuer-Fachschule Dr. Endriss 337

Inwieweit treffen die folgenden Aussagen auf Sie persönlich zu?

	trifft völlig zu	trifft eher zu	trifft teil- weise zu	trifft eher nicht zu	trifft gar nicht zu
34. Ich bin motiviert, Neues zu lernen	☐	☐	☐	☐	☐
35. Ich lerne, weil es mir Spaß macht	☐	☐	☐	☐	☐
36. Wenn mich ein Thema nicht besonders interessiert, lerne ich weniger gründlich	☐	☐	☐	☐	☐
37. Gute Noten sind für mich ein Anreiz, mir beim Lernen mehr Mühe zu geben	☐	☐	☐	☐	☐
38. Für Klausuren mache ich mir einen detaillierten Plan, welche Inhalte ich wann lernen will	☐	☐	☐	☐	☐
39. Regelmäßige persönliche Kontakte zu Kommilitonen sind für mich wichtig	☐	☐	☐	☐	☐
40. Ich lerne in der Regel erst kurz vor der Prüfung	☐	☐	☐	☐	☐
41. Selbstgesteckte Lernziele sind schwierig einzuhalten	☐	☐	☐	☐	☐
42. Mir fällt es leicht, eine große Masse an Lerninhalten selbst zu strukturieren	☐	☐	☐	☐	☐
43. Ich habe die e^2 E-Learning-Texte ausgedruckt, um sie zu lesen	☐	☐	☐	☐	☐
44. Ich würde einem angehenden Bilanz- buchhalter zur Vorbereitung auf die Prüfung Endriss E-Learning empfehlen	☐	☐	☐	☐	☐

Wie bewerten Sie die folgenden Aspekte?

	sehr gut	gut	mittel- mäßig	schlecht	sehr schlecht
45. Abstimmung von e^2 E-Learning auf die Skripte	☐	☐	☐	☐	☐
46. e^2 E-Learning: Verständlichkeit von Aufbau und Gliederung der Lern- einheiten	☐	☐	☐	☐	☐
47. e^2 E-Learning: Interaktivität	☐	☐	☐	☐	☐
48. e^2 E-Learning: Benutzerfreundlichkeit und Navigation	☐	☐	☐	☐	☐
49. e^2 E-Learning: Hilfefunktionen	☐	☐	☐	☐	☐
50. e^2 E-Learning: Ladezeiten	☐	☐	☐	☐	☐
51. e^2 E-Learning: Betreuung der Foren durch die Moderatoren/Tutoren	☐	☐	☐	☐	☐
52. Mit welcher Gesamtnote bewerten Sie e^2 E-Learning?	☐	☐	☐	☐	☐
53. E-Mail-Betreuung bei technischen oder organisatorischen Fragen	☐	☐	☐	☐	☐
54. Telefonische Betreuung bei techni- schen/organisatorischen Fragen	☐	☐	☐	☐	☐
55. Information über Neuerungen auf der Lernplattform	☐	☐	☐	☐	☐

Fernlehrgang

Wie viel Zeit haben Sie im Durchschnitt mit e² E-Learning verbracht?

Bei der Vorbereitung zur Prüfung funktionsübergreifender Teil:	56. ☐	Std. pro Woche mit dem Bearbeiten der E-Learning-Einheiten
	57. ☐	Std. pro Woche mit dem Lesen und Schreiben von Beiträgen im Diskussionsforum
Bei der Vorbereitung zur Prüfung funktionsspezifischer Teil:	58. ☐	Std. pro Woche mit dem Bearbeiten der E-Learning-Einheiten
	59. ☐	Std. pro Woche mit dem Lesen und Schreiben von Beiträgen im Diskussionsforum

Welche Noten haben Sie erreicht?

	sehr gut	gut	befriedigend	ausreichend	nicht bestanden	noch nicht absolviert
60. Gesamtnote Endriss	☐	☐	☐	☐	☐	☐
61. Gesamtnote IHK	☐	☐	☐	☐	☐	☐

Audio-Video-Aufzeichnungen von Veranstaltungen
An der Universität zu Köln werden Dozenten bei Veranstaltungen mit Bild und Ton aufgenommen. Aus diesem Material werden E-Learning-Einheiten erzeugt, in denen der Dozent mit Audio, Video sowie den Folien, die er gezeigt hat zu sehen ist. In den Aufzeichnungen kann einfach navigiert werden.

	trifft völlig zu	trifft eher zu	weiß nicht	trifft eher nicht zu	trifft gar nicht zu
62. Audio-Video-Aufzeichnungen wären für mich hilfreich	☐	☐	☐	☐	☐
63. Audio-Video-Aufzeichnungen würden mich zusätzlich motivieren	☐	☐	☐	☐	☐

Wie wichtig waren folgende Punkte bei Ihrer Entscheidung für die Steuer-Fachschule Dr. Endriss?

	sehr wichtig	eher wichtig	unentschieden	eher unwichtig	gar nicht wichtig
64. Lehrbriefe	☐	☐	☐	☐	☐
65. e² E-Learning: Lerneinheiten	☐	☐	☐	☐	☐
66. e² E-Learning: Diskussionsforen	☐	☐	☐	☐	☐

Vielen Dank für Ihre Hilfe!

Anhang C.2: Fragebogen des Fernlehrgangs

Befragung zu Akzeptanz und Nutzen von e² E-Learning

Bitte senden Sie den ausgefüllten Fragebogen und – sofern Sie an der Verlosung teilnehmen möchten – das Anschreiben an diese Adresse zurück:

- **Per Fax:** (0221) 93 64 42 - 33
- **Per Post:**
  Steuer-Fachschule Dr. Endriss GmbH & Co. KG
  Bernhard-Feilchenfeld-Straße 11
  50969 Köln

Vielen Dank für Ihre Unterstützung!

1. Alter: _____ Jahre

2. Geschlecht: ☐ männlich   ☐ weiblich

3. Familienstand: ☐ ledig   ☐ verheiratet

4. Anzahl der Kinder: _____

5. Wie viele Stunden pro Woche arbeiten Sie im Durchschnitt beruflich (inkl. Überstd.)? _____ Std.

6. Wie viele Stunden pro Woche haben Sie im Durchschnitt für die Steuer-Fachschule eingesetzt (inkl. Lehrveranstaltungen, Nacharbeiten, Lernzeiten, Fahrzeiten)? _____ Std.

7. Welchen Internetzugang haben Sie zu Hause?
   ☐ MODEM (analog)   ☐ ISDN   ☐ DSL   ☐ Sonstigen Zugang   ☐ kein Internetzugang

An wie vielen Präsenzveranstaltungen haben Sie gefehlt?

8.a _____ von 69 Abenden bzw.   8.b _____ von 29 Samstagen

Welche persönlichen Gründe sprechen aus Ihrer Sicht FÜR DIE NUTZUNG von e² E-Learning zusätzlich zu den Präsenzveranstaltungen?

	trifft völlig zu	trifft eher zu	trifft teilweise zu	trifft eher nicht zu	trifft gar nicht zu
9. Zeitlich flexibleres Lernen	☐	☐	☐	☐	☐
10. Räumlich flexibleres Lernen	☐	☐	☐	☐	☐
11. Ich kann so den Lehrgang besser mit meinem Beruf verbinden	☐	☐	☐	☐	☐
12. Ich kann so den Lehrgang besser mit Freizeit/Familie verbinden	☐	☐	☐	☐	☐
13. Schnelleres Verstehen des Stoffes	☐	☐	☐	☐	☐
14. Tieferes Auseinandersetzen mit dem Stoff	☐	☐	☐	☐	☐
15. Mehrere unterschiedliche Lernkanäle (Präsenzveranstaltung, Foren, E-Learningeinheiten) erhöhen meinen Lernerfolg	☐	☐	☐	☐	☐
16. Mehr Spaß beim Lernen	☐	☐	☐	☐	☐
17. Ich kann mir vorstellen, einen Folgekurs (Update des erworbenen Wissens) als reinen E-Learning Kurs (z.B. 10 Zeitstunden und Forumsbetreuung) zu absolvieren	☐	☐	☐	☐	☐

Präsenzlehrgang

Welche persönlichen Gründe sprechen aus Ihrer Sicht GEGEN DIE NUTZUNG von e² E-Learning zusätzlich zu den Präsenzveranstaltungen?

	trifft völlig zu	trifft eher zu	trifft teilweise zu	trifft eher nicht zu	trifft gar nicht zu
18. Kein Interesse	☐	☐	☐	☐	☐
19. Zu hohe Internet-Verbindungskosten	☐	☐	☐	☐	☐
20. Alles viel zu kompliziert/mühsam	☐	☐	☐	☐	☐
21. Ich bevorzuge persönlichen Kontakt zu Dozenten und Teilnehmern	☐	☐	☐	☐	☐
22. Ich verspreche mir größeren Lernerfolg mit traditionellen Lernformen	☐	☐	☐	☐	☐
23. Zweifel an der Zuverlässigkeit / technische Probleme	☐	☐	☐	☐	☐

Wo entstehen bei Ihnen die größten Schwierigkeiten bei der gleichzeitigen Bewerkstelligung von Beruf und Lehrgang?

	trifft völlig zu	trifft eher zu	trifft teilweise zu	trifft eher nicht zu	trifft gar nicht zu
24. Habe nicht genug Zeit zum Lernen.	☐	☐	☐	☐	☐
25. Meine Arbeit hindert mich daran, den Lehrgang zu besuchen.	☐	☐	☐	☐	☐
26. Meine Familie hindert mich daran, den Lehrgang zu besuchen.	☐	☐	☐	☐	☐

Wie wichtig war bei Ihrer Entscheidung, bei einer Präsenzveranstaltung nicht teilnehmen zu können, die Aussicht ...

	sehr wichtig	eher wichtig	unentschieden	eher unwichtig	gar nicht wichtig
27. ... die Inhalte mit dem Skript nacharbeiten zu können?	☐	☐	☐	☐	☐
28. ... die Inhalte mit e² E-Learning nacharbeiten zu können?	☐	☐	☐	☐	☐

Wie hilfreich waren folgende Angebote für Ihren Lernerfolg insgesamt?

	sehr hilfreich	eher hilfreich	unentschieden	eher nicht hilfreich	gar nicht hilfreich	nicht genutzt
29. Präsenzveranstaltung	☐	☐	☐	☐	☐	☐
30. Skripte	☐	☐	☐	☐	☐	☐
31. e² E-Learning: Lerneinheiten und Diskussionsforum insgesamt	☐	☐	☐	☐	☐	☐
32. Privat organisierte Lerngruppe	☐	☐	☐	☐	☐	☐
33. e² E-Learning Diskussionsforum: Lesen von Beiträgen	☐	☐	☐	☐	☐	☐
34. e² E-Learning Diskussionsforum: Schreiben von Beiträgen	☐	☐	☐	☐	☐	☐
35. e² E-Learning: Lerneinheiten insgesamt	☐	☐	☐	☐	☐	☐
36. e² E-Learning Lerneinheiten: Animierte Grafiken	☐	☐	☐	☐	☐	☐
37. e² E-Learning Lerneinheiten: Sprechertexte (Audio)	☐	☐	☐	☐	☐	☐
38. e² E-Learning Lerneinheiten: Übungsfragen mit Lösungen	☐	☐	☐	☐	☐	☐

Präsenzlehrgang

Anhang C: Befragungen an der Steuer-Fachschule Dr. Endriss   341

Inwieweit treffen die folgenden Aussagen auf Sie persönlich zu?

	trifft völlig zu	trifft eher zu	trifft teilweise zu	trifft eher nicht zu	trifft gar nicht zu
39. Ich bin motiviert, Neues zu lernen	☐	☐	☐	☐	☐
40. Ich lerne, weil es mir Spaß macht	☐	☐	☐	☐	☐
41. Wenn mich ein Thema nicht besonders interessiert, lerne ich weniger gründlich	☐	☐	☐	☐	☐
42. Gute Noten sind für mich ein Anreiz, mir beim Lernen mehr Mühe zu geben	☐	☐	☐	☐	☐
43. Für Klausuren mache ich mir einen detaillierten Plan, welche Inhalte ich wann lernen will	☐	☐	☐	☐	☐
44. Regelmäßige persönliche Kontakte zu Kommilitonen sind für mich wichtig	☐	☐	☐	☐	☐
45. Ich lerne in der Regel erst kurz vor der Prüfung	☐	☐	☐	☐	☐
46. Selbstgesteckte Lernziele sind schwierig einzuhalten	☐	☐	☐	☐	☐
47. Mir fällt es leicht, eine große Masse an Lerninhalten selbst zu strukturieren	☐	☐	☐	☐	☐
48. Ich habe die e² E-Learning-Texte ausgedruckt, um sie zu lesen	☐	☐	☐	☐	☐
49. Ich würde einem angehenden Bilanzbuchhalter zur Vorbereitung auf die Prüfung Endriss E-Learning empfehlen	☐	☐	☐	☐	☐

Wie bewerten Sie die folgenden Aspekte?

	sehr gut	gut	mittelmäßig	schlecht	sehr schlecht
50. Ausrichtung von e² E-Learning auf den Präsenz-Unterricht	☐	☐	☐	☐	☐
51. e² E-Learning: Verständlichkeit von Aufbau und Gliederung der Lerneinheiten	☐	☐	☐	☐	☐
52. e² E-Learning: Interaktivität	☐	☐	☐	☐	☐
53. e² E-Learning: Benutzerfreundlichkeit und Navigation	☐	☐	☐	☐	☐
54. e² E-Learning: Hilfefunktionen	☐	☐	☐	☐	☐
55. e² E-Learning: Ladezeiten	☐	☐	☐	☐	☐
56. e² E-Learning: Betreuung der Foren durch die Moderatoren/Tutoren	☐	☐	☐	☐	☐
57. Mit welcher Gesamtnote bewerten Sie e² E-Learning?	☐	☐	☐	☐	☐
58. Ausrichtung der Skripte auf den Präsenz-Unterricht	☐	☐	☐	☐	☐
59. E-Mail-Betreuung bei technischen oder organisatorischen Fragen	☐	☐	☐	☐	☐
60. Telefonische Betreuung bei technischen/organisatorischen Fragen	☐	☐	☐	☐	☐
61. Information über Neuerungen auf der Lernplattform	☐	☐	☐	☐	☐

Präsenzlehrgang

	sehr viele	viele	mittel-mäßig	wenige	gar keine
62. Wie viele eigene Notizen haben Sie sich bei den Präsenzveranstaltungen gemacht?	☐	☐	☐	☐	☐

Wie stark haben Sie das e^2 E-Learning-System zu den angegebenen Zeiten genutzt?

	regel-mäßig	häufig	gelegent-lich	selten	nie
63. Vor der jeweiligen Präsenzveranstaltung	☐	☐	☐	☐	☐
64. Direkt nach der jeweiligen Präsenzveranstaltung	☐	☐	☐	☐	☐
65. Von Beginn des Lehrgangs bis Prüfung funktionsübergreifender Teil: Sept. 2003 – März 2004	☐	☐	☐	☐	☐
66. Bis Abschluss des Präsenzunterrichts: März 2004 – Juli 2004	☐	☐	☐	☐	☐
67. Bis Prüfung funktionsspezifischer Teil: Juli 2004 – Sept. 2004	☐	☐	☐	☐	☐
68. Bis mündliche Prüfung: Sept. 2004 – Ende 2004	☐	☐	☐	☐	☐

Wie viel Zeit haben Sie im Durchschnitt mit e^2 E-Learning verbracht?

Bei der Vorbereitung zur Prüfung funktions-übergreifender Teil:	69. ☐	Std. pro Woche mit dem Bearbeiten der E-Learning-Einheiten
	70. ☐	Std. pro Woche mit dem Lesen und Schreiben von Beiträgen im Diskussionsforum
Bei der Vorbereitung zur Prüfung funktions-spezifischer Teil:	71. ☐	Std. pro Woche mit dem Bearbeiten der E-Learning-Einheiten
	72. ☐	Std. pro Woche mit dem Lesen und Schreiben von Beiträgen im Diskussionsforum

Welche Noten haben Sie erreicht?

	sehr gut	gut	befrie-digend	aus-reichend	nicht bestanden
73. Gesamtnote Endriss	☐	☐	☐	☐	☐
74. Gesamtnote IHK	☐	☐	☐	☐	☐

Wie wichtig waren folgende Punkte bei Ihrer Entscheidung für die Steuer-Fachschule Dr. Endriss?

	sehr wichtig	eher wichtig	unent-schieden	eher unwichtig	gar nicht wichtig
75. Unterrichtsmaterial	☐	☐	☐	☐	☐
76. Dozenten	☐	☐	☐	☐	☐
77. Lehrgangsort	☐	☐	☐	☐	☐
78. e^2 E-Learning: Lerneinheiten	☐	☐	☐	☐	☐
79. e^2 E-Learning: Diskussionsforen	☐	☐	☐	☐	☐

Vielen Dank für Ihre Hilfe!

Präsenzlehrgang

Anhang D: Aktivitäten bei Erstentwicklung, Betrieb und Pflege/Wartung, Weiterentwicklung von E-LEARN[643]

Anhang D.1: Aktivitäten im Rahmen der Erstentwicklung von E-LEARN

Bildung des Entwicklungsteams und Aktivitäten-Verteilung auf folgende Teammitglieder:
- Projektleiter (Wiss. Mitarbeiter 75%)
- Stellvertreter Projektleiter (Wiss. Mitarbeiter 25 %)
- Student A; Student B; Student C (jeder Student arbeitet 1 Tag = 8 Stunden pro Woche)

Start des Projektes:
- Erstellen des mittelfristigen Projektplans
- Lernen I: Teammitglieder machen sich mit Details von E-Learning/Blended Learning vertraut.
- Verteilen der Aktivitäten auf die Teammitglieder

Festlegung der technischen und organisatorischen Anforderungen:
- Anforderungen für Lernplattform definieren
- Anforderungen für Technik-Komponenten definieren
- Anforderungen an Hörsaal definieren
- Anforderungen an Lehrmaterial definieren
- Anforderungen an Technik-Komponenten auf Seiten der Studenten definieren

Auswahl der Technik-Komponenten:
- Marktüberblick verschaffen über die möglichen Technik-Alternativen
- Bewertung der möglichen Technik-Alternativen
- Auswahl der besten Technik-Alternative

Einarbeiten in die Lernplattform:
- Teilnahme am Einführungskurs in die Lernplattform

---

[643] Vgl. Seibt /Kosten des Blended Learning Systems E-LEARN 2004/ 5ff.

- Installation und Konfiguration der Lernplattform
- Experimentieren mit der Lernplattform
- Lernen II: Teammitglieder machen sich mit Details der Lernplattform vertraut.
- Maßschneidern und Erproben der Lernplattform
- Vorbereitung des Benutzer-Imports in die Lernplattform

Einarbeiten in die Technik-Komponenten des ELS WI-Pilot:
- Lernen III: Teammitglieder machen sich mit der Video-/Audio-Technik vertraut.
- Wöchentliche Video-/Audio-Aufnahmen der ersten Vorlesungen
- Lernen IV: Teammitglieder machen sich mit den Netzkomponenten (Internet + Intranet vertraut)
- Wöchentliche Probeläufe mit den Netzkomponenten
- Lernen V: Teammitglieder machen sich mit der Integrationssoftware vertraut.
- Wöchentliche Integrationsexperimente: Video-/Audio-Komponenten plus aufgenommene Inhalte

Aufbereiten und Bereitstellen der zwischengespeicherten Informationsströme für die Integration:
- Folien (mit Power Point bzw. Lecturnity erstellt)
- Video-/Audio-Aufzeichnungen des Dozenten
- Fragen/Kommentare der Lernenden aus der Live-Veranstaltung im Hörsaal
- Fragen/Kommentare der Lernenden während der Live-Veranstaltung aus dem Internet
- Antworten des Dozenten
- Beiträge von externen Referenten
- Mehrwert-Knöpfe (Glossare, Suchfunktion, etc.)
- Wöchentliche Integration der Informationsströme mit dem aktuellen Foliensatz zum „E-LEARN-Master" (= Informationsträger für Distribution der Inhalte an die Benutzer)

Wöchentliches Bereitstellen des „E-LEARN-Master" für die Benutzer:
- Distribution der Inhalte einer Semesterwoche als Video-On-Demand-Version über Internet (24x7x52 h)

- Distribution der Inhalte eines Semesters (14-16 Veranstaltungen auf CD-ROMs oder DVDs

Konzipieren/Entwickeln der einheitlichen HTML-basierten Bildschirm-Oberfläche:

- Fenster 1: Verzeichnis der zu einer Lehrveranstaltung gehörenden Lehrveranstaltungen
- Fenster 2: Video-Fenster mit Bedien-Funktionen
- Fenster 3: Folien-Fenster
- Fenster 4: Bedienungs/Steuerungs-Fenster mit adaptierbaren „Mehrwert-Funktionen"

Konzipieren/Eigen-Entwicklung der Software für die elementaren Bedienfunktionen und zur Steuerung der elementaren Bedienfunktionen der Lernoberfläche (= Teilsystem m):

- Programmierung der Software
- Testen der Software
- Erproben und Konsolidieren der Software

Konzipieren/Eigen-Entwicklung der Software für die Mehrwert-Funktionen und zur Steuerung der „Mehrwertfunktionen der Lernoberfläche (= Teilsystem m+1):

- Programmierung der Software
- Testen der Software
- Erproben und Konsolidieren der Software

Konzipieren/Eigen-Entwicklung der Software für die xyz-Funktionen (= Teilsystem m+2) Programmierung der Schnittstellen/Verbindungsfunktionen:

- Testen der Teilsystem-Integration
- Erprobung und Konsolidierung der Teilsystem-Integration

Technische Integration der selbstentwickelten Teilsysteme 1 bis n mit der Lernplattform-Software: Programmierung der Schnittstellen/Verbindungsfunktionen zwischen Teilsystemen:

- Testen der Teilsystem-Integration
- Erprobung und Konsolidierung der Teilsystem-Integration

Anhang D.2: Aktivitäten im Rahmen des Betriebs E-LEARN

Betreuen und Bedienen der Hardware + Software-Technik-Infrastruktur (inkl. Einspielen neuer Updates)

Betreuen und Bedienen der Lernplattform (inkl. Einspielen/Maßschneidern neuer Releases etc.)

Server-Administration (Technik-Administration + Inhalte-Administration):

- Aktualisierung des Betriebssystems mit Updates und Patches
- Backup und Sicherung des Systems
- Behebung von Hardware und Software-Störungen

Einrichtung und Aktualisierung von Benutzer-Accounts:

- Prüfung von Benutzeranträgen und Einrichtung neuer Benutzer-Accounts
- Unterstützung von Benutzern, die ihre Passwörter vergessen haben

Benutzersupport:

- Beantwortung von telefonisch und per E-Mail eintreffenden Benutzeranfragen
- Unterstützung der Benutzer bei Problemfällen

Wöchentliche Video-Aufnahmen (inkl. Vor-/Nachbereitung); im Semester einmal pro Woche pro Veranstaltung:

- Auf und Abbau von Kamera, Mischpult, Notebooks, Netzwerktechnik und entsprechende Verkabelung
- Filmen des Dozenten und Abmischen des Tons

Betreuung des Online-Chats (wiederkehrend, während des lfd. Semesters häufiger als in den Semesterferien):

- Beantwortung von Fragen im Online-Chat
- Sicherstellen der Kommunikation zwischen Dozent und externen Teilnehmern

Wöchentliche Nachbearbeitung der Aufnahmen; im Semester einmal pro Woche pro Veranstaltung:

- Schneiden des Videos
- Umwandlung der PowerPoint-Folien in ein webfähiges Format
- Synchronisieren des Videos mit den Folien
- Erstellung der interaktiven CD-ROM und der Video-on-Demand-Version im Internet

Anhang D.3: Aktivitäten im Rahmen der Wartung/Pflege und Weiterentwicklung von E-LEARN

- Wartung/Pflege der Hardware (Server etc.)
- Wartung/Pflege der eigenentwickelte E-LEARN-Software (Beseitigung von Fehlern wd. des Betriebs)
- Abstimmung/Integration mit neuen Releases der fremdgekauften Software
- Wartung/Pflege des Intranet und der Internet-Schnittstellen
- Wartung/Pflege der Lernplattformen (Learning Space, TEAM-ROOM, CLIX)
- Kontinuierliche Optimierung der eigenentwickelten E-LEARN-Software

AUSGEWÄHLTE VERÖFFENTLICHUNGEN

E-LEARNING
Herausgegeben von Prof. Dr. Dietrich Seibt, Köln, Prof. Dr. Freimut Bodendorf, Nürnberg, Prof. Dr. Dieter Euler, St. Gallen, und Prof. Dr. Udo Winand, Kassel

Band 1
Bernd Simon
E-Learning an Hochschulen – Gestaltungsräume und Erfolgsfaktoren von Wissensmedien
Lohmar – Köln 2001 ◆ 202 S. ◆ € 39,- (D) ◆ ISBN 3-89012-886-6

Band 2
Christian Langenbach
Electronic Education Mall – Ein virtuelles Service Center für E-Learning
Lohmar – Köln 2002 ◆ 270 S. ◆ € 43,- (D) ◆ ISBN 3-89012-924-2

Band 3
Freimut Bodendorf/Dieter Euler/Manfred Schertler/Mustafa Soy/Sascha Uelpenich/ Silke Lasch
E-Teaching in der Hochschule – Technische Infrastrukturen und didaktische Gestaltung
Lohmar – Köln 2002 ◆ 138 S. ◆ € 35,- (D) ◆ ISBN 3-89012-971-4

Band 4
André Bolz
Multimedia-Fallstudien in der betriebswirtschaftlichen Aus- und Weiterbildung – Konzeption und empirische Untersuchung
Lohmar – Köln 2002 ◆ 470 S. ◆ € 58,- (D) ◆ ISBN 3-89936-001-X

Band 5
Nils Högsdal
Blended Learning im Management-Training
Lohmar – Köln 2004 ◆ 298 S. ◆ € 38,- (D) ◆ ISBN 3-89936-236-5

Band 6
Manfred Schertler
Telemediale Lehrarrangements
Lohmar – Köln 2004 ◆ 242 S. ◆ € 46,- (D) ◆ ISBN 3-89936-260-8

Band 7
Oliver Kamin
Mehrfachverwendbare elektronische Lehr-/Lernarrangements
Lohmar – Köln 2004 ◆ 330 S. ◆ € 53,- (D) ◆ ISBN 3-89936-314-0

Band 8
Gabriela Hoppe
Entwicklung strategischer Einsatzkonzepte für E-Learning in Hochschulen
Lohmar – Köln 2005 ♦ 424 S. ♦ € 57,- (D) ♦ ISBN 3-89936-331-0

Band 9
Alexander Bruns
Kosten und Nutzen von Blended Learning Lösungen an Hochschulen
Lohmar – Köln 2006 ♦ 380 S. ♦ € 55,- (D) ♦ ISBN 3-89936-478-3

ELECTRONIC COMMERCE
Herausgegeben von Prof. Dr. Dr. h. c. Norbert Szyperski, Köln, Prof. Dr. Beat Schmid, St. Gallen, Prof. Dr. Dr. h. c. mult. August-Wilhelm Scheer, Saarbrücken, Prof. Dr. Günther Pernul, Regensburg, Prof. Dr. Stefan Klein, Münster, Prof. Dr. Detlef Schoder, Köln, und Prof. Dr. Tobias Kollmann, Essen

Band 26
Roman Pecha
Externe Geschäftsmodellanalyse bei E-Business Unternehmen – Eine empirische Analyse
Lohmar – Köln 2004 ♦ 360 S. ♦ € 53,- (D) ♦ ISBN 3-89936-218-7

Band 27
Sabine Kronz
Content Management – Einführung, Prozesse und Objekte
Lohmar – Köln 2004 ♦ 246 S. ♦ € 46,- (D) ♦ ISBN 3-89936-225-X

Band 28
Dietmar Eifert
Wert von Kundenprofilen im Electronic Commerce
Lohmar – Köln 2004 ♦ 238 S. ♦ € 46,- (D) ♦ ISBN 3-89936-276-4

Band 29
Andreas Voß
Dominantes Design im Electronic Commerce – Analysen und Befunde bei Tourismus-Web Sites
Lohmar – Köln 2004 ♦ 286 S. ♦ € 48,- (D) ♦ ISBN 3-89936-293-4

Band 30
Jörg Leukel
Katalogdatenmanagement im B2B E-Commerce
Lohmar – Köln 2004 ♦ 388 S. ♦ € 55,- (D) ♦ ISBN 3-89936-316-7

Band 31
Ralf Brüning
E-Commerce-Strategien für kleine und mittlere Unternehmungen – Hybrid-Commerce, Kooperation und Cross-Selling auf regionalen Internetportalen
Lohmar – Köln 2005 ♦ 190 S. ♦ € 44,- (D) ♦ ISBN 3-89936-380-9

Band 32
Nils Madeja
Corporate Success in Electronic Business – Results from an Empirical Investigation
Lohmar – Köln 2005 ♦ 292 S. ♦ € 49,- (D) ♦ ISBN 3-89936-385-X

PLANUNG, ORGANISATION UND UNTERNEHMUNGSFÜHRUNG
Herausgegeben von Prof. Dr. Dr. h. c. Norbert Szyperski, Köln, Prof. Dr. Winfried Matthes, Wuppertal, Prof. Dr. Udo Winand, Kassel, Prof. (em.) Dr. Joachim Griese, Bern, PD Dr. Harald F. O. von Kortzfleisch, Kassel, Prof. Dr. Ludwig Theuvsen, Göttingen, und Prof. Dr. Andreas Al-Laham, Stuttgart

Band 95
Florian Kelber
Turnaround Management von Dotcoms
Lohmar – Köln 2004 ♦ 432 S. ♦ € 56,- (D) ♦ ISBN 3-89936-203-9

Band 96
Wolfgang Irrek
Controlling der Energiedienstleistungsunternehmen
Lohmar – Köln 2004 ♦ 552 S. ♦ € 65,- (D) ♦ ISBN 3-89936-219-5

Band 97
Guido Paffenholz
Exitmanagement – Desinvestitionen von Beteiligungsgesellschaften
Lohmar – Köln 2004 ♦ 276 S. ♦ € 47,- (D) ♦ ISBN 3-89936-256-X

Band 98
Ingmar Ackermann
Supply Chain Management in der Automobilindustrie
Lohmar – Köln 2004 ♦ 428 S. ♦ € 56,- (D) ♦ ISBN 3-89936-269-1

Band 99
Lars-Heiko Rauscher
Strategische Frühaufklärung – Neuer Vorschlag zur finanziellen Bewertung
Lohmar – Köln 2004 ♦ 292 S. ♦ € 49,- (D) ♦ ISBN 3-89936-271-3

Band 100
Katharina Brigitte Rick
Corporate Governance and Balanced Scorecard – A Strategic Monitoring System for Swiss Boards of Directors
Lohmar – Köln 2004 ♦ 288 S. ♦ € 48,- (D) ♦ ISBN 3-89936-273-X

Band 101
Jens D.-O. Heymans
Management der textilen Supply Chain durch den Bekleidungseinzelhandel
Lohmar – Köln 2004 ♦ 314 S. ♦ € 52,- (D) ♦ ISBN 3-89936-274-8

Band 102
Roland Rolles
Content Management in der öffentlichen Verwaltung
Lohmar – Köln 2004 ♦ 268 S. ♦ € 47,- (D) ♦ ISBN 3-89936-287-X

Band 103
Erik Hofmann
Strategisches Synergie- und Dyssynergiemanagement
Lohmar – Köln 2004 ♦ 406 S. ♦ € 56,- (D) ♦ ISBN 3-89936-289-6

Band 104
Hanns Martin Schindewolf
Organisches Wachstum internationaler Unternehmen – Eine empirische Exploration
Lohmar – Köln 2004 ♦ 350 S. ♦ € 54,- (D) ♦ ISBN 3-89936-292-6

Band 105
Oliver Schwarz
Die Anwendung des Markt- und Ressourcenorientierten Ansatzes des Strategischen Managements – Dargestellt am Beispiel der IPOs am Neuen Markt
Lohmar – Köln 2004 ♦ 442 S. ♦ € 58,- (D) ♦ ISBN 3-89936-304-3

Band 106
Leonhard von Metzler
Risikoaggregation im industriellen Controlling
Lohmar – Köln 2004 ♦ 262 S. ♦ € 47,- (D) ♦ ISBN 3-89936-306-X

Band 107
Markus Welter
Informations-, Wissens- und Meinungsmanagement für Dienstleistungsunternehmen – Analyse und Entwurf unter besonderer Berücksichtigung informationsökonomischer Aspekte
Lohmar – Köln 2005 ♦ 328 S. ♦ € 52,- (D) ♦ ISBN 3-89936-332-9

Band 108
Michael Krupp
Kooperatives Verhalten auf der sozialen Ebene einer Supply Chain
Lohmar – Köln 2005 ♦ 252 S. ♦ € 47,- (D) ♦ ISBN 3-89936-379-5

Band 109
Markus A. Launer
Coordination of Foreign Subsidiaries in Multinational Enterprises
Lohmar – Köln 2005 ♦ 132 S. ♦ € 38,- (D) ♦ ISBN 3-89936-397-3

Band 110
Ulrich Thomé
Kooperations-Engineering – Ein lernorientierter Gestaltungsansatz
Lohmar – Köln 2006 ♦ 376 S. ♦ € 55,- (D) ♦ ISBN 3-89936-445-7

Band 111
Gerhard Sessing
Wissenstransfer zwischen Organisationen – Erfolgsfaktoren im interorganisationalen Lernprozess
Lohmar – Köln 2006 ♦ 298 S. ♦ € 49,- (D) ♦ ISBN 3-89936-458-9

TELEKOMMUNIKATION @ MEDIENWIRTSCHAFT

Herausgegeben von Prof. Dr. Dr. h. c. Norbert Szyperski, Köln, Prof. Dr. Udo Winand, Kassel, Prof. Dr. Dietrich Seibt, Köln, Prof. Dr. Rainer Kuhlen, Konstanz, Dr. Rudolf Pospischil, Bonn, Prof. Dr. Claudia Löbbecke, Köln, und Prof. Dr. Christoph Zacharias, Köln

Band 15
Markus Geiger
Internetstrategien für Printmedienunternehmungen – Neue Geschäftsmöglichkeiten aus der Perspektive traditioneller Anbieter von Wirtschafts- und Finanzinhalten
Lohmar – Köln 2002 ♦ 424 S. ♦ € 56,- (D) ♦ ISBN 3-89936-010-9

Band 16
Martin Engelien/Klaus Meißner (Hrsg.)
Virtuelle Organisation und Neue Medien 2004 – Workshop GeNeMe2004 – Gemeinschaften in Neuen Medien – TU Dresden, 7. und 8. Oktober 2004
Lohmar – Köln 2004 ♦ 456 S. ♦ € 59,- (D) ♦ ISBN 3-89936-272-1

Band 17
Jürgen Karla
Elektronische Zeitung – Anpassung der Wertschöpfungstätigkeiten von Zeitungsverlagen bei Markteinführung einer Zeitung auf elektronischem Papier
Lohmar – Köln 2006 ♦ 232 S. ♦ € 46,- (D) ♦ ISBN 3-89936-441-4

Weitere Schriftenreihen:

UNIVERSITÄTS-SCHRIFTENREIHEN

- **Reihe: Steuer, Wirtschaft und Recht**
  Herausgegeben von vBP StB Prof. Dr. Johannes Georg Bischoff, Wuppertal, Dr. Alfred Kellermann, Vorsitzender Richter (a. D.) am BGH, Karlsruhe, Prof. (em.) Dr. Günter Sieben, Köln, und WP StB Prof. Dr. Norbert Herzig, Köln

- **Reihe: Rechnungslegung und Wirtschaftsprüfung**
  Herausgegeben von Prof. (em.) Dr. Dr. h. c. Jörg Baetge, Münster, Prof. Dr. Hans-Jürgen Kirsch, Münster, und Prof. Dr. Stefan Thiele, Wuppertal

- **Reihe: Informationsmanagement und Unternehmensführung – Schriften des IMU, Universität Osnabrück**
  Herausgegeben von Prof. Dr. Uwe Hoppe, Prof. Dr. Bodo Rieger, Jun.-Prof. Dr. Frank Teuteberg und Prof. Dr. Thomas Witte

- **Reihe: Controlling**
  Herausgegeben von Prof. Dr. Volker Lingnau, Kaiserslautern, und Prof. Dr. Albrecht Becker, Innsbruck

- **Reihe: Wirtschaftsinformatik**
  Herausgegeben von Prof. Dr. Dietrich Seibt, Köln, Prof. Dr. Hans-Georg Kemper, Stuttgart, Prof. Dr. Georg Herzwurm, Stuttgart, Prof. Dr. Dirk Stelzer, Ilmenau, und Prof. Dr. Detlef Schoder, Köln

- **Reihe: Schriften zu Kooperations- und Mediensystemen**
  Herausgegeben von Prof. Dr. Volker Wulf, Siegen, Prof. Dr. Jörg Haake, Hagen, Prof. Dr. Thomas Herrmann, Dortmund, Prof. Dr. Helmut Krcmar, München, Prof. Dr. Johann Schlichter, München, Prof. Dr. Gerhard Schwabe, Zürich, und Prof. Dr.-Ing. Jürgen Ziegler, Duisburg

- **Reihe: Telekommunikation @ Medienwirtschaft**
  Herausgegeben von Prof. Dr. Dr. h. c. Norbert Szyperski, Köln, Prof. Dr. Udo Winand, Kassel, Prof. Dr. Dietrich Seibt, Köln, Prof. Dr. Rainer Kuhlen, Konstanz, Dr. Rudolf Pospischil, Bonn, Prof. Dr. Claudia Löbbecke, Köln, und Prof. Dr. Christoph Zacharias, Köln

- **Reihe: Electronic Commerce**
  Herausgegeben von Prof. Dr. Dr. h. c. Norbert Szyperski, Köln, Prof. Dr. Beat F. Schmid, St. Gallen, Prof. Dr. Dr. h. c. August-Wilhelm Scheer, Saarbrücken, Prof. Dr. Günther Pernul, Regensburg, Prof. Dr. Stefan Klein, Münster, Prof. Dr. Detlef Schoder, Köln, und Prof. Dr. Tobias Kollmann, Essen

- **Reihe: E-Learning**
  Herausgegeben von Prof. Dr. Dietrich Seibt, Köln, Prof. Dr. Freimut Bodendorf, Nürnberg, Prof. Dr. Dieter Euler, St. Gallen, und Prof. Dr. Udo Winand, Kassel

- **Reihe: InterScience Reports**
  Herausgegeben von Prof. Dr. Dr. h. c. Norbert Szyperski, Köln, PD Dr. Harald F. O. von Kortzfleisch, Kassel, und Prof. Dr. Dietrich Seibt, Köln

- **Reihe: FGF Entrepreneurship-Research Monographien**
  Herausgegeben von Prof. Dr. Heinz Klandt, Oestrich-Winkel, Prof. Dr. Dr. h. c. Norbert Szyperski, Köln, Prof. Dr. Michael Frese, Gießen, Prof. Dr. Josef Brüderl, Mannheim, Prof. Dr. Rolf Sternberg, Hannover, Prof. Dr. Ulrich Braukmann, Wuppertal, und Prof. Dr. Lambert T. Koch, Wuppertal

- **Reihe: Venture Capital und Investment Banking, Neue Folge**
  Herausgegeben von Prof. Dr. Klaus Nathusius

- **Reihe: Technologiemanagement, Innovation und Beratung**
  Herausgegeben von Prof. Dr. Dr. h. c. Norbert Szyperski, Köln, vBP StB Prof. Dr. Johannes Georg Bischoff, Wuppertal, und Prof. Dr. Heinz Klandt, Oestrich-Winkel

- **Reihe: Kleine und mittlere Unternehmen**
  Herausgegeben von Prof. Dr. Jörn-Axel Meyer, Flensburg

- **Reihe: Wissenschafts- und Hochschulmanagement**
  Herausgegeben von Prof. Dr. Detlef Müller-Böling, Gütersloh, und Prof. Dr. Reinhard Schulte, Lüneburg

- **Reihe: Personal, Organisation und Arbeitsbeziehungen**
  Herausgegeben von Prof. Dr. Fred G. Becker, Bielefeld, Prof. Dr. Jürgen Berthel †, Siegen, und Prof. Dr. Walter A. Oechsler, Mannheim

- **Reihe: Forum Finanzwissenschaft und Public Management**
  Herausgegeben von Prof. Dr. Kurt Reding, Kassel, und PD Dr. Walter Müller, Kassel

- **Reihe: Finanzierung, Kapitalmarkt und Banken**
  Herausgegeben von Prof. Dr. Hermann Locarek-Junge, Dresden, Prof. Dr. Klaus Röder, Regensburg, und Prof. Dr. Mark Wahrenburg, Frankfurt

- **Reihe: Marketing**
  Herausgegeben von Prof. Dr. Heribert Gierl, Augsburg, Prof. Dr. Roland Helm, Jena, Prof. Dr. Frank Huber, Mainz, und Prof. Dr. Henrik Sattler, Hamburg

- **Reihe: Marketing, Handel und Management**
  Herausgegeben von Prof. Dr. Rainer Olbrich, Hagen

- **Reihe: Kundenorientierte Unternehmensführung**
  Herausgegeben von Prof. Dr. Hendrik Schröder, Essen

- **Reihe: Produktionswirtschaft und Industriebetriebslehre**
  Herausgegeben von Prof. Dr. Jörg Schlüchtermann, Bayreuth

- **Reihe: Europäische Wirtschaft**
  Herausgegeben von Prof. Dr. Winfried Matthes, Wuppertal

- **Reihe: Katallaktik – Quantitative Modellierung menschlicher Interaktionen auf Märkten**
  Herausgegeben von Prof. Dr. Otto Loistl, Wien, und Prof. Dr. Markus Rudolf, Koblenz

- **Reihe: Quantitative Ökonomie**
  Herausgegeben von Prof. Dr. Eckart Bomsdorf, Köln, Prof. Dr. Wim Kösters, Bochum, und Prof. Dr. Winfried Matthes, Wuppertal

- **Reihe: Internationale Wirtschaft**
  Herausgegeben von Prof. Dr. Manfred Borchert, Münster, Prof. Dr. Gustav Dieckheuer, Münster, und Prof. Dr. Paul J. J. Welfens, Wuppertal

- **Reihe: Industrieökonomik**
  Herausgegeben von Prof. Dr. Frank C. Englmann, Stuttgart, Prof. Dr. Mathias Erlei, Clausthal, Prof. Dr. Ulrich Schwalbe, Hohenheim, und Prof. Dr. Bernd Woeckener, Stuttgart

- **Reihe: Studien zur Dynamik der Wirtschaftsstruktur**
  Herausgegeben von Prof. Dr. Heinz Grossekettler, Münster

- **Reihe: Versicherungswirtschaft**
  Herausgegeben von Prof. (em.) Dr. Dieter Farny, Köln, und Prof. Dr. Heinrich R. Schradin, Köln

- **Reihe: Wirtschaftsgeographie und Wirtschaftsgeschichte**
  Herausgegeben von Prof. Dr. Ewald Gläßer, Köln, Prof. Dr. Josef Nipper, Köln, Dr. Martin W. Schmied, Köln, und Prof. Dr. Günther Schulz, Bonn

- **Reihe: Wirtschafts- und Sozialordnung: FRANZ-BÖHM-KOLLEG – Vorträge und Essays**
  Herausgegeben von Prof. Dr. Bodo B. Gemper, Siegen

- **Reihe: WISO-Studientexte**
  Herausgegeben von Prof. Dr. Eckart Bomsdorf, Köln, und Prof. (em.) Dr. Dr. h. c. Dr. h. c. Josef Kloock, Köln

- **Reihe: Europäisches Wirtschaftsrecht**
  Herausgegeben von Prof. Dr. Dieter Krimphove, Paderborn

- **Reihe: Rechtswissenschaft**

FACHHOCHSCHUL-SCHRIFTENREIHEN
- **Reihe: Institut für betriebliche Datenverarbeitung (IBD) e. V.
  im Forschungsschwerpunkt Informationsmanagement für KMU**
  Herausgegeben von Prof. Dr. Felicitas Albers, Düsseldorf

- **Reihe: FH-Schriften zu Marketing und IT**
  Herausgegeben von Prof. Dr. Doris Kortus-Schultes, Mönchengladbach, und Prof. Dr. Frank Victor, Gummersbach

- **Reihe: Medienmanagement**
  Herausgegeben von Prof. Dr. Thomas Breyer-Mayländer, Offenburg

- **Reihe: FuturE-Business**
  Herausgegeben von Prof. Dr. Michael Müßig, Würzburg-Schweinfurt

- **Reihe: Controlling-Forum – Wege zum Erfolg**
  Herausgegeben von Prof. Dr. Jochem Müller, Ansbach

- **Reihe: Unternehmensführung und Controlling in der Praxis**
  Herausgegeben von Prof. Dr. Thomas Rautenstrauch, Bielefeld

- **Reihe: Economy and Labour**
  Herausgegeben von EUR ING Prof. Dr.-Ing. Hans-Georg Nollau MBCS, Regensburg

- **Reihe: Institut für Regionale Innovationsforschung (IRI)**
  Herausgegeben von Prof. Dr. Rainer Voß, Wildau

- **Reihe: Interkulturelles Medienmanagement**
  Herausgegeben von Prof. Dr. Edda Pulst, Gelsenkirchen

PRAKTIKER-SCHRIFTENREIHEN
- **Reihe: Transparenz im Versicherungsmarkt**
  Herausgegeben von *ASSEKURATA* GmbH, Köln

- **Reihe: Betriebliche Praxis**
  Herausgegeben von vBP StB Prof. Dr. Johannes Georg Bischoff, Wuppertal

- **Reihe: Regulierungsrecht und Regulierungsökonomie**
  Herausgegeben von Piepenbrock ♦ Schuster, Düsseldorf